建筑工程资料管理与表格填写系列丛书

地基与基础工程资料管理与表格填写范例

北京土木建筑学会　主编

中国计划出版社

图书在版编目（CIP）数据

地基与基础工程资料管理与表格填写范例 / 北京土木建筑学会主编. -- 北京 : 中国计划出版社, 2017.3
（建筑工程资料管理与表格填写系列丛书）
ISBN 978-7-5182-0589-9

Ⅰ. ①地… Ⅱ. ①北… Ⅲ. ①地基－工程施工－技术档案－档案管理②基础(工程)－工程施工－技术档案－档案管理 Ⅳ. ①G275.3

中国版本图书馆CIP数据核字(2017)第044799号

建筑工程资料管理与表格填写系列丛书
地基与基础工程资料管理与表格填写范例
北京土木建筑学会 主编

中国计划出版社出版发行
网址：www.jhpress.com
地址：北京市西城区木樨地北里甲11号国宏大厦C座3层
邮政编码：100038 电话：(010)63906433(发行部)
北京市科星印刷有限责任公司印刷

787mm×1092mm 1/16 27.5印张 648千字
2017年3月第1版 2017年3月第1次印刷
印数 1—2000册

ISBN 978-7-5182-0589-9
定价：77.00元

建筑工程资料管理与表格填写系列丛书

《地基与基础工程资料管理与表格填写范例》

编委会名单

前　言

建筑工程资料是在工程建设过程中形成的各种形式的信息记录。它既是反映工程质量的客观见证，又是对工程建设项目进行过程检查、竣工验收、质量评定、维修管理的依据，是城市建设档案的重要组成部分。工程资料实现规范化、标准化管理，可以体现企业的技术水平和管理水平，进而提升企业的市场竞争能力，是适应我国工程建设质量管理改革形势的需要。鉴于此，北京土木建筑学会组织有丰富施工经验的技术人员及专家组成了编写组和审编组，编写了建筑工程资料管理与表格填写系列丛书。

丛书依据工程质量验收标准《建筑工程施工质量验收统一标准》GB 50300—2013、资料管理标准《建筑工程资料管理规程》JGJ/T 185—2009、文件归档标准《建设工程文件归档规范》GB/T 50328—2014 及《建筑地基基础工程施工规范》GB 51004—2015、《混凝土结构工程施工质量验收规范》GB 50204—2015、《砌体结构工程施工规范》GB 50924—2014、《屋面工程质量验收规范》GB 50207—2012、《通风与空调工程施工规范》GB 50738—2011、《建设工程监理规范》GB/T 50319—2013 等最新专业工程的施工及验收规范，参考了大量相关专业的书籍，并结合建筑工程专业特点，根据资料类型对资料进行了整理与编制，方便了读者的使用。

建筑工程资料管理与表格填写系列丛书共分为九个分册，分别为：《地基与基础工程资料管理与表格填写范例》、《建筑结构工程资料管理与表格填写范例》、《钢结构工程资料管理与表格填写范例》、《建筑装饰装修工程资料管理与表格填写范例》、《建筑设备安装工程资料管理与表格填写范例》、《电气、智能建筑工程资料管理与表格填写范例》、《隐蔽工程验收资料管理与表格填写范例》、《建筑工程监理资料管理与表格填写范例》、《建筑施工安全资料管理与表格填写范例》。

本书将新的规范与工程紧密结合起来，把工程资料的管理工作细化并融合到每一个分项工程细节当中，全面清晰地反映了施工资料的管理过程。并对每一分项工程有关表格进行实例解析，体现实用性和可操作性。

本书《地基与基础工程资料管理与表格填写范例》为第一分册，共分为七章，主要包括：工程资料的管理要求、施工管理资料（C1）、施工技术资料（C2）、施工物资资料（C4）、施工记录资料（C5）、施工试验记录及检测报告资料（C6）、施工质量验收记录（C7）。

本书的表格范例样式主要参考了北京、河北、吉林的地方标准，适用于工程施工、建设、监理、设计等广大技术人员，可供其在编制工程资料时以有益的借鉴、学习、参考和指导。本书资料全面，贴近现场，并将新规范的内容融会贯通，做到通俗易懂，具有较强的指导作用和使用价值，可视为规范实施的技术性工具书。

由于时间关系以及编者水平所限，书中难免存在错误与疏漏，恳请广大读者批评指正。

编　者

2017 年 3 月

目　录

第一章　工程资料的管理要求

第二章 地基与基础工程施工管理资料(C1)

第三章 地基与基础工程施工技术资料(C2)

第五章 地基与基础工程施工记录资料(C5)

第七章 地基与基础工程施工质量验收记录(C7)

第一章

工程资料的管理要求

本章内容包括下列资料：

- 工程资料的分类及编号
- 工程准备阶段文件管理
- 监理资料管理
- 施工资料管理
- 地基与基础分部(子分部)工程资料管理
- 工程资料组卷及归档管理

第一节　工程资料的分类及编号

一、工程资料的分类

建筑工程资料是在建筑工程建设过程中形成的各种形式信息记录的统称，简称为工程资料。工程资料分为工程准备阶段文件、监理资料、施工资料、竣工图和工程竣工文件5类，其分类是按照不同收集单位、不同资料类别进行的，同时兼顾了工程的专业不同。

1.工程准备阶段文件

工程准备阶段文件由建设单位负责形成。建设单位应当按照基本建设程序进行工作，重视工程资料管理，配备专职或兼职的工程资料管理人员。建设单位的资料管理人员应负责及时收集基本建设程序各个环节所形成的文件资料，并按类别、形成时间进行登记、立卷、保管。工程竣工后，建设单位应按规定进行移交。涉及需要向政府行政主管部门申报的工程准备阶段文件，应按政府行政主管部门的有关规定执行。工程准备阶段文件经归纳可以分为6种，具体名称如下：

(1)决策立项文件。

(2)建设用地文件。

(3)勘察设计文件。

(4)招投标及合同文件。

(5)开工文件。

(6)商务文件。

2.监理资料

监理资料由工程建设监理单位负责形成。监理单位应当按照监理规程的要求，重视资料管理工作，配备专职或兼职的监理资料管理人员，及时收集各个环节所形成的文件资料，并按类别、形成时间进行登记、立卷、保管。工程竣工后，监理单位应按规定将监理资料移交给建设单位。监理资料可以分为6种，具体名称如下：

(1)监理管理资料。

(2)进度控制资料。

(3)质量控制资料。

(4)造价控制资料。

(5)合同管理资料。

(6)竣工验收资料。

3.施工资料

施工资料内容与种类繁多，应由施工单位负责形成，其中部分资料需要监理、设计、勘察等单位签认。施工单位应当按照法律法规和标准规范的要求，高度重视资料管理工作，配备专职的资料管理人员，及时收集各个环节所形成的文件资料，并按类别、形成时间进行登记、立卷、保管。施工中，应按照规定接受有关单位的检查。工程竣工后，施工单位应按规定将施工资料移交给建设单位。施工资料可以分为8种，具体名称如下：

(1)施工管理资料。

(2)施工技术资料。

(3)施工进度及造价资料。

(4)施工物资资料。

(5)施工记录。

(6)施工试验记录。

(7)施工质量验收记录。

(8)竣工验收资料。

施工资料一般应为两套,工程竣工后移交建设单位一套,施工单位自留一套。施工资料的保存期限应符合有关规定。

4.竣工图

竣工图是建筑工程竣工档案的重要组成部分,是工程建设完成后一种凭证性材料。竣工图是建设过程的真实记录,也是工程竣工验收的必备条件。建筑工程日后的维修、管理、改建、扩建,都需要竣工图。因此所有新建、改建、扩建的工程项目在竣工时必须绘制竣工图。竣工图绘制工作应由建设单位负责,也可由建设单位委托施工单位、监理单位或设计单位。编制费用应由建设单位负责。绘制竣工图的主要规定有:

(1)工程竣工后,凡按施工图施工没有变动的,可在施工图图签附近空白处加盖并签署竣工图章。一般性图纸变更,编制单位可根据设计变更依据,在施工图上直接改绘,并加盖及签署竣工图章。

工程竣工后,凡结构形式、工艺、平面布置、项目等重大改变及图面变更超过40%的,应重新绘制竣工图。重新绘制的图纸必须有图名和图号,图号可按原图编号。

(2)竣工图应专业齐全,并应有图纸目录。绘制的竣工图必须准确、清楚、完整、规范,修改必须符合工程的真实情况,即应真实反映项目竣工验收时的客观情况。

(3)用于改绘竣工图的图纸必须是新蓝图或使用绘图仪绘制的白图,不得使用复印的图纸。竣工图编制单位应按照国家建筑制图标准的要求绘制竣工图,使用绘图笔或签字笔及不褪色的绘图墨水。竣工图应采用仿宋字,字体的大小要与原图采用字体的大小相协调,不应出现错别字。竣工图应使用绘图工具或计算机绘制,不得徒手绘制。

(4)竣工图应加盖竣工图印章。竣工图印章应具有明显的"竣工图"字样,并包括编制单位名称、制图人、审核人和编制日期等内容。编制单位、制图人、审核人、技术负责人要对竣工图负责。

(5)竣工图的主要组成内容如下:

1)工艺布置图,包括工艺平面、立面、轴侧图等竣工图。

2)建筑竣工图,包括幕墙竣工图。

3)结构竣工图,包括混凝土、砌体、钢结构等竣工图。

4)建筑给水、排水与采暖竣工图。

5)燃气竣工图。

6)建筑电气竣工图。

7)智能建筑竣工图,包括综合布线、监控、电视天线、火灾报警等竣工图。

8)通风空调竣工图。

9)地面的道路、绿化、庭院照明、喷泉、喷灌等竣工图。

10)地下部分的各种市政、电力、电信管线等竣工图。

5.工程竣工文件

工程竣工文件是建筑工程竣工验收、备案和移交等活动中形成的文件。主要包括《建设工程文件归档规范》GB/T 50328—2014中提出的“竣工验收文件”，以及工程竣工决算文件、竣工交档文件和竣工总结文件等内容。

工程竣工文件主要包括“单位(子单位)工程质量竣工验收记录”、“工程竣工验收报告”等;工程竣工决算文件主要包括“竣工决算资料”等;竣工交档文件主要包括“施工资料移交书”、“城市建设档案移交书”等;竣工总结文件包括“工程竣工总结”等。

(1)《单位(子单位)工程质量竣工验收记录》。

《单位(子单位)工程质量竣工验收记录》是一个建筑工程项目的最后一份验收资料，应由施工单位填写。

1)单位工程完工，施工单位组织自检合格后，应报请监理单位进行工程预验收，通过后向建设单位提交工程竣工报告并填报《单位(子单位)工程质量竣工验收记录》。建设单位应组织设计单位、监理单位、施工单位等进行工程质量竣工验收并记录，验收记录上各单位必须签字并加盖公章。

2)进行单位(子单位)工程质量竣工验收时，施工单位应同时填报《单位(子单位)工程质量控制资料检查记录》、《单位(子单位)工程安全和功能检验资料核查及主要功能抽查记录》、《单位(子单位)工程观感质量检查记录》，作为《单位(子单位)工程质量竣工验收记录》的附表。

3)“分部工程”栏根据各《分部(子分部)工程质量验收记录》填写。应对所含各分部工程，由竣工验收组成员共同逐项核查。对表中内容如有异议，应对工程实体进行检查或测试。核查并确认合格后，由监理单位在“验收记录”栏注明共验收了几个分部，符合标准及设计要求的有几个分部，并在右侧的“验收结论”栏内，填入具体的验收结论。

4)“质量控制资料核查”栏根据《单位(子单位)工程质量控制资料核查记录》的核查结论填写。建设单位组织由各方代表组成的验收组成员，或委托总监理工程师，按照《单位(子单位)工程质量控制资料核查记录》的内容，对资料进行逐项核查。确认符合要求后，在《单位(子单位)工程质量竣工验收记录》右侧的“验收结论”栏内，填写具体验收结论。

5)“安全和主要使用功能核查及抽查结果”栏根据《单位(子单位)工程安全和功能检验资料核查及主要功能抽查记录》的核查结论填写。

对于分部工程验收时已经进行了安全和功能检测的项目，单位工程验收时不再重复检测。但要核查以下内容。

①单位工程验收时按规定、约定或设计要求，需要进行的安全功能抽测项目是否都进行了检测;具体检测项目有无遗漏。

②抽测的程序、方法是否符合规定。

③抽测结论是否达到设计及规范规定。

经核查认为符合要求的，在《单位（子单位）工程质量竣工验收记录》中的“验收结论”栏填入符合要求的结论。如果发现某些抽测项目不全，或抽测结果达不到设计要求，可进行返工处理，使之达到要求。

6）“观感质量验收”栏根据《单位（子单位）工程观感质量检查记录》的检查结论填写。参加验收的各方代表，在建设单位主持下，对观感质量抽查，共同做出评价。如确认没有影响结构安全和使用功能的项目，符合或基本符合规范要求，应评价为“好”或“一般”。如果某项观感质量被评价为“差”，应进行修理。如果确难修理时，只要不影响结构安全和使用功能的，可采用协商解决的方法进行验收，并在验收表上注明。

7）“综合验收结论”栏应由参加验收各方共同商定，并由建设单位填写，主要对工程质量是否符合设计和规范要求及总体质量水平做出评价。

（2）《工程竣工报告》。

1）工程概况。写明工程名称、工程地址、工程结构类型、建筑面积、占地面积、地下及地上层数、基础类型、建筑物檐高、主要工程量、开工和完工日期。建设、勘察、设计、监理、总包及分包施工单位名称。

2）施工主要依据。说明施工主要依据，标明合同名称及备案编号、设计图工程号及主要设计变更编号，施工执行的主要标准。

3）工程施工情况。

①人员组织情况：总包单位项目部项目经理、技术负责人、专业负责人、施工现场管理负责人等姓名、执业证书及编号。特殊工种人员持证上岗情况。

②项目专业分包情况：专业分包情况，分包单位名称、资质证书号码和技术负责人姓名、执业证书及编号。

③工程施工过程：施工工期定额规定的施工天数，实际施工天数，工程总用工工日。按照《建筑工程施工质量验收统一标准》GB 50300—2013中分部工程的划分，简介各分部主要施工方法，重点描述地基基础、主体结构施工过程，包括建筑地基种类（天然或人工）、深度（槽底标高）、承载力数值、允许变形要求。地基处理情况，地基土质和地下水对基础有无侵蚀性。混凝土的制作及浇筑方法，砌体结构的砌筑方法，模板制作方法，钢筋接头方法等。说明主要建筑材料使用情况，用于主体结构建筑材料、门窗、防水、保温材料、混凝土外加剂、特种设备等产品是否符合相关规定，生产厂家是否具有生产许可证品牌和生产厂家名称。建筑材料、构配件设备是否按规定进行了报验，是否按规定进行了复试、有见证取样与送检，有见证取样与送样见证人姓名和见证试验机构名称，是否有合格证明文件，是否符合国家及地方标准。

④工程施工技术措施及质量验收情况：简介各工序采用了哪些技术、质量控制措施及新技术、新工艺和特殊工序。评定工程质量采用的标准，执行《工程建设标准强制性条文》和国家工程施工质量验收规范及安全与功能性检测、原材料试验、施工试验、主要建筑设备、系统调试的情况，说明地基基础与主体结构及分部验收质量达标、企业竣工自检、施工资料管理等情况。

⑤工程完成情况：是否依法完成了合同约定的各项内容，有无甩项，有无质量遗留问题，需要说明的其他事项。

4)工程质量总体评价:工程是否达到设计要求,是否符合《工程建设标准强制性条文》和国家工程施工质量验收规范,是否达到了施工合同的质量目标,是否具备竣工验收条件。《单位工程竣工报告》同时应有总监理工程师签字。

(3)《施工总结》。

1)编制责任和时限要求。施工总结是在施工过程中和工程完工后,根据工程特点、性质,进行的阶段性、综合性或专题性总结材料。应由项目经理统筹协调项目有关部门和管理人员共同完成。

2)施工总结包括以下方面的内容。

①工程概况:工程名称、建筑用途、基础结构类型、建筑面积、主要建筑材料、主要分部、分项工程、设计特点等。

②管理方面总结要点:对施工过程中所采用的质量管理措施、消除质量通病措施、降低成本措施、安全技术措施、环境管理措施、文明施工措施、合同管理措施、QC 质量管理活动等。

③技术方面总结要点:主要针对工程施工中采用的新技术、新产品、新工艺、新材料进行总结;施工组织设计(施工方案)编制的合理性以及实施情况等。

④经验与教训方面总结:施工过程中出现的质量、安全事故的分析;事故的处理情况;如何杜绝类似事件发生等。

3)施工总结应由项目经理和项目技术负责人签字。

二、工程资料的编号

(1)工程准备阶段文件:可按文件形成时间的先后顺序和类别,由建设单位确定编号原则。

(2)监理资料:可按资料形成时间的先后顺序编号。

(3)施工资料:应按以下形式编号。

$$\underset{①}{\underline{××}}—\underset{②}{\underline{××}}—\underset{③}{\underline{××}}—\underset{④}{\underline{×××}}$$

注:①为分部工程代号(2 位),按《建筑工程施工质量验收统一标准》GB 50300—2013 规定的代号填写。

②为子分部工程代号(2 位),按《建筑工程施工质量验收统一标准》GB 50300—2013 规定的代号填写。

③为资料的类别编号(2 位),按《建筑工程资料管理规程》JGJ/T 185—2009 规定的类别编号填写。

④为顺序号,按资料形成时间的先后顺序从 001 开始逐张编号。

(4)分部工程中每个子分部工程,应根据资料属性不同按资料形成的先后顺序分别编号;使用表格相同但检查项目不同时应按资料形成的先后顺序分别编号。

(5)对按单位工程管理,不属于某个分部、子分部工程的施工资料,其编号中分部、子分部工程代号用“00”代替。

(6)同一批物资用在两个以上分部、子分部工程中时,其资料编号中的分部、子分部工程代号按主要使用部位的分部、子分部工程代号填写。

(7)资料编号应填写在资料专用表格右上角的资料编号栏中;无专用表格的资料,应在资料右上角的适当位置注明资料编号。

(8)由施工单位形成的资料,其编号应与资料的形成同步编写;由施工单位收集的资料,其编号应在收集的同时进行编写。

(9)类别及属性相同的施工资料,数量较多时宜建立资料管理目录。管理目录分为通用管理目录和专项管理目录。

(10)资料管理目录的填写要求:

1)工程名称:单位或子单位(单体)工程名称;

2)资料类别:资料项目名称,如工程洽商记录、钢筋连接技术交底等;

3)序号:按时间形成的先后顺序用阿拉伯数字从1开始依次编写;

4)内容摘要:用精练语言提示资料内容;

5)编制单位:资料形成单位名称;

6)日期:资料形成的时间;

7)资料编号:施工资料右上角资料编号中的顺序号;

8)备注:填写需要说明的其他问题。

(11)建筑工程资料管理使用的各种表格应符合资料管理规程的要求,规程没有提供表样的可自行设计,本书提供了各资料表格相应的填写范例。

第二节 工程准备阶段文件管理

工程准备阶段文件是建设单位从立项申请并依法进行项目申报、审批、开工、竣工及备案全过程所形成的全部资料。按其性质可分为:立项决策、建设用地、勘察设计、招投标及合同、开工、商务文件。

一、工程准备阶段文件的基本要求

(1)立项决策文件包括:项目建议书(代可行性研究报告)及其批复、有关立项的会议纪要及相关批示、项目评估研究资料及专家建议等。根据项目大小、投资主体的不同,项目建议书的批复文件分别由国家、行业或地方相关政府管理部门审批。

(2)建设用地文件包括:征占用地的批准文件、国有土地使用证、国有土地使用权出让交易文件、规划意见书、建设用地规划许可证等。建设用地文件分别由国有土地管理部门和规划部门审批形成。

(3)勘察设计文件包括:工程地质勘察报告、土壤氡浓度检测报告、建筑用地钉桩通知单、验线合格文件、设计审查意见、设计图纸及设计计算书、施工图设计文件审查通知书等。建筑用地钉桩通知单、验线合格文件、审定设计方案通知书由规划部门审批形成。

(4)招投标及合同文件包括:工程建设招标文件、投标文件、中标通知书及相关合同文件。

(5)开工文件包括:建设工程规划许可证、建设工程施工许可证等。工程开工文件分别由规划部门和建设行政管理部门审批形成。

(6)商务文件包括:工程投资估算、工程设计概算、施工图预算、施工预算、工程结算等。

二、工程准备阶段文件的形成流程

工程准备阶段文件可按下列流程形成(见图 1-1)。

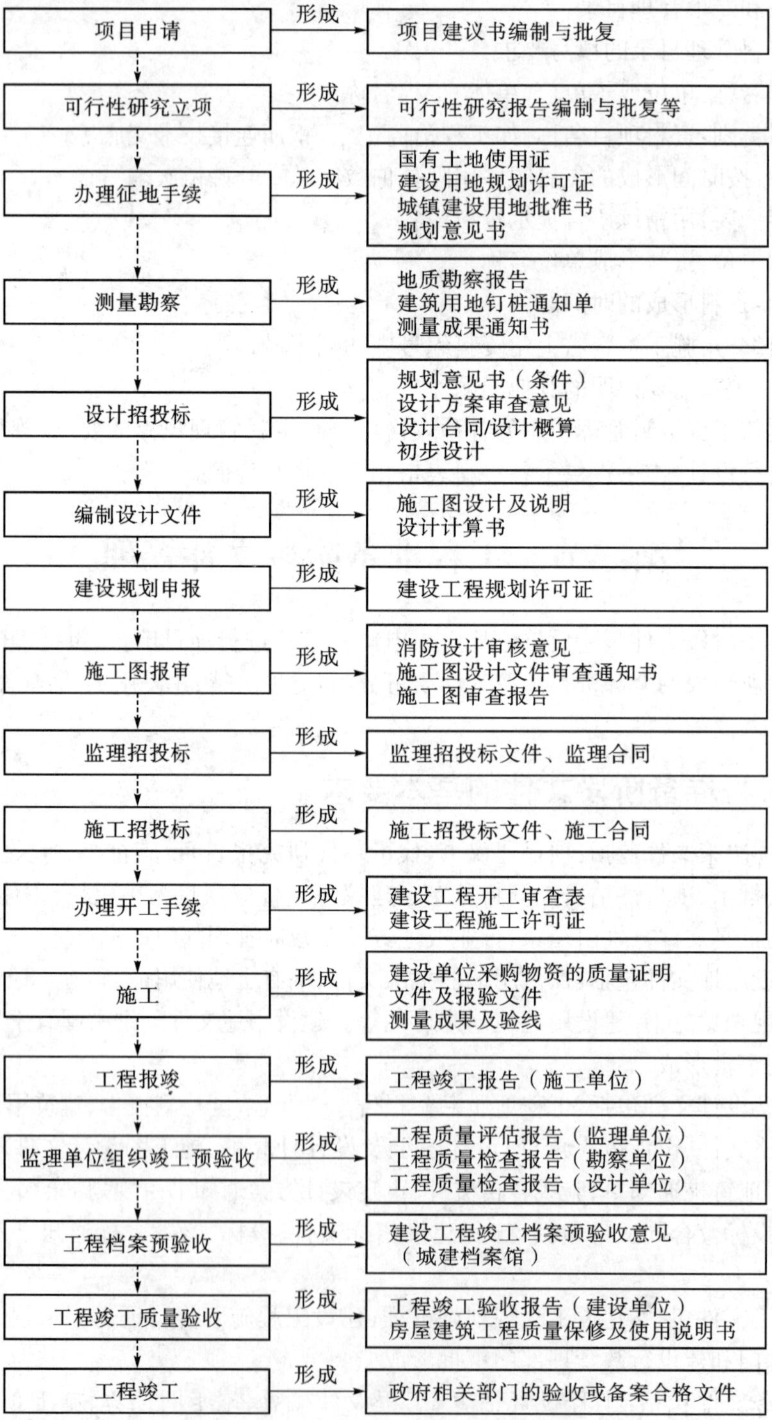

图 1-1　工程准备阶段文件形成流程图

第三节 监理资料管理

监理资料是监理单位在工程建设监理活动过程中所形成的全部资料。

一、监理资料的形成流程

监理资料可按下列流程形成(见图 1-2)。

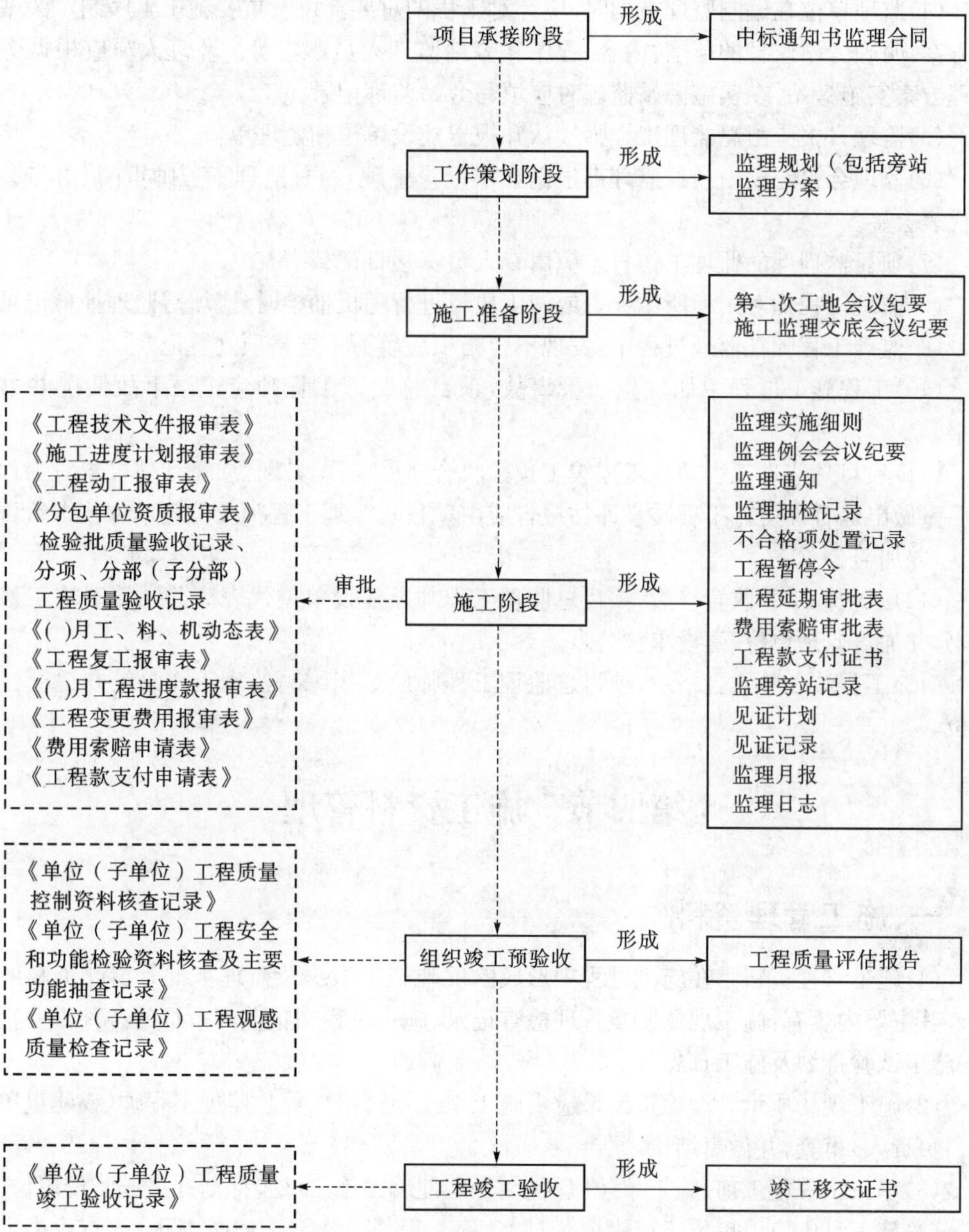

图 1-2 监理资料形成流程图

二、监理资料的基本要求

(1)监理(建设)单位应在工程开工前按相关规定确定本工程的见证人员。见证人应履行见证职责,填写见证记录。

(2)监理规划应由总监理工程师审核签字,并经监理单位技术负责人批准。

(3)监理实施细则应由监理工程师根据专业工程特点编制,经总监理工程师审核批准。

(4)监理单位在编制监理规划时,应针对工程的重要部位及重要施工工序制定旁站监理方案,明确旁站监理的范围、内容、程序和旁站监理人员职责等。监理人员应根据旁站监理方案实施旁站,在实施旁站监理时应填写旁站监理记录。

(5)监理月报应由总监理工程师签认并报送建设单位和监理单位。

(6)监理会议纪要由项目监理部根据会议记录整理,经总监理工程师审阅,由与会各方代表会签。

(7)项目监理部的监理工作日志应由专人负责逐日记载。

(8)监理工程师对工程所用物资或施工质量进行随机抽检时,应填写监理抽检记录。

(9)监理工程师在监理过程中,发现不合格项应填写不合格项处置记录。

(10)工程施工过程中如发生质量事故,项目总监理工程师应记录事故情况并书面上报。

(11)项目总监理工程师在工程竣工预验收合格后应撰写工程质量评估报告对工程建设质量做出综合评价。工程质量评估报告应由项目总监理工程师及监理单位技术负责人签认,并加盖公章。

(12)工程竣工验收合格后,项目总监理工程师及建设单位代表应共同签署竣工移交证书,并加盖监理单位、建设单位公章。

(13)工程竣工验收合格后,项目总监理工程师应组织编写监理工作总结并提交建设单位。

第四节 施工资料管理

一、施工管理资料

(1)施工管理资料是在施工过程中形成的反映施工组织及监理审批等情况资料的统称。其主要内容有:施工现场质量管理检查记录、施工过程中报监理审批的各种报验报审表、施工试验计划及施工日志等。

(2)施工现场质量管理检查记录应由施工单位填写报项目总监理工程师(或建设单位项目负责人)审查,并做出结论。

(3)单位工程施工前,施工单位应科学、合理地编制施工试验计划并报送监理单位。

(4)施工日志应以单位工程为记载对象,从工程开工起至工程竣工止,按专业指定专人负责逐日记载,其内容应真实。

二、施工技术资料

(1)施工技术资料是在施工过程中形成的,用以指导正确、规范、科学施工的技术文件及反映工程变更情况的各种资料的总称。主要内容有:施工组织设计及施工方案、技术交底记录、图纸会审记录、设计变更通知单、工程变更洽商记录等。

(2) 施工技术资料可按下列流程形成(见图 1-3)。

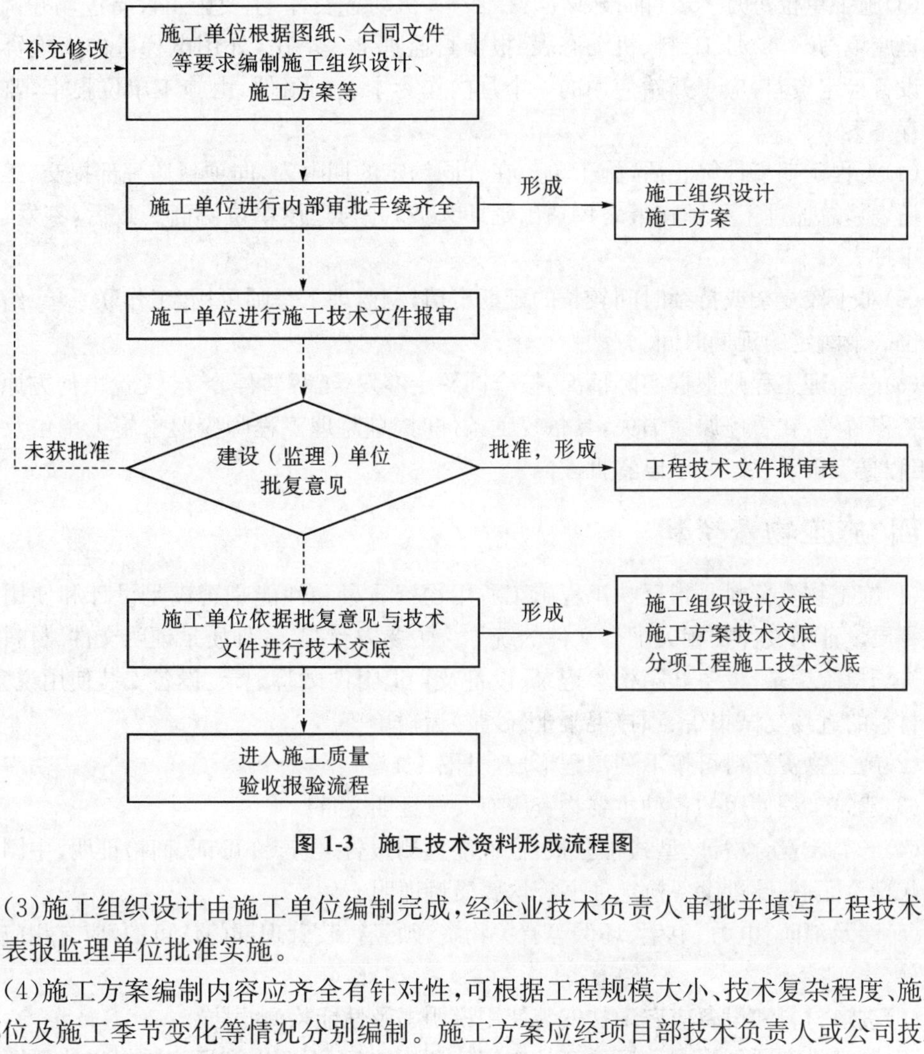

图 1-3　施工技术资料形成流程图

(3)施工组织设计由施工单位编制完成,经企业技术负责人审批并填写工程技术文件报审表报监理单位批准实施。

(4)施工方案编制内容应齐全有针对性,可根据工程规模大小、技术复杂程度、施工重点部位及施工季节变化等情况分别编制。施工方案应经项目部技术负责人或公司技术部门负责人审批,并填写工程技术文件报审表报请监理单位批准实施。

(5)施工组织设计应由施工单位的技术负责人组织交底,“四新”(新材料、新产品、新技术、新工艺)技术应用及专项施工方案应由项目技术负责人组织交底;分项工程施工方案应由专业工长组织交底。各项交底应有文字记录并有交底双方人员的签字。

(6)图纸会审应由建设单位组织,设计、监理和施工单位技术负责人及有关人员参加。设计单位对各专业问题进行交底,施工单位负责将设计交底内容按专业汇总、整理形成图纸会审记录,有关各方签字确认。

三、施工进度及造价资料

(1)施工单位根据现场实际情况达到开工条件时,应向项目监理部申报《工程动工报审表》。由监理工程师审核,总监理工程师签署审批结论,并报建设单位。

(2)施工单位应根据建设工程施工合同的约定,按时编制施工总进度计划、季度进度计划、月进度计划,并按时填写《施工进度计划报审表》报项目监理部审批。

(3)施工单位每月 25 日前报《(　)月工、料、机动态表》。主要施工设备进场并调试合格后也应填写《(　)月工、料、机动态表》报项目监理部。塔吊、外用电梯等的安检资料及计量设备检定资料,应于开始使用的一个月内作为本表的附件,由施工单位报审,监理单位留存备案。

(4)工程延期事件终止后,施工单位在合同约定的期限内,向项目监理部提交《工程延期申请表》,总监理工程师在最终评估出延期天数,并与建设单位协商一致后,签发《工程延期审批表》。

(5)对于较复杂或持续时间较长的延期申请,总监理工程师可用《工作联系单》给予施工单位一个暂定的延期时间。

(6)总监理工程师根据实际情况,按合同约定签发《工程暂停令》。无论由何方原因造成的工程暂停,在暂停原因消失,具备复工条件时,总监理工程师应要求施工单位及时填写《工程复工报审表》,并予以签批。

四、施工物资资料

(1)施工物资资料是指反映工程施工所用物资质量和性能是否满足设计和使用要求的各种质量证明文件及相关配套文件的统称。主要内容有:各种质量证明文件、材料及构配件进场检验记录、设备开箱检验记录、设备及管道附件试验记录、设备安装使用说明书、各种材料的进场复试报告、预拌混凝土(砂浆)运输单等。

(2)施工物资资料可按下列流程形成(见图 1-4)。

(3)建筑工程使用的各种主要物资应有质量证明文件。

(4)产品质量合格证、型式检验报告、性能检测报告、生产许可证、商检证明、中国强制认证(CCC)证书、计量设备检定证书等均属质量证明文件。

(5)涉及消防、电力、卫生、环保等有关物资,须经行政管理部门认可的,应有相应的认可文件。

(6)进口材料和设备应有中文安装使用说明书及性能检测报告。

(7)国家规定须经强制认证的产品应有认证标志(CCC),生产厂家应提供认证证书复印件,认证证书应在有效期内。

(8)施工物资进场后施工单位应对进场物资数量、型号和外观等进行检查,并填写材料及构配件进场检验记录或设备开箱检验记录。

(9)施工单位应按国家有关规范、标准的规定对进场物资进行复试或试验,没有专用试验表格的可用本规程提供的材料通用试验表格;规范、标准要求实行见证时,应按规定进行有见证取样和送检。

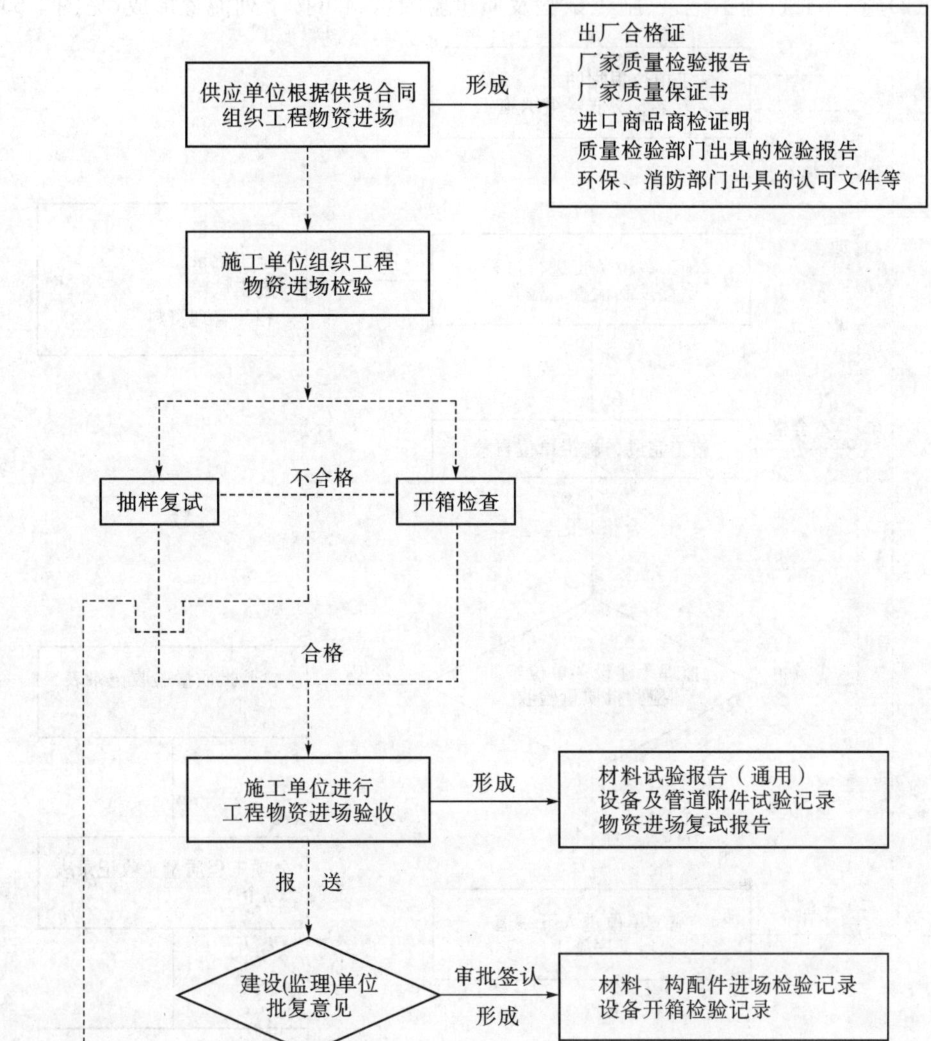

图 1-4 施工物资资料形成流程图

(10)施工物资进场后施工单位应报监理单位查验并签字。

五、施工记录

(1)施工记录是施工单位在施工过程中形成的，为保证工程质量和安全的各种内部检查记录的统称。主要内容有：隐蔽工程验收记录、交接检查记录、地基验槽记录、地基处理记录、桩施工记录、混凝土浇灌申请书、混凝土养护测温记录、构件吊装记录、预应力筋张拉记录等。

(2)施工测量、施工记录、施工试验及质量验收资料可按下列流程形成(见图 1-5)。

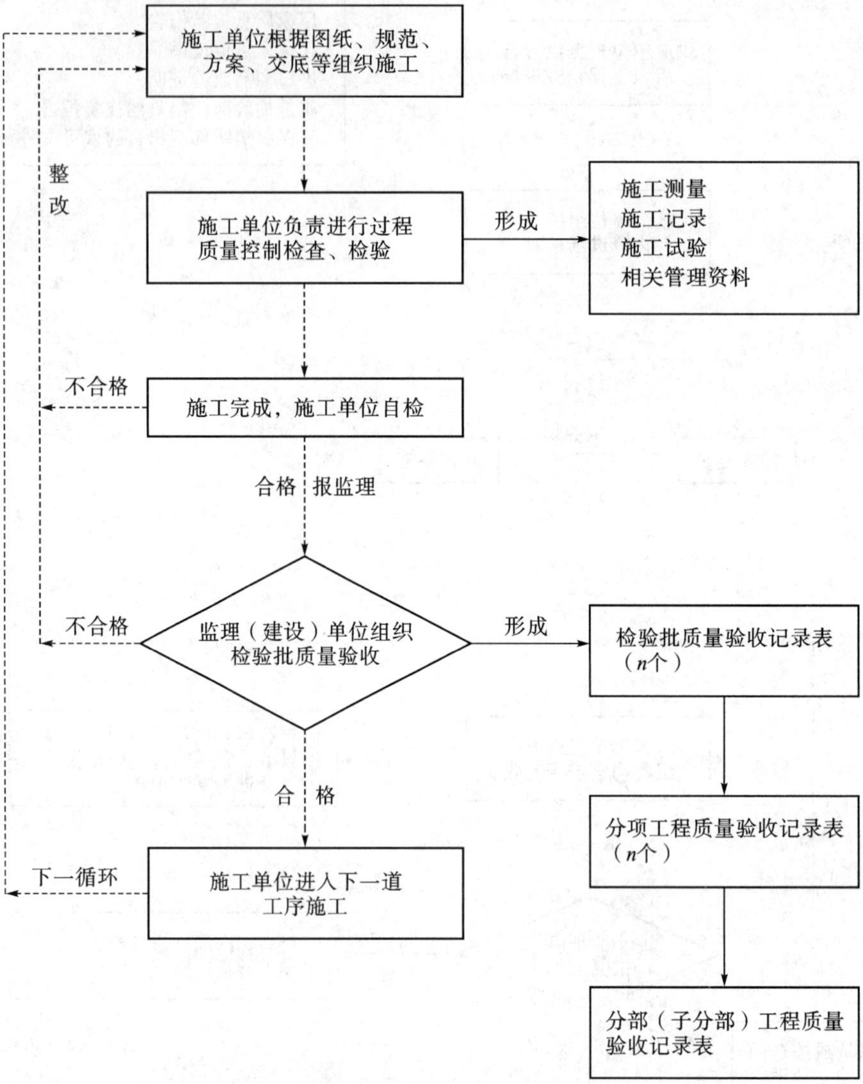

图 1-5 施工测量、施工记录、施工试验及质量验收资料形成流程图

(3)凡国家规范标准规定隐蔽工程检查项目的,应做隐蔽工程检查验收并填写隐蔽工程验收记录,涉及结构安全的重要部位应留置隐蔽前的影像资料。

(4)同一单位(子单位)工程,不同专业施工单位之间应进行工程交接检查并填写交接检查记录。移交单位、接收单位共同对移交工程进行验收,并对质量情况、遗留问题、工序要求、注意事项、成品保护等进行记录。

(5)单位(子单位)工程的土方开挖分项工程完工后应进行地基验槽,地基验槽应由建设、勘察、设计、监理和施工单位共同进行,并填写地基验槽检查记录表。检查内容包括基坑位置、平面尺寸、持力层核查、基底绝对高程和相对标高、基坑土质及地下水位等,有桩支护、桩基的工程还应进行桩的检查。地基需处理时,应由勘察、设计单位提出处理意见。

(6)勘察设计单位要求对地基进行处理的,地基处理完后应填写地基处理记录表,报请勘察、设计、监理单位复查。

(7)勘察设计要求对基槽浅层土质的均匀性和承载力进行钎探的,钎探前应绘制钎探点平面布置图,确定钎探点布置及顺序编号,按照钎探图及有关规定进行钎探并填写地基钎探记录表。

(8)混凝土正式浇筑前,应检查各项准备工作(如钢筋、模板、水电预埋、设备材料准备情况等),自检合格填写混凝土浇灌申请书,并告知监理单位。

(9)采用钢筋机械连接的工程应有钢筋机械连接质量的检查记录。

(10)拆除现浇混凝土结构板、梁、悬臂构件等底模及冬季施工的柱、墙侧模前,应填写混凝土拆模申请单,报项目专业技术负责人审批,通过后方可拆模。

(11)冬季混凝土施工时应进行温度测定并填写测温记录表。冬施混凝土养护测温应绘制测温点布置图,确定测温点的部位和深度等。

(12)大体积混凝土施工时应进行测温记录,填写大体积混凝土测温记录表并附温度测点布置图。

(13)地下工程验收时,应对地下工程有无渗漏现象进行检查,填写地下工程防水效果检查记录表,检查内容包括:裂缝、渗漏部位、大小、渗漏情况和处理意见等。

(14)国家规范标准要求或施工需要对施工过程进行记录时应留有施工记录,没有专用记录表格的可使用施工检查通用记录表。

六、施工试验资料

(1)施工试验资料是指按照设计及国家规范标准的要求,在施工过程中所进行的各种检测及测试资料的统称。主要内容有:土工、基桩性能、钢筋连接、埋件(植筋)拉拔、混凝土(砂浆)性能、施工工艺参数、饰面砖拉拔、钢结构焊缝质量检测及水暖、机电系统运转测试报告或测试记录。

(2)土方回填工程应进行土工击实试验,测定回填土质的最大干密度和最佳含水量,按规范要求分段、分层(步)回填,并取样对回填质量进行检验。

(3)钢筋连接应有满足钢筋焊接、机械连接相关技术规程要求的力学性能试验报告。机械连接工程开始前及施工过程中,应对每批进场钢筋,在现场条件下进行工艺检验,工艺检验合格后方可进行机械连接的施工。每台班钢筋焊接前宜先制作班前焊试件,确定焊接工艺参数。

(4)砌筑砂浆应有配合比申请单和试验室签发的配合比通知单(现场搅拌时);并有按规定留置的龄期为28天标养试块的抗压强度试验报告。单位工程应有砌筑砂浆试块抗压强度统计、评定记录。

(5)混凝土应有配合比申请单和试验室签发的配合比通知单(现场搅拌时);有按规定留的28天标养、同条件养护、拆模强度、受冻临界强度、预应力张拉强度等试件的抗压强度试验报告及抗渗、抗冻性能试验报告。单位工程应有混凝土试块抗压强度统计、评定记录。

(6)混凝土(砌筑砂浆)未按规定留置试块的或试件强度不满足设计及规范标准要求时,应委托有资质的检测机构出具相应的结构检测报告,由设计人员提出处理方案。

(7)用于承重结构的后置埋件、化学植筋、膨胀螺栓等应有满足设计要求的承载力拉拔试验报告;设计无要求时应满足《混凝土结构后锚固技术规程》JGJ 145—2013 的要求。

(8)采用锚杆、土钉墙技术的基坑支护工程应有满足支护设计要求的锚杆、土钉抗拔力试验报告。

(9)地基应有满足设计要求的地基承载力检测报告;桩基应有满足设计和相关规范、标准要求的承载力和桩身完整性检测报告。

七、施工质量验收资料

(1)施工质量验收资料是参与工程建设的有关单位根据相关标准、规范对工程质量是否达到合格做出确认的各种文件的统称。主要内容有:检验批质量验收记录、分项工程质量验收记录、分部(子分部)工程质量验收记录、结构实体检验等。

(2)施工单位在完成分项工程检验批施工,自检合格后,由项目专业质量检查员填写检验批质量验收记录表,报请项目专业监理工程师组织质量检查员等进行验收确认。

(3)分项工程所包含的检验批全部完工并验收合格后,由施工单位技术负责人填写分项工程质量验收记录表,报请项目专业监理工程师组织有关人员验收确认。

(4)分部(子分部)工程所包含的全部分项工程完工并验收合格后,由施工单位技术负责人填写分部(子分部)工程质量验收记录表,报请项目总监理工程师组织有关人员验收确认。

(5)地基与基础、主体结构分部工程完工,由建设、监理、勘察、设计和施工单位进行分部工程验收并加盖公章。

(6)涉及混凝土结构安全的重要部位应进行结构实体检验,并实行有见证取样和送检。结构实体混凝土应有同条件混凝土强度验收记录;结构实体重要部位的钢筋应有钢筋保护层厚度验收记录。

八、工程竣工质量验收资料

(1)工程竣工质量验收资料是指工程竣工时必须具备的各种质量验收资料。主要内容有:单位工程竣工预验收报验表、单位(子单位)工程质量竣工验收记录、单位(子单位)工程质量控制资料核查记录、单位(子单位)工程安全和功能检查资料核查及主要功能抽查记录、单位(子单位)工程观感质量检查记录、室内环境检测报告、建筑节能工程现场实体检验报告、工程竣工质量报告、工程概况表等。

(2)工程竣工质量验收资料可按下列流程形成(见图 1-6)。

(3)单位(子单位)工程的室内环境、建筑工程节能性能应检测合格并有检测报告。

(4)单位工程完工后施工单位应编写工程竣工报告,内容包括:工程概况及实际完成情况、工程实体质量、施工资料、主要建筑设备、系统调试、安全和功能检测、主要功能抽查等。

(5)单位(子单位)工程完工后,由施工单位填写单位工程竣工预验收报验表报项目监

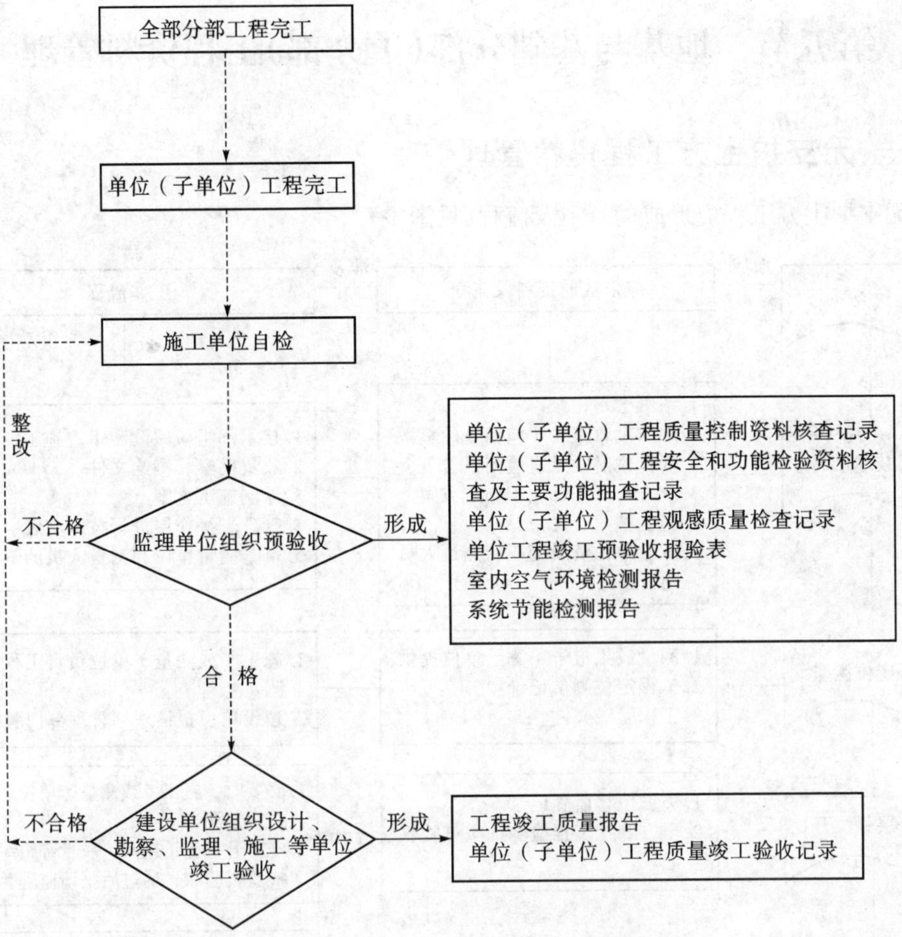

图 1-6　工程竣工质量验收资料形成流程图

理部，申请工程竣工预验收。总监理工程师组织项目监理部人员与施工单位进行检查预验收，合格后总监理工程师签署单位工程竣工预验收报验表、单位（子单位）工程质量控制资料核查记录、单位（子单位）工程安全和功能检查资料核查及主要功能抽查记录和单位（子单位）工程观感质量检查记录等并报建设单位，申请竣工验收。

（6）建设单位应组织设计、监理、施工等单位对工程进行竣工验收，各单位应在单位（子单位）工程质量竣工验收记录上签字并加盖公章。

第五节　地基与基础分部(子分部)工程资料管理

一、无支护土方工程资料管理

无支护土方工程应形成的资料及流程(见图 1-7)。

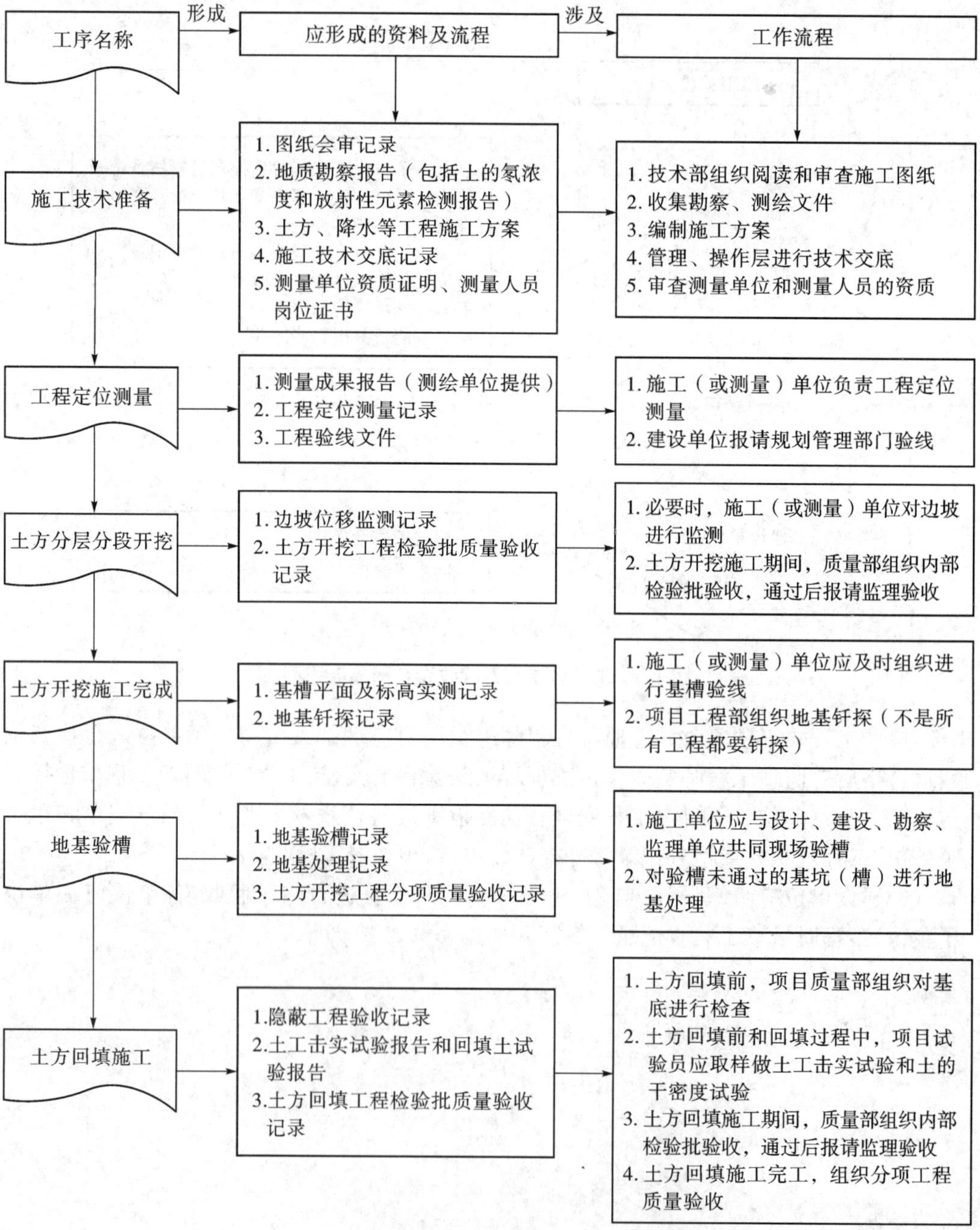

图 1-7　无支护土方工程应形成的资料及流程

二、地下防水工程资料管理

地下防水工程应形成的资料及流程(见图 1-8)。

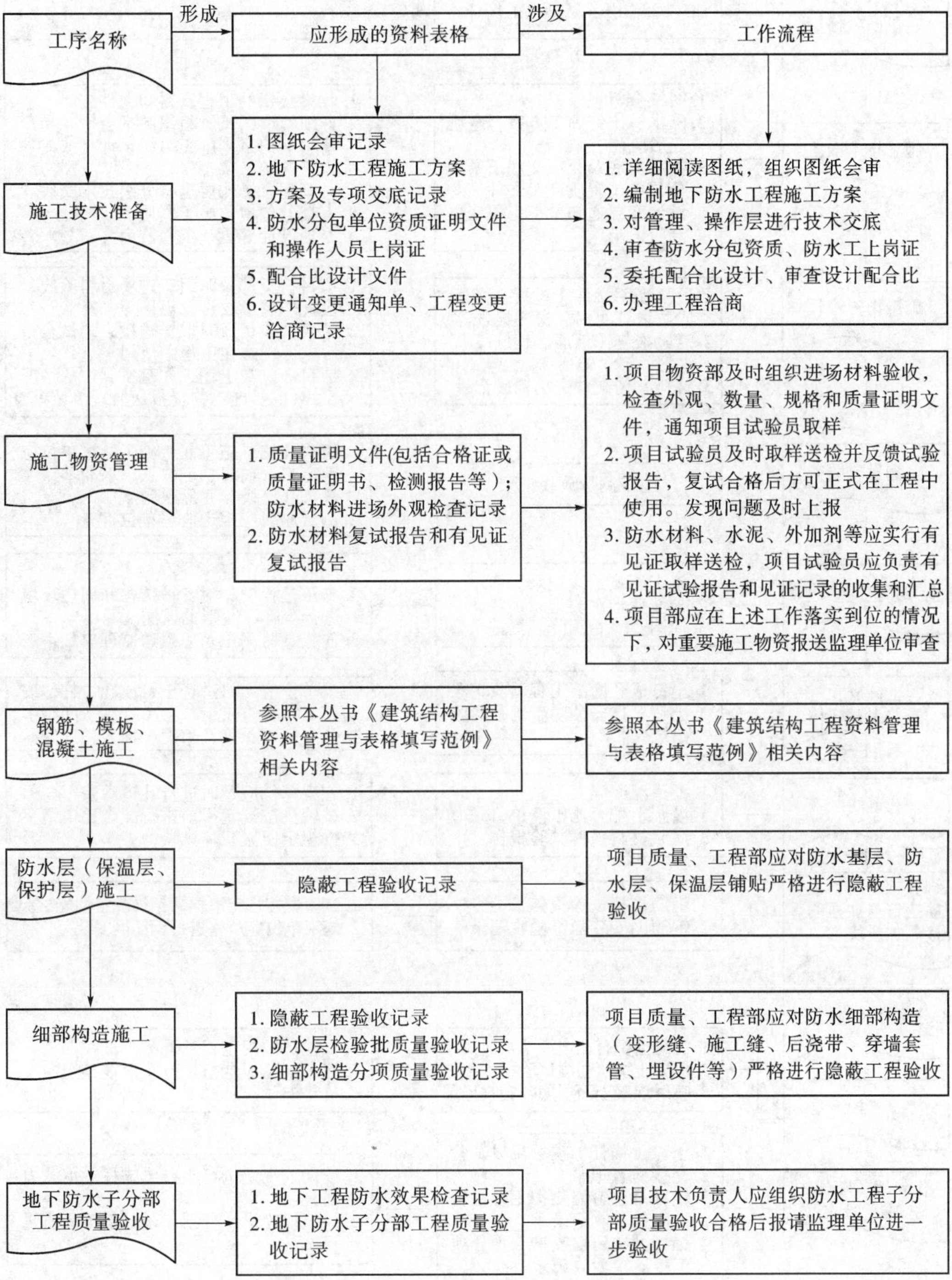

图 1-8　地下防水工程应形成的资料及流程

三、土钉墙(喷锚)支护工程资料管理

土钉墙(喷锚)支护工程应形成的资料及流程(见图 1-9)。

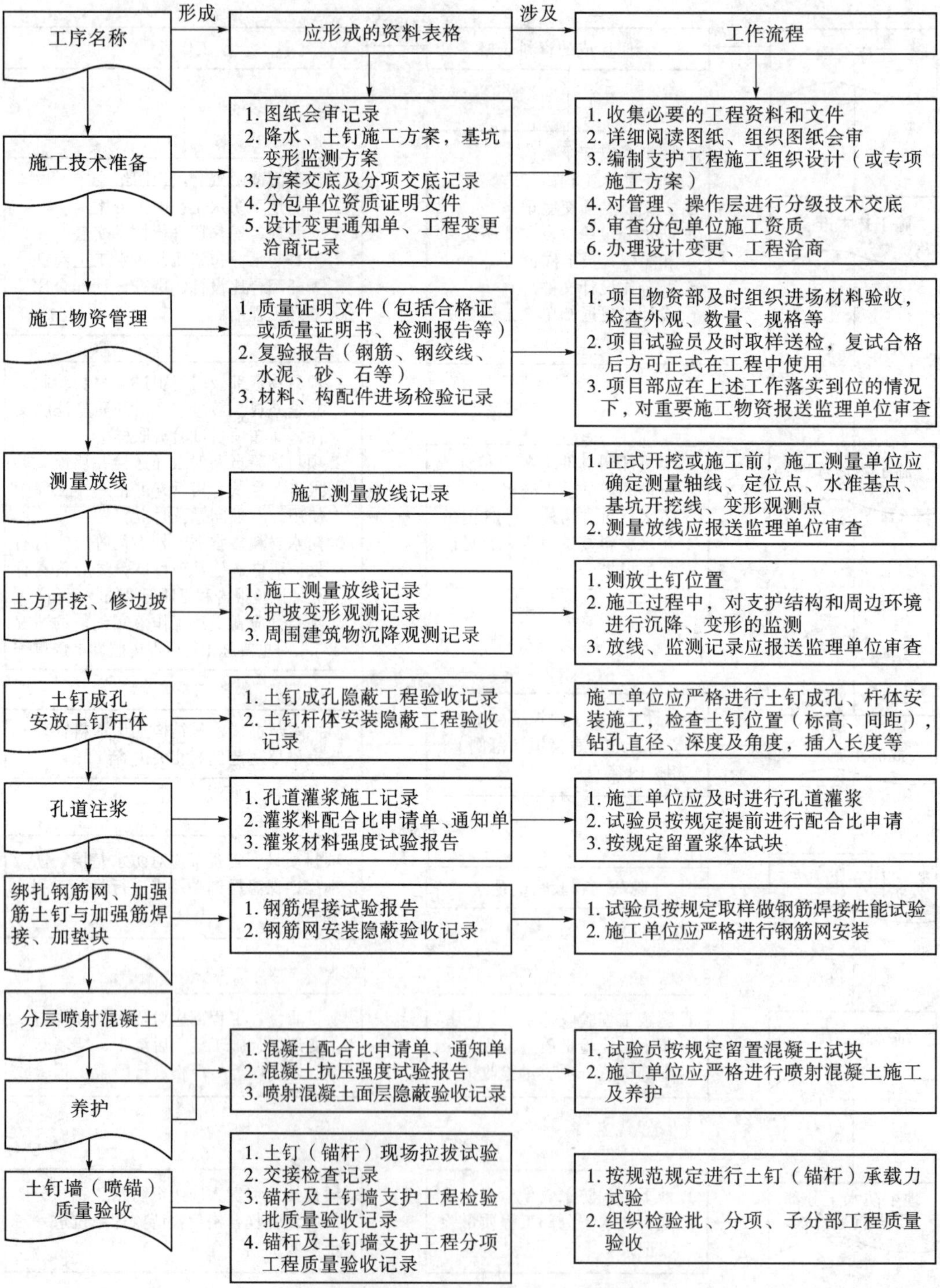

图 1-9　土钉墙(喷锚)支护工程应形成的资料及流程

四、排桩(灌注桩)支护工程资料管理

排桩(灌注桩)支护工程应形成的资料及流程(见图1-10)。

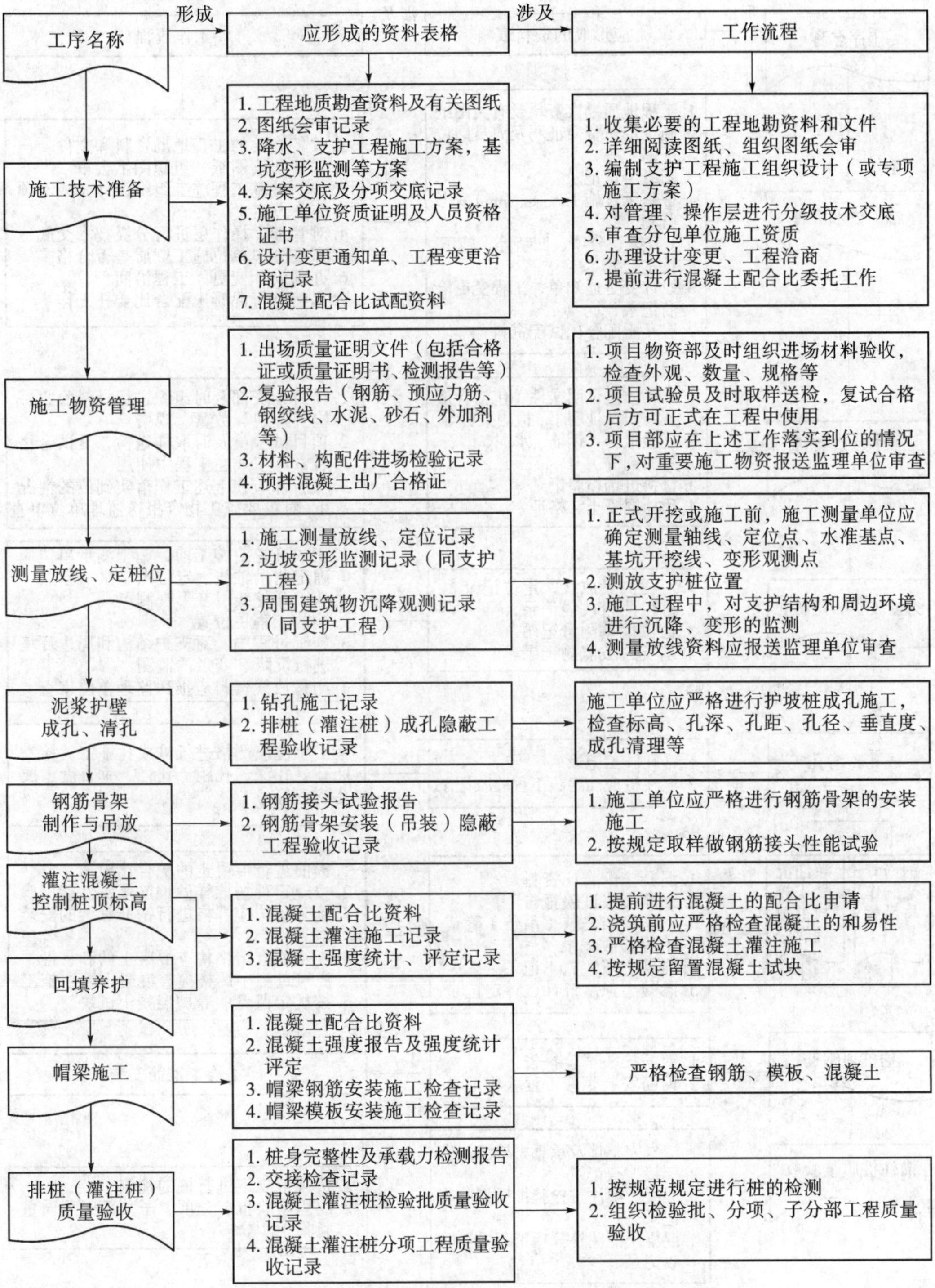

图1-10　排桩(灌注桩)支护工程应形成的资料及流程

五、桩基(灌注桩)工程资料管理

桩基(灌注桩)工程应形成的资料及流程(见图 1-11)。

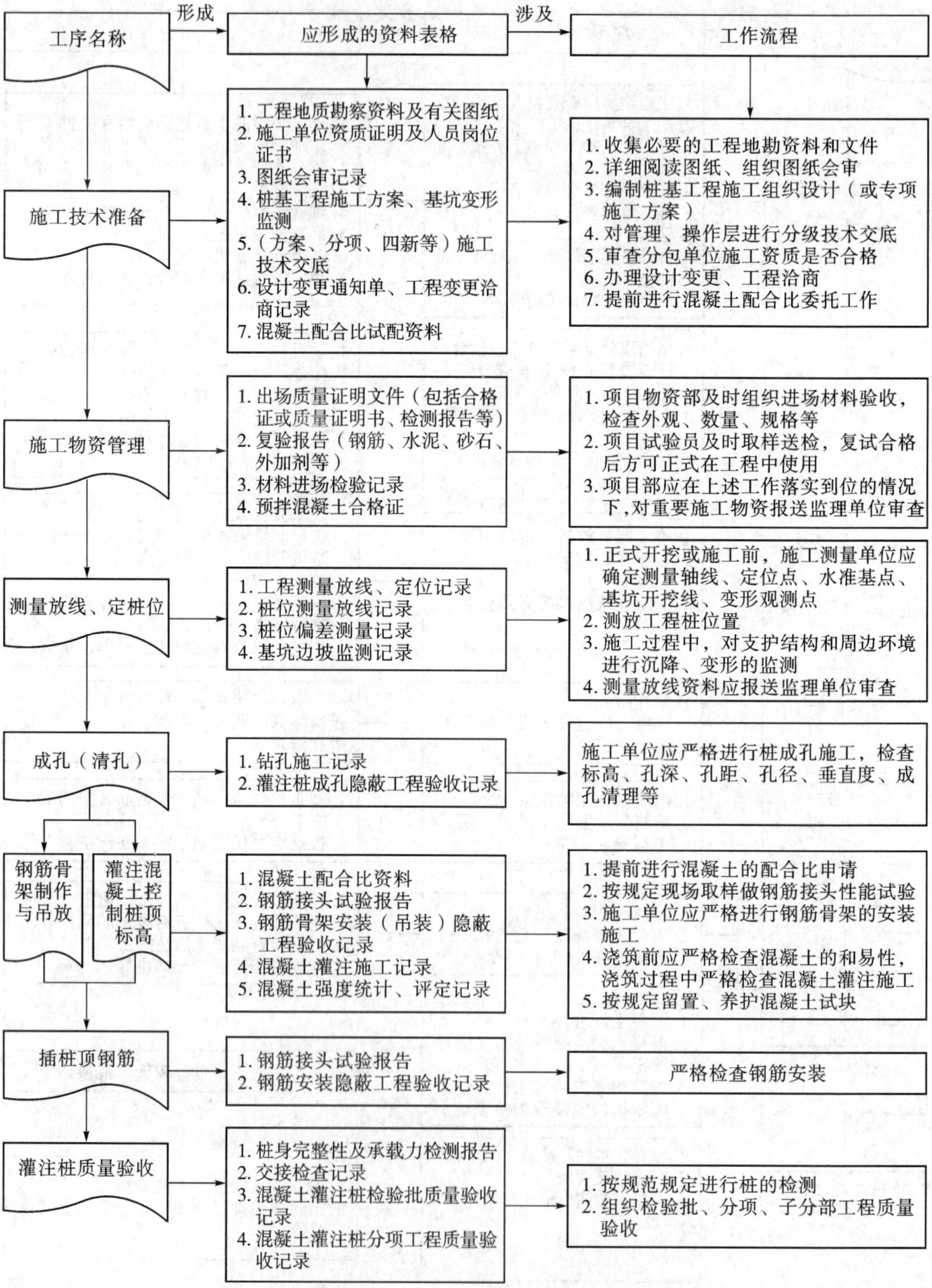

图 1-11　桩基(灌注桩)工程应形成的资料及流程

六、水泥粉煤灰碎石桩工程资料管理

水泥粉煤灰碎石桩工程应形成的资料及流程(见图 1-12)。

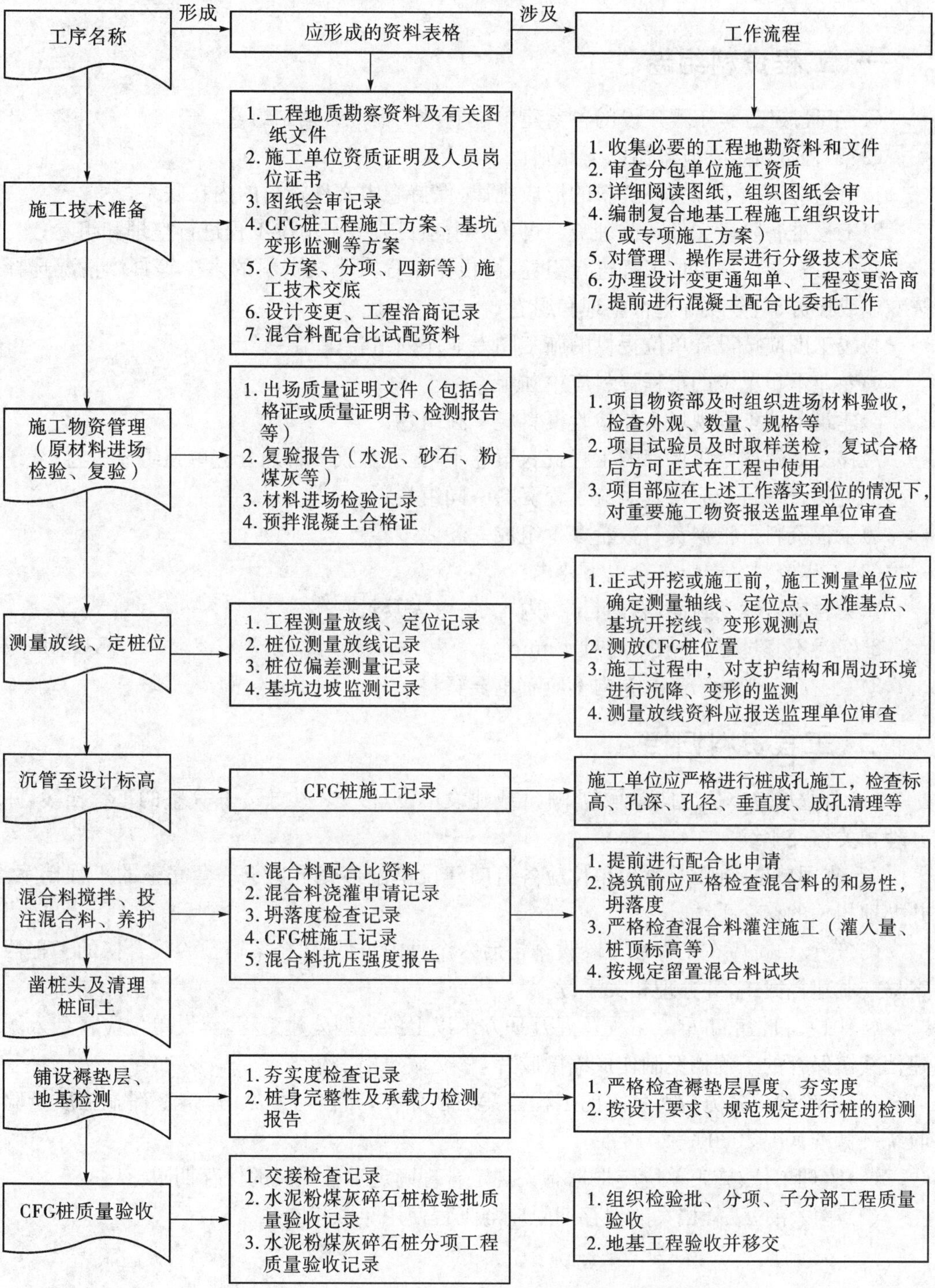

图 1-12　水泥粉煤灰碎石桩工程应形成的资料及流程

第六节 工程资料组卷及归档管理

一、工程资料组卷

(1)工程竣工后,工程建设的各参建单位应对工程资料编制组卷。

(2)工程资料组卷应遵循以下原则:

1)组卷应遵循工程文件资料的形成规律,保持卷内文件资料的内在联系;

2)工程准备阶段文件和监理资料可按一个项目或一个单位工程进行整理和组卷;

3)施工资料应按单位工程进行组卷,可根据工程大小及资料的多少等具体情况选择按专业或按分部、分项等进行整理和组卷;

4)竣工图应按设计单位提供的施工图专业序列组卷;

5)专业承包单位的工程资料应单独组卷;

6)建筑节能工程现场实体检验资料应单独组卷;

7)移交城建档案馆保存的工程资料案卷中,施工验收资料部分应单独组成一卷;

8)资料管理目录应与其对应工程资料一同组卷;

9)工程资料可根据资料数量多少组成一卷或多卷。

(3)工程资料案卷应符合以下要求:

1)案卷应有案卷封面、卷内目录、内容、备考表及封底。

2)案卷不宜过厚,一般不超过40mm。

3)案卷应美观、整齐,案卷内不应有重复资料。

二、工程资料归档

(1)专业承包单位应向总承包单位(或建设单位)移交不少于一套完整的工程档案,并办理相关移交手续。

(2)监理单位、施工总承包单位应各自向建设单位移交不少于一套完整的工程档案,并办理相关的移交手续。

(3)建设单位应在工程竣工验收合格后六个月内,将城建档案馆预验收合格的工程档案移交城建档案馆,并办理相关手续。

(4)国家和北京市重点工程及五万平方米以上的大型公建工程,建设单位应将列入城建档案馆保存的工程档案制作成缩微胶片,移交城建档案馆。

(5)工程参建各方应将各自的工程档案归档保存,归档内容见《建筑工程施工质量验收统一标准》GB 50300—2013。

(6)监理单位、施工单位应根据有关规定合理确定工程档案的保存期限。

(7)建设单位工程档案的保存期限应与工程使用年限相同。

第二章

地基与基础工程施工管理资料（C1）

本章内容包括下列资料：

- 施工现场质量管理检查记录
- 分包单位资质报审表
- 建设工程质量事故调(勘)查笔录及报告书
- 见证记录
- 施工日志
- 监理工程师通知回复单

第一节　施工现场质量管理检查记录

一、《施工现场质量管理检查记录》填写范例

<table>
<tr><td colspan="4">施工现场质量管理检查记录</td><td>资料编号</td><td>×××</td></tr>
<tr><td>工程名称</td><td colspan="3">××工程</td><td>施工许可证（开工证）</td><td>施××—00260 建</td></tr>
<tr><td>建设单位</td><td colspan="3">××集团开发有限公司</td><td>项目负责人</td><td>×××</td></tr>
<tr><td>设计单位</td><td colspan="3">××建筑设计院</td><td>项目负责人</td><td>×××</td></tr>
<tr><td>监理单位</td><td colspan="3">××建设监理公司</td><td>总监理工程师</td><td>×××</td></tr>
<tr><td>施工单位</td><td>××建设集团有限公司</td><td>项目经理</td><td>×××</td><td>项目技术负责人</td><td>×××</td></tr>
<tr><td>序号</td><td colspan="2">项　目</td><td colspan="3">内　容</td></tr>
<tr><td>1</td><td colspan="2">现场质量管理制度</td><td colspan="3">质量例会制度；月评比及奖罚制度；三检及交接检制度；质量与经济挂钩制度</td></tr>
<tr><td>2</td><td colspan="2">质量责任制</td><td colspan="3">岗位责任制；设计交底会制度；技术交底制度；挂牌制度</td></tr>
<tr><td>3</td><td colspan="2">主要专业工种操作上岗证书</td><td colspan="3">测量工、钢筋工、木工、混凝土工、电工、焊工、起重工、架子工等主要专业工种操作上岗证书齐全，符合要求</td></tr>
<tr><td>4</td><td colspan="2">分包方资质与分包单位的管理制度</td><td colspan="3">对分包方资质审查，满足施工要求，总包对分包单位制定的管理制度可行</td></tr>
<tr><td>5</td><td colspan="2">施工图审查情况</td><td colspan="3">施工图经设计交底，施工方已确认</td></tr>
<tr><td>6</td><td colspan="2">地质勘察资料</td><td colspan="3">勘察设计院提供地质勘察报告齐全</td></tr>
<tr><td>7</td><td colspan="2">施工组织设计、施工方案及审批</td><td colspan="3">施工组织设计、主要施工方案编制、审批齐全</td></tr>
<tr><td>8</td><td colspan="2">施工技术标准</td><td colspan="3">企业自定标准 4 项，其余采用国家、行业标准</td></tr>
<tr><td>9</td><td colspan="2">工程质量检验制度</td><td colspan="3">有原材料及施工检验制度；抽测项目的检测计划，分项工程质量三检制度</td></tr>
<tr><td>10</td><td colspan="2">搅拌站及计量设置</td><td colspan="3">有管理制度和计量设施，经计量检校准确</td></tr>
<tr><td>11</td><td colspan="2">现场材料、设备存放与管理</td><td colspan="3">按材料、设备性能要求制定了管理措施、制度，其存放按施工组织设计平面图布置</td></tr>
<tr><td colspan="6">检查结论：
通过上述项目的检查，项目部施工现场质量管理制度明确到位，质量责任制措施得力，主要专业工种操作上岗证书齐全，施工组织设计、主要施工方案逐级审批，现场工程质量检验制度制定齐全，现场材料、设备存放按施工组织设计平面图布置，有材料、设备管理制度
总监理工程师：×××
（建设单位项目负责人）　　××年×月×日</td></tr>
</table>

注：本表由施工单位填写。

二、《施工现场质量管理检查记录》填写说明

1.表格解析

(1)责任部门。

项目质量部。

(2)提交时限。

正式施工前完成并提交审核。

(3)填写要点。

1)表头部分。

①“工程名称”栏要填写工程名称全称，要与合同或招标文件中的工程名称一致。“施工许可证(开工证)”栏填写当地建设行政主管部门批准发给的施工许可证(开工证)的编号。

②“建设单位”栏写合同文件中的甲方，单位名称要与合同签章上的单位相一致。建设单位“项目负责人”栏，要填写合同书上签字人或签字人以文字形式委托的代表——工程的项目负责人。工程完工后竣工验收备案表中的单位项目负责人应与此一致。

③“设计单位”栏填写设计合同中签章单位的名称，其全称应与印章上的名称一致。设计单位“项目负责人”栏，应是设计合同书签字人或签字人以文字形式委托的该项目负责人，工程完工后竣工验收备案表中的单位项目负责人应与此一致。

④“监理单位”栏填写单位全称，应与合同或协议书中的名称一致。“总监理工程师”栏应是合同或协议书中明确的项目监理负责人，也可以是监理单位以文件形式明确的该项目监理负责人，总监理工程师必须有监理工程师任职资格证书，并要与其各相关专业对口。

⑤“施工单位”栏填写施工合同中签章单位的全称，与签章上的名称一致。“项目经理”栏、“项目技术负责人”栏与合同中明确的项目经理、项目技术负责人一致。

2)检查项目部分。

①现场质量管理制度。

a.核查现场质量管理制度内容是否健全、有针对性、时效性等。

b.质量管理体系是否建立，是否持续有效。

c.各级专职质量检查人员的配备。

②质量责任制。

质量责任制是否具体及落实到位情况。

③主要专业工种操作上岗证书。核查主要专业工种操作上岗证书是否齐全和符合要求。

④分包方资质与分包单位的管理制度。审查分包方资质是否符合要求；分包单位的管理制度是否健全。

a.承包单位填写《分包单位资质报审表》，报项目监理部审查。

b.审查分包单位的营业执照、企业资质等级证书、专业许可证、人员岗位证书。

c.审查分包单位的业绩。

d.经审查合格，签发《分包单位资质报审表》。

⑤施工图审查情况。审查设计交底、图纸会审工作是否已完成。

⑥地质勘察资料。地质勘察资料是否齐全。

⑦施工组织设计、施工方案及审批。

a. 项目监理部可规定某些主要分部(分项)工程施工前,承包单位应将施工工艺、原材料使用、劳动力配置、质量保证措施等情况编写专项施工方案,填写《工程技术文件报审表》报项目监理部审核。

b. 在施工过程中,当承包单位对已批准的施工组织设计进行调整、补充或变动时,应经专业监理工程师审查,并应由总监理工程师签认。

c. 专业监理工程师应要求承包单位报送重点部位、关键工序的施工工艺和确保工程质量的措施,审核同意后予以签认。

d. 当承包单位采用新材料、新工艺、新设备时,专业监理工程师应要求承包单位报送相应的施工工艺措施和证明材料,组织专题论证,经审定后予以签认。

e. 上述方案经专业监理工程师审查,由总监理工程师签认。

⑧施工技术标准。施工技术标准是否能满足本工程的使用。

⑨工程质量检验制度。工程质量检验制度是否健全。

⑩搅拌站及计量设置。审查混凝土、砌筑砂浆(配合比申请单和通知单)、对现场搅拌设备(含计量设备),现场管理进行检查;对商品混凝土生产厂家资质和生产能力进行考察。搅拌站资质是否符合要求,各种计量设备是否先进可靠。

⑪现场材料、设备存放与管理现场平面布置是否能满足现场材料、设备存放及施工;材料、设备是否有管理制度。

根据检查情况,将检查结果填到相对应的栏中。可直接将有关资料的名称写上,资料较多时,也可将有关资料进行编号填写,注明份数。

3)“检查结论”栏。

由总监理工程师或建设单位项目负责人填写。

总监理工程师或建设单位项目负责人,对施工单位报送的各项资料进行验收核查,验收核查合格后,签署认可意见。

“检查结论”要明确,是符合要求还是不符合要求。如总监理工程师或建设单位项目负责人验收核查不合格,施工单位必须限期改正,否则不准许开工。

(4)填写与主要签认责任。

总监理工程师或建设单位项目负责人。

2. 相关规定及要求

建筑工程项目经理部应按规定填写《施工现场质量管理检查记录》,报项目总监理工程师(或建设单位项目负责人)检查,并做出检查结论。《施工现场质量管理检查记录》应在进场后、开工前填写。通常每个单位工程只填写一次。但当项目管理有重大变化调整时,应重新检查填写。为了提高项目管理水平,在对质量管理制度检查中,应注意两点:

(1)了解有关人员对各项制度的熟悉程度。

(2)在施工过程中需要检查督促各项制度的落实。

第二节　分包单位资质报审表

一、《分包单位资质报审表》填写范例

<table>
<tr><td colspan="3">分包单位资质报审表</td><td>资料编号</td><td>×××</td></tr>
<tr><td>工程名称</td><td colspan="2">××工程</td><td>日　期</td><td>××年×月×日</td></tr>
<tr><td colspan="5">致：××建设监理公司（监理单位）
经考察，我方认为拟选择的××公司（分包单位）具有承担下列工程的施工资质和施工能力，可以保证本工程项目按合同的约定进行施工。分包后，我方仍然承担总承包单位的责任。请予以审查和批准。
附：
1. ☑分包单位资质材料
2. ☑分包单位业绩材料
3. □中标通知书</td></tr>
<tr><td>分包工程名称（部位）</td><td>单位</td><td colspan="2">工程数量</td><td>其他说明</td></tr>
<tr><td>钢结构工程</td><td>m^2</td><td colspan="2">6000</td><td>劳务承包</td></tr>
<tr><td colspan="5">施工单位名称：××建设集团有限公司　　项目经理（签字）：×××</td></tr>
<tr><td colspan="5">监理工程师审查意见：
经审查，分包单位资质、业绩材料齐全、真实有效，具有承担分包工程的施工资质和施工能力
监理工程师（签字）：×××　　日期：××年×月×日</td></tr>
<tr><td colspan="5">总监理工程师审批意见：
同意资格审查
监理单位名称：××建设监理公司　　总监理工程师（签字）：×××　　日期：××年×月×日</td></tr>
</table>

注：本表由施工单位填报，监理单位签署审批意见。

二、《分包单位资质报审表》填写说明

1. 相关规定及要求

（1）分包单位资格报审程序。

1）承包单位应在工程项目开工前或拟分包的分项、分部工程开工前，填写《分包单位资格报审表》，附上经其自审认可的分包单位的有关资料，报项目监理机构审核。

2）项目监理机构应在合同规定的期限内完成或提出进一步补充有关资料的审批工作。

3）项目监理机构和建设单位认为必要时，可会同承包单位对分包单位进行实地考察，以验证分包单位有关资料的真实性。

4）分包单位的资格符合有关规定并满足工程需要，由总监理工程师签发《分包单位资格报审表》予以确认。

5)分包合同签订后，承包单位将分包合同报项目监理机构备案。

(2)分包单位资格报审内容。

1)承包单位对部分分项、分部工程(主体结构工程除外)实行分包必须符合施工合同的规定。

2)分包单位的营业执照、企业资质等级证书、特种行业施工许可证、国外(境外)企业在国内承包工程许可证。

3)分包单位的业绩。

4)分包工程内容和范围。

5)专职管理人员和特种作业人员的资格证、上岗证。

(3)《建设工程监理规范》GB 50319—2013 中第 5.2.7 条规定，试验室的检查应包括下列内容

1)试验室的资质等级及试验范围；

2)法定计量部门对试验设备出具的计量检定证明；

3)试验室管理制度；

4)试验人员资格证书；

(4)总监理工程师应安排专业监理工程师对报审表及其附件进行审查，其审查重点是审查分包单位的专业能力是否胜任分包工程。审查后，在相应栏目签注审查意见并签字。

(5)项目监理机构对承包单位报审的《分包单位资质报审表》的审批，不应超过 3 天。

(6)分包单位的资格符合有关规定并满足工程需要时，由总监理工程师签发《分包单位资质报审表》，予以确认。

(7)分包合同签订后，承包单位填写《分包合同报验申请表》，并附分包单位合同报送项目监理机构备案。

(8)项目监理机构发现承包单位存在转包、肢解分包、层层分包等情况时，应签发《监理通知》即时予以制止，同时报告建设单位及有关部门。

2.审核时限

项目监理机构对承包单位报审的《分包单位资质报审表》的审批，不应超过 3 天。

3.填写要点

(1)承包单位填写。

1)根据工程分包的具体情况，可在"附"栏中的"分包单位资质材料、分包单位业绩材料、中标通知书"相应的选择框处划"√"，并将所附资料随本表一同报验。

2)在"分包工程名称(部位)"栏中填写分包单位所承担的工程名称(部位)及计量单位、工程数量、其他说明。

(2)监理单位填写。

1)监理工程师应审查分包单位的营业执照、企业资质等级证书、施工许可证、管理人员、技术人员资格(岗位)证书以及所获得的业绩材料的真实性、有效性。审查合格后，在"监理工程师审查意见"栏中填写审查意见，并予以签认。

2)总监理工程师审核后在"总监理工程师审批意见"栏中填写具体的审批意见，并予以签认。

第三节　建设工程质量事故调(勘)查笔录及报告书

一、《建设工程质量事故调(勘)查笔录》填写范例

<table>
<tr><td colspan="3">建设工程质量事故调(勘)查笔录</td><td>资料编号</td><td>×××</td></tr>
<tr><td>工程名称</td><td colspan="2">××工程</td><td>日　　期</td><td>××年×月×日</td></tr>
<tr><td>调(勘)查时间</td><td colspan="4">××年×月×日 9 时 0 分至 11 时 0 分</td></tr>
<tr><td>调(勘)查地点</td><td colspan="4">××区××路××号(施工现场)</td></tr>
<tr><td>参加人员</td><td>单　　位</td><td>姓名</td><td>职务</td><td>电话</td></tr>
<tr><td>被调查人</td><td>××建设集团有限公司</td><td>×××</td><td>项目经理</td><td>××××</td></tr>
<tr><td rowspan="2">陪同调(勘)查人员</td><td>××建筑设计院</td><td>×××</td><td>×××</td><td>××××</td></tr>
<tr><td>××建设监理公司</td><td>×××</td><td>×××</td><td>××××</td></tr>
<tr><td>调(勘)查笔录</td><td colspan="4">沉桩机械设备在二沉池试打时发现，该区域由于淤泥质土层深度增加，混凝土灌注成桩后发现有严重的缩颈现象，报业主、监理后停工。</td></tr>
<tr><td>现场证物照片</td><td colspan="4">☑有　□无　　共 6 张　　　　共 3 页</td></tr>
<tr><td>事故证据资料</td><td colspan="4">☑有　□无　　共 10 张　　　　共 5 页</td></tr>
<tr><td>被调查人签字</td><td>×××</td><td colspan="2">调(勘)查人</td><td>×××</td></tr>
</table>

注：本表由调查人填写。

二、《建设工程质量事故报告书》填写范例

建设工程质量事故报告书		资料编号	×××
工程名称	××工程	建设地点	××区××路××号
建设单位	××集团开发有限公司	设计单位	××建筑设计院
施工单位	××建设集团有限公司	建筑面积(m^2) 工作量(元)	8428m^2 2310 万元
结构类型	框架剪力墙	事故发生时间	××年×月×日
上报时间	××年×月×日	经济损失(元)	10000.00 元以上

事故经过、后果与原因分析：

本工程基础施工顺序为先打工程桩，再施工基坑支护桩，最后进行基坑土方开挖和地下基础施工。

地下室基坑土方开挖后发现电梯井群桩基础中有 9 根桩身出现严重倾斜，倾斜度为 1.82%～6.55%，均超过施工规范桩身垂直度允许偏差值 1%的要求。为全面了解倾斜桩的桩身质量，对此 9 根桩进行动测，同时对管桩内腔采用灯泡照射法进行直观检查。检测结果除 36 号、45 号桩未发现缺陷，其他 7 根桩在底面以下 2～3mm 范围内桩身出现严重断裂

事故发生后采取的措施：

1. 基坑回填粗砂及石粉，分层淋水夯实，上铺钢板，采用 D62 履带式柴油锤桩机施工。
2. 在回填前对旧桩进行准确测位记录。
3. 回填前对旧桩芯顶一定深度内采用 C40 混凝土填实，配 5Φ16 钢筋笼，增大旧桩抗挤压刚度。
4. 基坑回填前对基坑支护桩加沙包保护，以减少打桩震动对支护桩的影响，而且在补打桩过程中加强对支护桩的监测

事故责任单位、责任人及处理意见：

事故责任单位：××建筑公司

责任人：施工人员×××

处理意见：

1. 对直接责任者进行治疗意识教育，切实加强操作规程的培训学习及贯彻执行，经考核合格后持证上岗，并处以适当经济处罚。
2. 对所在班组提出批评，切实加强施工过程质量控制。

结论：经返工处理后，达到施工规范要求

负责人	×××	报告人	×××	日　期	××年×月×日

注：本表由报告人填写。

三、《建设工程质量事故调(勘)查笔录及报告书》填写说明

1. 表格解析

(1)责任部门。

项目质量部。

(2)提交时限。

事故发生后48小时内提交。

(3)填写要点。

1)填写该表时应写明工程名称、时间、地点、人员所在单位、姓名、职务、联系电话。

2)“调(勘)查笔录”栏应填写工程质量事故发生的时间、具体部位，造成质量事故的原因，以及现场观察的现象，并初步估计造成的经济损失。

3)当工程质量事故发生后，应采用影像的形式真实记录现场的情况，以作为事故原因分析的依据，当留有现场证物照片或事故证据资料时，应在“有”、“无”选择框处划“√”并标注数量。

(4)填写与主要签认责任。

本表由调查人填写，项目经理或项目主要负责人签认。

2. 相关规定及要求

(1)工程质量事故的分类。

1)按事故造成的后果可分为未遂事故和已遂事故。

2)按事故产生的原因可分为指导责任事故和操作责任事故。

3)按事故的性质可分为一般事故、严重事故和重大事故。

4)依据建设部令规定，工程质量事故按其性质分为三大类六个等级。

(2)质量事故的调查与分析，事故调查报告的内容。

1)常见的工程质量事故发生的原因一般有：违反施工程序，违反有关法规和工程合同规定，施工方案不正确，设计方案不正确，工程设备质量差，材料材质不合格，使用建筑物、构筑物不当，施工管理问题，自然条件和环境影响。

2)质量事故的调查。调查的主要目的，是确定质量事故的范围、性质、影响和原因等，通过调查质量事故的原因分析为处理提供依据。

质量事故的调查组织机构及调查内容：

①由项目技术负责人为首组建调查小组，参加人员应与事故直接相关的专业技术人员、质检员和有经验的技术工人组成。

②对事故进行细致的现场调查，包括发生时间、性质、操作人员、现状及发展变化的情况，充分了解与掌握事故的现场和特征。

③收集资料，包括所依据的设计图纸、使用的施工方法、施工工艺、采用的材料、施工机械、真实的施工记录、施工期间环境条件、施工顺序及质量控制情况等，摸清事故对象在整个施工过程中所处的客观条件。

④对收集到可能引发事故的原因进行整理，按“人、机、料、法、环”五个方面内容进行归纳，形成质量事故调查的原始资料。

第四节　见 证 记 录

一、《有见证取样和送检见证人备案书》填写范例

有见证取样和送检见证人备案书

××市建设工程　质量监督站：

××建筑工程公司　试验室：

我单位决定，由　×××、×××　同志担任　地基与基础

工程有见证取样和送检见证人。有关的印章和签字如下，请查收备案。

有见证取样和送检印章	见证人签字
××建设监理公司 有见证取样和送检印章	××× ×××

建设单位名称(盖章)：　××集团开发有限公司　　××年×月×日

监理单位名称(盖章)：　××建设监理公司　　××年×月×日

施工项目负责人签字：　×××　　××年×月×日

二、《见证记录》填写范例

见 证 记 录

工程名称	××办公楼工程		编　号	×××	
样品名称	热轧带肋钢筋(Φ25)	试件编号	009－022	取样数量	1组
取样部位/地点	施工现场		取样日期	××年×月×日	
见证取样说明	依据见证取样的相关规定，现场取样真实有效，代表数量6.85t，天津轧二				
见证取样和送检印章	××工程建设监理有限公司 有见证试验专用章				
签字栏	取样人员		见证人员		
	×××		×××		

三、《见证记录》填写说明

1. 填写依据

《建筑工程资料管理规程》JGJ/T 185—2009。

《房屋建筑工程和市政基础设施工程实行见证取样和送检的规定》(建建〔2000〕211号)。

2. 相关规定及要求

(1)涉及结构安全的试块、试件和材料见证取样和送检的比例不得低于有关技术标准中规定应取样数量的30%。

(2)下列试块、试件和材料必须实施见证取样和送检。

1)用于承重结构的混凝土试块;

2)用于承重墙体的砌筑砂浆试块;

3)用于承重结构的钢筋及连接接头试件;

4)用于承重墙的砖和混凝土小型砌块;

5)用于拌制混凝土和砌筑砂浆的水泥;

6)用于承重结构的混凝土中使用的掺加剂;

7)地下、屋面、厕浴间使用的防水材料;

8)国家规定必须实行见证取样和送检的其他试块、试件和材料。

(3)见证人员应由建设单位或该工程的监理单位具备建筑施工试验知识的专业技术人员担任,并应由建设单位或该工程的监理单位书面通知施工单位、检测单位和负责该项工程的质量监督机构。

(4)在施工过程中,见证人员应按照见证取样和送检计划,对施工现场的取样和送检进行见证,取样人员应在试样或其包装上作出标识、封志。标识和封志应标明工程名称、取样部位、取样日期、样品名称和样品数量,并由见证人员和取样人员签字。见证人员应制作见证记录,并将见证记录归入施工技术档案。

(5)检测机构应对样品和见证记录进行确认,对不符合下列要求的样品应当拒收:

1)见证记录无见证人员签字,或签字的见证人员未告知检测机构。

2)检测试样的数量、规格等不符合检测标准要求。

3)封样标识和封志信息不全。

4)封样标识和封志上无试验人员和见证人员签字。

(6)检测机构应设专人负责试样留置工作。对规范和标准明确要求需留置的试样,应按规范和标准的规定留置;规范和标准没有规定的,应在样品检测完成后留置24h。

(7)检测机构对出现的不合格检测结果应在当日告知项目监理机构或建设单位和工程质量监督机构,并应单独建立检测结果不合格台账。

(8)见证取样和送检的检测报告,应加盖检测机构“有见证试验”专用章,由施工单位汇总后纳入工程施工技术档案。

(9)因见证取样和送检增加的检测试验费用计入工程造价;增加的监理人工费用在施工监理服务收费基准价中予以调整。

四、《见证试验检测汇总表》填写范例

见证试验检测汇总表

工程名称	××办公楼工程		编　号	×××
			填表日期	××年×月×日
建设单位	××集团开发公司		检测单位	××试验公司
监理单位	××建设监理公司		见证人员	×××
施工单位	××建设集团公司		取样人员	×××
试验项目	应试验组/次数	见证试验组/次数	不合格次数	备　注
钢筋原材	81	33	0	
直螺纹接头	86	28	0	
混凝土标养	150	52	0	
防水卷材	3	2	0	
防水涂料	2	1	0	
砌块	8	3	0	
室内用石材	2	2	0	
室内用人造木板	3	3	0	
制表人(签字)	×××			

五、《见证试验检测汇总表》填写说明

1. 填写依据

《建筑工程资料管理规程》JGJ/T 185—2009。

《房屋建筑工程和市政基础设施工程实行见证取样和送检的规定》(建建〔2000〕211 号)。

2. 相关规定及要求

《建筑工程资料管理规程》JGJ/T 185—2009 附录 C“施工资料用表”第 C. 1. 5 条规定:

施工单位填写的见证试验检测汇总表应一式两份,并应由监理单位、施工单位各保存一份。见证试验检测汇总表宜采用表 C. 1. 5 的格式。

《房屋建筑工程和市政基础设施工程实行见证取样和送检的规定》(建建〔2000〕211 号):

第三条　本规定所称见证取样和送检是指在建设单位或工程监理单位人员的见证下,由施工单位的现场试验人员对工程中涉及结构安全的试块、试件和材料在现场取样,并送至经过省级以上建设行政主管部门对其资质认可和质量技术监督部门对其计量认证的质量检测单位(以下简称“检测单位”)进行检测。

第五条　涉及结构安全的试块、试件和材料见证取样和送检的比例不得低于有关技术标准中规定应取样数量的 30%。

第六条　下列试块、试件和材料必须实施见证取样和送检。

(一)用于承重结构的混凝土试块;

(二)用于承重墙体的砌筑砂浆试块;

(三)用于承重结构的钢筋及连接接头试件;

(四)用于承重墙的砖和混凝土小型砌块;

(五)用于拌制混凝土和砌筑砂浆的水泥;

(六)用于承重结构的混凝土中使用的掺加剂;

(七)地下、屋面、厕浴间使用的防水材料;

(八)国家规定必须实行见证取样和送检的其他试块、试件和材料。

第七条　见证人员应由建设单位或该工程的监理单位具备建筑施工试验知识的专业技术人员担任,并应由建设单位或该工程的监理单位书面通知施工单位、检测单位和负责该项工程的质量监督机构。

第八条　在施工过程中,见证人员应按照见证取样和送检计划,对施工现场的取样和送检进行见证,取样人员应在试样或其包装上作出标识、封志。标识和封志应标明工程名称、取样部位、取样日期、样品名称和样品数量,并由见证人员和取样人员签字。见证人员应制作见证记录,并将见证记录归入施工技术档案。

见证人员和取样人员应对试样的代表性和真实性负责。

第九条　见证取样的试块、试件和材料送检时,应由送检单位填写委托单,委托单应有见证人员和送检人员签字。检测单位应检查委托单及试样上的标识和封志,确认无误后方可进行检测。

3. 相关要求(参考执行)

(1)每个单位工程应设定 1～2 名取样和送检见证人员,见证人员应由该工程的监理

单位或建设单位具备建筑施工试验知识的专业人员担任，取样和送检见证人员确定后，由该工程监理单位或建设单位填写“有见证和送检见证人备案书”，通知施工单位、检测（试验）单位和负责该工程的质量监督机构。

(2)单位工程施工前，施工单位项目及时负责人应组织编制施工试验计划，报送监理单位审批。施工试验计划的编制应科学、合理，保证取样的连续性和均匀性。计划的实施和落实应由项目技术负责人负责。监理单位应根据审批的施工试验计划编制有见证取样和送检计划，内容包括单位工程应有见证取样和送检的项目；取样的原则和方式；应做试验、检验总数及有见证试验、检验次数等。

(3)见证取样试验室的选定应在有资格承担有见证试验业务的试验（检验）单位中选取。承担该项工程的施工企业的试验室不得承担该项业务。每个单位工程只能选定一个有见证试验单位。

(4)应实行有见证取样的项目：

1)用于承重结构（不含垫层、散水、女儿墙等部位）的混凝土试块（一般不含拆模同条件养护试件、抗冻临界强度试件、－28～＋28d 试件和抗渗混凝土试件）；

2)用于承重墙体的砌筑砂浆试块（不含抹灰砂浆、填充墙砂浆）；

3)用于承重结构的钢筋和连接接头试件（不含构造筋、防裂筋，也不含班前焊和工艺检验接头）；

4)用于承重墙的砖和混凝土小型砌块（不含女儿墙和一般的填充墙）；

5)用于拌制混凝土和砌筑砂浆的水泥；

6)用于承重结构的混凝土中使用的掺加剂；

7)地下、屋面、厕浴间使用的防水材料；

8)用于结构实体检验的混凝土同条件试块；

9)后张法施工的预应力张拉施工记录；

10)重要钢结构用钢材和焊接材料；

11)高强度螺栓（预拉力、扭矩系数、摩擦面抗滑移系数）；

12)网架节点（承载力）；

13)民用建筑工程室内饰面采用的天然花岗石材、人造木板和饰面人造木板；

14)合同约定应进行见证检验的项目；

15)对材料质量发生争议需要进行仲裁时可采取见证试验；

16)国家规定必须实行有见证取样和送检的其他试块、试件和材料。

(5)见证取样次数应符合下列规定：

1)有见证取样和送检次数不得少于试验总次数的 30％，且应含在总量之中。

2)试验总次数在 10 次以下的，有见证取样和送检次数不得少于 2 次。

3)重要工程或工程重要部位可以增加有见证取样和送检次数。

4)送检试样应在施工现场随机抽取，不得另外进行。

(6)有见证取样和送检的各项目，凡未按规定送检或送检次数达不到要求的，其相应分项工程质量应由有资质等级的检测单位进行检测确定，其检测费用由责任方承担。有见证试验完成，各试验项目的试验报告收集齐全后，施工单位应及时填写“有见证试验汇总表”。

第五节 施工日志

一、《施工日志》填写范例

<table>
<tr><td colspan="3">施工日志</td><td>资料编号</td><td>×××</td></tr>
<tr><td></td><td>天气状况</td><td>风力</td><td>最高/最低温度(℃)</td><td>备注</td></tr>
<tr><td>白天</td><td>晴</td><td>2～3级</td><td>24/19</td><td></td></tr>
<tr><td>夜间</td><td>晴</td><td>1～2级</td><td>17/16</td><td></td></tr>
<tr><td colspan="5">生产情况记录：(施工部位、施工内容、机械作业、班组工作、生产存在问题等)
地下二层
1. Ⅰ段(①～⑬/Ⓑ～Ⓙ轴)顶板钢筋绑扎，各工种埋件固定，塔吊作业(××型号)，钢筋班组15人。
2. Ⅱ段(⑬～⑲/Ⓑ～Ⓙ轴)梁开始钢筋绑扎，塔吊作业(××型号)，钢筋班组12人。
3. Ⅲ段(⑲～㉘/Ⓒ～Ⓖ轴)因设计单位提出对该部位施工图纸进行修改，待设计变更通知单下发后，再组织有关人员施工。
4. Ⅳ段(㉘～㊶/Ⓒ～Ⓗ轴)剪力墙、柱模板安装，塔吊作业(××型号)，木工班组21人。
5. 发现问题：Ⅰ段顶板(①～⑬/Ⓑ～Ⓙ轴)钢筋绑扎时，钢筋保护层厚度、搭接长度不够，存在绑扎随意现象</td></tr>
<tr><td colspan="5">技术质量安全工作记录：(技术质量安全活动、检查评定验收、技术质量安全问题等)
1. 建设、设计、监理、施工单位在现场召开技术质量安全工作会议。
参加人员：×××、××、×××、×××(职务)等。
会议决定：
(1)±0.000以下结构于×月×日前完成。
(2)地下三层回填土×月×日前完成，地下二层回填土×月×日前完成。
(3)对施工中发现问题(Ⅰ段①～⑬/Ⓑ～Ⓙ轴顶板钢筋绑扎)，应立即返修并整改复查，必须符合设计、规范要求。
2. 安全生产方面：由安全员带领3人巡视检查，重点是“三宝、四口、五临边”，检查全面到位，无安全隐患。
3. 检查评定验收：对Ⅱ段(⑬～⑲/Ⓑ～Ⓙ轴)梁、Ⅳ段(㉘～㊶/Ⓒ～Ⓗ轴)剪力墙、柱予以验收，工程主控项目、一般项目符合施工质量验收规范要求。
参加验收人员
监理单位：×××、×××(职务)等。
施工单位：×××、××、×××(职务)等</td></tr>
<tr><td>记录人</td><td>×××</td><td>日期</td><td colspan="2">××年×月×日　星期四</td></tr>
</table>

注：本表由施工单位填写。

二、《施工日志》填写说明

本表为施工活动的原始记录，是编制施工文件、积累资料、总结施工经验的重要依据，由项目技术负责人具体负责。应以单位工程为记载对象，从工程开工起至工程竣工止，按专业指定专人负责逐日记载，并保证内容真实、连续和完整。可采用计算机录入、打印，也可按规定式样（印制的施工日志）用手工填写方式记录，并装订成册。施工日志填写应字迹清楚、内容齐全、及时、准确、具体，不得涂改，不得缺页掉角。

1.表格解析

（1）责任部门。

项目工程部。

（2）提交时限。

逐日记录按周或月提交一次。

（3）填写要点。

1）施工日志填写的主要内容。

①生产情况记录。

a.施工部位：对于结构工程应体现楼层、轴线、主要构件名称和标高；对于装饰装修工程应体现楼层、轴线、建筑功能房间/区域名称，如楼梯间、公共走廊、会议室、餐厅等；对于机电工程应体现楼层、轴线、管线或设备名称及对应编号等。

b.施工内容：指子分部、分项、工序的具体内容、施工进度、作业动态等。

c.班组工作：指劳动力安排，如专业施工班组（或专业分包）等。

d.生产存在问题：应写明影响生产的各种问题，如影响进度所涉及的人员不足，机具不到位等。

②技术质量安全工作记录：包括技术质量安全活动（如上级检查、各种工程会议、企业贯标复审等）；检查评定验收[指检验批、分项、分部（子分部）工程质量验收、隐蔽工程验收]；技术质量安全问题等。

③每个工程项目的开、竣工日期、施工勘测资料、建设行政或上级主管部门的检查、有关指示等。

④施工中发生的问题，如变更设计、变更施工方法、工程质量事故及其他处理情况等。

2）施工日志中，除记录生产情况和技术质量安全工作外，若施工中出现其他问题，也要反映在施工日志中。同时强调一点，×月×日施工日志记录中如果有发现不合格项的记录，也须有复查（解决、关闭）不合格项的记录。

2.相关规定及要求

（1）施工日志的编制责任。

按不同专业（土建、装修、给排水、电气、通风空调、智能等）分别指定专业工长（施工员）记录。

（2）当对工程资料进行核查时，或工程出现某些问题时，往往需要检查施工日志中的记录，以了解当时的施工情况。借助对某些施工资料中作业时间、作业条件、材料进场、试块养护等方面的横向检查对比，能够有效地核查资料的真实性与可靠性。

第六节 监理工程师通知回复单

一、《监理工程师通知回复单》填写范例

<table>
<tr><td colspan="2">监理工程师通知回复单</td><td>资料编号</td><td>×××</td></tr>
<tr><td>工程名称</td><td>××工程</td><td>日　期</td><td>××年×月×日</td></tr>
<tr><td colspan="4">致:××建设监理公司(监理单位)
我方接到第(××－××)号监理通知后,已按要求完成了保证土方回填质量的工作,特此回复,请予以复查。
详细内容:
我项目部收到(××-××)号《监理通知》后,立即召开了专题会议,按通知要求组织专业人员进一步制定了保证梁柱焊接质量的措施(见附件)

施工单位名称:××建设集团有限公司　　项目经理(签字):×××</td></tr>
<tr><td colspan="4">复查意见:
经复查,承包单位按监理通知要求进行了落实,且保证措施得当。要求承包单位按此措施落实到位,以保证土方回填的质量

监理工程师(签字):×××　　日期:××年×月×日
监理单位名称:××建设监理公司　　总监理工程师(签字):×××　　日期:××年×月×日</td></tr>
</table>

注:本表由施工单位填报。

二、《监理工程师通知回复单》填写说明

1.填写要点

(1)承包单位填写。

1)"已按要求完成了________工作"栏填写《监理通知》中相对应的内容。

2)"详细内容"栏应写明对监理通知中所提问题发生的原因分析、整改经过和结果及预防措施等。

(2)监理单位填写。

"复查意见"一般应由《监理通知》的签发人进行复查验收并签字确认。当监理工程师不在现场或与总监理工程师意见不一致时,由总监理工程师签字生效。

2.相关规定及要求

(1)《监理通知回复单》是与《监理通知》配套使用的表格。

(2)对施工过程中所发现的问题可先口头通知承包单位整改,并及时签发《监理通知》。要求承包单位整改的,承包单位应将整改结果填写《监理通知回复单》报监理工程师进行复查。

第三章

地基与基础工程施工技术资料（C2）

本章内容包括下列资料：

- 工程技术文件报审表
- 施工组织设计及施工方案
- 技术交底记录
- 图纸会审记录
- 设计变更通知单
- 工程变更洽商记录

第一节　工程技术文件报审表

一、《工程技术文件报审表》填写范例

工程技术文件报审表

工程名称	××工程	施工编号	×××
		监理编号	×××
		日　期	××年×月×日

致：××建设监理公司（监理单位）

我方已编制完成了 施工测量方案 技术文件，并经相关技术负责人审查，请予以审定。

附：技术文件 × 页 × 册

施工总承包单位 ××建设集团有限公司　　项目经理/责任人 ×××

专业承包单位 ________　　项目经理/责任人 ________

专业监理工程师审查意见：

原则上同意方案内容；应加强过程和措施上的严格控制；测量放线成果必须经过"三检"，达到100％的合格

专业监理工程师 ×××

日期 ××年×月×日

总监理工程师审批意见：

1. 符合设计图和现场的实际情况；
2. 投入的人力、物力基本满足工程施工测量的需要；
3. 采取的方式、方法、措施及管理制度基本可行；

同意本方案的内容并以此指导本工程的施工测量放线工作

监理单位 ××建设监理公司

总/专业监理工程师 ×××

日期 ××年×月×日

二、《工程技术文件报审表》填写说明

1. 填写要点

(1)承包单位填写。

1)“编制单位名称”是指直接负责该项工程实施的单位，如为分包单位，应先由该分包单位填写此栏，经承包单位审核无误后报项目监理部。如该项工程实施单位就是承包单位，则承包单位即为“编制单位”，由承包单位直接填写此栏。

2)“现报上关于工程技术文件”应填入编写的工程技术文件名称，其中“类别、编制人、册数、页数”按编制的工程技术文件的实际情况如实填写。

3)“施工单位审核意见”栏必须填写具体的审核内容。

(2)监理单位填写。

先经专业监理工程师审核，并在“监理单位审核意见”中填写意见。由总监理工程师签署“审定结论”并在相应选择框处划“√”。

2. 相关规定及要求

(1)施工单位向监理单位申报的工程技术文件包括施工组织设计、施工方案(含季节性施工方案)、深化设计、质量问题处理方案等。

(2)施工单位应编写工程技术文件，经施工单位技术部门审查通过，并填写《工程技术文件报审表》报项目监理部。工程项目开工前，总监理工程师组织专业监理工程师审核，填写审核意见，由总监理工程师签署审定结论。

(3)工程技术文件审查的主要内容。

1)承包单位的审批手续是否齐全。

2)施工总平面布置是否合理。

3)施工布置是否合理，施工方法是否可行，质量保证措施是否可靠并具有针对性。

4)工期安排是否满足建设工程施工合同要求。

5)进度计划是否保证施工的连续性和均衡性，所需人力、材料、设备的配置与进度计划是否协调。

6)承包单位的质量管理体系是否健全。

7)安全、环保、消防和文明施工措施是否符合有关规定。

8)季节性施工方案和专项施工方案的可行性、合理性和先进性。

9)总监理工程师认为应审核的其他内容。

(4)工程技术文件报审应有时限规定，施工和监理单位均应按照施工合同和约定的时限要求完成各自的报送和审批工作。

(5)在施工过程中，当承包单位对已批准的工程技术文件进行调整、补充或变动时，应经专业监理工程师审查，并应由总监理工程师签认。

(6)项目监理机构应审查施工单位报审的专项施工方案，符合要求的，应由总监理工程师签认后报建设单位。超过一定规模的危险性较大的分部分项工程的专项施工方案，应检查施工单位组织专家进行论证、审查的情况，以及是否附具安全验算结果。项目监理机构应要求施工单位按已批准的专项施工方案组织施工。

第二节　施工组织设计及施工方案

一、施工组织总设计

1. 工程概况

工程概况应包括项目主要情况和项目主要施工条件等。

(1)项目主要情况应包括下列内容：

1)项目名称、性质、地理位置和建设规模；

2)项目的建设、勘察、设计和监理等相关单位的情况；

3)项目设计概况；

4)项目承包范围及主要分包工程范围；

5)施工合同或招标文件对项目施工的重点要求；

6)其他应说明的情况。

(2)项目主要施工条件应包括下列内容：

1)项目建设地点气象状况；

2)项目施工区域地形和工程水文地质状况；

3)项目施工区域地上、地下管线及相邻的地上、地下建(构)筑物情况；

4)与项目施工有关的道路、河流等状况；

5)当地建筑材料、设备供应和交通运输等服务能力状况；

6)当地供电、供水、供热和通信能力状况；

7)其他与施工有关的主要因素。

2. 总体施工部署

(1)施工组织总设计应对项目总体施工做出下列宏观部署：

1)确定项目施工总目标，包括进度、质量、安全、环境和成本等目标；

2)根据项目施工总目标的要求，确定项目分阶段(期)交付的计划；

3)确定项目分阶段(期)施工的合理顺序及空间组织。

(2)对于项目施工的重点和难点应进行简要分析。

(3)总承包单位应明确项目管理组织机构形式，并宜采用框图的形式表示。

(4)对于项目施工中开发和使用的新技术、新工艺应做出部署。

(5)对主要分包项目施工单位的资质和能力应提出明确要求。

3. 施工总进度计划

(1)施工总进度计划应按照项目总体施工部署的安排进行编制。

(2)施工总进度计划可采用网络图或横道图表示，并附必要说明。

4. 总体施工准备与主要资源配置计划

(1)总体施工准备应包括技术准备、现场准备和资金准备等。

(2)技术准备、现场准备和资金准备应满足项目分阶段(期)施工的需要。

(3)主要资源配置计划应包括劳动力配置计划和物资配置计划等。

(4)劳动力配置计划应包括下列内容：

1)确定各施工阶段(期)的总用工量；

2)根据施工总进度计划确定各施工阶段(期)的劳动力配置计划。

(5)物资配置计划应包括下列内容：

1)根据施工总进度计划确定主要工程材料和设备的配置计划；

2)根据总体施工部署和施工总进度计划确定主要施工周转材料和施工机具的配置计划。

5. 主要施工方法

(1)施工组织总设计应对项目涉及的单位(子单位)工程和主要分部(分项)工程所采用的施工方法进行简要说明。

(2)对脚手架工程、起重吊装工程、临时用水用电工程、季节性施工等专项工程所采用的施工方法应进行简要说明。

6. 施工总平面布置

(1)施工总平面布置应符合下列原则：

1)平面布置科学合理，施工场地占用面积少；

2)合理组织运输，减少二次搬运；

3)施工区域的划分和场地的临时占用应符合总体施工部署和施工流程的要求，减少相互干扰；

4)充分利用既有建(构)筑物和既有设施为项目施工服务，降低临时设施的建造费用；

5)临时设施应方便生产和生活，办公区、生活区和生产区宜分离设置；

6)符合节能、环保、安全和消防等要求；

7)遵守当地主管部门和建设单位关于施工现场安全文明施工的相关规定。

(2)施工总平面布置图应符合下列要求：

1)根据项目总体施工部署，绘制现场不同施工阶段(期)的总平面布置图；

2)施工总平面布置图的绘制应符合国家相关标准要求并附必要说明。

(3)施工总平面布置图应包括下列内容：

1)项目施工用地范围内的地形状况；

2)全部拟建的建(构)筑物和其他基础设施的位置；

3)项目施工用地范围内的加工设施、运输设施、存贮设施、供电设施、供水供热设施、排水排污设施、临时施工道路和办公、生活用房等；

4)施工现场必备的安全、消防、保卫和环境保护等设施；

5)相邻的地上、地下既有建(构)筑物及相关环境。

二、单位工程施工组织设计

1. 工程概况

(1)工程概况应包括工程主要情况、各专业设计简介和工程施工条件等。

(2)工程主要情况应包括下列内容：

1)工程名称、性质和地理位置；

2)工程的建设、勘察、设计、监理和总承包等相关单位的情况；

3)工程承包范围和分包工程范围；

4)施工合同、招标文件或总承包单位对工程施工的重点要求；

5)其他应说明的情况。

(3)各专业设计简介应包括下列内容：

1)建筑设计简介应依据建设单位提供的建筑设计文件进行描述,包括建筑规模、建筑功能、建筑特点、建筑耐火、防水及节能要求等,并应简单描述工程的主要装修做法；

2)结构设计简介应依据建设单位提供的结构设计文件进行描述,包括结构形式、地基基础形式、结构安全等级、抗震设防类别、主要结构构件类型及要求等；

3)机电及设备安装专业设计简介应依据建设单位提供的各相关专业设计文件进行描述,包括给水、排水及采暖系统、通风与空调系统、电气系统、智能化系统、电梯等各个专业系统的做法要求。

(4)工程施工条件应包括下列内容：

1)项目建设地点气象状况；

2)项目施工区域地形和工程水文地质状况；

3)项目施工区域地上、地下管线及相邻的地上、地下建(构)筑物情况；

4)与项目施工有关的道路、河流等状况；

5)当地建筑材料、设备供应和交通运输等服务能力状况；

6)当地供电、供水、供热和通信能力状况；

7)其他与施工有关的主要因素。

2. 施工部署

(1)工程施工目标应根据施工合同、招标文件以及本单位对工程管理目标的要求确定,包括进度、质量、安全、环境和成本等目标。各项目标应满足施工组织总设计中确定的总体目标。

(2)施工部署中的进度安排和空间组织应符合下列规定：

1)工程主要施工内容及其进度安排应明确说明,施工顺序应符合工序逻辑关系；

2)施工流水段应结合工程具体情况分阶段进行划分;单位工程施工阶段的划分一般包括地基基础、主体结构、装饰装修和机电设备安装三个阶段。

(3)对于工程施工的重点和难点应进行分析,包括组织管理和施工技术两个方面。

(4)工程管理的组织机构形式应规定执行,并确定项目经理部的工作岗位设置及其职责划分。

(5)对于工程施工中开发和使用的新技术、新工艺应做出部署,对新材料和新设备的使用应提出技术及管理要求。

(6)对主要分包工程施工单位的选择要求及管理方式应进行简要说明。

3. 施工进度计划

(1)单位工程施工进度计划应按照施工部署的安排进行编制。

(2)施工进度计划可采用网络图或横道图表示,并附必要说明;对于工程规模较大或较复杂的工程,宜采用网络图表示。

4. 施工准备与资源配置计划

(1)施工准备应包括技术准备、现场准备和资金准备等。

1)技术准备应包括施工所需技术资料的准备、施工方案编制计划、试验检验及设备调试工作计划、样板制作计划等；

①主要分部(分项)工程和专项工程在施工前应单独编制施工方案，施工方案可根据工程进展情况，分阶段编制完成；对需要编制的主要施工方案应制定编制计划；

②试验检验及设备调试工作计划应根据现行规范、标准中的有关要求及工程规模、进度等实际情况制定；

③样板制作计划应根据施工合同或招标文件的要求并结合工程特点制定。

2)现场准备应根据现场施工条件和工程实际需要，准备现场生产、生活等临时设施。

3)资金准备应根据施工进度计划编制资金使用计划。

(2)资源配置计划应包括劳动力配置计划和物资配置计划等。

1)劳动力配置计划应包括下列内容：

①确定各施工阶段用工量；

②根据施工进度计划确定各施工阶段劳动力配置计划。

2)物资配置计划应包括下列内容：

①主要工程材料和设备的配置计划应根据施工进度计划确定，包括各施工阶段所需主要工程材料、设备的种类和数量；

②工程施工主要周转材料和施工机具的配置计划应根据施工部署和施工进度计划确定，包括各施工阶段所需主要周转材料、施工机具的种类和数量。

5. 主要施工方案

(1)单位工程应按照《建筑工程施工质量验收统一标准》GB 50300—2013 中分部、分项工程的划分原则，对主要分部、分项工程制定施工方案。

(2)对脚手架工程、起重吊装工程、临时用水用电工程、季节性施工等专项工程所采用的施工方案应进行必要的验算和说明。

6. 施工现场平面布置

(1)施工现场平面布置图应结合施工组织总设计，按不同施工阶段分别绘制。

(2)施工总平面布置应符合下列原则：

1)平面布置科学合理，施工场地占用面积少；

2)合理组织运输，减少二次搬运；

3)施工区域的划分和场地的临时占用应符合总体施工部署和施工流程的要求，减少相互干扰；

4)充分利用既有建(构)筑物和既有设施为项目施工服务，降低临时设施的建造费用；

5)临时设施应方便生产和生活，办公区、生活区和生产区宜分离设置；

6)符合节能、环保、安全和消防等要求；

7)遵守当地主管部门和建设单位关于施工现场安全文明施工的相关规定。

(3)施工总平面布置图应符合下列要求：

1)根据项目总体施工部署，绘制现场不同施工阶段(期)的总平面布置图；

2)施工总平面布置图的绘制应符合国家相关标准要求并附必要说明。

(4)施工现场平面布置图应包括下列内容:

1)工程施工场地状况;

2)拟建建(构)筑物的位置、轮廓尺寸、层数等;

3)工程施工现场的加工设施、存贮设施、办公和生活用房等的位置和面积;

4)布置在工程施工现场的垂直运输设施、供电设施、供水供热设施、排水排污设施和临时施工道路等;

5)施工现场必备的安全、消防、保卫和环境保护等设施;

6)相邻的地上、地下既有建(构)筑物及相关环境。

三、施工方案

1. 工程概况

(1)工程概况应包括工程主要情况、设计简介和工程施工条件等。

(2)工程主要情况应包括:分部(分项)工程或专项工程名称,工程参建单位的相关情况,工程的施工范围,施工合同、招标文件或总承包单位对工程施工的重点要求等。

(3)设计简介应主要介绍施工范围内的工程设计内容和相关要求。

(4)工程施工条件应重点说明与分部(分项)工程或专项工程相关的内容。

2. 施工安排

(1)工程施工目标包括进度、质量、安全、环境和成本等目标,各项目标应满足施工合同、招标文件和总承包单位对工程施工的要求。

(2)工程施工顺序及施工流水段应在施工安排中确定。

(3)针对工程的重点和难点,进行施工安排并简述主要管理和技术措施。

(4)工程管理的组织机构及岗位职责应在施工安排中确定,并应符合总承包单位的要求。

3. 施工进度计划

(1)分部(分项)工程或专项工程施工进度计划应按照施工安排,并结合总承包单位的施工进度计划进行编制。

(2)施工进度计划可采用网络图或横道图表示,并附必要说明。

4. 施工准备与资源配置计划

(1)施工准备应包括下列内容:

1)技术准备:包括施工所需技术资料的准备、图纸深化和技术交底的要求、试验检验和测试工作计划、样板制作计划以及与相关单位的技术交接计划等;

2)现场准备:包括生产、生活等临时设施的准备以及与相关单位进行现场交接的计划等;

3)资金准备:编制资金使用计划等。

(2)资源配置计划应包括下列内容:

1)劳动力配置计划:确定工程用工量并编制专业工种劳动力计划表;

2)物资配置计划:包括工程材料和设备配置计划、周转材料和施工机具配置计划以及计量、测量和检验仪器配置计划等。

5. 施工方法及工艺要求

(1)明确分部(分项)工程或专项工程施工方法并进行必要的技术核算，对主要分项工程(工序)明确施工工艺要求。

(2)对易发生质量通病、易出现安全问题、施工难度大、技术含量高的分项工程(工序)等应做出重点说明。

(3)对开发和使用的新技术、新工艺以及采用的新材料、新设备应通过必要的试验或论证并制定计划。

(4)对季节性施工应提出具体要求。

四、主要施工管理计划

1. 一般规定

(1)施工管理计划应包括进度管理计划、质量管理计划、安全管理计划、环境管理计划、成本管理计划以及其他管理计划等内容。

(2)各项管理计划的制定，应根据项目的特点有所侧重。

2. 进度管理计划

(1)项目施工进度管理应按照项目施工的技术规律和合理的施工顺序，保证各工序在时间上和空间上顺利衔接。

(2)进度管理计划应包括下列内容：

1)对项目施工进度计划进行逐级分解，通过阶段性目标的实现保证最终工期目标的完成；

2)建立施工进度管理的组织机构并明确职责，制定相应管理制度；

3)针对不同施工阶段的特点，制定进度管理的相应措施，包括施工组织措施、技术措施和合同措施等；

4)建立施工进度动态管理机制，及时纠正施工过程中的进度偏差，并制定特殊情况下的赶工措施；

5)根据项目周边环境特点，制定相应的协调措施，减少外部因素对施工进度的影响。

3. 质量管理计划

(1)质量管理计划可参照《质量管理体系 要求》GB/T 19001—2008，在施工单位质量管理体系的框架内编制。

(2)质量管理计划应包括下列内容：

1)按照项目具体要求确定质量目标并进行目标分解，质量指标应具有可测量性；

2)建立项目质量管理的组织机构并明确职责；

3)制定符合项目特点的技术保障和资源保障措施，通过可靠的预防控制措施，保证质量目标的实现；

4)建立质量过程检查制度，并对质量事故的处理做出相应规定。

4. 安全管理计划

(1)安全管理计划可参照《职业健康安全管理体系 要求》GB/T 28001—2011，在施工单位安全管理体系的框架内编制。

(2)安全管理计划应包括下列内容：

1)确定项目重要危险源，制定项目职业健康安全管理目标；

2)建立有管理层次的项目安全管理组织机构并明确职责；

3)根据项目特点，进行职业健康安全方面的资源配置；

4)建立具有针对性的安全生产管理制度和职工安全教育培训制度；

5)针对项目重要危险源，制定相应的安全技术措施；对达到一定规模的危险性较大的分部(分项)工程和特殊工种的作业应制定专项安全技术措施的编制计划；

6)根据季节、气候的变化，制定相应的季节性安全施工措施；

7)建立现场安全检查制度，并对安全事故的处理做出相应规定。

(3)现场安全管理应符合国家和地方政府部门的要求。

5. 环境管理计划

(1)环境管理计划可参照《环境管理体系　要求及使用指南》GB/T 24001—2004，在施工单位环境管理体系的框架内编制。

(2)环境管理计划应包括下列内容：

1)确定项目重要环境因素，制定项目环境管理目标；

2)建立项目环境管理的组织机构并明确职责；

3)根据项目特点，进行环境保护方面的资源配置；

4)制定现场环境保护的控制措施；

5)建立现场环境检查制度，并对环境事故的处理做出相应规定。

(3)现场环境管理应符合国家和地方政府部门的要求。

6. 成本管理计划

(1)成本管理计划应以项目施工预算和施工进度计划为依据编制。

(2)成本管理计划应包括下列内容：

1)根据项目施工预算，制定项目施工成本目标；

2)根据施工进度计划，对项目施工成本目标进行阶段分解；

3)建立施工成本管理的组织机构并明确职责，制定相应管理制度；

4)采取合理的技术、组织和合同等措施，控制施工成本；

5)确定科学的成本分析方法，制定必要的纠偏措施和风险控制措施。

(3)必须正确处理成本与进度、质量、安全和环境等之间的关系。

7. 其他管理计划

(1)其他管理计划宜包括绿色施工管理计划、防火保安管理计划、合同管理计划、组织协调管理计划、创优质工程管理计划、质量保修管理计划以及对施工现场人力资源、施工机具、材料设备等生产要素的管理计划等。

(2)其他管理计划可根据项目的特点和复杂程度加以取舍。

(3)各项管理计划的内容应有目标，有组织机构，有资源配置，有管理制度和技术、组织措施等。

第三节 技术交底记录

一、《技术交底记录》填写范例

技术交底记录		资料编号	×××
工程名称	××购物中心	交底日期	××年×月×日
施工单位	××建设集团有限公司	分项工程名称	CFG 桩施工
交底提要	C、D、E 座 CFG 桩技术交底		

交底内容：

一、CFG 桩施工前期准备

1. 施工技术准备

(1)熟悉建筑场地的情况，包括临近的高压电缆、管线等资料、建筑物场地的水准控制点和建筑物位置控制坐标等资料。

(2)组织有关人员对图纸进行会审，收集各项技术参数及资料，编辑详细施工方案，报监理工程师审批。

(3)组织施工人员进行技术交底工作，针对关键工序、主要技术要求、质量标准、质量目标提出具体要求并进行书面交底。

2. 施工内容

本工程的施工主要内容包括如下三个方面：

(1)钻孔泵压混凝土灌注 CFG 桩的施工；

(2)凿桩头和砂石垫层(褥垫层)的施工；

(3)成孔出土和桩间土的挖除、清运等。

3. 施工总体部署

工程进度流程为：平整场地、测标高→按图纸定位测量施工轮廓线→定桩位点→测量验线→打桩设备进场、组装与调试→CFG 桩施工、成孔出土清理外运→打桩施工机械设备退场。

4. 工程量

根据本工程的地基处理设计文件，本次施工主要工程量如下表：

楼号	桩数(根)	桩长(m)	理论混凝土量(m^3)	桩间土(m^3)	桩头(根)	备注
E 座公寓楼	552	18.5	1539.6	2674	552	混凝土含充盈系数 1.2～1.3
C 座公寓楼	575	18.5	1336.07	2800	575	
D 座公寓楼	575	18.5	1336.07	2800	575	

注：净桩长为 18m，加保护桩长 0.5m，实际桩长 18.5m。

审核人	×××	交底人	×××	接受交底人	×××、×××……

注：本表由施工单位填写。

续表

技术交底记录		资料编号	×××
工程名称	××购物中心	交底日期	××年×月×日
施工单位	××建设集团有限公司	分项工程名称	CFG 桩施工
交底提要	C、D、E 座 CFG 桩技术交底		

交底内容：

二、机械设备及劳动力计划、用水用电计划

1.机械设备及劳动力计划

(1)根据工程量工程特点施工，按期保质保量完成，所使用的主要机械设备如下表。

项目	名　称	型　号	单位	数量	备　注
	步履式全液压钻机	CFG－18	台	1	根据需要随时增加
	全站仪	拓普康	台	1	
	经纬仪	北光 J3	台	1	测量
	水准仪	自动安平 24X	台	1	
	分电箱		个	1	根据设备数量随时增加
	拖式泵	80＃	台	1	输送混凝土
	小型挖掘机	60＃	台	1	清土
	其他			若干	

(2)人员组织。

项　目	人　数	项　目	人　数
桩机组	5 人/每机组	质量组	1
混凝土组	4	技术组	2
电工组	2	安全组	1
资料部	1	材料部	1
后勤	1		

2.施工用水、用电计划

序号	设备名称	功　率	总功率
1	步履式全液压钻机	110kW	110kW
2	地泵	110 kW	110 kW
3			
总计			220kW

考虑交叉作业及设备运行的连续性，本工程用电功率每台钻机配套用电量不少于 300kW。

审核人	×××	交底人	×××	接受交底人	×××、×××……

注：本表由施工单位填写。

续表

技术交底记录		资料编号	×××
工程名称	××购物中心	交底日期	××年×月×日
施工单位	××建设集团有限公司	分项工程名称	CFG 桩施工
交底提要	C、D、E 座 CFG 桩技术交底		

交底内容：

3. 工程材料计划

本工程 CFG 桩混凝土采用 C30 商品混凝土；每班浇筑前报混凝土浇筑申请，核算混凝土用量，然后填写材料计划单，报项目物资部，由项目部物资部门统一订混凝土。

三、施工准备

1. CFG 桩施工工艺

桩机就位→螺旋成孔→边拔管边浇筑混凝土、边振捣→移机→成桩清理→成品保护→(2014 年春节后)挖除空桩部分土方、清理桩间土→剔凿桩头→施工褥垫层。

2. CFG 桩定位

定位测量、桩位布置。

C、D、E 座 CFG 桩施工，按照甲方提供的高程控制点和水准点以及施工平面图为依据。

全站仪定出楼座四个角点坐标后，在基槽内做出定位控制点，然后根据 CFG 桩布点图，通过尺量定出每个桩的位置，并用钢钎打入地面以下 50cm，拔出钢钎后将再向孔内灌白灰，以白灰孔的中心作为桩的中心，所有桩位撒白灰点，待桩点撒完以后报监理进行验收。

3. CFG 桩施工

(1)桩机就位。

1)桩机就位时，必须保持平稳，不发生倾斜、位移，为准确控制桩孔深度、垂直度，确保 CFG 桩垂直度容许偏差不大于 1%。要在机架上或机管上做出控制的标尺，以便在施工中进行观测、记录。

2)钻杆。

调直机架钻杆，对好桩位(压实钻尖)，开动机器钻孔，达到控制深度后灌注混凝土，成桩后，复检桩位。

3)检查成桩质量。

检查桩位轴线尺寸，横向偏差≤20mm，纵向偏差≤20mm。

(2)螺旋成孔。

钻孔开始时，关闭钻头阀门，向下移动钻杆至钻头触及地面时，启动马达钻进。一般应先慢后快，这样既能减少钻杆摇晃，又容易检查钻孔的偏差，以便及时纠正。在成孔过程中，如发现钻杆摇晃或难钻时，应放慢进尺，否则较易导致桩孔偏斜、位移，甚至使钻杆、钻具损坏。当钻头到达设计桩长预定标高时，在动力头底面停留位置相应的钻机塔身处作醒目标记，作为施工时控制孔深的依据。当动力头底面达到标记处桩长即满足设计要求。施工时还需考虑施工工作面的标高差异，作相应增减。

审核人	×××	交底人	×××	接受交底人	×××、×××……

注：本表由施工单位填写。

续表

<table>
<tr><td colspan="2">技术交底记录</td><td>资料编号</td><td>×××</td></tr>
<tr><td>工程名称</td><td>××购物中心</td><td>交底日期</td><td>××年×月×日</td></tr>
<tr><td>施工单位</td><td>××建设集团有限公司</td><td>分项工程名称</td><td>CFG 桩施工</td></tr>
<tr><td>交底提要</td><td colspan="3">C、D、E 座 CFG 桩技术交底</td></tr>
</table>

交底内容：

(3)混凝土灌注及拔管。

1)CFG 桩成孔到设计标高后，停止钻进，开始用 80 拖式泵泵送混合料，当钻杆心充满混合料后开始拔管，严禁先提管后泵料。成桩的提拔速度宜控制在 2～3m/min，成桩过程宜连续进行，应避免因供料慢而导致停机待料。灌注成桩完成后，桩顶采用湿黏土封顶，进行覆盖养护。施工中每根桩的投料量不得少于设计灌注量。

2)混凝土强度等级为 C30，混凝土塌落度为 180±20mm. 为保证其和易性及坍落度，要注意调整砂率和掺入减水剂、粉煤灰等。桩体混凝土要从桩底到桩顶标高高出 500mm，施工承台前凿去超出的混凝土部分锯至设计桩顶标高。

3)混凝土浇筑时，要选有经验的机工，用锤子敲打，以确定混凝土灌入量。要适当超过桩顶设计标高，以保证在凿除浮浆后，桩顶标高符合设计要求。

(4)移机。

当上一根桩施工完毕后，钻机移位，进行下一根桩的施工。施工时由于 CFG 桩的土较多，经常将临近的桩位覆盖，有时还会因钻机支撑时支撑脚压在桩位旁使原标定的桩位发生移动。因此，下一根桩施工时，还应根据轴线或周围桩的位置对需施工的桩位进行复核，保证桩位准确。移机完毕根据需要将钻孔出土清理出场地。

(5)成桩清理。

1)在单桩混凝土强度达到 80%时，使用 60 型挖掘机和人工配合将桩口泥土和预留 500mm 的桩头保护土清理到设计标高。由于本工程 CFG 桩施工有一部分空桩，根据施工计划空桩土方清理和剔凿桩头的工作安排在 2014 年进行。

2)单桩成形后，要安排专职人员将桩头四周散落的混凝土及时进行清理，但不得扰动桩身混凝土，以免影响桩身质量。来年挖除土方时应注意严格控制标高，安排专人看护，避免挖掘机碰触桩头对桩身混凝土造成损伤。

3)根据设计和施工规范要求，灌注桩成型时由于桩顶 500mm 混凝土密实度有可能达不到要求，所以必须预留 500mm 的混凝土桩头，待混凝土强度达到 80%以上时，在用机械锯断，距设计标高将其锯断的混凝土拉运到场内指定位置。

4)CFG 桩验收合格后方可进行褥垫层施工，褥垫层厚度 200mm，褥垫层材料选用料径 5～25mm 的碎石、中粗砂或级配砂石，褥垫层铺设宜采用压实法，当基础底面下桩间土的含水量较小时，也可用动力夯实法，夯填度(夯实后的褥垫层厚度与虚铺厚度的比值)不得大于 0.9。

5)施工结束后，进行复合地基静载荷试验及低应变检测，检测依据《建筑地基处理技术范》JGJ 79—2012 执行，检测合格后方可进行下一步施工。

审核人	×××	交底人	×××	接受交底人	×××、×××……

注：本表由施工单位填写。

续表

<table>
<tr><td colspan="3">技术交底记录</td><td>资料编号</td><td colspan="2">×××</td></tr>
<tr><td>工程名称</td><td colspan="2">××购物中心</td><td>交底日期</td><td colspan="2">××年×月×日</td></tr>
<tr><td>施工单位</td><td colspan="2">××建设集团有限公司</td><td>分项工程名称</td><td colspan="2">CFG 桩施工</td></tr>
<tr><td>交底提要</td><td colspan="5">C、D、E 座 CFG 桩技术交底</td></tr>
<tr><td colspan="6">
交底内容：
(6)施工注意事项。
1)核查地质资料，结合设计参数，选择合适的施工机械和施工方法。
2)施工前平整场地，清除障碍物，标记处理场地范围那地下构造物及管线。
3)定出控制轴线、打桩场地边线并标识。打桩施工前先将 C、D、E 座能施工 CFG 桩的区域进行场平，统一平整到－9.6m 标高，并在基坑内做出高程控制桩点和建筑四角坐标控制点，并报验合格方可进行桩位布点。
四、成品保护
桩机移位，浇筑混凝土时，均要注意保护好现场成品桩，桩头混凝土强度，在没有达到 5MPa 时，不得碾压，以防桩头损坏。
五、成孔过程中存在的问题及时解决
(1)开机前必须认真核对桩位，核对图纸编号，不可多桩、漏桩。
(2)桩身混凝土质量易出现缩颈、空洞、夹土等，因此要严格按操作工艺边浇筑混凝土边振捣，严禁把土和杂物混入混凝土中一起浇筑。同时操作人员要操控好混凝土的浇筑和提钻的速度，避免提钻过快引起缩颈或断桩，所以钻杆提升速度通常为 1.8～2.4m/min，保证钻头在混凝土里埋深始终控制在 1m 以上，保证带压提钻；或是隔桩跳打，如果邻桩间距小于 5 倍桩的直径时，则必须隔桩跳打。
(3)钻孔时出现机杆跳动、机架晃摇、钻不进等异常现象，立即停机检查。
(4)混凝土浇至接近桩顶时，随时检测顶部标高，以免过多落入混凝土造成不必要的浪费。
(5)出现塑性高的黏性土层在浇筑混凝土时，钻头混凝土出口无法打开时，采用钻具回转泵送混凝土法，就是在泵送混凝土的同时使钻具在提拉下正向回转，使挤压在钻门的泥松动或脱落，从而在泵压下打开钻门。
(6)长螺旋钻机钻进过程中如果钻具下放速度过快，致使钻出的土来不及带出孔外而积压钻杆与孔壁之间，严重时就会造成卡钻事故。如果事故轻微，应立即关掉回转动力电源，将钻具用最低提升速度提起后重新施钻即可；如果事故严重首先应将钻机塔下大梁用机枕木垫好，再用最低提升速度拉钻具。
(7)桩头不完整。
造成这一问题的主要原因是停灰面过低，没预留充足的废桩头，有时提钻速度过快也会导致桩头偏低，提钻过程中应严格控制提钻速度。
</td></tr>
<tr><td>审核人</td><td>×××</td><td>交底人</td><td>×××</td><td>接受交底人</td><td>×××、×××……</td></tr>
</table>

注：本表由施工单位填写。

续表

技术交底记录		资料编号	×××
工程名称	××购物中心	交底日期	××年×月×日
施工单位	××建设集团有限公司	分项工程名称	CFG桩施工
交底提要	C、D、E座CFG桩技术交底		

交底内容：

六、施工质量要求及主要控制措施

1.成桩允许偏差

施工前，对各施工工序人员进行技术交底，施工过程中，每天需按照施工桩数的5%，对以上的施工技术要求指标进行抽检，确保施工质量满族设计和施工规范要求。施工结束后，做好竣工质量检验以及工程质量评定。

序号	指　标	设 计 值	允 许 偏 差
1	桩长(mm)	设计值(以开挖后的槽底标高控制)	+100
2	成桩垂直度(mm)	0	<1.0H%
3	塌落度(mm)	180～200	—
4	桩径(mm)	400	−20mm
5	桩位偏差(mm)	0.4d	边桩70mm，中间桩150mm
6	褥垫层厚度(mm)	200	20mm
7	褥垫层夯填度	0.9	—
8	桩身混凝土强度(MPa)	9.6	本工程采用C30混凝土
9	桩位放样偏差		20mm

2.质量措施

(1)测量放线检验。

根据甲方下发的设计图纸，由项目部测量人员进行定位。然后根据基础定位依据，施放轴线桩以及桩位点，桩位点可用竹筷和白灰进行标记。经验线员和质检员复测和检验，待自检合格后，提交工程定位测量记录和验线记录，报甲方(监理)工程师验收，验收合格后，方可进行下一步工作。

(2)冬季混凝土质量控制。

C30混凝土进场后，要求商混凝土站出示混凝土质量证明和混凝土的配合比资料，以检查混凝土的强度、塌落度、水灰比是否符合要求。

冬季施工混凝土的出罐温度检测应每工作台不少于4次。测温人员要认真负责，作好浇筑之后混凝土的温度记录，当发现异常情况出罐温度小于−10℃时，要及时报送经理部技术人员，便于采取措施。浇筑混凝土使用的地泵输送管要用棉被或其他保温材料采取包裹措施，减少混凝土在输送过程中的热量损失。

审核人	×××	交底人	×××	接受交底人	×××、×××……

注：本表由施工单位填写。

续表

技术交底记录		资料编号	×××
工程名称	××购物中心	交底日期	××年×月×日
施工单位	××建设集团有限公司	分项工程名称	CFG 桩施工
交底提要	C、D、E 座 CFG 桩技术交底		

交底内容：

施工时需形成以下表格：大气温度测量记录表、混凝土出罐和入模温度测量记录质检员应按规定对进场商品混凝土（CFG）混合料进行检验。

（3）过程控制。

质检员对钻孔进行抽检，检验内容包括：孔深、孔径、孔位偏差、垂直度偏差、混合料、桩体质量等随时进行检查，并做好施工记录及检查记录等，杜绝不合格产品进入下道工序，积极配合监理工程师及甲方的工作，把好质量关。在施工中，还应对发现异常情况及时向项目技术负责人汇报。

（4）试块留置：每个班组每 50m^2 混凝土制作一组试块（100×100×100mm），在标准条件下进行养护，送试验室做 28 天单轴立方体抗压强度试验。同时留一组同条件试块、留一组负温转常温试块。

（5）本工程 CFG 桩完成后，达到设计桩身强度后做复合地基静载试验和单桩静载试验。达到设计地基承载力 550kPa（局部 750kPa）后为试验合格。

3.关键过程和特殊过程工序质量控制措施

（1）钻孔是本工程施工过程中的一个重要过程：

1）长螺旋钻机定位时，设专人观测螺旋钻钻头锥和桩位点之间的距离，确保桩位偏差 18mm。

2）螺旋钻机就位后，操钻人员根据钻机的水平仪调节钻机的垂直度，确保垂直度偏差 1H%。

3）在螺旋钻杆上做固定标记，利用钻机支架上的深度标记进行成孔深度控制，确保孔深及桩长满足要求。

在施工过程中要对桩体材料灌注进行连续监控。对于钻孔压灌 CFG 桩施工工艺，螺旋钻机钻至设计深度时，必须等钻杆中灌满 CFG 混合料后，再提钻杆，边提升钻杆，边压灌 CFG 混合料，避免提泵待料。设专人指挥协调钻机操作手与混凝土泵操作手之间泵送 CFG 混合料和提升钻杆的配合，直至压灌到设计标高为止。

（2）控制 CFG 桩钻孔深度和桩顶标高。

根据施工现场条件、甲方工期要求和设计图纸，本工程桩顶标高－15.11m，预留 500mm 桩头，即成桩后桩顶标高在－14.610m，而本工程挖土至－9.6m，因此预留 5.01m 的空桩（其中电梯底板处 8.01m 的空桩），针对于此要选用有一定经验的技术工人按如下几条进行施工：

1）进行前期测量，在桩机主塔上分别做好钻杆钻深至桩底，提钻桩项设计标高两个标记。首先桩机组装完毕后，将主塔和钻杆垂直、桩尖着地，钻机指挥人员通过观察垂直度控制仪指挥钻机保持钻杆垂直。用钢尺从动力头下量测 23.51m 在主塔上做出标记一，此标记即为达到设计桩长的标高。

从此标记再上返量出 18m，并做好标记二，此标记控制桩头设计标高，用于泵送混凝土时控制混凝土泵送量和有效桩长。

审核人	×××	交底人	×××	接受交底人	×××、×××……

注：本表由施工单位填写。

续表

技术交底记录		资料编号	×××
工程名称	××购物中心	交底日期	××年×月×日
施工单位	××建设集团有限公司	分项工程名称	CFG 桩施工
交底提要	C、D、E 座 CFG 桩技术交底		

交底内容：

C、D、E 座均有电梯基坑底板，此部位板面标高为 15.85m，同样按照上述要求在打桩时做好控制钻进深度的标记，经过验收合格方可开钻。

电梯基坑底板外边线周圈的第一根桩，由于高低错台的关系正处于电梯基坑底板放坡的斜面上，钻孔时应根据放坡系数、电梯基坑底板与其三面桩的间距分别计算出桩顶标高以控制应该钻进的深度。

2)提钻注混凝土时，到桩顶设计标高时，即标记二时停止提钻，继续注混凝土，当钻杆内混凝土积累 5～6m 时，停止注混凝土，开始提钻杆。

3)保证高于设计桩顶以上部分为钻杆内预留混凝土，可以灌注成约 0.7m 左右。

七、质量技术保证体系及措施

1.质量目标

优选施工及管理队伍，高标准严格要求，分部分项工程一次交验合格率保证 100%。

2.质量保证措施

(1)把质量看成是企业的生命，提高企业信誉和经济效益的重要手段，牢固树立对工程质量负责、对业主负责的思想，贯彻生产必须抓质量的原则。

(2)加强作业队自检、互检和专检。

(3)按甲方和监理要求，对提出的质量问题及时传达到施工班组，并监督整改和回复。

(4)做好测量放线，经甲方复核确认无误后，方可进行施工。

(5)所有机械设备材料必须符合标准，设备应该调试运行完好，并有备用设备，在出现严重的设备问题后可及时调整或更换设备，以确保施工的顺利进行。

(6)充分考虑可能影响工程的不利因素，提出并作好相应的补救和处理措施。

(7)严格贯彻技术交底，技术复核、自检互检和隐蔽工程验收等技术管理制度。技术检查复核的基本内容有：定位轴线尺寸、成孔的深度等。

(8)本工程 CFG 灌注桩施工，必须使用考察核定的商混凝土单位的混凝土，搅拌站具备冬施措施如原材料加热、搅拌用水加热、具有加热的锅炉房、混凝土罐车采取保温措施、出罐混凝土温度达到 10℃等。

(9)项目部各施工区负责人、材料、技术人员及夜间值班人员，加强进入现场的混凝土罐车的管理，发现没有保温措施的，一律不予签字，不得浇筑。

(10)混凝土地泵位置尽量固定，并搭设防风保温棚；输送管道采取保温材料包裹，以减少混凝土出罐的热量损失。

审核人	×××	交底人	×××	接受交底人	×××、×××……

注：本表由施工单位填写。

二、《技术交底记录》填写说明

建筑工程技术交底是保证工程施工符合设计要求和规范、质量标准和操作工艺标准规定，用以具体指导施工活动的操作性技术文件，应分级编制、落实并实施。

1. 一般规定

(1)技术交底应包括施工组织设计交底、专项施工方案技术交底、分项工程施工技术交底、“四新”(新材料、新产品、新技术、新工艺)技术交底和设计变更技术交底。各项交底应有文字记录，交底双方签认应齐全。

1)重点和大型工程施工组织设计交底应由施工企业的技术负责人对项目主要技术管理人员进行交底；其他工程施工组织设计交底应由项目技术负责人进行交底。施工组织设计交底的内容包括：工程特点、难点、工程质量要求、主要施工工艺及施工方法、进度安排、组织机构设置与分工、质量、安全技术措施质量重点、安全重点等。

2)专项施工方案技术交底应由项目专业技术负责人负责，根据专项施工方案对专业工长进行交底，如有编制关键、特殊工序的作业指导书以及特殊环境、特种作业的指导书，也必须向施工作业人员交底，交底内容为该专业工程、过程、工序的施工工艺、操作方法、要领、质量控制、安全措施等。

3)分项工程施工技术交底应由专业工长对专业施工班组(或专业分包)进行交底。

4)“四新”技术交底应由项目技术负责人向有关专业人员交底。

5)设计变更技术交底应由项目技术部门根据变更要求，并结合具体施工步骤、措施及注意事项等对专业工长进行交底。

(2)技术交底应针对工程的特点，运用现代建筑施工管理原理，积极推广行之有效的科技成果，提高劳动生产率，保证工程质量、安全生产，保护环境、文明施工。

(3)技术交底编制应严格执行工程建设程序，坚持合理的施工程序、施工顺序和施工工艺，符合设计要求，满足材料、机具、人员等资源和施工条件要求，并贯彻执行施工组织设计、施工方案和企业技术部门的有关规定和要求，严格按照企业技术标准、施工组织设计和施工方案确定的原则和方法编写，并针对班组施工操作进行细化。

(4)技术交底应力求做到：主要项目齐全，内容具体明确、符合规范，重点突出，表述准确，取值有据，必要时辅以图示。

对工程施工能起到指导作用，具有针对性、指导性和可操作性。技术交底中不应有“未尽事宜参照××××(规范)执行”等类似内容。

2. 建筑工程技术交底编制依据

(1)国家、行业、地方标准、规范、规程，当地主管部门有关规定，企业技术标准和质量、环境、职业健康安全管理体系文件。

(2)工程施工图纸、标准图集、图纸会审记录、设计变更及工作联系单等技术文件。

(3)施工组织设计、施工方案对本分项工程、特殊工程等的技术、质量和其他要求。

(4)其他有关文件：工程所在地建设主管部门(含工程质量安全监督站)有关工程管理、技术推广、质量管理及治理质量通病等方面的文件；企业发布的年度工程技术质量管理、环境管理、职业健康安全管理等文件。

3. 建筑工程技术交底内容要求

(1)施工准备。

1)技术准备。

①学习和审查工程设计文件和图纸，核对平面尺寸和标高，图纸相互间有无错误或矛盾，掌握设计内容及各项技术要求，了解工程规模、特点、工程量和质量要求，做好图纸会审及设计交底工作。

②编制施工组织设计或专项施工方案，报有关部门和人员审批，确定施工工艺标准，并进行施工组织设计或专项施工方案技术交底。

③针对工程基本情况，收集工程所需的相关规定、标准、图集及技术资料。收集工程相关的水文地质资料及场区地下障碍物、管网等其他资料。

④根据施工方案编制技术交底，并向参加施工人员进行详细的技术、环境和职业健康安全交底。

⑤专业工种操作人员的岗位证书审查应齐全、有效。

⑥组织现场管理人员和作业人员学习有关质量、环境、职业健康安全的现行有关文件、标准和规定。

⑦进行测量基准交底、复测及验收工作。

⑧核对各种材料的见证取样、送试、检测是否符合要求。确定工程中即将使用的"四新"成果类型、内容及施工注意事项。

⑨其他技术准备工作。

2)材料准备。

说明施工所需材料名称、品种、规格、型号，材料质量标准等直观要求，感官判定合格的方法，强调从有"检验合格"标识牌的材料堆放处领料，每次领料批量要求等。

3)机具准备。

①机械设备。

说明所使用机械的名称、型号、性能、使用要求等。

②主要工具。

说明施工应配备的小型工具，包括测量用设备等，必要时应对小型工具的规格、合法性(对一些测量用工具，如经纬仪、水准仪、钢卷尺、靠尺等，应强调要求使用经检定合格的设备)等进行规定。

4)作业条件。

说明与本道工序相关的上道工序应具备的条件，是否已经过验收并合格。本工序施工现场工前准备应具备的条件等。

5)作业人员。

说明劳动力配置、培训、特殊工种持证上岗要求等。

(2)施工进度要求。

对本分项工程具体施工时间、完成时间等提出详细要求。

(3)施工工艺。

1)工艺流程。

详细列出该项目的操作工序和顺序。

2)操作工艺。

①施工方法。

根据工艺流程所列的工序和顺序,分别对其进行详细叙述,并提出相应要求。

②重点部位和关键环节控制要点。

结合施工图提出设计的特殊要求和处理方法,细部处理要求,容易发生质量事故和环境、安全施工的工艺过程,尽量用图表达。

③保证质量措施。

重点从人、材料、设备、方法等方面制定具有针对性的保证措施。

3)季节性施工。

说明该项目在冬、雨期施工应采取的施工方法、措施和其他要求。

(4)质量标准。

1)主控项目。

国家质量检验规范要求,包括抽检数量、检验方法。

2)一般项目。

国家质量检验规范要求,包括抽检数量、检验方法和合格标准。

(5)成品保护。

对上道工序成品的保护提出要求;对本道工序成品提出具体保护措施。

(6)应注意的质量问题。

根据企业提出的预防和治理质量通病和施工问题的技术措施等,针对本工程特点具体提出质量通病及其预防措施。

(7)环境、职业健康安全管理措施。

1)环境管理措施。

国家、行业、地方法规环保要求,企业对社会承诺,项目管理措施,环保隐患报告要求。

2)职业健康安全管理措施。

内容包括:作业相关安全防护设施要求,个人防护用品要求,作业人员安全素质要求,接受安全教育要求,项目安全管理规定,特种作业人员执证上岗规定,应急响应要求,隐患报告要求,相关机具安全使用要求,相关用电安全技术要求,相关危险源的防范措施,文明施工要求,相关防火要求,季节性安全施工注意事项。

4. 建筑工程技术交底实施要求

(1)技术交底的责任:明确项目技术负责人、专业工长、管理人员、作业人员等的责任。

(2)技术交底的展开:应分层次展开,直至交底到全体施工作业人员。交底必须在作业前进行。班组长在接受技术交底后,应组织全班组成员进行认真学习,根据其交底内容,明确各自责任和互相协作配合关系,制定保证全面完成任务的计划。

(3)技术交底前的准备:有书面的技术交底资料或示范、样板演示的准备。

(4)技术交底的记录:作为履行职责的凭据,技术交底记录的表格应有统一的标准格式,交底人员应认真填写表格并在表格上签字,接受交底人也应在交底记录上签字。

(5)交底文件的归档:技术交底资料和记录应由交底人整理归档。

(6)交底责任的界定:重要的技术交底应在开工前界定。交底内容编制后应由项目技术负责人批准,交底时技术负责人应到位。

(7)例外原则:外部信息或指令可能引起施工发生较大变化时应及时向作业人员交底。

(8)技术交底注意事项。

1)项目实施全过程活动,包括工程项目的关键过程和特殊过程以及容易发生质量通病的部位,均应进行技术交底。

2)技术交底必须在该交底对应项目施工前进行,并应为施工留出足够的准备时间。技术交底不得后补。

3)技术交底应以书面形式进行,并辅以口头讲解。交底人和被交底人应履行交接签字手续。技术交底及时归档。

4)技术交底应根据施工过程的变化,及时补充新内容。施工方案、方法改变时也要及时进行重新交底。

5)分包单位应负责其分包范围内技术交底资料的收集整理,并应在规定时间内向总包单位移交。总包单位负责对各分包单位技术交底工作进行监督检查。

第四节 图纸会审记录

一、《图纸会审记录》填写范例

<table>
<tr><td colspan="3">图纸会审记录</td><td>工程编号</td><td colspan="2">×××</td></tr>
<tr><td>工程名称</td><td>××工程</td><td>会审日期及地点</td><td colspan="3">2015 年 6 月 3 日、甲方会议室</td></tr>
<tr><td>建筑面积</td><td>11158.34m²</td><td>结构类型</td><td>框剪结构</td><td>专业</td><td>结构</td></tr>
<tr><td>主持人</td><td colspan="5">×××、×××</td></tr>
<tr><td colspan="6">记录内容：
图纸问题
1. 结一1　结构说明 3 中，混凝土材料：地下室底板外墙使用抗渗混凝土，未给出抗渗等级。
2. 结一3，结一5　地下一层顶板③～⑤/Ⓒ～Ⓔ轴分布筋未标注。
3. 结一10　Z14 中标高为 25.20～28.00m，与剖面图不符。
4. 结一12　地下室外墙防水层使用 SBS 弹性体改性沥青防水卷材，是否需加砌砖墙作为防水层保护层。
图纸问题交底
1. 抗渗等级为 P8
2. 分布筋双向双排，均为 ϕ8@200。
3. Z14 标高应改为 21.50～28.00m。
4. 砌 120mm 厚砖墙作为防水层保护层</td></tr>
<tr><td>××集团开发有限公司
建设单位签章
代表：×××</td><td colspan="2">××建筑设计院
设计单位签章
代表：×××</td><td>××建设集团有限公司
施工单位签章
代表：×××</td><td colspan="2">××建设监理公司
监理单位签章
代表：×××</td></tr>
</table>

二、《图纸会审记录》填写说明

1. 表格解析

(1)责任部门。

项目总工、项目工程部。

(2)提交时限。

图纸会审后 7d 内整理完毕并提交。

(3)填写与主要签认责任。

施工单位总工或项目经理。

2.相关规定及要求

(1)施工单位领取图纸后，应由项目技术负责人组织技术、生产、预算、测量、翻样及分包方等有关部门和人员对图纸进行审查。

(2)监理、施工单位应将各自提出的图纸问题及意见，按专业整理、汇总后报建设单位，由建设单位提交设计单位做交底准备。

(3)图纸会审应由建设单位组织设计、监理和施工单位技术负责人及有关人员参加。设计单位对各专业问题进行交底，施工单位负责将设计交底内容按专业汇总、整理，形成图纸会审记录。

(4)图纸会审记录应逐条注明须修改图纸的图号，必要时应附施工图。图纸问题涉及若干张图纸的，应逐一注明图纸号，不得遗漏。

(5)图纸会审记录应由建设、设计、监理和施工单位的项目相关负责人签认，形成正式图纸会审记录。不得擅自在会审记录上涂改或变更其内容。

(6)图纸的会审内容。

1)图纸会审时，应重点审查施工图的有效性、对施工条件的适应性、各专业之间和全图与详图之间的协调一致性等。

2)建筑、结构、设备安装等设计图纸是否齐全，手续是否完备；设计是否符合国家有关的经济和技术政策、规范规定，图纸总的做法说明(包括分项工程做法说明)是否齐全、清楚、明确，与建筑、结构、安装图、装饰和节点大样图之间有无矛盾；设计图纸(平、立、剖、构件布置，节点大样)之间相互配合的尺寸是否相符，分尺寸与总尺寸、大、小样图、建筑图与结构图、土建图与水电安装图之间互相配合的尺寸是否一致，有无错误和遗漏；设计图纸本身、建筑构造与结构构造、结构各构件之间，在立体空间上有无矛盾；预留孔洞、预埋件、大样图或采用标准构配件图的型号、尺寸有无错误与矛盾。

3)总图的建筑物坐标位置与单位工程建筑平面图是否一致；建筑物的设计标高是否可行；地基与基础的设计与实际情况是否相符，结构性能如何；建筑物与地下构筑物及管线之间有无矛盾。

4)主要结构的设计在强度、刚度、稳定性等方面有无问题，主要部位的建筑构造是否合理，设计能否保证工程质量和安全施工。

5)设计图纸的结构方案、建筑装饰，与施工单位的施工能力、技术水平、技术装备有无矛盾；采用新技术、新工艺，施工单位有无困难；所需特殊建筑材料的品种、规格、数量能否解决，专用机械设备能否保证。

6)安装专业的设备、管架、钢结构立柱、金属结构平台、电缆、电线支架以及设备基础是否与工艺图、电气图、设备安装图和到货的设备相一致；传动设备、随机到货图纸和出厂资料是否齐全，技术要求是否合理；是否与设计图纸及设计技术文件相一致；底座同土建基础是否一致；管口相对位置、接管规格、材质、坐标、标高是否与设计图纸一致；管道、设备及管件需防腐衬里、脱脂及特殊清洗时，设计结构是否合理，技术要求是否切实可行。

第五节　设计变更通知单

一、《设计变更通知单》填写范例

<table>
<tr><td rowspan="2">设计变更通知单</td><td>编　　号</td><td>×××</td></tr>
<tr><td>工程名称</td><td>××住宅楼工程</td></tr>
<tr><td colspan="3">致：××建设监理公司（监理单位）
由于为增强基础底板防水功能，保证不渗漏原因，兹提出在原SBS卷材防水层基础上增加一道卷材防水工程变更（内容见附件），请予审批。
附件：
工程洽商记录（编号：××）
提出单位（章）：××建设集团有限公司
代表人：×××　　日期：××年×月×日</td></tr>
<tr><td colspan="3">一致意见：
同意该变更。

建设单位代表　签字：×××　日期：××年×月×日
设计单位代表　签字：　日期：××年×月×日
项目监理机构　签字：×××　日期：××年×月×日
承包单位代表　签字：×××　日期：××年×月×日</td></tr>
</table>

二、《设计变更通知单》填写说明

1. 表格解析

(1)责任部门。

项目总工、项目技术部。

(2)提交时限。

与设计或建设方协商确定。

(3)核查要点。

1)涉及图纸修改的，必须注明应修改图纸的图号。

2)不可将不同专业的设计变更办理在同一份变更上。

3)“专业名称”栏应按专业填写，如建筑、结构、给排水、电气、通风空调等。

(4)填写与主要签认责任。

专业技术人员。

2. 相关规定及要求

(1)设计变更是施工过程中，由于设计图纸本身差错，设计图纸与实际情况不符，施工条件变化，原材料的规格、品种、质量不符合设计要求及职工提出合理化建议等原因，需要对设计图纸部分内容进行修改而办理的变更设计文件。

设计变更是施工图的补充和修改的记载，应及时办理，内容翔实，必要时应附图，并逐条注明应修改图纸的图号。

(2)设计单位应及时下达设计变更通知单，设计变更通知单应由设计专业负责人以及建设(监理)和施工单位的相关负责人签认。

(3)工程设计由施工单位提出变更时，例如钢筋代换、细部尺寸修改等重大技术问题，必须征得设计单位和建设、监理单位的同意。

(4)工程设计变更由设计单位提出，如设计计算错误、做法改变、尺寸矛盾、结构变更等问题，必须由设计单位提出变更设计联系单或设计变更图纸，由施工单位根据施工准备和工程进展情况，做出能否变更的决定。

(5)遇有下列情况之一时，由设计单位签发设计变更通知单或变更图纸：

1)当决定对图纸进行较大修改时。

2)施工前及施工过程中发现图纸有差错，做法、尺寸有矛盾，结构变更或与实际情况不符时。

3)由建设单位对建筑构造、细部做法、使用功能等方面提出设计变更时，必须经过设计单位同意，并由设计单位签发设计变更通知单或设计变更图纸。

(6)图纸与设计变更文件收发管理

1)工程总承包施工单位资料管理人员从建设单位领取图纸、工程设计变更通知后，应及时发给技术、生产、测量、预算、质量、其他专业及分承包方等有关部门和人员，并进行登记签收。

2)图纸套数以满足施工实际需要为原则，与建设单位协商解决。土建专业技术部门留存一套全图以备查用。

3)进行复印分发的设计变更文件，应在分发前对复印件的正确性进行复核。

第六节 工程变更洽商记录

一、《工程变更洽商记录》填写范例

工程变更洽商记录		资料编号	×××
工程名称	××住宅楼工程	专业名称	结 构
提出单位名称	××建设集团有限公司	日 期	××年×月×日
内容摘要	结构设计变更		

序号	图 号	洽 商 内 容
1	结施－16	本图中标注为框支梁的梁按照框架梁施工，梁端箍筋加密区范围 1300mm
2	结施－16	KZL401 梁进行钢筋等强度代换，原梁下铁钢筋 12Φ32，6/6，代换后为 10Φ32＋2Φ28＋2Φ20，2/6/6，截面如下图所示 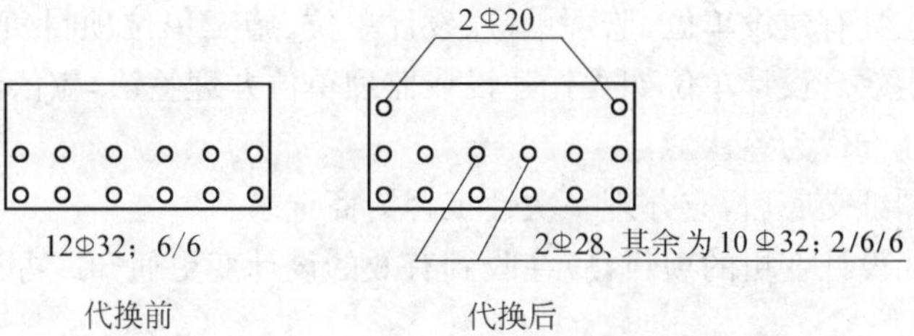
3	结施－16	图中 800×600 梁在柱端锚固按照结施－12 图 1 做法锚固

签字栏	建设单位	监理单位	设计单位	施工单位
	×××	×××	×××	×××

注：本表由变更提出单位填写。

二、《工程变更洽商记录》填写说明

1. 表格解析

(1)责任部门。

项目总工、项目技术部。

(2)提交时限。

洽商提出后7d内完成。

(3)填写要点。

1)涉及图纸修改的,必须注明应修改图纸的图号。

2)不可将不同专业的洽商办理在同一份工程洽商记录上。

3)“专业名称”栏应按专业填写,如建筑、结构、给水排水、电气、通风空调等。

2. 相关规定及要求

(1)基本规定。

工程设计由施工单位提出变更时可用工程洽商记录,例如钢筋代换、细部尺寸修改等重大技术问题,必须征得设计单位和建设、监理单位的同意。

(2)工程技术洽商管理。

1)工程技术洽商的内容应具体准确。对于原设计的变更处,均应详细标明相关图纸的图号、轴线位置和修改内容。

2)工程洽商可由技术人员办理,水电、设备安装等专业的洽商由相应专业工程师负责办理。工程分承包方的有关洽商记录,应经工程总承包单位确认后方可办理。

3)工程洽商内容若涉及其他专业、部门及分承包方,应争得有关专业、部门、分承包方同意后,方可办理。

4)洽商应具有建设单位、监理单位、设计单位、施工单位项目负责人或其委托人共同签字确认后生效。设计单位如委托建设或监理单位办理签认,应依法办理书面委托手续,才能由被委托方代为签认。

5)设计图纸交底后,应办理一次性工程洽商记录。

6)凡需要设计变更的项目,应在收到有效的设计变更通知或办理工程洽商后,再进行施工。

7)施工单位在签认设计单位签发的设计变更通知书或设计变更图纸时,如对施工进度和施工准备情况产生影响,应及时向建设单位说明情况,并办理经济洽商。

8)施工过程中,增发、续发、更换施工图时,应同时签办洽商记录,确定新发图纸的启用日期、应用范围及与原图的关系;如已按原图施工的情况,要说明处置意见。

9)各负责人在收到工程洽商记录后,应及时在施工图纸上对应部位标注洽商记录日期、编号、更改内容。

10)工程洽商记录需进行更改时,应在洽商记录中写清原洽商记录日期、编号、更改内容。并在原洽商被修正的条款上注明“作废”标记。

11)同一地区内相同的工程如需同一个洽商(同一涉及单位,工程的类型、洽商的内容和部位相同),可采用复印件或抄件,但应注明原件存放处。

第四章

地基与基础工程施工物资资料（C4）

本章内容包括下列资料：

- 出厂质量证明文件及检测报告
- 材料、构配件进场检验记录及复试报告

第一节　出厂质量证明文件及检测报告

一、《粉煤灰出厂合格证》填写范例

××粉煤灰利用有限责任公司检验报告

产品名称：粉煤灰　　　　**批号：**××0624

检验依据：《用于水泥和混凝土中的粉煤灰》GB/T 1596—2005		
检验项目：单位	标准值（Ⅰ级）	检测结果
细度（0.045mm 筛筛余，%）	≤12	8
含水量（%）	≤1	0.3
烧失量（%）	≤5	3
三氧化硫（%）	≤3	2.4
需水量比（%）	≤95	93
碱含量（Na_2O+0.65K_2O）（%）	—	2.0
检验结论及结果： 该产品经检验，符合标准Ⅰ级粉煤灰指标要求		

负责人：×××　　审核：×××　　试验：×××

××年×月×日

合格证

××大厦 A 栋项目经理部材质章	
使用部位：	CFG 桩
进场日期：	××年×月×日
进场数量：	200t

产品名称：粉煤灰
批号：×××
检验员：×××
出厂日期：××年×月×日
盖章：

××粉煤灰有限责任公司
质量检验专用章

二、《水泥出厂合格证》填写范例

××水泥有限责任公司

盾石®水泥质量检验合格证　NO. 00080003

（3d 龄期结果）　填报日期××年×月×日

客户名称	××××混凝土有限公司			购买数量	提 500t 整		
出厂日期	××年×月×××日			出厂编号	RU118		
水泥品种	普通硅酸盐水泥(P·O)			强度等级	42.5R		
物理检验结果				化学检验结果			
项目		国家标准	实测值	项目	国家标准	实测值	
细度	80μm方孔筛筛余	≤10%	0.2	氧化镁	≤5.0%	2.41	
凝结时间(min)	初凝	≥45	159	三氧化硫	≤3.5%	2.50	
凝结时间(min)	终凝	≤600	203	烧失量	≤5.0%	2.89	
安定性(mm)	雷氏法	≤5.0	0.50				
3d 抗折强度(MPa)		≥4.0	5.6				
3d 抗压强度(MPa)		≥21.0	26.5				
备注	1. 本厂水泥接受×××水泥厂质检处抽查对比，质量监督 2. 本合格证涂改无效，复制报告无重新加盖“检验专用章”无效 3. 本公司通过 ISO 9002 质量体系认真和产品质量认证 4. 本公司地址：××省××市 5. 本公司咨询电话：××××						
填报	×××			审核	×××		

××水泥有限责任公司

盾石®水泥产品出厂准许证

准许证号：P·O　No. 2009348

®

本批次普通硅酸盐水泥强度等级 42.5R 质量符合 GB 175—2007/XG1—2009 标准，准许出厂。

出厂质量检测报告，按 GB 175—2007/XG1—2009 国家标准规定随后发

盾石

用户名称：×××公司

购买数量：提 500t

水泥编号：RU118

水泥出厂日期：××年×月×～×日

质量咨询电话：××××××××

产品咨询电话：××××××××

厂址：××××××××　邮编：××××××

××混凝土有限公司 试验专用章

××大厦 A 栋项目经理部材质章	
使用部位：	CFG 桩
进场日期	××年×月×日
进场数量：	500t

三、《外加剂出厂合格证》填写范例

合格证　编号 J-××-03

产品型号：IX-5

产品名称：缓凝高效减水剂

产品等级：一级

检测结果：水泥净浆流动度：200mm

表观密度：1.18

pH 值：9

检测日期：××.×.×

产品批号：××-×-×

送货日期：××.×.×

检 测 员：×××

掺　　量：1.5%～2.5%

××混凝土有限公司
试验专用章

××混凝土外加剂厂

××大厦 A 栋项目经理部材质章	
使用部位：	CFG 桩
进场日期：	××年×月×日
进场数量：	200kg

四、《半成品钢筋出厂合格证》填写范例

半成品钢筋出厂合格证					编　　号	×××	
工程名称		××工程			合格证编号	2015-065	
委托单位		×××项目部			钢筋种类	热轧带肋钢筋　HRB 335	
供应总量（t）		60		加工日期	2015 年 5 月 6 日	供货日期	2015 年 5 月 8 日
序号	级别规格	供应数量（t）	进货日期	生产厂家	原材报告编号	复试报告编号	使用部位
1	HRB335 Φ 32	50	2015 年 3 月 6 日	××加工厂	017	2015-0145	地上一、二层柱
备注：							

供应单位技术负责人	填表人	供应单位名称（盖章）
×××	×××	
填表日期	2015 年 5 月 8 日	

注：本表由半成品钢筋供应单位提供，建设单位、施工单位各保存一份。

五、《半成品钢筋出厂合格证》填写说明

1. 表格解析

(1)责任部门。

供应单位提供,项目物资部收集。

(2)提交时限。

随物资进场提交。

(3)填写要点。

1)合格证中应包括:工程名称、委托单位、生产厂家、合格证编号、供应数量、加工及供货日期、钢筋级别规格、原材及复试报告编号、使用部位、供应单位技术负责人(签字)、填表人(签字)、供应单位盖章等内容。

2)"合格证编号"指加工单位出具的半成品钢筋出厂合格证的编号。

3)"原材报告编号"指生产厂家的钢筋原材出厂质量证明书的编号。

4)"复试报告编号"指钢筋进场后取样复试报告的编号。

2. 相关规定及要求

(1)钢筋采用场外委托加工时,钢筋资料应分级管理,加工单位应保存钢筋的原材出厂质量证明、复试报告、接头连接试验报告等资料,并保证资料的可追溯性。

(2)外委托加工的钢筋质量应由加工单位负责,施工单位仅需保留出厂合格证并对进场钢筋做外观检查。但用于承重结构的钢筋和钢筋连接接头,若通过进场外观检查对其质量产生怀疑或监理、设计单位有特殊要求时,可进行力学性能和工艺性能的抽样复试。如监理或设计单位提出复试要求的,应事先约定进场取样复试的原则与要求。

六、《预制混凝土构件出厂合格证》填写范例

预制混凝土构件出厂合格证				资料编号	×××	
工程名称及使用部位	××工程 地下一层①～⑨/Ⓑ～Ⓙ轴			合格证编号	××－063	
构件名称	预应力圆孔板	型号规格	YKB—3		供应数量	80 块
制造厂家	××预制构件厂			企业等级证	一级	
标准图号或设计图纸号	设计图纸 结施 5			混凝土设计强度等级	C30	
混凝土浇筑日期	××年×月×日至××年×月×日			构件出厂日期	××年×月×日	

性能检验评定结果	混凝土抗压强度	主筋		
	达到设计强度（%）	试验编号	力学性能	工艺性能
	125	××－061	钢筋屈服点、抗拉强度、伸长率均符合要求	见钢筋原材试验报告（××－0045）
	外观			
	质量状况		规格尺寸	
	合格		3580mm×1180mm×120mm	
	结构性能			
	承载力(kPa)	挠度(mm)	抗裂检验(kPa)	裂缝宽度(mm)
	2.00	1.50	1.40	0.12≤0.15(w_{max})

备注：	结论：试件结构各项性能指标经检验均达到规范规定，质量合格，同意出厂

供应单位技术负责人	填表人	供应单位名称（盖章）
×××	×××	
填表日期	××年×月×日	

注：本表由预制混凝土构件供应单位提供。

七、《钢构件出厂合格证》填写范例

<table>
<tr><td colspan="5">钢构件出厂合格证</td><td>编　　号</td><td>×××</td></tr>
<tr><td colspan="2">工程名称</td><td colspan="3">××工程</td><td>合格证编号</td><td>2015-105</td></tr>
<tr><td colspan="2">委托单位</td><td colspan="3">××钢构件厂</td><td>焊药型号</td><td>—</td></tr>
<tr><td colspan="2">钢材材质</td><td></td><td>防腐状况</td><td>已做防腐处理</td><td>焊条或焊丝型号</td><td>E4303
3.2mm×350mm</td></tr>
<tr><td colspan="2">供应总量(t)</td><td>90</td><td>加工日期</td><td>2015 年 4 月 9 日</td><td>出厂日期</td><td>2015 年 4 月 17 日</td></tr>
<tr><td>序号</td><td>构件名称及编号</td><td>构件数量</td><td>构件单重(kg)</td><td>原材报告编号</td><td>复试报告编号</td><td>使用部位</td></tr>
<tr><td>1</td><td>1＃钢柱</td><td>12</td><td>85</td><td>035</td><td>2015-0135</td><td>一层①～⑨/Ⓑ～Ⓘ轴</td></tr>
<tr><td>2</td><td>1＃桁架</td><td>3</td><td>30</td><td>039</td><td>2015-0147</td><td>屋面</td></tr>
<tr><td></td><td></td><td></td><td></td><td></td><td></td><td></td></tr>
<tr><td></td><td></td><td></td><td></td><td></td><td></td><td></td></tr>
<tr><td></td><td></td><td></td><td></td><td></td><td></td><td></td></tr>
<tr><td></td><td></td><td></td><td></td><td></td><td></td><td></td></tr>
<tr><td></td><td></td><td></td><td></td><td></td><td></td><td></td></tr>
<tr><td></td><td></td><td></td><td></td><td></td><td></td><td></td></tr>
<tr><td></td><td></td><td></td><td></td><td></td><td></td><td></td></tr>
<tr><td colspan="7">备注：</td></tr>
<tr><td colspan="3">供应单位技术负责人</td><td colspan="2">填表人</td><td colspan="2" rowspan="3">供应单位名称
（盖章）</td></tr>
<tr><td colspan="3">×××</td><td colspan="2">×××</td></tr>
<tr><td colspan="3">填表日期</td><td colspan="2">2015 年 4 月 17 日</td></tr>
</table>

注：本表由钢构件供应单位提供，建设单位、施工单位各保存一份。

八、《钢构件出厂合格证》填写说明

钢结构厂家必须提供构件出厂合格证，合格证应有生产厂家名称、使用构件的工程名称、构件规格、型号、数量、出厂日期、质量等级并加盖生产厂家公章。

1.表格解析

(1)责任部门。

供应单位提供，项目物资部收集。

(2)提交时限。

随物资进场提交。

2.相关规定及要求

(1)填写依据。

《钢结构工程施工质量验收规范》GB 50205—2001。

《钢结构工程施工规范》GB 50755—2012。

(2)检验方法。

1)钢构件生产厂家除提供构件出厂合格证外，还应保存各种原材料(钢材、焊接材料、涂料)质量合格证明、复试报告等资料并保证各种资料的可追溯性。

2)钢构件出厂合格证应包括的主要内容。

工程名称、委托单位、合格证编号、钢材原材报告及复试报告编号、焊条或焊丝及焊药型号、供应总量、加工及出厂日期、构件名称及编号、构件数量、防腐状况、使用部位、技术负责人(签字)、填表人(签字)及单位盖章等。

3)合格证要填写齐全，不得漏填或错填。数据真实，结论正确，符合标准要求。

(3)钢构件出厂时，其质量必须合格，并符合《钢结构工程施工质量验收规范》GB 50205—2001 中的有关规定，并应提交以下资料：

1)钢构件出厂合格证。

2)施工图和设计变更文件，设计变更的内容应在施工图中相应部位加以注明。

3)制作中对技术问题处理的协议文件。

4)钢材、连接材料和涂装材料的质量证明书或试验报告。

①钢材必须有质量证明书，并应符合设计文件的要求，如对钢材的质量有异议时，必须按规范进行力学性能和化学成分的抽样检验，合格后方能使用。

焊条、焊剂及焊药应有出厂合格证，并应符合设计要求，需进行烘焙的应有烘焙记录。

②高强度螺栓、高强度大六角头螺栓在安装前，按有关规定应复验摩擦面抗滑移系数及连接副预拉力或扭矩系数，合格后方可安装。应有一级、二级焊缝无损检验报告。

③涂料应有质量证明书，防火涂料应经消防部门认可。

5)焊接工艺评定报告。

6)有预拼要求时，钢构件验收应具备预拼装记录。

7)构件发运和包装清单。

九、《预拌混凝土出厂合格证》填写范例

预拌混凝土出厂合格证		编　号	×××
使用单位	×××项目部	合格证编号	2015-195
工程名称与浇筑部位	××大厦　首层游泳池		

强度等级	C35	抗渗等级	P8	供应数量(m^3)	129
供应日期	2015年×月×日至2015年×月×日			配合比编号	2015-094

原材料名称	水泥	砂	石	掺合料		外加剂	
品种及规格	P·O 42.5R	中砂	碎石	Ⅱ级粉煤灰		HNB-1	
试验编号	2015-052	2015-050	2015-049	2015-020		2015-018	

	试验编号	强度值	试验编号	强度值	备注：
每组抗压强度值(MPa)	2015-0521	51.3			
	2015-0521	51.7			
抗渗试验	试验编号	指标	试验编号	指标	
	2015-0069	P>8			

抗压强度统计结果			结论：
组数 n	平均值	最小值	合　格
2	51.5	51.3	

供应单位技术负责人	填表人	供应单位名称（盖章）
×××	×××	
填表日期	2015年×月×日	

十、《预拌混凝土出厂合格证》填写说明

1.表格解析

(1)责任部门。

供应单位提供，项目物资部收集。

(2)提交时限。

混凝土出厂后30d内提交。

(3)填写要点。

1)合格证要填写齐全，无未了项，不得漏填或错填。填写的数据真实，结论正确，符合要求。

2)浇筑部位：应与施工单位提出的混凝土浇筑申请的施工部位相一致。

3)抗渗等级：采用抗渗混凝土，应按照设计要求反映抗渗等级，不允许空缺不填。

2.相关规定及要求

(1)预拌混凝土出厂合格证包括的内容。

预拌混凝土出厂合格证由供应单位负责提供，应包括以下内容：

使用单位、合格证编号、工程名称与浇筑部位、混凝土强度等级、抗渗等级、供应数量、供应日期、原材料品种与规格和试验编号、配合比编号、混凝土28天抗压强度值、抗渗等级性能试验、抗压强度统计结果及结论，技术负责人(签字)、填表人(签字)、供应单位盖章。

(2)预拌混凝土的生产和使用应符合《预拌混凝土》GB/T 14902—2012的规定。施工现场使用预拌混凝土前应有技术交底和具备混凝土工程的标准养护条件，并在混凝土运送到浇筑地点15min内按规定制作试块。

(3)预拌混凝土供应单位必须向施工单位提供以下资料：

配合比通知单、预拌混凝土运输单、预拌混凝土出厂合格证、混凝土氯化物和碱总量计算书及必要的产品质量证明文件。提供复印件时应加盖印章，注明原件存放处并有经手人签字。

(4)预拌混凝土供应单位除向施工单位提供上述资料外，还应保证以下资料的可追溯性：

试配记录、水泥出厂合格证和试(检)验报告、砂和碎(卵)石试验报告、轻集料试(检)验报告、外加剂和掺合料产品合格证和试(检)验报告、开盘鉴定、混凝土抗压强度报告(出厂检验混凝土强度值应填入预拌混凝土出厂合格证)、抗渗试验报告(试验结果应填入预拌混凝土出厂合格证)、混凝土坍落度测试记录(搅拌站测试记录)和原材料有害物含量检测报告。

(5)施工单位应形成以下资料：

混凝土浇灌申请书；

混凝土抗压强度报告(现场检验)；

抗渗试验报告(现场检验)；

混凝土试块强度统计、评定记录(现场)。

(6)采用现场搅拌混凝土方式的，施工单位应收集、整理上述资料中除预拌混凝土出厂合格证、预拌混凝土运输单之外的所有资料。

十一、《预拌混凝土运输单》填写范例

<table>
<tr><td colspan="6">预拌混凝土运输单(正本)</td><td>编　号</td><td colspan="2">×××</td></tr>
<tr><td colspan="2">合同编号</td><td colspan="4">×××</td><td>任务单号</td><td colspan="2">×××</td></tr>
<tr><td colspan="2">供应单位</td><td colspan="4">××混凝土公司</td><td>生产日期</td><td colspan="2">2015年4月3日</td></tr>
<tr><td colspan="2">工程名称及施工部位</td><td colspan="7">××工程　地上六层⑥～⑫/Ⓔ～Ⓘ轴墙体</td></tr>
<tr><td colspan="2">委托单位</td><td colspan="2">×××</td><td>混凝土强度等级</td><td>C30</td><td>抗渗等级</td><td colspan="2">—</td></tr>
<tr><td colspan="2">混凝土输送方式</td><td colspan="2">泵送</td><td>其他技术要求</td><td colspan="4">—</td></tr>
<tr><td colspan="2">本车供应方量(m^3)</td><td colspan="2">6</td><td>要求坍落度(mm)</td><td>140～160</td><td>实测坍落度(mm)</td><td colspan="2">150</td></tr>
<tr><td colspan="2">配合比编号</td><td colspan="2">2015-0012</td><td>配合比比例</td><td colspan="4">C∶W∶S∶G=1.00∶0.49∶2.42∶3.17</td></tr>
<tr><td colspan="2">运距(km)</td><td>20</td><td>车号</td><td>京A2316</td><td>车次</td><td>16</td><td>司机</td><td>×××</td></tr>
<tr><td colspan="2">出站时间</td><td colspan="2">13:38</td><td>到场时间</td><td>14:28</td><td colspan="2">现场出罐温度(℃)</td><td>19</td></tr>
<tr><td colspan="2">开始浇筑时间</td><td colspan="2">14:36</td><td>完成浇筑时间</td><td>14:50</td><td colspan="2">现场坍落度(mm)</td><td>150</td></tr>
<tr><td rowspan="2">签字栏</td><td colspan="3">现场验收人</td><td colspan="2">混凝土供应单位质量员</td><td colspan="3">混凝土供应单位签发人</td></tr>
<tr><td colspan="3">×××</td><td colspan="2">××</td><td colspan="3">×××</td></tr>
</table>

<table>
<tr><td colspan="6">预拌混凝土运输单(副本)</td><td>编　号</td><td colspan="2">×××</td></tr>
<tr><td colspan="2">合同编号</td><td colspan="4">×××</td><td>任务单号</td><td colspan="2">×××</td></tr>
<tr><td colspan="2">供应单位</td><td colspan="4">××混凝土公司</td><td>生产日期</td><td colspan="2">2015年4月3日</td></tr>
<tr><td colspan="2">工程名称及施工部位</td><td colspan="7">××工程　地上六层⑥～⑫/Ⓔ～Ⓘ轴墙体</td></tr>
<tr><td colspan="2">委托单位</td><td colspan="2">×××</td><td>混凝土强度等级</td><td>C30</td><td>抗渗等级</td><td colspan="2">—</td></tr>
<tr><td colspan="2">混凝土输送方式</td><td colspan="2">泵送</td><td>其他技术要求</td><td colspan="4">—</td></tr>
<tr><td colspan="2">本车供应方量(m^3)</td><td colspan="2">6</td><td>要求坍落度(mm)</td><td>140～160</td><td>实测坍落度(mm)</td><td colspan="2">150</td></tr>
<tr><td colspan="2">配合比编号</td><td colspan="2">2015-0012</td><td>配合比比例</td><td colspan="4">C∶W∶S∶G=1.00∶0.49∶2.42∶3.17</td></tr>
<tr><td colspan="2">运距(km)</td><td>20</td><td>车号</td><td>京A2316</td><td>车次</td><td>16</td><td>司机</td><td>×××</td></tr>
<tr><td colspan="2">出站时间</td><td colspan="2">13:38</td><td>到场时间</td><td>14:28</td><td colspan="2">现场出罐温度(℃)</td><td>19</td></tr>
<tr><td colspan="2">开始浇筑时间</td><td colspan="2">14:36</td><td>完成浇筑时间</td><td>14:50</td><td colspan="2">现场坍落度(mm)</td><td>150</td></tr>
<tr><td rowspan="2">签字栏</td><td colspan="3">现场验收人</td><td colspan="2">混凝土供应单位质量员</td><td colspan="3">混凝土供应单位签发人</td></tr>
<tr><td colspan="3">×××</td><td colspan="2">××</td><td colspan="3">×××</td></tr>
</table>

注:本表的正本由供应单位保存,副本由施工单位保存。

十二、《水泥检验报告》填写范例

京市质监认字 013 号　（1998）量认（京）字（R0130）号　No.F2007－006

检　验　报　告

产品名称42.5R 普通硅酸盐水泥

委托单位××水泥有限责任公司

检验类别　委托检验

××市水泥质量监督检验站
（盖章）

××市水泥质量监督检验站
检验报告

NO. F××-006　　共 1 页第 1 页

产品名称	42.5R 普通硅酸盐水泥		型号，规格	R・O42.5R
委托单位	××水泥有限责任公司		商标	盾石
生产单位	××水泥有限责任公司		检验类别	委托检验
生产日期	××-×-×		样品等级	—
样品数量	500g		到样日期	××-×-×
原编号	Ru007		送样人	×××
检验依据	《水泥化学分析方法》GB/T 176—2008			
检验项目	计量单位	标准值	实测值	单项判定
碱含量	%	—	0.65	—
氧化钾	%	—	0.87	—
氧化钠	%	—	0.08	—
检验结论	（检验报告专用章）签发日期 ××年×月×日 检验专用章			
备注	碱含量按 $Na_2O+0.658K_2O$ 计算值来表示			

批准：×××　审核：×××　主检：×××

××市水泥质量监督检验站
检验报告

NO. W××-009　　　　共 2 页第 1 页

产品名称	42.5R 普通硅酸盐水泥	规格型号	P·O42.5R
委托单位	××水泥有限责任公司	商　　标	盾石
生产单位	××水泥有限责任公司	检验类别	委托检验
样品数量	6kg	质量等级	合格品
抽样地点	—	送样日期	××-×-×
抽样基数	—	送 样 人	×××
原 编 号	Ru 006	生产日期	××-×-×
检验依据	《通用硅酸盐水泥》GB 175—2007/XG1—2009		
检验项目	细度、凝结时间、安定性、强度、三氧化硫、氧化镁、烧失量		
检验结论	该样品经检验，依据 GB 175—2007/XG1—2009《通用硅酸盐水泥》国家标准，综合判定为合格。 （检验报告专用章）签发日期××年×月×日 （印章：××市水泥质量监督检验站 检验专用章）		
备注			
批准：×××　　审核：×××　　主检：×××			

××市水泥质量监督检验站
检验报告

NO. W××-009　　　　共 2 页第 2 页

检验项目		计量单位	标准值	实测值			单项判定
细度	比表面积	m^2/kg	—	—			—
	筛余	%	≤10.0	0.8			合格
凝结时间	初凝	时：分	≥0 时 45 分	2 时 55 分			合格
	终凝	时：分	≤10 时 00 分	4 时 10 分			合格
安定性	试饼	—	—	—			—
	雷氏夹	—	合格	合格			合格
三氧化硫		%	≤3.5	2.24			合格
氧化镁		%	≤5.0	2.35			合格
烧失量		%	≤5.0	2.33			合格
不溶物		%	—	—			—
抗折强度	3d	MPa	≥3.5	5.25	5.20	5.20	合格
				平均值		5.2	
	28d	MPa	≥6.5	8.90	8.65	8.85	合格
				平均值		8.8	
抗压强度	3d	MPa	≥16.0	27.2	26.6	26.8	合格
				26.6	26.8	27.2	
				平均值		26.9	
	28d	MPa	≥42.5	52.8	52.8	54.1	合格
				53.8	55.0	52.8	
				平均值		53.6	
保水率		%	—	—			—
碱含量		%	—	—			—
氧化钾		%	—	—			—
氧化钠		%	—	—			—
备注							

十三、《粉煤灰检验报告》填写范例

CMA

No.H××-082

（××）量认（京）字（R0130）号

检　验　报　告

产品名称粉煤灰（用于混凝土）

委检单位××粉煤灰利用有限责任公司

检验类别　委托检验

××市水泥质量监督检验站

原件在原厂家保存！

×××

××.×.×

××市水泥质量监督检验站
检验报告

NO. H××-××　　　　共1页第1页

产品名称	粉煤灰（用于混凝土）				型号，规格	—
委托单位	××环粉煤灰利用有限责任公司				注册商标	—
受检单位	××环粉煤灰利用有限责任公司				检验类别	委托检验
抽样地点	—				样品等级	—
样品数量	6kg				到样日期	××-×-×
抽样基数	—				送样人	×××
原编号	—				生产日期	
检验依据	《用于水泥和混凝土中的粉煤灰》GB/T 1596—2005					
检验项目	计量单位	标准要求			实测值	单项判定
		Ⅰ级	Ⅱ级	Ⅲ级		
细　度	%	≤12	≤20	≤45	8.8	Ⅰ级
需水量比	%	≤95	≤105	≤115	91	Ⅰ级
烧失量	%	≤5	≤8	≤15	0.66	Ⅰ级
含水量	%	≤1	≤1	不规定	0.12	Ⅰ级
三氧化硫	%	≤3	≤3	≤3	2.86	Ⅰ级
氧化钾	%	—	—	—	0.84	—
氧化钠	%	—	—	—	1.66	—
碱含量	%	—	—	—	2.21	—
游离氧化钙	%	—	—	—	3.53	—
综合判定	该样品经检验，判定为Ⅰ级粉煤灰					
检验结论	该样品经检验，依据GB/T 1596—2005《用于水泥和混凝土粉煤灰》国家标准，综合判定为Ⅰ级粉煤灰。 （检验报告专用章）签发日期 ××年×月×日					
备注	碱含量按 $Na_2O+0.658K_2O$ 计算值来表示					
批准：×××	审核：×××				主检：×××	

十四、《外加剂检验报告》填写范例

××市建设工程质量检测中心第一检测所

No. 1 Testing Institure Beijing Building Construction Quality Testing Centre

CMA （××）量认（京）字（110152）号

检测报告

Test Repor

委托编号：××-00861　　试验编号：××-89

委托单位	××混凝土外加剂厂	检测类别	抽检
样品名称	ZX-5 混凝土缓凝高效减水剂（液体）	样品编品	89j
生产单位	同委托单位	掺　量	2.0%×C
抽样日期	××-02-09	代表批量	50t
检测依据	GB 8076—2008、GB 18588—2001、DBJ 01-61-2002、GB 6566—2001	试验日期	××-02-12
检测项目	减水率、泌水率比、含气量、凝结时间差、抗压强度比、收缩率比、放射性、碱含量、氯离子含量、氨含量		
检测结论	抽检试样所测项目中氨含量符合 GB 18588—2001 标准要求，氯离子含量、碱总量符合 DBJ 01-61-2002 标准相关要求，放射性限量符合 GB 6566—2001 标准要求，其他检测项目符合 GB 8076—2008 中混凝土缓凝高效减水剂“一等品”标准指标。		
附注：	报告日期：××年×月×日		

负责人：×××　审核：×××　计算：×××　试验：×××

原件在原厂家保存

××市建设工程质量检测中心第一检测所

No. 1 Testing Institure Beijing Building Construction Quality Testing Centre

CMA （××）量认（京）字（110152）号

检测报告

Test Repor

委托编号：××-00861　　试验编号：××-89

序号	检测项目		标准要求 一等品	标准要求 合格品	检测结果	单项结论
1	减水率（%）		≥12	≥10	19.9	一等品
2	泌水率比（%）		≤100		0	合格
3	含气量（%）		<4.5		3.2	合格
4	凝结时间差（min）	初凝	>+90		+170	合格
5	抗压强度比（%）	3d	≥125	≥120	149	一等品
		7d	≥125	≥115	130	一等品
		28d	≥120	≥110	122	一等品
6	收缩率比（%）	28d	≤135		111	一等品
7	碱含量（%）		—		1.51	—
	带入每立方米混凝土中的碱总量（kg）		≤1.0		0.1	合格
8	氯离子含量（%）		—		0.08	—
	带入每立方米混凝土中的氯离子含量（kg）	预应力混凝土	<0.02		0.006	不受限
		钢筋混凝土	0.02～0.20			
		无筋混凝土	0.20～0.60			
9	氨含量（%）		≤0.1		0.00	合格
10	放射性限量	内照射指数，I_{Ra}	≤1.0		0.32	合格
		外照射指数，I_{γ}	≤1.0		0.62	合格

备注：掺量为 2.0%×C；带入每立方米混凝土中的碱总量、氯离子含量按 400kg 水泥计算。

结论：抽检试样所测项目中氨含量符合 GB 18588—2001 标准要求，氯离子含量、碱总量符合 DBJ 01-61-2002 标准相关要求，放射性限量符合 GB 6566—2001 标准要求，其他检测项目符合 GB 8076—2008 中混凝土缓凝高效减水剂“一等品”标准指标。

报告日期：××年×月×日

负责人：×××　审核：×××　计算：×××　试验：×××

第二节 材料、构配件进场检验记录及复试报告

一、《材料、构配件进场检验记录》填写范例

材料、构配件进场检验记录	工程名称	××工程
	资料编号	×××
	检验日期	××年×月×日

序号	名 称	规格型号	进场数量	生产厂家 质量证明书编号	外观检验项目 检验结果	试件编号 复验结果	备注
1	水泥	P·O 42.5	130t	××公司	外观检验项目 质量证明文件	××××	合格
				×××	合格	合格	
2	砂	中砂	$400m^3$	××公司	外观检验项目 质量证明文件	××××	合格
				×××	合格	合格	
3	碎石	5～31.5mm	$400m^3$	××公司	外观检验项目 质量证明文件	××××	合格
				×××	合格	合格	
4	钢筋	HRB 335 Φ25	20.25t	××公司	外观检验项目 质量证明文件	××××	合格
				×××	合格	合格	

检查意见（施工单位）：

以上材料经外观检查合格，质量证明文件齐全、有效

附件：共 × 页

验收意见（监理/建设单位）：

☑同意　☐重新检验　☐退场　　验收日期：××年×月×日

签字栏	施工单位	××建设集团有限公司	专业质检员	专业工长	检验员
			×××	×××	×××
	监理或建设单位	××工程建设监理有限公司		专业工程师	×××

二、《钢材试验报告》填写范例

钢材试验报告

委托单位：××建设集团有限公司　　　　　　　　　　　　　　　　试验编号：×××

工程名称	××工程	使用部位	首层大厅①～④/Ⓐ～Ⓓ
委托日期	2015年6月14日	报告日期	2015年6月16日
试样名称	结构钢工型钢	检验类别	委托
产　地	××钢铁有限公司	代表数量	56.78t

试件规格	机械性能				硬度 HRC	冲击韧性 (MPa)	化学成分（%）						
	屈服点 (MPa)	抗拉强度 (MPa)	伸长率 δ_5（%）	冷弯 d=a			碳 C	硫 S	锰 Mn	磷 P	硅 Si		
结构钢 Q235B	244	375	34										
	225	390	37										

依据标准和结论	《碳素结构钢》GB/T 700—2006 复试符合Q235B要求合格
备　注	本报告未经书面同意不得部分复印 见证单位：××工程监理公司 见证人：××× 试件来源：见证取样

试验单位：××质量检测中心　　技术负责人：×××　　审核：×××　　试（检）验：×××

注：当需要进行化学分析时应用此表。

三、《钢材试验报告》填写说明

钢材试验报告是指对钢材机械性能和化学成分进行检测后由试验单位出具的试验证明文件。

1.表格解析

(1)责任部门。

钢筋供应单位必须提供质量证明书，并由施工单位的项目材料员负责收集；进场检验合格后按照有关规定做复试，钢筋进场复试报告应由施工单位的项目试验员负责收集，项目资料员汇总整理。

(2)提交时限。

检测报告应随物资进场提交。复试报告应在正式使用前提交，复试时间3d左右。

(3)填写要点。

1)委托单位：应填写施工单位名称，并与施工合同中的施工单位名称相一致。

2)试验编号：应按照单位工程和取样时间的先后顺序连续编号。如复试结果不合格钢筋退场情况下，试件编号可能会不连续。

3)工程名称及使用部位：按委托单上的工程名称及使用部位填写。

4)试样名称：指试验钢材的型号、种类。

5)检验类别：有委托、仲裁、抽样、监督和对比五种，按实际填写。

6)代表数量：试件所能代表的用于某一工程的钢材数量。

7)检验结论：按实际填写，必须明确合格或不合格。

2.相关规定及要求

(1)公章及复印件要求：质量证明书应具有钢筋生产单位、材料供应单位公章。复印件应加盖原件存放单位红章、具有经办人签字和经办日期。

(2)出厂质量证明书(出厂合格证)应填写齐全，不得漏填或随意涂改，内容包括：生产许可证号、供方名称或厂标；需方名称；重量、证明书号、产品名称、炉(罐)批号、牌号、级别、规格、化学成分检验(碳、锰、硅、硫、磷、钒等)、机械性能数据(屈服点、抗拉强度、伸长率、冷弯)、发货日期、出厂日期等。

(3)钢材如无出厂合格证原件，有抄件或原件复印件亦可，但抄件或原件复印件上要注明原件存放单位，抄件人和抄件、复印件单位签名并盖公章。

(4)试验、审核、技术负责人签字齐全并加盖试验单位公章。

(5)钢材、钢铸件的品种、规格、性能等应符合国家现行产品标准和设计要求。进口钢材产品的质量应符合设计和合同规定标准的要求。

(6)对属于下列情况之一的钢材，应进行抽样复验，其复验结果应符合国家现行产品标准和设计要求。

①国外进口钢材；

②钢材混批；

③板厚等于或大于40mm，且设计有Z向性能要求的厚板；

④建筑结构安全等级为一级，大跨度钢结构中主要受力构件所采用的钢材；

⑤设计有复验要求的钢材；

⑥对质量有疑义的钢材。

四、《水泥试验报告》填写范例

水泥试验报告

委托单位：××建设集团有限公司　　　　　　　　　　　　　　　　试验编号：×××

工程名称	××工程			使用部位	三层①～⑩/Ⓐ～Ⓖ轴
水泥品种	矿渣水泥	强度等级	32.5R级	委托日期	2015年4月2日
批　　号	××			检验类别	委托
生产厂	××	代表批量	100t	报告日期	2015年4月30日
检验项目	标准要求	实测结果	检验项目	标准要求	实测结果
细　　度	—	—	初　　凝	≥45min	50min
标稠用水量	—	26.6%	终　　凝	≤600min	485min
胶砂流动度	—	—	安定性	合格	合格

强度检验	抗折强度(MPa)		抗压强度(MPa)				快测强度(MPa)	
	3d	28d	3d		28d			
标准要求	≥2.5	≥5.5	≥10.0		≥32.5			
测定值	3.08	6.72	12.5	12.5	39.4	37.8	—	—
	3.03	7.30	11.9	12.2	39.7	36.9	—	—
	3.16	7.08	12.2	12.8	40.0	38.1	—	—
实测结果	3.1	7.0	12.4		38.7			

依据标准：

《通用硅酸盐水泥》GB 175—2007/XG1—2009

检验结论：

所检项目符合32.5级矿渣水泥标准要求

备　　注：本报告未经本室书面同意不得部分复制。

见证单位：××建设监理公司

见证人：×××

试验单位：××检测中心　　技术负责人：×××　　审核：×××　　试(检)验：×××

五、《水泥试验报告》填写说明

1.表格解析

(1)责任部门。

水泥生产单位提供必须提供水泥出厂合格质量证明文件及物理性能检验及建筑材料放射性指标检验报告(结构及室内装修用水泥)。进场合格后,按照要求做复试,试验报告由试验单位负责提供,项目试验员收集。

(2)提交时限。

检测报告应随物资进场提交。复试报告应在正式使用前提交,复试时间快测 4d,常规28d。

(3)检查要点。

1)水泥出厂合格证、检验报告。

①水泥必须有水泥生产单位提供的出厂合格质量证明文件。质量证明文件应在水泥出厂 7d 内提供,检验项目包括除 28d 强度以外的各项试验结果。28d 强度结果应在水泥发出日起 32d 内补报。产品合格证应以 28d 抗压、抗折强度为准。

②水泥进场后,项目物资、质量部门应及时组织进行外观、包装检查,核对进场数量,由项目材料员在质量证明文件上注明:进场日期、进场数量(t)和使用部位(计划)。

③公章及复印件要求:出厂质量证明文件应具有生产单位、材料供应单位公章。复印件应加盖原件存放单位红章、具有经办人签字和经办日期。

④水泥出厂合格质量证明文件内容应齐全,包括厂别、品种、强度等级、出厂日期、出厂编号和厂家的试验数据等,不得漏填或随意涂改。

⑤供应单位除提供产品合格证明外,还应提供物理性能检验及建筑材料放射性指标检验报告(结构及室内装修用水泥),其质量应符合现行国家标准。对检验项目不全或对检验结果有疑问的,应委托有资质检测单位进行复试。

⑥用于钢筋混凝土结构、预应力混凝土结构中的水泥,检测报告应有有害物(氯化物、碱含量)检测内容。钢筋混凝土结构、预应力混凝土结构中严禁使用含氯化物的水泥。

2)水泥试验报告。

①水泥必须按规定的批量送检,做到先复试后使用,严禁先施工后复试。

②须复试的水泥包括:用于承重结构的水泥;使用部位有强度等级要求的水泥;水泥出厂超过 3 个月(快硬硅酸盐水泥为 1 个月);使用过程中对水泥质量有怀疑的或进口的水泥。

③水泥复试的必试项目包括:抗压强度;安定性;凝结时间。

④委托单位:应填写施工单位名称,并与施工合同中的施工单位名称相一致。

⑤代表数量:应填写本次复试的实际水泥数量,不得笼统填写验收批的最大批量 200t(或 500t)。

⑥如果水泥有质量问题、根据试验报告的数据可降级使用,但须经有关技术负责人批准后方可使用,且应注明使用工程项目及部位。

2.相关规定及要求

所有进场水泥必须进行复试,结构中用的水泥必须复试抗压强度、抗折强度、凝结时间和安定性等项目，其他用水泥(如抹灰)必须复试安定性指标，进口水泥还应对其水泥的有害成分含量进行试验，能否使用以复试报告为准。

(1)水泥进场时应对其品种、级别、包装或散装仓号、出厂日期等进行检查，并应对其强度、安定性、凝结时间及其他必要的性能指标进行复验，其质量必须符合现行国家标准《通用硅酸盐水泥》GB 175—2007 等的规定。当在使用中对水泥质量有怀疑或水泥出厂超过 3 个月(快硬硅酸盐水泥超过 1 个月)时，应进行复验，并按复验结果使用。

钢筋混凝土结构、预应力混凝土结构中，严禁使用含氯化物的水泥，水泥出厂检验报告应有氯化物含量测试项目。

检查数量：按同一生产厂家、同一等级、同一品种、同一批号且连续进厂的水泥，袋装不超过 200t 为一批，散装不超过，500t 为一批，每批抽样不少于 1 次。

检验方法：检查产品合格证、出厂检验报告和进场复验报告。

(2)水泥进场使用前，应分批对其强度、安定性、凝结时间进行复验。检验批应以同一生产厂家、同期出厂、同一品种、同一强度等级、同一编号为一批。不同批的水泥不得混合存放。当在使用中对水泥质量有怀疑或水泥出厂超过 3 个月(快硬硅酸盐水泥超过 1 个月)时，应进行复验，并按复验结果使用。不同品种的水泥，不得混合使用。

3. 技术要求

(1)化学指标。

通用硅酸盐水泥化学指标应符合表 4-1 的要求。

表 4-1 通用硅酸盐水泥化学指标

<table>
<tr><th>品　　种</th><th>代号</th><th>不溶物
(质量分数)</th><th>烧失量
(质量分数)</th><th>三氧化硫
(质量分数)</th><th>氧化镁
(质量分数)</th><th>氯离子
(质量分数)</th></tr>
<tr><td rowspan="2">硅酸盐水泥</td><td>P·Ⅰ</td><td>≤0.75</td><td>≤3.0</td><td rowspan="3">≤3.5</td><td rowspan="3">≤5.0[a]</td><td rowspan="5">≤0.06[c]</td></tr>
<tr><td>P·Ⅱ</td><td>≤1.50</td><td>≤3.5</td></tr>
<tr><td>普通硅酸盐水泥</td><td>P·O</td><td>—</td><td>≤5.0</td></tr>
<tr><td rowspan="2">矿渣硅酸盐水泥</td><td>P·S·A</td><td>—</td><td>—</td><td rowspan="2">≤4.0</td><td>≤6.0[b]</td></tr>
<tr><td>P·S·B</td><td>—</td><td>—</td><td>—</td></tr>
<tr><td>火山灰质硅酸盐水泥</td><td>P·P</td><td>—</td><td>—</td><td rowspan="3">≤3.5</td><td rowspan="3">≤6.0[b]</td><td rowspan="3">≤0.06[c]</td></tr>
<tr><td>粉煤灰硅酸盐水</td><td>P·F</td><td>—</td><td>—</td></tr>
<tr><td>复合硅酸盐水泥</td><td>P·C</td><td>—</td><td>—</td></tr>
</table>

注：a. 如果水泥压蒸试验合格，则水泥中氧化镁的含量(质量分数)允许放宽至 6.0%。

b. 如果水泥中氧化镁的含量(质量分数)大于 6.0%时，需进行水泥压蒸安定性试验并合格。

c. 当有更低要求时，该指标由买卖双方确定。

(2)碱含量(选择性指标)。

水泥中碱含量按 $Na_2O+0.658K_2O$ 计算值表示。若使用活性骨料，用户要求提供低碱水泥时，水泥中的碱含量应不大于 0.60%或由买卖双方协商确定。

(3)物理指标。

1)凝结时间。

硅酸盐水泥初凝时间不小于45min,终凝时间不大于390min。

普通硅酸盐水泥、矿渣硅酸盐水泥、火山灰质硅酸盐水泥、粉煤灰硅酸盐水泥和复合硅酸盐水泥初凝不小于45min,终凝不大于600min。

2)安定性。

沸煮法合格。

3)强度。

不同品种不同强度等级的通用硅酸盐水泥,其不同龄期的强度应符合表4-2的规定。

表4-2 通用硅酸盐水泥强度

品种	强度等级	抗压强度		抗折强度	
		3d	28d	3d	28d
硅酸盐水泥	42.5	≥17.0	≥42.5	≥3.5	≥6.5
	42.5R	≥22.0		≥4.0	
	52.5	≥23.0	≥52.5	≥4.0	≥7.0
	52.5R	≥27.0		≥5.0	
	62.5	≥28.0	≥62.5	≥5.0	≥8.0
	62.5R	≥32.0		≥5.5	
普通硅酸盐水泥	42.5	≥17.0	≥42.5	≥3.5	≥6.5
	42.5R	≥22.0		≥4.0	
	52.5	≥23.0	≥52.5	≥4.0	≥7.0
	52.5R	≥27.0		≥5.0	
矿渣硅酸盐水泥 火山灰硅酸盐水泥 粉煤灰硅酸盐水泥 复合硅酸盐水泥	32.5	≥10.0	≥32.5	≥2.5	≥5.5
	32.5R	≥15.0		≥3.5	
	42.5	≥15.0	≥42.5	≥3.5	≥6.5
	42.5R	≥19.0		≥4.0	
	52.5	≥21.0	≥52.5	≥4.0	≥7.0
	52.5R	≥23.0		≥4.5	

4)细度(选择性指标)。

硅酸盐水泥和普通硅酸盐水泥的细度以比表面积表示,其比表面积不小于$300m^2/kg$;矿渣硅酸盐水泥、火山灰质硅酸盐水泥、粉煤灰硅酸盐水泥和复合硅酸盐水泥的细度以筛余表示,其80μm方孔筛筛余不大于10%或45μm方孔筛筛余不大于30%。

六、《砂试验报告》填写范例

砂试验报告

委托单位:××建设集团有限公司　　　　试验编号:×××

工程名称	××办公楼工程			委托日期	2015 年 6 月 15 日
砂种类	中砂			报告日期	2015 年 6 月 19 日
产地	××砂石厂	代表批量	600t	检验类别	委托
检验项目	标准要求	实测结果	检验项目	标准要求	实测结果
表观密度(kg/m^3)	—	—	石粉含量(%)	—	—
堆积密度(kg/m^3)	—	—	氯盐含量(%)	—	—
紧密密度(kg/m^3)	—	—	含水率(%)	—	—
含泥量(%)	<3.0	1.4	吸水率(%)	—	—
泥块含量(%)	<1.0	0.6	云母含量(%)	—	—
硫酸盐硫化物(%)	—	—	空隙率(%)	—	—
轻物质含量(%)	—	—	坚固性	—	—
			碱活性	—	—

筛孔尺寸(mm)	5.00	2.50	1.25	0.630	0.315	0.160	筛分结果	细度模数
标准下限(%)	0	0	10	41	70	90		2.5
标准上限(%)	10	25	50	70	92	100		级配区属
实测结果(%)	3	13	28	54	80	96		Ⅱ

依据标准:

《普通混凝土用砂、石质量及检验方法标准》JGJ 52—2006

检验结论:

含泥量、泥块含量指标合格本试样按细度模数分属中砂,其级配属二区可用于浇筑 C30 及 C30 以上的混凝土

备　　注:

试验单位:××检测中心　　技术负责人:×××　　审核:×××　　试(检)验:×××

七、《砂试验报告》填写说明

砂子试验报告是为保证建筑工程质量，对用于工程中的砂子的筛分以及含泥量、泥块含量等指标进行测试后由试验单位出具的质量证明文件。

1.表格解析

(1)责任部门。

供货单位提供产品合格证，物理性能检验报告及建筑材料放射性指标检验报告，由项目材料员负责收集。复试报告由试验单位提供，由项目试验员负责收集，项目资料员负责汇总整理。

(2)提交时限。

复试报告在正式使用前提交，试验时间3d左右。

(3)检查要点。

1)材料进场时，供货单位应提供产品合格证、物理性能检验报告及建筑材料放射性指标检验报告。

2)砂进场，项目应及时进行外观检查、核对进场数量，由项目材料部门在质量证明文件上注明：进场日期、进场数量和使用部位。

3)质量证明文件各项内容填写齐全，不得漏填或随意涂改。

4)公章及复印件要求：质量证明文件应具有生产单位、材料供应单位公章。复印件应加盖原件存放单位红章、具有经办人签字和经办日期。

“结论”栏如果普通混凝土用砂，应写符合《普通混凝土用砂、石质量及检验方法标准》JGJ 52—2006。

5)按规定应预防碱一骨料反应的工程或结构部位所使用的砂，供应单位应提供砂的碱活性检验报告。

应用于Ⅱ、Ⅲ类混凝土结构工程的骨料每年均应进行碱活性检验。

6)出厂质量证明文件与进场外观检查合格后，用于混凝土、砌体结构工程用砂必须按照有关规定的批量送检复试，复试合格后方可在工程中使用。做到先复试后使用，严禁先施工后复试。

2.相关规定及要求

(1)普通混凝土所用的粗、细骨料的质量应符合国家现行标准《普通混凝土用砂、石质量及检验方法标准》JGJ 52—2006的规定。

砂、石使用前应按规定取样复试，有试验报告。按规定应预防碱—集料反应的工程或结构部位所使用的砂、石，供应单位应提供砂、石的碱活性检验报告。

检查数量：按进场的批次和产品的抽样检验方案确定。

检验方法：检验进场复试报告。

(2)砂浆用砂不得含有有害杂物。砂浆用砂的含泥量应满足下列要求。

1)对水泥砂浆和水泥混合砂浆，不应超过5%。

2)人工砂、山砂及特细砂，应经试配能满足砌筑砂浆技术条件要求。

(3)对于长期处于潮湿环境的重要混凝土结构所用的砂、石，应进行碱活性检验。

3. 技术要求

(1)颗粒级配。

砂的颗粒级配应符合表 4-3 的规定。砂的级配类别应符合表 4-4 的规定。

表 4-3 颗粒级配

砂的分类	天 然 砂			机 制 砂		
级配区	1 区	2 区	3 区	1 区	2 区	3 区
方筛孔	累计筛余(%)					
4.75mm	10～0	10～0	10～0	10～0	10～0	10～0
2.36mm	35～5	25～0	15～0	35～5	25～0	15～0
1.18mm	65～35	50～10	25～0	65～35	50～10	25～0
600μm	85～71	70～41	40～16	85～71	70～41	40～16
300μm	95～80	92～70	85～55	95～80	92～70	85～55
150μm	100～90	100～90	100～90	97～85	94～80	94～75

表 4-4 级配类别

类 别	Ⅰ	Ⅱ	Ⅲ
级配区	2 区	1、2、3 区	

注：1. 砂的实际颗粒级配与表中所列数字相比，除 4.75mm 和 600μm 筛档外，可以略有超出，但超出总量应小于 5%。

2. Ⅰ区人工砂中 150μm 筛孔的累计筛余可以放宽到 100～85，Ⅱ区人工砂中 150μm 筛孔的累计筛余可以放宽到 100～80，Ⅲ区人工砂中 150μm 筛孔的累计筛余可以放宽到 100～75。

(2)含泥量、石粉含量和泥块含量。

1)天然砂含泥量、石粉含量和泥块含量应符合 4-5 的规定。

表 4-5 天然砂含泥量和泥块含量

项 目	指 标		
	Ⅰ类	Ⅱ类	Ⅲ类
含泥量(按质量计)(%)	≤1.0	≤3.0	≤5.0
泥块含量(按质量计)(%)	0	≤1.0	≤2.0

2)机制砂 *MB* 值≤1.4 或快速法试验合格时，石粉含量和泥块含量应符合表 4-6 的规定；机制砂 *MB* 值>1.4 或快速法试验不合格时，石粉含量和泥块含量应符合表 4-7 的

规定。

表 4-6 石粉含量和泥块含量(*MB* 值≤1.4 或快速法试验合格)

类　别	Ⅰ	Ⅱ	Ⅲ
MB 值	≤0.5	≤1.0	≤1.4 或合格
石粉含量(按质量计)(%)①	≤10.0		
泥块含量(按质量计)(%)	0	≤1.0	≤2.0

注:①此指标根据使用地区和用途,经试验验证,可由供需双方协商确定。

表 4-7 石粉含量和泥块含量(*MB* 值>1.4 或快速法试验不合格)

类　别	Ⅰ	Ⅱ	Ⅲ
石粉含量(按质量计)(%)	≤1.0	≤3.0	≤5.0
泥块含量(按质量计)(%)	0	≤1.0	≤2.0

(3)坚固性。

1)天然砂采用硫酸钠溶液法进行试验,砂样经 5 次循环后其质量损失应符合表 4-8 的规定。

表 4-8 坚固性指标

项　目	指　标		
	Ⅰ类	Ⅱ类	Ⅲ类
质量损失(%)	≤8	≤8	≤10

2)人工砂采用压碎指标法进行试验,压碎指标值应小于表 4-9 的规定。

表 4-9 压碎指标

项　目	指　标		
	Ⅰ类	Ⅱ类	Ⅲ类
单级最大压碎指标(%)	≤20	≤25	≤30

(4)砂表观密度、堆积密度、空隙率应符合如下规定:表观密度不小于 2500kg/m^3;松散堆积密度不小于 1400kg/m^3;空隙率小于 44%。

(5)经碱—骨料反应试验后,由砂制备的试件无裂缝、酥裂、胶体外溢等现象,在规定的试验龄期膨胀率小于 0.10%。

八、《碎(卵)石试验报告》填写范例

碎(卵)石试验报告

委托单位:××建设集团有限公司　　　　试验编号:×××

工程名称	××工程			委托日期	2015年4月27日
石子种类	碎石			报告日期	2015年5月1日
产　地	××砂石厂	代表批量	600t	检验类别	委托
检验项目	标准要求	实测结果	检验项目	标准要求	实测结果
表观密(kg/m^3)	—	—	有机物含量	—	—
堆积密度(kg/m^3)	—	—	坚固性	—	—
紧密密度(kg/m^3)	—	—	岩石强度(MPa)	—	—
含泥量(%)	＜2.0	0.6	压碎指标(%)	＜16	8
泥块含量(%)	＜0.7	0.2	SO_3 含量(%)	—	—
吸水率	—	—	碱活性	—	—
针片状含量(%)	＜25	4.3	空隙率(%)	—	—

筛孔尺寸(mm)	90	75.0	63.0	53.0	37.5	31.5	26.5	19.0	16.0	9.50	4.75	2.36
标准下限(%)	—	—	—	—	—	0	0	—	30	—	90	95
标准上限(%)	—	—	—	—	—	0	5	70	—	—	100	100
实测结果(%)	—	—	—	—	—	0	2	—	50	—	94	98

依据标准:

《普通混凝土用砂、石质量及检验方法标准》JGJ 52—2006

检验结论:

依据JGJ 52—2006标准,含泥量、泥块含量、泥块含量、针、片、状颗粒含量指标合格。

级配符合5～25mm连续粒级的要求

备　　注:

试验单位:××检测中心　　技术负责人:×××　　审核:×××　　试(检)验:×××

九、《碎(卵)石试验报告》填写说明

石子试验报告是为保证建筑工程质量，对用于工程中的石子的筛分以及含泥量、泥块含量、针片状含量、压碎指标等指标进行测试后由试验单位出具的质量证明文件。

1.表格解析

(1)责任部门。

供货单位提供产品合格证，物理性能检验报告及建筑材料放射性指标检验报告。出厂合格证，检验报告应由项目材料员负责收集。复试报告由试验单位提供，由项目试验员负责收集，项目资料员负责汇总整理。

(2)提交时限。

复试报告在正式使用前提交，试验时间3d左右。

(3)检查要点。

材料进场时，供货单位应提供产品合格证、物理性能检验报告及建筑材料放射性指标检验报告。

1)试验报告中的检验项目，除必试项目外，对于长期处于潮湿环境的重要混凝土结构用石，应进行碱活性检验；对于重要工程及特殊工程、应根据工程要求增加检测项目。

2)检查试验报告产品种类、产地、公称粒径、筛分析、含泥量、试验编号等是否和混凝土(砂浆)配合比申请单、通知单相应项目一致。

2.相关规定及要求

(1)卵石和碎石的颗粒级配应符合表4-10的规定。

表4-10 颗粒级配

公称粒级(mm)		累计筛余(%) 方孔筛(mm)											
		2.36	4.75	9.50	16.0	19.0	26.5	31.5	37.5	53.0	63.0	75.0	90
连续粒级	5~16	95~100	85~100	30~60	0~10	0							
	5~20	95~100	90~100	40~80	—	0~10	0						
	5~25	95~100	90~100	—	30~70	—	0~5	0					
	5~31.5	95~100	90~100	70~90	—	15~45	—	0~5	0				
	5~40	—	95~100	70~90	—	30~65	—	—	0~5	0			
单粒粒级	5~10		95~100	80~100	0~15	0							
	10~16		95~100	80~100	0~15	0							
	10~20		95~100	85~100		0~15	0						
	16~25			95~100	85~70	25~40	0~10						
	16~31.5		95~100		85~100			0~10	0				
	20~40				95~100		85~100			0~10	0		
	40~80					95~100			70~100		30~60	0~10	0

(2)卵石、碎石的含泥量和泥块含量应符合表4-11的规定。

表 4-11 含泥量和泥块含量

项目	指标		
	Ⅰ类	Ⅱ类	Ⅲ类
含泥量(按质量计)(%)	≤0.5	≤1.0	≤1.5
泥块含量(按质量计)(%)	0	≤0.2	≤0.5

(3)卵石和碎石的针片状颗粒含量应符合表4-12的规定。

表 4-12 针、片状颗粒含量

项目	指标		
	Ⅰ类	Ⅱ类	Ⅲ类
针、片状颗粒(按质量计)(%)	≤5	≤10	≤15

(4)有害物质:卵石和碎石中不应混有草根、树叶、树枝、塑料、煤块和炉渣等杂物。其有害物质含量应符合表4-13的规定。

表 4-13 有害物质含量

项目	指标		
	Ⅰ类	Ⅱ类	Ⅲ类
有机物	合格	合格	合格
硫化物及硫酸盐(按 SO_3 质量计)(%)	≤0.5	≤1.0	≤1.0

(5)压碎指标值应小于表4-14的规定。

表 4-14 压碎指标

项目	指标		
	Ⅰ类	Ⅱ类	Ⅲ类
碎石压碎指标(%)	≤10	≤20	≤30
卵石压碎指标(%)	≤12	≤14	≤16

(6)表观密度、堆积密度、空隙率应符合如下规定:表观密度大于2600kg/m^3;松散堆积密度大于1350kg/m^3;空隙率小于47%。

(7)经碱一骨料反应试验后,由卵石、碎石制备的试件无裂缝、酥裂、胶体外溢等现象。在规定的试验龄期的膨胀率应小于0.10%。

十、《混凝土外加剂试验报告》填写范例

<table>
<tr><td colspan="4" rowspan="3">外加剂试验报告</td><td>编　　号</td><td>×××</td></tr>
<tr><td>试验编号</td><td>2015-0036</td></tr>
<tr><td>委托编号</td><td>2015-01480</td></tr>
<tr><td>工程名称</td><td colspan="3">××工程</td><td>试样编号</td><td>006</td></tr>
<tr><td>委托单位</td><td colspan="3">×××项目部</td><td>试验委托人</td><td>×××</td></tr>
<tr><td>产品名称</td><td>泵送剂</td><td>生产厂</td><td>××建材厂</td><td>生产日期</td><td>2015 年 9 月 10 日</td></tr>
<tr><td>代表数量</td><td>2t</td><td>来样日期</td><td>2015 年 9 月 14 日</td><td>试验日期</td><td>2015 年 10 月 13 日</td></tr>
<tr><td>试验项目</td><td colspan="5">减水率、28d 抗压强度比、钢筋锈蚀</td></tr>
<tr><td rowspan="7">试验结果</td><td colspan="3">试 验 项 目</td><td colspan="2">试 验 结 果</td></tr>
<tr><td colspan="3">1. 坍落度保留值</td><td colspan="2">H30:163mm　H60:137mm</td></tr>
<tr><td colspan="3">2. 压力泌水率比</td><td colspan="2">74%</td></tr>
<tr><td colspan="3">3. 抗压强度比</td><td colspan="2">R7:124%　R28:111%</td></tr>
<tr><td colspan="3">4. 对钢筋的锈蚀情况</td><td colspan="2">对钢筋无锈蚀</td></tr>
<tr><td colspan="3"></td><td colspan="2"></td></tr>
<tr><td colspan="3"></td><td colspan="2"></td></tr>
<tr><td colspan="6">结论：
符合《混凝土外加剂》GB 8076—2008 标准，该产品性能符合检验要求</td></tr>
<tr><td>批　准</td><td>×××</td><td>审　核</td><td>×××</td><td>试　验</td><td>×××</td></tr>
<tr><td>试验单位</td><td colspan="5">××中心试验室（单位章）</td></tr>
<tr><td>报告日期</td><td colspan="5">2015 年 10 月 13 日</td></tr>
</table>

注：本表由试验单位提供，建设单位、施工单位、城建档案馆各保存一份。

十一、《混凝土外加剂实验报告》填写说明

1. 表格解析

(1)责任部门。

有资质的试验单位提供，项目试验员收集。

(2)提交时限。

正式使用前提交，复试时间 3～28d。

(3)填写要点。

1)试件编号：应按照单位工程和取样时间的先后顺序连续编号。通常情况下，试件编号为连续。如双倍复验结果不合格退场情况下，试件编号可能会不连续。

2)委托单位：应填写施工单位名称，并与施工合同中的施工单位名称相一致。

3)代表数量：应填写本次复验的实际外加剂数量，不得笼统填写验收批的最大批量。

2. 相关规定及要求

(1)外加剂主要包括减水剂、早强剂、缓凝剂、泵送剂、防水剂、防冻剂、膨胀剂、引气剂和速凝剂等。

(2)外加剂必须有质量证明书或合格证、有相应资质等级检测部门出具的检测报告、产品性能和使用说明书等。

(3)应按规定取样复试，具有复试报告。承重结构混凝土使用的外加剂应实行有见证取样和送检。

(4)依据《混凝土结构工程施工质量验收规范》GB 50204—2015 的规定，钢筋混凝土结构、预应力混凝土结构用外加剂的检测报告必须有氯化物总含量检测项目，其总含量应符合国家现行标准要求。

(5)型式检验：

1)检验项目：匀质性指标、混凝土性能指标。

2)检验条件：有下列情况之一者，应进行型式检验：

①新产品或老产品转厂生产的试制定型鉴定；

②原料和生产工艺改变时；

③正常生产时，每半年进行一次检验；

④产品连续停产(泵送剂三个月含三个月、防水剂半年)，重新恢复生产时；

⑤出厂检验结果和上次型式检验有较大差异(相对误差大于 5%)时；

⑥国家质量监督机构提出进行型式检验要求时。

(6)试验报告应由相应资质等级的建筑企业试验室签发。

(7)检查试验报告单上各项目是否齐全、准确、真实、无未了项，试验室签字盖章是否齐全；检查试验编号是否填写；试验数据是否达到规范规定标准值。若发现问题应及时取双倍试样做复试，并将复试合格单或处理结论附于此单后一并存档。同时核查试验结论。

(8)核对使用日期，与混凝土(砂浆)试配单比较是否合理，不允许先使用后试验。

(9)若复验不合格，应重新取样，对不合格项进行加倍复验。若仍有一个试验不能满足标准要求，应判定为不合格品。

(10)核对各试验报告单批量总和是否与单位工程总需求量相符。

(11)外加剂资料应与其他施工资料对应一致，交圈吻合。

十二、《防水涂料试验报告》填写范例

防水涂料试验报告

委托单位:××建设集团有限公司　　　　试验编号:×××

<table>
<tr><td colspan="2">工程名称及使用部位</td><td colspan="3">××工程　1~3层厕浴间</td><td>委托日期</td><td>2015年10月10日</td></tr>
<tr><td colspan="2">试样名称及规格型号</td><td colspan="3">聚氨酯防水涂料(单组分)</td><td>报告日期</td><td>2015年10月12日</td></tr>
<tr><td colspan="2">生产厂家</td><td colspan="3">××防水材料有限公司</td><td>检验类别</td><td>委托</td></tr>
<tr><td colspan="2">代表数量</td><td colspan="3">5t</td><td>批　号</td><td>×××</td></tr>
<tr><td rowspan="12">试验结果</td><td rowspan="4">一、延伸性</td><td colspan="5">mm</td></tr>
<tr><td colspan="5">MPa</td></tr>
<tr><td colspan="5">%</td></tr>
<tr><td colspan="5"></td></tr>
<tr><td>二、拉伸强度</td><td colspan="5">1.93　MPa</td></tr>
<tr><td>三、断裂伸长率</td><td colspan="5">976　%</td></tr>
<tr><td>四、粘结性</td><td colspan="5">潮湿基面粘结强度≥0.50</td></tr>
<tr><td>五、耐热度</td><td>温度(℃)</td><td colspan="2"></td><td>评定</td><td></td></tr>
<tr><td>六、不透水性</td><td colspan="5">0.3MPa,30min,不透水</td></tr>
<tr><td>七、柔韧性(低温)</td><td>温度(℃)</td><td colspan="2">≤−40 ℃,裂纹</td><td>评定</td><td>合格</td></tr>
<tr><td>八、固体含量</td><td colspan="5">≥80%</td></tr>
<tr><td>九、其他</td><td colspan="5"></td></tr>
<tr><td colspan="7">依据标准:
《聚氨酯防水涂料》GB/T 19250—2013</td></tr>
<tr><td colspan="7">检验结论:
依据《聚氨酯防水涂料》GB/T 19250—2013标准符合单组分聚氨酯防水涂料合格品要求</td></tr>
<tr><td colspan="7">备　注:本报告未经书面同意不得部分复制
见证单位:××建设监理有限公司
见证人:×××</td></tr>
<tr><td colspan="7">试验单位:××检测中心　技术负责人:×××　审核:×××　试(检)验:×××</td></tr>
</table>

十三、《防水涂料试验报告》填写说明

防水涂料试验报告是为保证建筑工程质量，对用于工程中的防水涂料的耐热度、不透水性、拉伸强度、柔度等指标进行测试后由试验单位出具的质量证明文件。

1. 表格解析

(1)责任部门。

生产厂家提供出厂产品合格证、有相应资质等级检测部门出具的性能检测报告和放射性检测报告，产品性能和使用说明书。外观检查合格后按规定进行复试，试验报告由试验单位提供，项目试验员收集，项目资料员汇总整理。

(2)提交时限。

检验报告随物资进场提交，复试报告在正式使用前提交，复试时间为7d左右。

(3)检查要点。

1)防水涂料必须有出厂合格证，合格证内容应包括品种、规格、型号、数量及有关的技术指标。

2)防水涂料进场后必须复试，严禁先用后试。

3)新型防水涂料的性能必须符合设计要求并应有材料合格证和有效鉴定资料，进场后应复试。

4)试验、审核、技术负责人签字齐全并加盖试验单位公章。

2. 相关规定及要求

(1)填写依据。

1)《聚氨酯防水涂料》GB/T 19250—2013。

2)《溶剂型橡胶沥青防水涂料》JC/T 852—1999。

3)《水乳型沥青防水涂料》JC/T 408—2005。

4)《聚合物乳液建筑防水涂料》JC/T 864—2008。

5)《地下防水工程施工质量验收规程》GB 50208—2011

(2)技术要求。

1)溶剂型橡胶沥青防水涂料。

溶剂型橡胶沥青防水涂料物理力学性能见表4-15。

表4-15 溶剂性橡胶沥青防水涂料物理力学性能

项目		技术指标	
		一等品	合格品
固体含量(%)，≥		48	
抗裂性	基层裂缝(mm)	0.3	0.2
	涂膜状态	无裂纹	
低温柔性(ϕ10mm，2h)		−15℃	−10℃
		无裂纹	

续表 4-15

项目	技术指标	
	一等品	合格品
黏结性(MPa),≥	0.20	
耐热性(80℃,5h)	无流淌、鼓包、滑动	
不透水性(0.2MPa,30min)	不渗水	

2)水乳型沥青防水涂料。

水乳型沥青防水涂料物理力学性能见表 4-16。

表 4-16 水乳型沥青防水涂料物理力学性能

项目		L	H
固体含量(%),≥		45	
耐热度(℃)		80±2	110±2
		无流淌、滑动、滴落	
不透水性		0.10MPa,30min 无渗水	
黏结强度(MPa),≥		0.30	
表干时间(h),≤		8	
实干时间(h),≤		24	
低温柔度①(℃)	标准条件	−15	0
	碱处理	−10	5
	热处理		
	紫外线处理		
断裂伸长率(%),≥	标准条件	600	
	碱处理		
	热处理		
	紫外线处理		

注:①供需双方可以商定温度更低的低温柔度指标。

3)聚氨酯防水涂料。

聚氨酯防水涂料基本性能见表 4-17。

表 4-17 基本性能

序号	项目		技术指标		
			Ⅰ	Ⅱ	Ⅲ
1	固体含量(%),≥	单组分	85.0		
		多组分	92.0		

续表 4-17

<table>
<tr><td rowspan="2">序号</td><td colspan="2" rowspan="2">项　目</td><td colspan="3">技 术 指 标</td></tr>
<tr><td>Ⅰ</td><td>Ⅱ</td><td>Ⅲ</td></tr>
<tr><td>2</td><td colspan="2">表干时间(h),≤</td><td colspan="3">12</td></tr>
<tr><td>3</td><td colspan="2">实干时间(h),≤</td><td colspan="3">24</td></tr>
<tr><td>4</td><td colspan="2">流平性①</td><td colspan="3">20min时,无明显齿痕</td></tr>
<tr><td>5</td><td colspan="2">拉伸强度(MPa),≥</td><td>2.00</td><td>6.00</td><td>12.0</td></tr>
<tr><td>6</td><td colspan="2">断裂伸长率(%),≥</td><td>500</td><td>450</td><td>250</td></tr>
<tr><td>7</td><td colspan="2">撕裂强度(N/mm),≥</td><td>15</td><td>30</td><td>40</td></tr>
<tr><td>8</td><td colspan="2">低温弯折性</td><td colspan="3">-35℃,无裂纹</td></tr>
<tr><td>9</td><td colspan="2">不透水性</td><td colspan="3">0.3MPa,120min,不透水</td></tr>
<tr><td>10</td><td colspan="2">加热伸缩率(%)</td><td colspan="3">-4.0～+1.0</td></tr>
<tr><td>11</td><td colspan="2">黏结强度(MPa),≥</td><td colspan="3">1.0</td></tr>
<tr><td>12</td><td colspan="2">吸水率(%),≤</td><td colspan="3">5.0</td></tr>
<tr><td rowspan="2">13</td><td rowspan="2">定伸时老化</td><td>加热老化</td><td colspan="3">无裂纹及变形</td></tr>
<tr><td>人工气候老化②</td><td colspan="3">无裂纹及变形</td></tr>
<tr><td rowspan="3">14</td><td rowspan="3">热处理
(80℃,168h)</td><td>拉伸强度保持率(%)</td><td colspan="3">80～150</td></tr>
<tr><td>断裂伸长率(%),≥</td><td>450</td><td>400</td><td>200</td></tr>
<tr><td>低温弯折性</td><td colspan="3">-30℃,无裂纹</td></tr>
<tr><td rowspan="3">15</td><td rowspan="3">碱处理
[0.1% NaOH+饱和 $Ca(OH)_2$ 溶液,168h]</td><td>拉伸强度保持率(%)</td><td colspan="3">80～150</td></tr>
<tr><td>断裂伸长率(%),≥</td><td>450</td><td>400</td><td>200</td></tr>
<tr><td>低温弯折性</td><td colspan="3">-30℃,无裂纹</td></tr>
<tr><td rowspan="3">16</td><td rowspan="3">酸处理
(2% H_2SO_4 溶液,168h)</td><td>拉伸强度保持率(%)</td><td colspan="3">80～150</td></tr>
<tr><td>断裂伸长率(%),≥</td><td>450</td><td>400</td><td>200</td></tr>
<tr><td>低温弯折性</td><td colspan="3">-30℃,无裂纹</td></tr>
<tr><td rowspan="3">17</td><td rowspan="3">人工气候老化[b]
(1000h)</td><td>拉伸强度保持率(%)</td><td colspan="3">80～150</td></tr>
<tr><td>断裂伸长率(%),≥</td><td>450</td><td>400</td><td>200</td></tr>
<tr><td>低温弯折性</td><td colspan="3">-30℃,无裂纹</td></tr>
<tr><td>18</td><td colspan="2">燃烧性能[b]</td><td colspan="3">B_2-E(点火 15s,燃烧 20s,F_s≤150mm),无燃烧滴落物引燃滤纸)</td></tr>
</table>

注:①该项性能不适用于单组分和喷涂施工的产品。流平性时间也可根据工程要求和施工环境由供需双方商定并在订货合同与产品包装上明示。

②仅外露产品要求测定。

4）聚合物乳液建筑防水涂料。

聚合物乳液建筑防水涂料物理力学性能见表4-18。

表4-18 物理力学性能

序号	试验项目		指标	
			Ⅰ	Ⅱ
1	拉伸强度（MPa），≥		1.0	1.5
2	断裂延伸率（%），≥		300	
3	低温柔性，绕 ϕ10mm 棒弯 180°		−10℃，无裂纹	−20℃，无裂纹
4	不透水性（0.3MPa，30min）		不透水	
5	固体含量（%），≥		65	
6	干燥时间（h）	表干时间，≤	4	
		实干时间，≤	8	
7	处理后的拉伸强度保持率（%）	加热处理，≥	80	
		碱处理，≥	60	
		酸处理，≥	40	
		人工气候老化处理①	—	80～150
8	处理后的断裂延伸率（%）	加热处理，≥	200	
		碱处理，≥		
		酸处理，≥		
		人工气候老化处理[a]≥	—	200
9	加热伸缩率（%）	伸长，≤	1.0	
		缩短，≤	1.0	

注：①仅用于外露使用产品。

十四、《防水卷材试验报告》填写范例

防水卷材试验报告

委托单位:××建设集团有限公司　　　　　　　　　　试验编号:×××

<table>
<tr><td colspan="2">工程名称</td><td colspan="2">××工程</td><td>委托日期</td><td colspan="2">2015年4月10日</td></tr>
<tr><td colspan="2">生产厂家</td><td colspan="2">××厂</td><td>报告日期</td><td colspan="2">2015年4月13日</td></tr>
<tr><td colspan="2">使用部位</td><td colspan="2">地下室防水</td><td>检验类别</td><td colspan="2">委托</td></tr>
<tr><td>代表数量</td><td>500卷</td><td colspan="2">规格型号</td><td>SBS Ⅰ型</td><td>批号</td><td>××</td></tr>
<tr><td rowspan="10">试验结果</td><td rowspan="2">一、拉力试验</td><td>1.拉力(N)</td><td>纵</td><td>≥500N;实际540N</td><td>横</td><td>≥500N;实际570N</td></tr>
<tr><td>2.拉伸强度</td><td>纵</td><td>MPa</td><td>横</td><td>MPa</td></tr>
<tr><td>二、断裂伸长率(延伸率)</td><td></td><td>纵</td><td>≥30%;实际45%</td><td>横</td><td>≥30%;实际39%</td></tr>
<tr><td>三、剥离强度(屋面)</td><td colspan="5"></td></tr>
<tr><td>四、黏合性(地下)</td><td colspan="5"></td></tr>
<tr><td>五、耐热度</td><td>温度(℃)</td><td colspan="2">85℃　2h</td><td>评定</td><td>无流淌,合格</td></tr>
<tr><td>六、不透水性(抗渗透性)</td><td colspan="5">0.2MPa,30min不透水;符合要求,合格</td></tr>
<tr><td>七、柔韧性(低温柔性、低温弯折性)</td><td>温度(℃)</td><td colspan="2">−18℃　30min</td><td>评定</td><td>无裂纹,合格</td></tr>
<tr><td>八、其他</td><td colspan="5"></td></tr>
<tr><td colspan="6"></td></tr>
<tr><td colspan="7">依据标准:
《弹性体改性沥青防水卷材》GB 18242—2008</td></tr>
<tr><td colspan="7">检验结论:
所检项目符合SBS防水卷材Ⅰ型标准要求</td></tr>
<tr><td colspan="7">备　注:

见证取样,见证人:×××</td></tr>
<tr><td colspan="7">试验单位:××检测中心　技术负责人:×××　审核:×××　试(检)验:×××</td></tr>
</table>

十五、《防水卷材试验报告》填写说明

防水卷材试验报告是为保证建筑工程质量，对用于工程中的防水卷材的耐热度、不透水性、拉力、柔度等指标进行测试后由试验单位出具的质量证明文件。

1. 表格解析

(1)责任部门。

生产厂家提供出厂产品合格证、有相应资质等级检测部门出具的性能检测报告和放射性检测报告，产品性能和使用说明书。外观检查合格后按规定进行复试，试验报告由试验单位提供，项目试验员收集，项目资料员汇总整理。

(2)提交时限。

检验报告随物资进场提交，试验报告在正式使用前提交，复试时间为7d左右。

(3)检查要点。

1)出厂合格证及检测报告。

检查其内容是否齐全，包括：产地、品种、标号、各项试验指标、合格证编号、出厂检验部印章，以证明其质量是否符合标准。

2)复试报告。

①数据要真实，结论要明确，盖章签字齐全。

②填写试验编号，以备查找。

③将试验结果与性能指标对比，以确定其是否符合规范的技术要求。

④检查试验报告日期，严禁先施工后试验。

2. 相关规定及要求

(1)填写依据。

1)《屋面工程质量验收规范》GB 50207—2012。

2)《石油沥青纸胎油毡》GB 326—2007。

3)《聚氯乙烯(PVC)防水卷材》GB 12952—2011。

4)《氯化聚乙烯防水卷材》GB 12953—2003。

5)《高分子防水材料　第1部分：片材》GB 18173.1—2012。

6)《高分子防水材料　第2部分：止水带》GB 18173.2—2014。

7)《高分子防水材料　第3部分：遇水膨胀橡胶》GB 18173.3—2014。

8)《弹性体改性沥青防水卷材》GB 18242—2008。

9)《塑性体改性沥青防水卷材》GB 18243—2008。

10)《石油沥青玻璃纤维胎防水卷材》GB/T 14686—2008。

11)《石油沥青玻璃布胎油毡》JC/T 84—1996。

12)《铝箔面石油沥青防水卷材》JC/T 504—2007。

13)《三元丁橡胶防水卷材》JC/T 645—2012。

14)《氯化聚乙烯——橡胶共混防水卷材》JC/T 684—1997。

15)《沥青复合胎柔性防水卷材》JC/T 690—2008。

(2)技术要求。

1)沥青防水卷材。

①石油沥青纸胎油毡物理性能见表4-19。

表4-19 物理性能

项目		指标		
		Ⅰ型	Ⅱ型	Ⅲ型
单位面积浸涂材料总量(g/m^2),≥		600	750	1000
不透水性	压力(MPa),≥	0.02	0.02	0.10
	保持时间(min),≥	20	30	30
吸水率(%),≤		3.0	2.0	1.0
耐热度		(85±2)℃,2h涂盖层无滑动、流淌和集中性气泡		
拉力(纵向)(N/50mm),≥		240	270	340
柔度		(18±2)℃,绕ϕ20mm棒或弯板无裂纹		

注:本标准Ⅲ型产品物理性能要求为强制性的,其余为推荐性的。

②石油沥青玻璃纤维胎防水卷材见表4-20。

表4-20 石油沥青玻璃纤维胎防水卷材材料性能

序号	项目		指标	
			Ⅰ型	Ⅱ型
1	可溶物含量(g/m^2),≥	15号	700	
		25号	1200	
		试验现象	胎基不燃	
2	拉力(N/50mm),≥	纵向	350	50C
		横向	250	40C
3	耐热性		85℃	
			无滑动、流淌、滴落	
4	低温柔性		10℃	5℃
			无裂缝	
5	不透水性		0.1MPa,30min不透水	
6	钉杆撕裂强度(N),≥		40	50
7	热老化	外观	无裂纹、无起泡	
		拉力保持率(%),≥	85	
		质量损失率(%),≤	2.0	
		低温柔性	15℃	10℃
			无裂缝	

③石油沥青玻璃布胎油毡物理性能见表4-21。

表4-21 石油沥青玻璃布胎油毡物理性能

项目 \ 等级		一等品	合格品
可溶物含量(g/m²)，≥		420	380
耐热度(85±2℃)，2h		无滑动、起泡现象	
不透水性	压力(MPa)	0.2	0.1
	时间不小于15min	无渗漏	
拉力25±2℃时纵向(N)，≥		400	360
柔度	温度(℃)，≤	0	5
	弯曲直径30mm	无裂纹	
耐霉菌腐蚀性	重量损失(%)，≤	2.0	
	拉力损失(%)，≤	15	

2)高聚物改性沥青防水卷材。

①弹性体改性沥青防水卷材材料性能见表4-22。

表4-22 弹性体改性沥青防水卷材材料性能

序号	项目		指标				
			Ⅰ		Ⅱ		
			PY	G	PY	G	PYG
1	可溶物含量(g/m³)，≥	3mm	2100				—
		4mm	2900				—
		5mm	3500				
		试验现象	—	胎基不燃	—	胎基不燃	—
2	耐热性	℃	90		105		
		≤mm	2				
		试验现象	无流淌、滴落				
3	低温柔性(℃)		−20		−25		
			无裂缝				
4	不透水性30min		0.3MPa	0.2MPa	0.3MPa		
5	拉力	最大峰拉力(N/50mm)，≥	500	350	800	500	900
		次高峰拉力(N/50mm)，≥	—	—	—	—	800
	试验现象		拉伸过程中，试件中部无沥青涂盖层开裂或与胎基分离现象				

续表 4-22

序号	项目		指标				
			Ⅰ		Ⅱ		
			PY	G	PY	G	PYG
6	延伸率	最大峰时延伸率(%),≥	30	—	40	—	—
		第二峰时延伸率(%),≥	—		—		15
7	浸水后质量增加(%),≤	PE、S	1.0				
		M	2.0				
8	热老化	拉力保持率(%),≥	90				
		延伸率保持率(%),≥	80				
		低温柔性℃	−15		−20		
			无裂缝				
		尺寸变化率(%),≤	0.7	—	0.7	—	0.8
		质量损失(%),≤	1.0				
9	渗油性	张数,≤	2				
10	接缝剥离强度(N/mm),≥		1.5				
11	钉杆撕裂强度①(N),≥		—				300
12	矿物粒料黏附性②(g),≤		2.0				
13	卷材下表面沥青涂盖层厚度③(mm),≥		1.0				
14	人工气候加速老化	外观	无滑动、流淌、滴落				
		拉力保持率(%),≥	80				
		低温柔性(℃)	−15		−20		
			无裂缝				

注:①仅适用于单层机械固定施工方式卷材。

②仅适用于矿物粒料表面的卷材。

③仅适用于热熔施工的卷材。

②塑性体改性沥青防水卷材材料性能见表 4-23。

表 4-23 塑性体改性沥青防水卷材材料性能

序号	项目		指标				
			Ⅰ		Ⅱ		
			PY	G	PY	G	PYG
1	可溶物含量(g/m^3),≥	3mm	2100				—
		4mm	2900				—
		5mm	3500				
		试验现象	—	胎基不燃	—	胎基不燃	—

续表 4-23

序号	项目		指标 Ⅰ PY	Ⅰ G	Ⅱ PY	Ⅱ G	Ⅱ PYG
2	耐热性	℃	110		130		
		≤mm	2				
		试验现象	无流淌、滴落				
3	低温柔性(℃)		−7		−15		
			无裂缝				
4	不透水性 30min		0.3MPa	0.2MPa	0.3MPa		
5	拉力	最大峰拉力(N/50mm),≥	500	350	800	500	900
		次高峰拉力(N/50mm),≥	—	—	—	—	800
		试验现象	拉伸过程中,试件中部无沥青涂盖层开裂或与胎基分离现象				
6	延伸率	最大峰时延伸率(%),≥	25	—	40	—	—
		第二峰时延伸率(%),≥	—		—		15
7	浸水后质量增加(%),≤	PE、S	1.0				
		M	2.0				
8	热老化	拉力保持率(%),≥	90				
		延伸率保持率(%),≥	80				
		低温柔性(℃)	−2		−10		
			无裂缝				
		尺寸变化率(%),≤	0.7	—	0.7	—	0.8
		质量损失(%),≤	1.0				
9	接缝剥离强度(N/mm),≥		1.0				
10	钉杆撕裂强度①(N),≥		—				300
11	矿物粒料黏附性②(g),≤		2.0				
12	卷材下表面沥青涂盖层厚度③(mm),≥		1.0				
13	人工气候加速老化	外观	无滑动、流淌、滴落				
		拉力保持率(%),≥	80				
		低温柔性(℃)	−2		−10		
			无裂缝				

注:①仅适用于单层机械固定施工方式卷材。

②仅适用于矿物粒料表面的卷材。

③仅适用于热熔施工的卷材。

③沥青复合胎柔性防水卷材材料性能见表4-24。

表4-24 沥青复合胎柔性防水卷材材料性能

序号	项目		指标	
			Ⅰ	Ⅱ
1	可溶物含量(g/m^2),≥	3mm	1600	
		4mm	2200	
2	耐热性(℃)		90	
			无滑动、流淌、滴落	
3	低温柔性(℃)		−5	−10
			无裂纹	
4	不透水性		0.2MPa、30min不透水	
5	最大拉力(N/50mm),≥	纵向	500	600
		横向	400	500
6	粘结剥离强度(N/mm),≥		0.5	
7	拉力保持率(%),≥		90	

3)合成高分子防水卷材。

①聚氯乙烯防水卷材材料性能指标应符合表4-25的规定。

表4-25 材料性能指标

序号	项目		指标				
			H	L	P	G	GL
1	中间胎基上面树脂层厚度(mm),≥		—		0.40		
2	拉伸性能	最大拉力(N/cm),≥	—	120	250	—	120
		拉伸强度(MPa),≥	10.0	—	—	10.0	—
		最大拉力时伸长率(%),≥	—	—	15	—	—
		断裂伸长率(%),≥	200	150	—	200	100
3	热处理尺寸变化率(%),≤		2.0	1.0	0.5	0.1	0.1
4	低温弯折性		−25℃无裂纹				
5	不透水性		0.3MPa,2h不透水				
6	抗冲击性能		0.5kg·m,不渗水				
7	抗静态荷载①		—	—	20kg不渗水		
8	接缝剥离强度(N/mm),≥		4.0或卷材破坏		3.0		
9	直角撕裂强度(N/mm),≥		50	—	—	50	—
10	梯形撕裂强度(N),≥		—	150	250	—	220
11	吸水率(70℃,168h)(%)	浸水后,≤	4.0				
		晾置后,≥	−0.40				

续表 4-25

序号	项目		指标				
			H	L	P	G	GL
12	热老化（80℃）	时间(h)	672				
		外观	无起泡、裂纹、分层、粘结和孔洞				
		最大拉力保持率(%),≥	—	85	85	—	85
		拉伸强度保持率(%),≥	85	—	—	85	—
		最大拉力时伸长率保持率(%),≥	—	—	80	—	—
		断裂伸长率保持率(%),≥	80	80	—	80	80
		低温弯折性	-20℃无裂纹				
13	耐化学性	外观	无起泡、裂纹、分层、粘结和孔洞				
		最大拉力保持率(%),≥	—	85	85	—	85
		拉伸强度保持率(%),≥	85	—	—	85	—
		最大拉力时伸长率保持率(%),≥	—	—	80	—	—
		断裂伸长率保持率(%),≥	80	80	—	80	80
		低温弯折性	-20℃无裂纹				
14	人工气候加速老化③	时间(h)	1500②				
		外观	无起泡、裂纹、分层、粘结和孔洞				
		最大拉力保持率(%),≥	—	85	85	—	85
		拉伸强度保持率(%),≥	85	—	—	85	—
		最大拉力时伸长率保持率(%),≥	—	—	80	—	—
		断裂伸长率保持率(%),≥	80	80	—	80	80
		低温弯折性	-20℃无裂纹				

注：①抗静态荷载仅对用于压铺屋面的卷材要求。
②单层卷材屋面产品的人工气候加速老化时间为 2500h。
③非外露使用的卷材不要求测定人工气候加速老化。

②三元丁橡胶防水卷材物理力学性能见表 4-26。

表 4-26 三元丁橡胶防水卷材物理力学性能

序号	项目		技术指标	
			Ⅰ型	Ⅱ型
1	不透水性		0.3MPa,90min 不透水	
2	拉伸性能	纵向拉伸强度(MPa),≥	2.0	2.2
		纵向断裂伸长率(%),≥	150	220

续表 4-26

序号	项目		技术指标	
			Ⅰ型	Ⅱ型
3	低温弯折性		−30℃，无裂纹	
4	耐碱性 饱和 $Ca(OH)_2$ · 168h	纵向拉伸强度保持率(%)，≥	80	
		纵向断裂伸长率保持率(%)，≥	80	
5	热老化处理 (80℃，168h)	纵向拉伸强度保持率(%)，≥	80	
		纵向断裂伸长率保持率(%)，≥	70	
6	热处理尺寸变化率(%)	收缩，≤	4	
		伸长，≤	2	
7	人工加速气候老化 (594h)	外观	无裂纹，无气泡，不粘结	
		纵向拉伸强度保持率(%)，≥	80	
		纵向断裂伸长率保持率(%)，≥	70	
		低温弯折性	−20℃，无裂纹	

③氯化聚乙烯一橡胶共混防水卷材物理力学性能见表 4-27。

表 4-27　氯化聚乙烯一橡胶共混防水卷材物理力学性能

序号	项目		指标	
			S型	N型
1	拉伸强度(MPa)，≥		7.0	5.0
2	断裂伸长率(%)，≥		400	250
3	直角形撕裂强度(kN/m)，≥		24.5	20.0
4	不透水性(30min)		0.3MPa 不透水	0.2MPa 不透水
5	热老化保持率 (80±2℃，168h)	拉伸强度(%)，≥	80	
		断裂伸长率(%)，≥	70	
6	脆性温度(℃)，≤		−40	−20
7	臭氧老化 500pphm，168h×40℃，静态		伸长率 40% 无裂纹	伸长率 20% 无裂纹
8	粘结剥离强度 (卷材与卷材)	(kN/m)，≥	2.0	
		浸水 168h，保持率(%)，≥	70	
9	热处理尺寸变化率(%)，≤		+1	+2
			−2	−4

④高分子防水材料物理性能见表 4-28。

表 4-28　均质片的物理性能

项目		指标									
		硫化橡胶类				非硫化橡胶类			树脂类		
		JL1	JL2	JL3	JL4	JF1	JF2	JF3	JS1	JS2	JS3
断裂拉伸强度（MPa）	常温，≥	7.5	6.0	6.0	2.2	4.0	3.0	5.0	10	16	14
	60℃，≥	2.3	2.1	1.8	0.7	0.8	0.4	1.0	4	6	5
扯断伸长率（%）	常温，≥	450	400	300	200	400	200	200	200	550	500
	−20℃，≥	200	200	170	100	200	100	100	15	350	300
撕裂强度（kN/mm），≥		25	24	23	15	18	10	10	40	60	60
不透水性（30min）		0.3MPa无渗漏		0.2MPa无渗漏		0.3MPa无渗漏		0.2MPa无渗漏		0.3MPa无渗漏	
低温弯折温度（℃），≤		−40	−30	−30	−20	−30	−20	−20	−20	−35	−35
加热伸缩量（mm）	延伸，≤	2	2	2	2	2	4	4	2	2	2
	收缩，≤	4	4	4	4	4	6	10	6	6	6
热空气老化（80℃×168h）	断裂拉伸强度保持率（%），≥	80	80	80	80	90	60	80	80	80	80
	扯断伸长率保持率（%），≥	70	70	70	70	70	70	70	70	70	70
耐碱性（饱和 $Ca(OH)_2$ 溶液常温×168h）	断裂拉伸强度保持率（%），≥	80	80	80	80	80	70	70	80	80	80
	扯断伸长率保持率（%），≥	80	80	80	80	90	80	70	80	90	90
臭氧老化（40℃×168h）	伸长率 40%，500×10^{-8}	无裂纹	—	—	—	无裂纹	—	—	—	—	—
	伸长率 20%500×10^{-8}	—	无裂纹	—	—	—	—	—	—	—	—
	伸长率 20%，100×10^{-8}	—	—	无裂纹	无裂纹	—	无裂纹	无裂纹	—	—	—
人工气候老化	断裂拉伸强度保持率（%），≥	80	80	80	80	80	70	80	80	80	80
	扯断伸长率保持率（%），≥	70	70	70	70	70	70	70	70	70	70
粘接剥离强度（片材与片材）	（N/mm）（标准试验条件），≥	1.5									
	浸水保持率（常温×168h）（%），≥	70									

注：1. 人工气候老化和黏合性能工卡为推荐项目；

2. 非外露使用可以不考核臭氧老化、人工气候老化、加热伸缩量、60℃断裂拉伸强度性能。

十六、《轻集料试验报告》填写范例

<table>
<tr><td colspan="4" rowspan="3">轻集料试验报告</td><td>资料编号</td><td>×××</td></tr>
<tr><td>试验编号</td><td>××××－××××</td></tr>
<tr><td>委托编号</td><td>××××－××××</td></tr>
<tr><td>工程名称</td><td colspan="3">××工程</td><td>试样编号</td><td>02</td></tr>
<tr><td>委托单位</td><td colspan="3">×××建筑有限公司</td><td>试验委托人</td><td>×××</td></tr>
<tr><td>种　类</td><td>黏土陶粒</td><td>密度等级</td><td>800</td><td>产　地</td><td>××</td></tr>
<tr><td>代表数量</td><td>200 方</td><td>来样日期</td><td>××年×月×日</td><td>试验日期</td><td>××年×月×日</td></tr>
<tr><td rowspan="9">试验结果</td><td rowspan="3" colspan="2">一、筛分析</td><td colspan="2">1. 细度模数(细骨料)</td><td>—</td></tr>
<tr><td colspan="2">2. 最大粒径(粗骨料)</td><td>15mm</td></tr>
<tr><td colspan="2">3. 级配情况</td><td>☑ 连续粒级　□ 单粒级</td></tr>
<tr><td colspan="2">二、表观密度(kg/m³)</td><td colspan="3">—</td></tr>
<tr><td colspan="2">三、堆积密度(kg/m³)</td><td colspan="3">790</td></tr>
<tr><td colspan="2">四、筒压强度(MPa)</td><td colspan="3">4.5</td></tr>
<tr><td colspan="2">五、吸水率(1h)(%)</td><td colspan="3">10.16</td></tr>
<tr><td colspan="2">六、粒型系数</td><td colspan="3">—</td></tr>
<tr><td colspan="2">七、其他</td><td colspan="3">—</td></tr>
<tr><td colspan="6">结论：
依据《轻集料及其试验方法》GB/T 17431.1～2—2010 标准，该黏土陶粒检验项目合格</td></tr>
<tr><td>批准</td><td>×××</td><td>审核</td><td>×××</td><td>试验</td><td>×××</td></tr>
<tr><td>试验单位</td><td colspan="5">××工程检测试验有限公司</td></tr>
<tr><td>报告日期</td><td colspan="5">××年×月×日</td></tr>
</table>

注：本表由检测机构提供。

第五章

地基与基础工程施工记录资料（C5）

本章内容包括下列资料：

- 工程测量记录
- 地基处理工程施工记录
- 基础工程施工记录
- 基坑支护工程施工记录
- 地下水控制工程施工记录
- 土方工程施工记录
- 地下防水工程施工记录

第一节　工程测量记录

一、《工程定位测量记录》填写范例

工程定位测量记录		资料编号	×××
工程名称	××住宅小区6号楼工程	委托单位	××建设集团有限公司
图纸编号	规划总图、首层建筑平面图、基底结构图	施测日期	××年×月×日
平面坐标依据	××测绘院×××普测×××号	复测日期	××年×月×日
高程依据	××测绘院×××普测×××号	使用仪器	J1(6210798) NA724(5230718)
允许误差	$i \leqslant 1/7500$、$\alpha < \pm 26''$； $h \leqslant \pm 6\sqrt{n}$ mm	仪器校验日期	J1　××年×月×日 NA724　××年×月×日

定位抄测示意图：

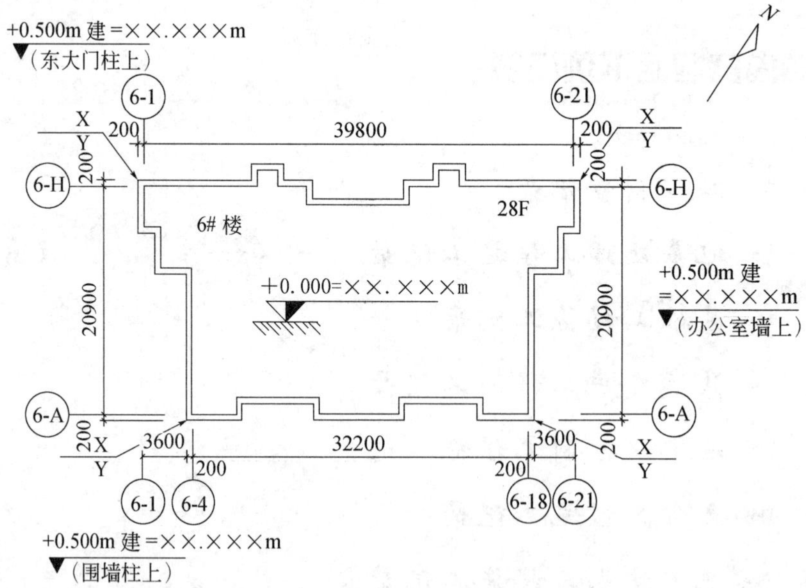

复测结果：

经核对：规划总图、首层建筑平面图、基底结构图、测绘成果资料、数据一致、无误。

经实测：(1)依据桩点坐标精度在规范之内可用。

(2)所实测桩点、外控网轴线误差在 $i \leqslant 1/7500$ 以内。

(3)现场引测施工高程点，精度在 $h \leqslant \pm 6\sqrt{n}$ mm 以内。

达到《工程测量规范》GB 50026—2007、《建筑施工测量技术规程》DB11/T 446—2007 的精度要求

签字栏	施工单位	××建设集团有限公司	专业技术负责人	测量负责人	复测人	施测人
			×××	×××	×××	×××
	监理(建设)单位	××工程建设监理有限公司			专业工程师	×××

注：本表由施工单位填写。

续表

工程定位测量记录		资料编号	×××
工程名称	××住宅楼工程 6 号楼	委托单位	××建设集团有限公司
图纸编号	规划总图、首层建筑图、基底结构图	施测日期	××年×月×日
平面坐标依据	北京市测绘院××普测××号	复测日期	××年×月×日
高程依据	北京市测绘院××普测××号	使用仪器	GTS－3002N(OS0284) NA724(5230718)
允许误差	$i<1/7500$；$\alpha<\pm 26''$；$h\leqslant\pm 6\sqrt{n}$ mm	仪器校验日期	GTS－3002N　××年×月×日 NA724　××年×月×日

定位抄测示意图：

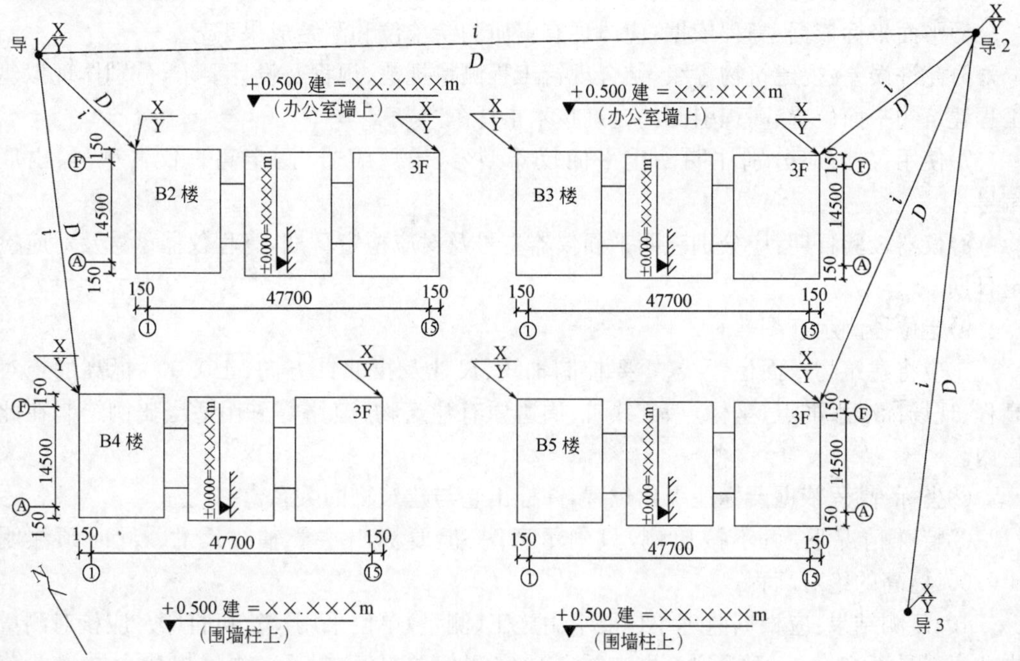

复测结果：

经核对：上述楼座坐标、规划总图、施工图一致。

经实测：(1)依据桩点坐标精度在规范之内可用。

(2)用导 1、导 2、导 3 实测楼座桩后经复测最大误差在±3mm 以内，角度小于±10″。

(3)经××工程测绘公司规划验线（见××验线成果单），桩位误差均在 10mm 以内。

符合设计施工图尺寸及《工程测量规范》GB 50026—2007、《建筑施工测量技术规程》DB11/T 446—2007 精度要求

签字栏	施工单位	××建设集团有限公司	专业技术负责人	测量负责人	复测人	施测人
			×××	×××	×××	×××
	监理（建设）单位	××工程建设监理有限公司			专业工程师	×××

注：本表由施工单位填写。

二、《工程定位测量记录》填写说明

建筑工程应由规划部门现场定位，施工单位校核后保存原始坐标控制点和水准点，并填写工程定位测量记录，报送监理、建设单位和规划部门共同予以复测验收。

1.表格解析

(1)提交时限。

工程定位完成后2d内提交。

(2)填写要点。

1)工程名称：与施工图纸图签中的名称一致。

2)委托单位：指业主或总承包单位全称。

3)图纸编号：应体现规划总图、首层建筑图、基底结构图等的图号。

4)施测日期、复测日期：按实际日期填写。

5)平面坐标依据、高程依据：应体现有资质测绘单位和测绘成果编号。

6)允许误差：视建筑物等级，结合现行工程测量规范、规程及设计要求，分别体现拟建工程建筑物平面位置、高程引测的允许技术指标。

7)使用仪器：应分别注明测定平面仪器型号、出厂编号；测定高程仪器型号、出厂编号。

8)仪器校验日期：应分别注明平面仪器型号及对应检定日期，高程仪器型号及对应检定日期。

9)定位抄测示意图：

①应将建筑物平面位置线、重要控制轴线、尺寸及指北针方向、±0.000标高的绝对高程、现场标准水准点、坐标点、红线桩、周边原有建筑物、道路等采用适当比例绘制在此栏内。

②坐标、高程依据要标注引出位置，并标出它与建筑物的关系。

③特殊情况下，可不按比例，只画示意图，但要标出主要轴线尺寸。同时须注明±0.000标高的绝对高程。

10)复测结果：应根据监理单位要求由施工(测量)单位采用计算机打印。应核对测量内业资料是否齐全、一致无误；再查看各项实测偏差是否在工程测量规范允许误差范围内。

11)签字栏："专业技术负责人"为项目总工；"施工测量负责人"为施测单位主管；"施测人"是指测量员；"复测人"是指验线员。

2.相关规定及要求

(1)填写依据。

1)《工程测量规范》GB 50026—2007。

2)《建筑施工测量技术规程》DB11/T 446—2007。

(2)相关要求。

1)施工测量的基本工作。

施工测量现场主要工作有长度的测设、角度的测设、建筑物细部点的平面位置的测设、建筑物细部点高程位置的测设及倾斜线的测设等。测角、测距和测高差是测量的基本工作。

2)工程定位由两种情况来完成。

①第一种情况(通用情况)。

有资质的测绘单位按照规划总图及单位工程尺寸相符后在施工现场定规划楼坐桩,施工单位接桩后经查验点位间尺寸相对误差在1/2500,检测角与条件角较差60″以内即定桩合格,施工单位依此适当地调整确定起始点和起始方向,按照建筑物平面控制网的等级技术要求测设轴线外控网,按土方开挖图撒上口线;市或属地规划行政主管部门接到此工程业主的验线申请后,三个组日内对本工程楼坐桩进行规划验线,并发出验线合格或不合格通知单,业主接到验线合格的通知单后,工程即可进行下步程序,即定位工作完成。

②第二种情况(特殊情况)。

在特定的情况和条件下,业主仅在施工区或临近的区域内提供有资质的测绘单位实定的不少于3个导线点,并有正式的成果资料单(多见于数十栋别墅区),施工单位按规划总图及单位工程图一致的楼坐桩或尺寸,自行定楼坐桩。经施工单位自查无误后,业主请有资质的测绘单位进行验线,并发出验线合格或不合格通知单,验线的测绘单位具有规划验线的权力时,则一次验线成功,施工单位可进行下步工序。

3)工程定位程序。

①校对规划总图上单位工程楼座坐标、单位工程施工图上的坐标及尺寸、有资质的测绘单位现场所定楼坐桩成果资料要吻合。

②对有资质的测绘单位现场所定的楼坐桩进行实测实量,看其是否与测绘成果资料一致,实测成果资料作为有资质的测绘单位定桩移交备查。

③当查验现场楼坐桩无误后,施工单位按施工测量方案进行外控桩的引测形成外控网(井字形或基线形),对外控桩进行有效的保护、标识、使用至相应的时限,并做出"××工程平面外控网布置图",在此图上如实地标出外控桩点坐标或距相应轴线直线尺寸。

4)建筑物定位的方法选择。

①建筑物轴线平行定位依据,且为矩形时,宜选用直角坐标法。

②建筑物轴线不平行定位依据,或为任意形状时,宜选用极坐标法。

③建筑物距定位依据较远,且量距困难时,宜选用角度(方向)交会法。

④建筑物距定位依据不超过所用钢尺长度,且场地量距条件较好时,宜选用距离交会法。

⑤使用光电测距仪定位时,宜选用极坐标法,测距仪的精不应低于Ⅲ级。

⑥使用全站仪定位时,宜选用坐标放样法。

三、《基槽平面及标高实测记录》填写范例

基槽平面及标高实测记录		资料编号	×××
工程名称	××住宅楼工程6号楼	日期	××年×月×日

一、验线依据：

1. 定位控制桩①④⑦⑩ⒶⒸⒹⒽ。
2. 基础施工高程控制网 H_1、H_2、H_3。
3. 基础平面图××。
4. 施工测量方案。
5. 《建筑施工测量技术规程》DB11/T 446—2007。

二、内容：

1. 基底外轮廓线及外轮廓断面。
2. 垫层标高。
3. 集水坑、电梯井等位置和标高。
4. 基坑边坡

基槽平面、剖面简图：

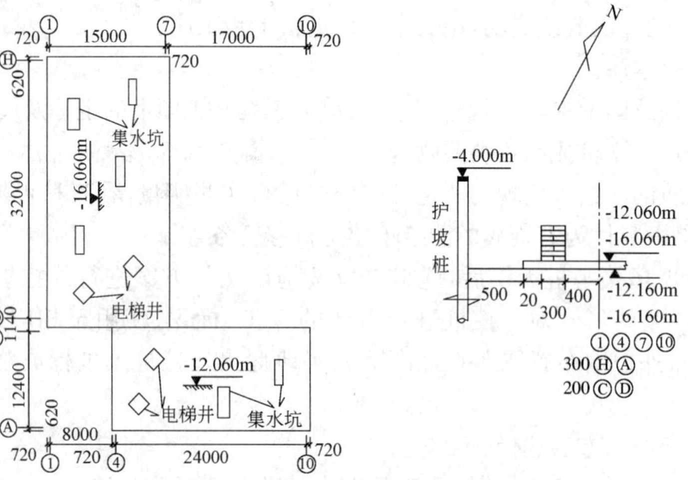

注：集水坑、电梯井等位置、尺寸，见××施工图

检查意见：

经核对：外控轴线、设计施工图尺寸无误，基槽位置准确。

经查验：(1)基础外轮廓线误差在±10mm以内。

(2)集水坑、电梯井位置尺寸误差在±5mm以内。

(3)垫层控制标高为－16.060m、－12.060m，实测垫层面标高误差在±10mm以内。

符合《建筑施工测量技术规程》DB11/T 446—2007的精度要求

签字栏	施工单位	××建设集团有限公司	专业技术负责人	专业质检员	施测人
			×××	×××	×××
	监理(建设)单位	××工程建设监理有限公司		专业工程师	×××

注：本表由施工单位填写。

混凝土垫层底(坑底)实测标高

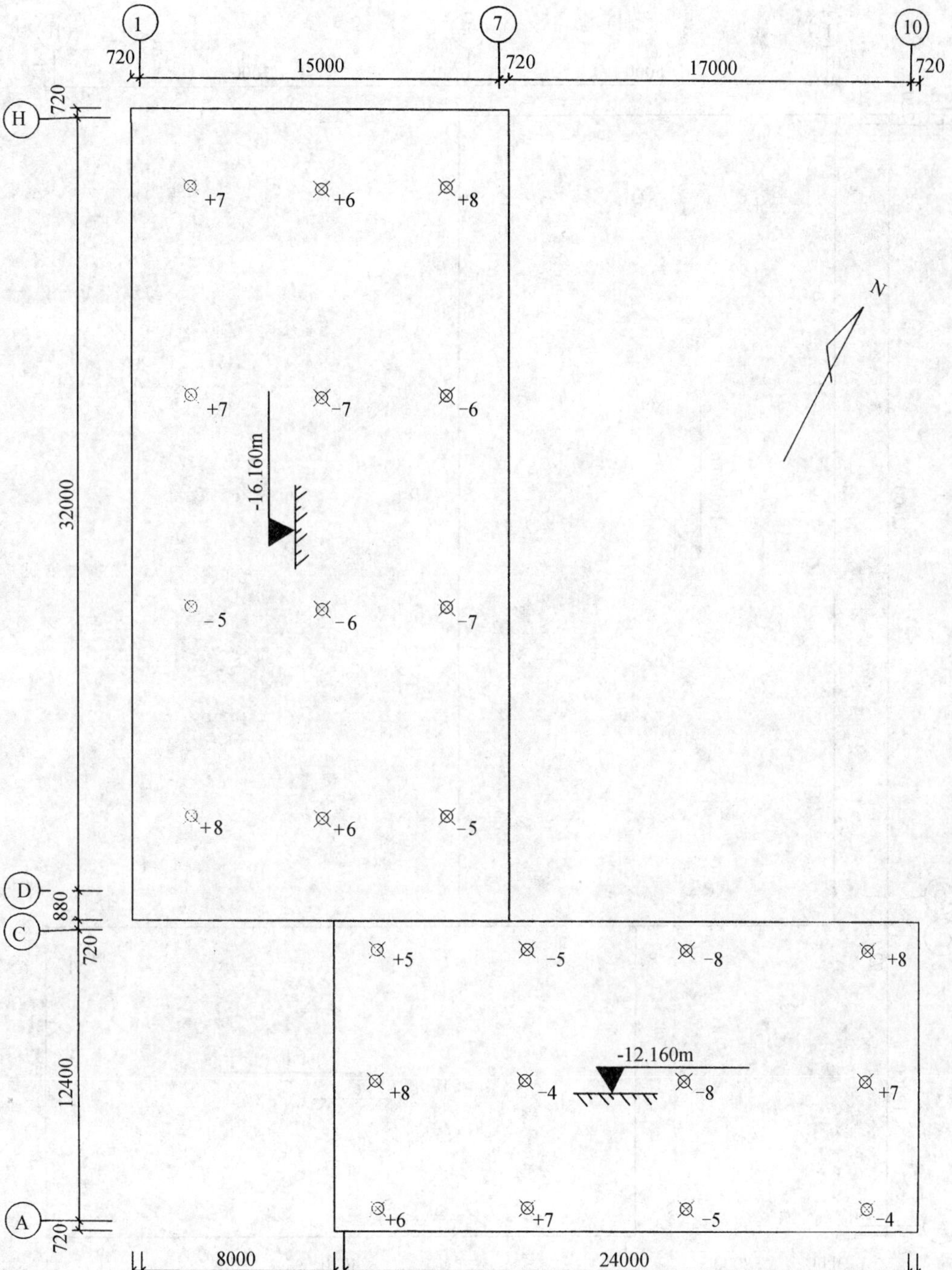

实测人：×××　　　　　　　　　　　　日期：××年×月×日

混凝土垫层(未作防水)面实测标高

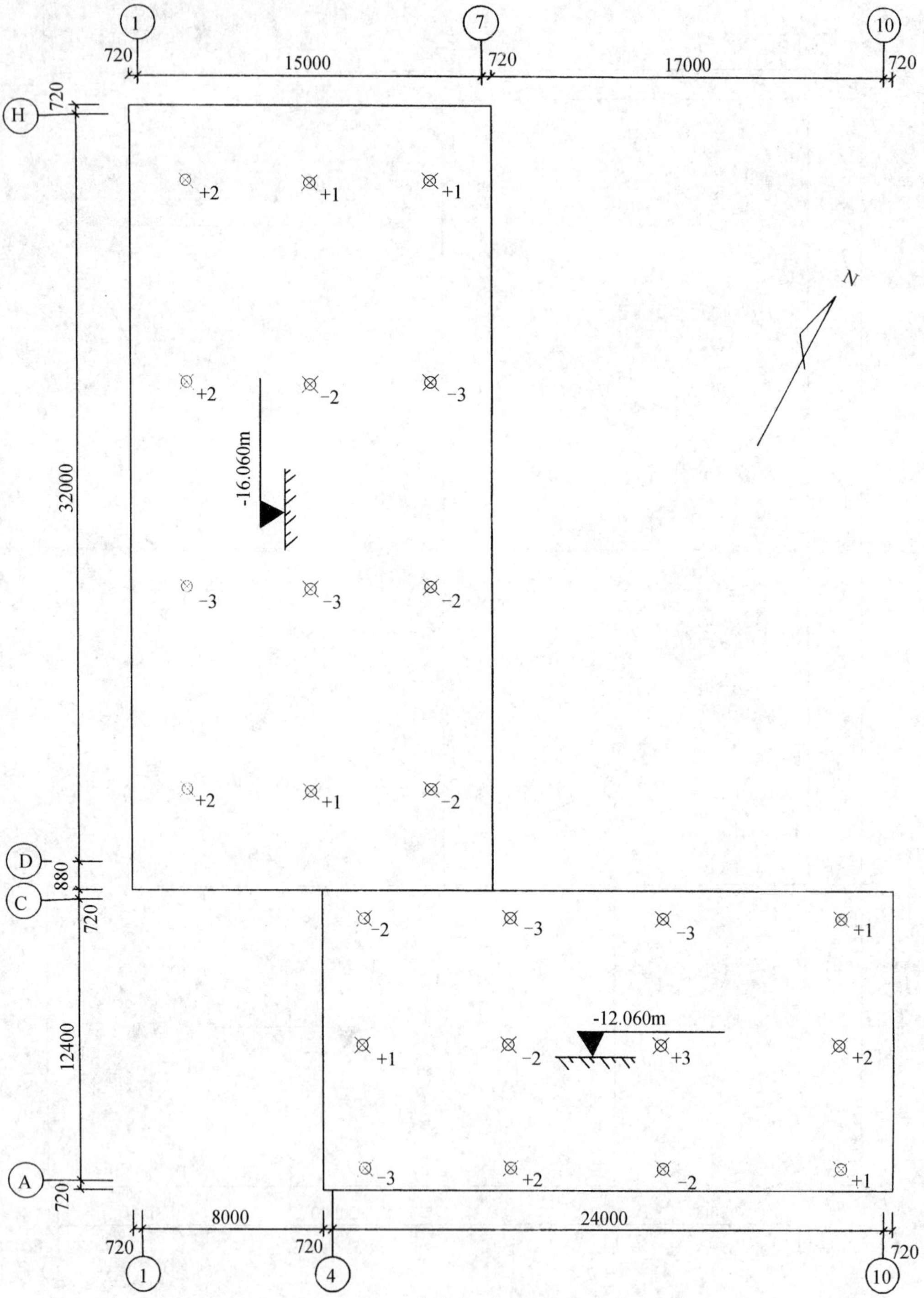

实测人:×××　　　　　　　　　　　　日期:××年×月×日

四、《基槽平面及标高实测记录》填写说明

本表为施工单位在基础垫层未做防水前，依据主控轴线和基底平面图，对建筑物基底外轮廓线、集水坑、电梯井坑、垫层标高（高程）、基槽断面尺寸和坡度等进行抄测并填写基槽平面及标高实测记录。

1. 表格解析

(1)提交时限。

在验线完成后2d内提交。

(2)填写要点。

1)放线依据：是指由建设单位或测绘院提供的坐标、高程控制点和工程测量定位控制桩、高程点等，内容要描述清楚。

2)放线简图：要画出基槽平、剖面简图轮廓线，应标注主轴线尺寸，标注断面尺寸、高程。

3)检查意见：将检查意见表达清楚，不得用“符合要求”一词代替检查意见（应有测量的具体数据误差）。如：基底外轮廓及电梯井、集水坑位置准确无误。垫层标高6.800m，误差均在±5mm以内。

(3)检查要点。

1)基槽平面放线及标高实测记录辅助资料。在完成地基验槽过程中所实测的基坑位置、标高记录也应附在“基槽平面及标高实测记录”表后，作为基槽平面放线及标高实测记录表的辅助资料。

2)混凝土垫层顶面（未作防水前）应进行实测其标高作为“基槽平面及标高实测记录”表附件中成果之一上报。

2. 相关规定及要求

(1)填写依据。

1)《建筑施工测量技术规程》DB11/T 446—2007。

2)《工程测量规范》GB 50026—2007。

(2)相关要求。

1)基槽（坑）开挖应符合下列规定：

①条形基础放线，以轴线控制桩为准测设基槽边线，两灰线外侧为槽宽，允许误差为+20mm、−10mm。

②杯形基础放线，以轴线控制桩为准测设柱中心桩，再以柱中心桩及其轴线方向定出柱基开挖边线，中心桩的允许误差为3mm。

③整体开挖基础放线，地下连续墙施工时，应以轴线控制桩为准测设连续墙中线，中线横向允许误差为±10mm；混凝土灌注桩施工时，应以轴线控制桩为准测设灌注桩中线，中线横向允许误差为+20mm；大开挖施工时应根据轴线控制桩分别测设出基槽上、下口位置桩，并标定开挖边界线，伤口桩允许误差为+50mm，−20mm，下口桩允许误差为+20mm、−10mm。

④在条形基础与杯形基础开挖中，应在槽壁上每隔3m距离测设距槽底设计标高

500mm 或 1000mm 的水平桩，允许误差为±5mm。

⑤整体开挖基础'当挖土接近槽底时，应及时测设坡脚与槽底上口标高，并拉通线控制槽底标高。

2)在垫层(或地基)上进行基础放线前，应以建筑物平面控制网为准，检测建筑物外廓轴线控制桩无误后，投测主轴线。允许误差为±3mm。

3)基础外廓轴线投测应经闭合检测后，用墨线弹出细部轴线与施工线，基础外廓轴线允许误差应符合表 5-1 的规定。

表 5-1　基础放线的允许误差

长度 L、宽度 B 的尺寸(m)	允 许 误 差(mm)
$L(B) \leqslant 30$	±5
$30 < L(B) \leqslant 60$	±10
$60 < L(B) \leqslant 90$	±15
$90 < L(B) \leqslant 120$	±20
$120 < L(B) \leqslant 150$	±25
$150 < L(B)$	±30

五、《沉降观测记录》填写范例

<table>
<tr><td colspan="5">沉降观测记录</td><td colspan="2">编　　号</td><td>×××</td></tr>
<tr><td>工程名称</td><td colspan="4">××大厦工程</td><td colspan="2">观测日期</td><td>××年×月×日</td></tr>
<tr><td>施测单位</td><td colspan="4">××测绘工程有限责任公司</td><td colspan="2">仪器型号</td><td>Ni004</td></tr>
<tr><td colspan="8">基准点、观测点、仪器位置及平面图(可加附页)：
见附图</td></tr>
<tr><td rowspan="2">观测点编号</td><td colspan="2">实测标高(mm)</td><td colspan="2">沉降量(mm)</td><td colspan="3" rowspan="2">建(构)筑物状态</td></tr>
<tr><td>上次</td><td>本次</td><td>上次</td><td>累计</td></tr>
<tr><td>C1</td><td>51380.4</td><td>51380.17</td><td>0.23</td><td>2.70</td><td colspan="3" rowspan="9">正常</td></tr>
<tr><td>C2</td><td>50358.86</td><td>50358.40</td><td>0.46</td><td>2.34</td></tr>
<tr><td>C3</td><td>51382.80</td><td>51381.82</td><td>0.98</td><td>2.46</td></tr>
<tr><td>C4</td><td>50652.08</td><td>50651.44</td><td>0.64</td><td>4.40</td></tr>
<tr><td>C6</td><td>51377.00</td><td>51376.75</td><td>0.25</td><td>4.94</td></tr>
<tr><td>C8</td><td>50439.67</td><td>50439.34</td><td>0.33</td><td>3.38</td></tr>
<tr><td>⋮</td><td></td><td></td><td></td><td></td></tr>
<tr><td>C26</td><td>50383.67</td><td>50383.32</td><td>0.35</td><td>2.34</td></tr>
<tr><td>C27</td><td>50200.14</td><td>50199.37</td><td>0.77</td><td>2.15</td></tr>
<tr><td rowspan="3">签字栏</td><td rowspan="2">施工单位</td><td rowspan="2" colspan="2">××测绘工程有限责任公司</td><td colspan="2">专业技术负责人</td><td>专业质检员</td><td>施测人</td></tr>
<tr><td colspan="2">×××</td><td>×××</td><td>×××</td></tr>
<tr><td>监理单位</td><td colspan="4">××工程建设监理有限公司</td><td>专业工程师</td><td>×××</td></tr>
</table>

续表

基准点、观测点、仪器位置及平面图(附图):

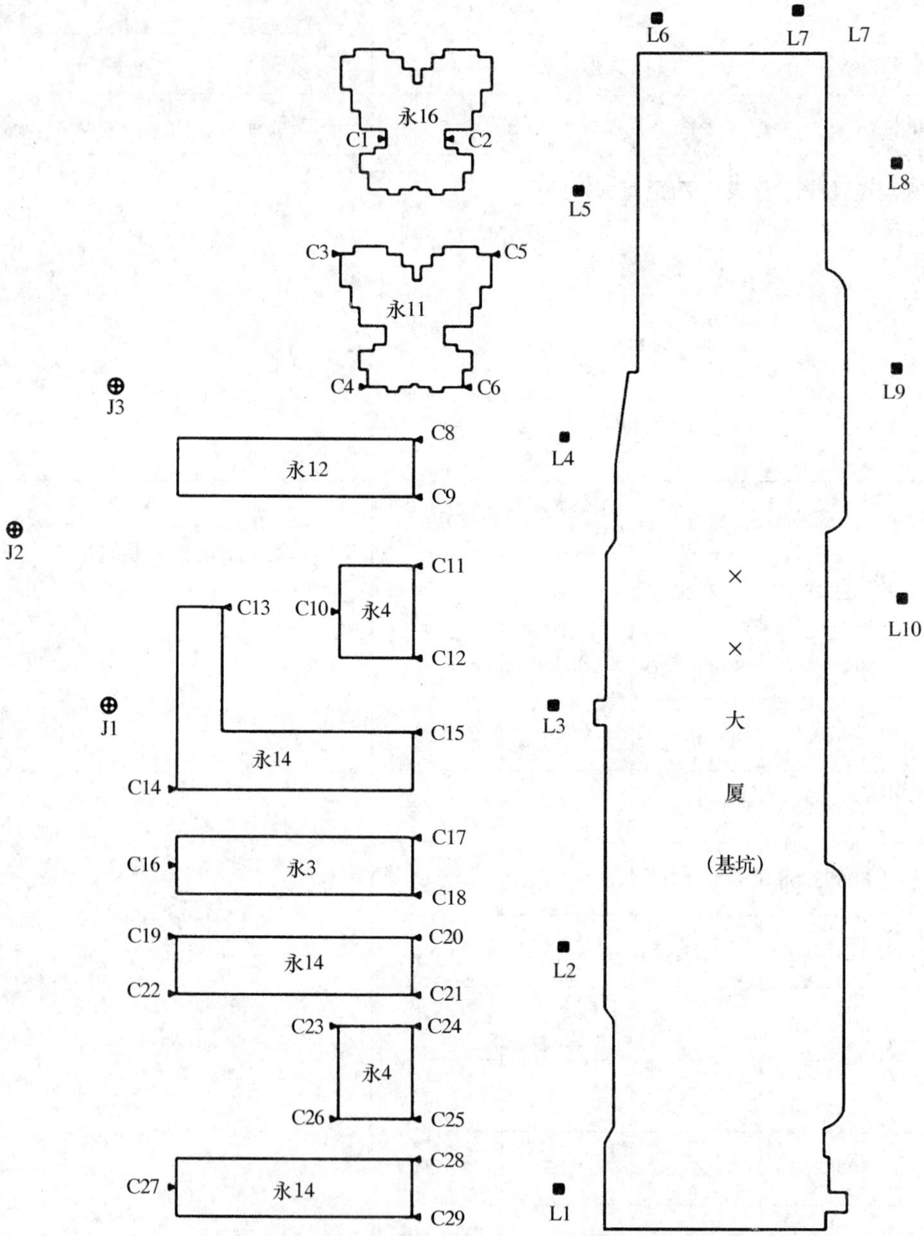

沉 降 点 位 分 布 图

注:图中J1是基准点,前辍为C 是建筑沉降点,前辍 为L是地面沉降点。

六、《沉降观测记录》填写说明

1. 表格解析

(1)责任部门。

施测单位项目专业技术负责人、专业质检员、测量员，项目监理机构专业监理工程师等。

(2)提交时限。

沉降观测记录在每次沉降观测结束后7d内提交。

2. 相关规定及要求

(1)填写依据。

《工程测量规范》GB 50026—2007。

(2)相关要求。

1)变形观测含位移及沉降二种。地基基础设计等级为甲级的建筑、复合地基或软弱地基上设计等级为乙级的建筑、加层或扩建的建筑、受邻近深基坑开挖施工影响或受场地地下水等环境因素变化影响的建筑、需要积累经验或进行设计结果论证分析的建筑在施工和使用期间应进行变形测量。

2)新建建(构)筑物必须进行沉降观测。

①工业厂房或多层民用建筑的沉降观测总次数，不应少于5次；

②高层建筑施工期间的沉降观测周期，应每增加1～2层观测一次；

③沉降观测点应按设计要求布置。

3)沉降观测点设计未规定时，应符合下列规定：

①建(构)筑物的主要墙角及沿外墙每10～15m或每隔2～3根柱基上；

②沉降缝、伸缩缝、新旧建(构)筑物或高低建(构)筑物接壤处的两侧；

③人工地基和天然地基接壤处、建(构)筑物不同结构分界处的两侧；

④烟囱、水塔和大型储藏罐等高耸构筑物基础轴线的对称部位不得少于4个点；

⑤基础底板的四角和中部；

⑥当建(构)筑物出现裂缝时，布设在裂缝两侧。

4)沉降观测标志应稳固埋设，高度以高于室内地坪(±0.000标高)0.2～0.5m为宜，对于建筑立面后期有贴面装饰的建(构)筑物，宜预埋螺栓式活动标志。

5)变形观测为精密观测，应按精密观测的技术要求进行，要有经业主及监理审批同意的变形测量方案实施变形观测。

6)新建建(构)筑物及影响到的周边建(构)筑物变形观测，应由业主委托有资质的测绘单位进行。

7)当建筑变形观测过程中发生下列情况之一时，必须立即报告委托方，同时应及时增加观测次数或调整变形测量方案：

①变形量或变形速率出现异常变化；

②变形量达到或超出预警值；

③周边或开挖面出现塌陷、滑坡情况；

④建筑本身、周边建筑及地表出现异常；

⑤由于地震、暴雨、冻融等自然灾害引起的其他异常变形情况。

第二节 地基处理工程施工记录

一、《隐蔽工程验收记录》填写范例

<table>
<tr><td colspan="4">隐蔽工程验收记录</td><td>编　号</td><td>×××</td></tr>
<tr><td>工程名称</td><td colspan="5">××工程</td></tr>
<tr><td>隐检项目</td><td colspan="3">地基及基础处理(砂和砂石地基)</td><td>隐检日期</td><td>××年×月×日</td></tr>
<tr><td>隐检部位</td><td colspan="5">基础　①～⑳/Ⓐ～Ⓗ 轴线　－6.50m 标高</td></tr>
<tr><td colspan="6">隐检依据:施工图图号　结施 1、结施 3、地质勘察报告　××-0093　,设计变更/洽商(编号　/　)及有关国家现行标准等。
主要材料名称及规格/型号:　中砂　20～40mm 碎石</td></tr>
<tr><td colspan="6">隐检内容:
1. 根据施工图纸要求,基槽土层已挖至－6.500m。砂石在摊铺灰土前,经钎探检查,地质情况符合勘察报告,没有出现地下水。
2. 槽底清理:清除槽内浮土、积水和泥浆,坑(槽)边坡稳定。
3. 基底轴线尺寸

申报人:×××</td></tr>
<tr><td colspan="6">检查意见:
经检查,基底标高符合设计要求,清槽工作到位,同意进行下道工序

检查结论:　☑同意隐蔽　□不同意,修改后进行复查</td></tr>
<tr><td colspan="6">复查结论:

复查人:　　　　复查日期:</td></tr>
<tr><td rowspan="3">签字栏</td><td rowspan="2">建设(监理)单位</td><td>施工单位</td><td colspan="3">××建设工程有限公司</td></tr>
<tr><td>专业技术负责人</td><td colspan="2">专业质检员</td><td>专业工长</td></tr>
<tr><td>×××</td><td>×××</td><td colspan="2">×××</td><td>×××</td></tr>
</table>

注:本表由施工单位填写,建设单位、施工单位、城建档案馆各保存一份。

<table>
<tr><td colspan="2">隐蔽工程验收记录</td><td>编　号</td><td>×××</td></tr>
<tr><td>工程名称</td><td colspan="3">××工程</td></tr>
<tr><td>隐检项目</td><td>地基及基础处理(土工合成材料地基)</td><td>隐检日期</td><td>××年×月×日</td></tr>
<tr><td>隐检部位</td><td colspan="3">基础层　①～⑳/①～Ⓗ 轴线　－5.800m 标高</td></tr>
<tr><td colspan="4">隐检依据:施工图图号 结施 3、地质勘察报告××-0087 ,设计变更/洽商(编号 /)及有关国家现行标准等。
主要材料名称及规格/型号: 土工合成材料(土工织物或土工膜)</td></tr>
<tr><td colspan="4">隐检内容:
1.土工合成材料有产品出厂合格证、性能检验报告、接头抽样试验报告,合格;其性能指标符合设计要求。
2.铺放土工合成材料的基层已清理平整,局部高差≤50mm。
3.土工合成材料按其主要受力方向铺放,采用人工拉紧,没有皱折,且紧贴下承层。
4.土工织物、土工膜的连接采用搭接法,搭接长度 400mm。
5.土工合成材料铺放无大面积的损伤破坏

申报人:×××</td></tr>
<tr><td colspan="4">检查意见:
经检查,以上项目均符合设计要求及《建筑地基与基础工程施工质量验收规范》GB 50202—2002 的规定

检查结论:　☑同意隐蔽　□不同意,修改后进行复查</td></tr>
<tr><td colspan="4">复查结论:

复查人:　　　　复查日期:</td></tr>
</table>

<table>
<tr><td rowspan="3">签字栏</td><td rowspan="2">建设(监理)单位</td><td>施工单位</td><td colspan="2">××建设工程有限公司</td></tr>
<tr><td>专业技术负责人</td><td>专业质检员</td><td>专业工长</td></tr>
<tr><td>×××</td><td>×××</td><td>×××</td><td>×××</td></tr>
</table>

注:本表由施工单位填写,建设单位、施工单位、城建档案馆各保存一份。

<table>
<tr><td colspan="3">隐蔽工程验收记录</td><td>编　号</td><td colspan="2">×××</td></tr>
<tr><td>工程名称</td><td colspan="5">××工程</td></tr>
<tr><td>隐检项目</td><td colspan="2">地基及基础处理(粉煤灰地基)</td><td>隐检日期</td><td colspan="2">××年×月×日</td></tr>
<tr><td>隐检部位</td><td colspan="5">基础层　①～㉕Ⓐ～Ⓗ 轴线　－8.700m 标高</td></tr>
<tr><td colspan="6">隐检依据:施工图图号 结施 1、结施 4、施工方案、地质勘察报告××－0098 ,设计变更/洽商(编号 /)及有关国家现行标准等。
主要材料名称及规格/型号: Ⅱ级粉煤灰</td></tr>
<tr><td colspan="6">隐检内容:
1.粉煤灰有质量证明文件、复试报告,合格。
2.基槽杂物已清理、基层平整、局部高差不大于 50mm,地质条件符合地质勘察报告(××-0098)。
3.每层铺筑厚度为 250mm,压实后为 150mm 左右。每层铺完检测合格后,及时铺筑上一层。
4.粉煤灰地基铺设施工含水量为 20%,在最优含水量(W_{op}±2%)范围内。
5.每层现场实测压实系数均大于 0.95,见试验报告(编号:×××)

申报人:×××</td></tr>
<tr><td colspan="6">检查意见:
经检查,符合设计要求及《建筑地基基础工程施工质量验收规范》GB 50202—2002 的规定

检查结论:　☑同意隐蔽　□不同意,修改后进行复查</td></tr>
<tr><td colspan="6">复查结论:

复查人:　　　　复查日期:</td></tr>
<tr><td rowspan="3">签字栏</td><td rowspan="2">建设(监理)单位</td><td>施工单位</td><td colspan="3">××建设工程有限公司</td></tr>
<tr><td>专业技术负责人</td><td>专业质检员</td><td colspan="2">专业工长</td></tr>
<tr><td>×××</td><td>×××</td><td>×××</td><td colspan="2">×××</td></tr>
</table>

注:本表由施工单位填写,建设单位、施工单位、城建档案馆各保存一份。

<table>
<tr><td colspan="2">隐蔽工程验收记录</td><td>编　号</td><td colspan="2">×××</td></tr>
<tr><td>工程名称</td><td colspan="4">××工程</td></tr>
<tr><td>隐检项目</td><td>水泥粉煤灰碎石桩复合地基</td><td>隐检日期</td><td colspan="2">××年×月×日</td></tr>
<tr><td>隐检部位</td><td colspan="4">地下基础层　⑳～㊵/Ⓐ～Ⓘ 轴线　－12.300m 标高</td></tr>
<tr><td colspan="5">隐检依据：施工图图号　结施 1、结施 4、地质勘察报告××-123　，设计变更/洽商（编号　/　）及有关国家现行标准等。
主要材料名称及规格/型号：　P·O 32.5 水泥、粉煤灰、砂、碎石</td></tr>
<tr><td colspan="5">隐检内容：
1. 水泥粉煤灰碎石桩采用长螺旋钻孔操作方法，桩位偏差为××mm，符合设计及规范要求。
2. 清底、夯实孔底。沉渣厚度为 40mm，用 35kg 的重锤将孔底夯实，孔底无地下水。
3. 验孔。检查孔深为××m，垂直度偏差为××%，符合设计及规范要求

申报人：×××</td></tr>
<tr><td colspan="5">检查意见：
经检查，符合设计要求及《建筑地基基础工程施工质量验收规范》GB 50202—2002 的规定

检查结论：　☑同意隐蔽　□不同意，修改后进行复查</td></tr>
<tr><td colspan="5">复查结论：

复查人：　　　　复查日期：</td></tr>
<tr><td rowspan="3">签字栏</td><td rowspan="2">建设（监理）单位</td><td>施工单位</td><td colspan="2">××建设工程有限公司</td></tr>
<tr><td>专业技术负责人</td><td>专业质检员</td><td>专业工长</td></tr>
<tr><td>×××</td><td>×××</td><td>×××</td><td>×××</td></tr>
</table>

注：本表由施工单位填写，建设单位、施工单位、城建档案馆各保存一份。

<table>
<tr><td colspan="3">隐蔽工程验收记录</td><td>编　号</td><td>×××</td></tr>
<tr><td>工程名称</td><td colspan="4">××工程</td></tr>
<tr><td>隐检项目</td><td colspan="2">地基及基础处理(预压地基)</td><td>隐检日期</td><td>××年×月×日</td></tr>
<tr><td>隐检部位</td><td colspan="4">基础工作垫层　①~⑳/Ⓐ~Ⓖ 轴线　－5.90m 标高</td></tr>
<tr><td colspan="5">隐检依据:施工图图号＿结施 3、地质勘察报告××-0138＿,设计变更/洽商(编号＿/＿)及有关国家现行标准等。
主要材料名称及规格/型号:＿荆笆＿</td></tr>
<tr><td colspan="5">隐检内容:
工作垫层由铺荆笆和填干土两道工序组成,先铺荆笆,在软土表面按顺序满铺两层,荆笆的块与块之间搭接 200mm,并用 16 号钢丝按 500mm 间距绑扎牢固,层与层之间要错缝。然后填土,厚度 400mm。填土用人工手推车进行

申报人:×××</td></tr>
<tr><td colspan="5">检查意见:
经检查,符合设计要求及《建筑地基基础工程施工质量验收规范》GB 50202—2002 的规定

检查结论:　☑同意隐蔽　□不同意,修改后进行复查</td></tr>
<tr><td colspan="5">复查结论:

复查人:　　　　复查日期:</td></tr>
<tr><td rowspan="3">签字栏</td><td rowspan="2">建设(监理)单位</td><td>施工单位</td><td colspan="2">××建设工程有限公司</td></tr>
<tr><td>专业技术负责人</td><td>专业质检员</td><td>专业工长</td></tr>
<tr><td>×××</td><td>×××</td><td>×××</td><td>×××</td></tr>
</table>

注:本表由施工单位填写,建设单位、施工单位、城建档案馆各保存一份。

<table>
<tr><td colspan="2">隐蔽工程验收记录</td><td>编　　号</td><td>×××</td></tr>
<tr><td>工程名称</td><td colspan="3">××工程</td></tr>
<tr><td>隐检项目</td><td>施工缝</td><td>隐检日期</td><td>××年×月×日</td></tr>
<tr><td>隐检部位</td><td colspan="3">地下一层Ⅰ段　⑪～③/Ⓑ～Ⓗ 轴线　外墙及顶板</td></tr>
<tr><td colspan="4">隐检依据：施工图号　结施－4、结施－7　，设计变更/工程变更单（编号　/　）及有关国家现行标准等。
主要材料名称及规格/型号：　50×100mm 木方、BW 止水条</td></tr>
<tr><td colspan="4">隐检内容：
1. 外墙与顶板交接外水平施工缝留置在板底 50mm 处，设置时采用预埋 50×100mm 木方扁放，留置凹槽，后钉 BW 止水条，竖向施工缝留置在××轴处，用钢板网拦住后再用木方挤紧，木方做成齿口卡住钢筋。
2. 施工缝的处理：水平施工缝剔掉混凝土软弱层，使其显露石子，并清理干净

申报人：×××</td></tr>
<tr><td colspan="4">检查意见：
经检查，施工缝的留置方法、位置以及接槎的处理均符合要求

检查结论：　☑同意隐蔽　□不同意隐蔽</td></tr>
<tr><td colspan="4">复查结论：

复查人：　　　　　　复查日期：</td></tr>
</table>

签字栏	建设（监理）单位	施工单位	××建设工程有限公司	
		专业技术负责人	专业质检员	专业工长
	×××	×××	×××	×××

注：本表由施工单位填写，建设单位、施工单位、城建档案馆各保存一份。

隐蔽工程验收记录		编　　号	×××
工程名称	××工程		
隐检项目	石材背板与保温板安装	隐检日期	××年×月×日
隐检部位	F01层西立面		

隐检依据：施工图号＿＿装施－1、装施－26＿＿，设计变更/工程变更单(编号＿＿/＿＿)及有关国家现行标准等。

主要材料名称及规格/型号：14号工字钢、连接件、30×80mm不锈钢螺栓、1438×523×1.5mm镀锌背板、M12×57mm/M8×80mm等镀锌螺栓、玻璃岩棉、镀锌钢框架、791硅酮密封胶、聚氨酯光泽漆、聚氨酯防锈漆、铝合金型材

隐检内容：

1. 根据施工图纸分格尺寸及标高线，将连接件焊于埋件上，焊缝涂刷防锈漆。
2. 14号工字钢与连接件之间用30×80mm不锈钢螺栓连接固定，工字钢与挂件用M12×57mm镀锌螺栓连接、调整高度，三面焊接。
3. 镀锌背板与工字钢用M5×15mm镀锌螺栓连接，间距为40mm，并调节平整度。
4. 镀锌背板内侧安装玻璃岩棉，交接缝处用铝箔胶纸粘贴，以400mm间距粘贴棉钉；镀锌背板外侧接缝填塞泡沫棒，并用791硅酮密封胶注胶处理。
5. 镀锌背板喷涂红色防锈漆一道，12h后喷涂黑色光泽漆一道，再过12h后喷涂黑色光泽漆一道。
6. 钢框架上口2个耳片与挂件2个角的切口紧靠嵌接，4个角用M8×80mm镀锌螺栓定位并安装牢固。
7. 铝合金型材用M6×16mm不锈钢螺栓安装固定于钢框架上

申报人：×××

检查意见：

经检查，石材幕墙骨架材料品种、规格、数量、构造，防锈处理，安装牢固性等均符合设计要求和《建筑装饰装修工程质量验收规范》GB 50210—2001的规定

检查结论：☑同意隐蔽　　□不同意隐蔽

复查结论：

复查人：　　　　　　　　复查日期：

签字栏	建设(监理)单位	施工单位	××建设工程有限公司	
		专业技术负责人	专业质检员	专业工长
	×××	×××	×××	×××

注：本表由施工单位填写，建设单位、施工单位、城建档案馆各保存一份。

二、《隐蔽工程验收记录》填写说明

隐蔽工程是指工程项目建设过程中，某一道工序所完成的工程实物，被后一工序形成的工程实物所隐蔽，而且不可逆向作业的工程。

1.表格解析

(1)责任部门。

施工单位项目专业技术负责人、专业质检员、专业工长（施工员）、项目监理机构专业监理工程师等。

(2)提交时限。

检查合格后1d内完成，检验批验收前提交。

(3)填写要点

1)工程名称：与施工图纸图签中名称一致。

2)编号：按吉林省工程资料编号要求填写。

3)隐检项目：应按实际检查项目填写，具体写明（子）分部工程名称和施工工序主要检查内容。隐蔽项目栏填写举例：桩基工程钢筋笼安装、支护工程锚杆安装、门窗工程（预埋件、锚固件或螺栓安装）、吊顶工程（龙骨、吊件、填充材料安装）。

4)隐检部位：对于结构工程隐蔽部位应体现层、轴线、标高和主要构件名称（墙、柱、板、梁等）；对于装饰装修工程隐蔽部位应体现楼层、轴线（或建筑功能房间/区域名称，如楼梯间、公共走廊、会议室、餐厅等）。

5)隐检日期：按实际检查日期填写。

6)隐检依据：施工图纸、设计变更单/工程变更单、有关国家现行标准，如相关的施工质量验收规范、标准、规程；本工程的施工组织设计、（专项）施工方案、技术交底等。特殊的隐检项目如新材料、新工艺、新设备等要标注具体的执行标准文号或企业标准文号。

7)主要材料名称及规格/型号：按实际发生材料、设备填写，将各主要材料名称及对应的规格/型号表述清楚。

8)隐检内容：结合设计、规范要求，将隐蔽部位关联的隐检项目和涉及的各检查点描述具体详细。应严格反映施工图的设计要求；按照施工质量验收规范的自检情况（如原材料复验、连接件试验、主要施工工艺做法等）。若文字不能表达清楚的，可用详图或大样图表示。

9)检查结论：按照监理单位检查意见填写。所有隐检内容是否全部符合要求应明确；隐检中第一次验收未通过的，应注明质量问题和复查要求；隐蔽验收后应确认结论，在相应的选择框□同意隐蔽，□不同意隐蔽处划“√”。

10)签字栏：应本着“谁施工、谁签认”的原则。对于专业分包工程应体现专业分包单位名称，分包单位的各级责任人签认后再报请总包签认，总包签认后再报请监理签认。各方签字后生效。

2.相关规定及要求

(1)隐蔽工程验收的程序和组织。

施工过程中，隐蔽工程在隐蔽前，施工单位应按照有关标准、规范和设计图纸的要求自检合格后，填写隐蔽工程验收记录（有关监理验收记录及结论不填写）和隐蔽工程报审、报验表等表格，向项目监理机构（建设单位）进行申请验收，项目专业监理工程师（建设单位项目专业技术负责人）组织施工单位项目专业质量（技术）负责人等严格按设计图纸和有关标准、规范进行验收：对施工单位所报资料进行审查，组织相关人员到验收现场进行实体检查、验收，同时应留有照片、影像等资料。

对验收不合格的工程，专业监理工程师（建设单位项目专业技术负责人）应要求施工单位进行整改，自检合格后予以复查；对验收合格的工程，专业监理工程师（建设单位项目专业技术负责人）应签认隐蔽工程验收记录和隐蔽工程报审、报验表，准予进行下一道工序施工。

（2）主要隐检项目及内容。

1）土方工程。

①检查内容：依据施工图纸、地质勘探报告、有关施工验收规范要求，检查基底清理情况，基底标高，基底轮廓尺寸等情况。

②填写要点：土方工程隐检记录中要注明施工图纸编号，地质勘测报告编号，将检查内容描述清楚。

2）支护工程。

①检查内容：依据施工图纸、有关施工验收规范要求和基坑支护方案、技术交底，检查锚杆、土钉的品种规格、数量、插入长度、钻孔直径、深度和角度；检查地下连续墙成槽宽度、深度、倾斜度，钢筋笼规格、位置、槽底清理、沉渣厚度情况。

②填写要点：支护工程隐检记录中要注明施工图纸编号，地质勘测报告编号，锚杆、土钉的品种规格、数量、插入长度、钻孔直径等主要数据描述清楚。

3）桩基工程。

①检查内容：依据施工图纸、有关施工验收规范要求和桩基施工方案、技术交底，检查钢筋笼规格、尺寸、沉渣厚度、清孔等情况。

②填写要点：桩基工程隐检记录中要注明施工图纸编号，地质勘测报告编号，将检查的钢筋笼规格、尺寸、沉渣厚度、清孔等情况描述清楚。

4）地下防水工程。

①检查内容：依据施工图纸、有关施工验收规范要求和防水施工方案、技术交底，检查混凝土的变形缝、施工缝、后浇带、穿墙套管、预埋件等设置的形式和构造等情况；检查防水层的基层处理，防水材料的规格、厚度、铺设方式、阴阳角处理、搭接密封处理等情况。

②填写要点：地下防水工程隐检记录中要注明施工图纸编号，刚性防水混凝土的强度等级、抗渗等级，柔性防水材料的型号、规格、防水材料的复试报告编号、施工铺设方法、搭接长度、宽度尺寸等情况，还应将阴阳角处理、附加层情况等描述清楚，必要时可附简图加以说明。

三、《强夯施工记录》填写范例

强夯施工记录

共×页 第1页

工程名称	××大厦		施工总包单位	××建设工程有限公司	
专业施工单位	××基础工程有限公司	施工日期	××年×月×日	锤重(t)	20
锤底直径(m)	2.6		落距(m)	10	

夯区编号	夯区夯点数	起夯点标高(cm)	终夯点标高(cm)	最后两遍		各夯击区每遍夯沉量读数(cm)								总夯沉量(cm)
				夯沉量之差(cm)	夯沉量(cm)	1	2	3	4	5	6	7	8	
1—1	1	130	10	3	11	30	26	20	15	10	8	7	4	120
1—2	1	133	14	2	10	30	25	21	15	11	7	6	4	119
1—3	1	128	10	3	11	29	25	20	15	10	8	7	4	118
1—4	1	131	12	3	9	30	26	21	16	10	7	6	3	119
1—5	1	134	14	4	10	31	26	21	15	10	7	7	3	120
1—6	1	127	7	3	11	29	24	20	16	11	9	7	4	120
2—1	1	132	12	3	11	30	26	20	15	10	8	7	4	120
2—2	1	127	7	3	11	29	25	20	16	11	8	7	4	120
2—3	1	133	13	4	10	31	26	21	15	10	7	7	3	120

签字栏	建设(监理)单位	施工单位		
		质检员	施工员	施工班组长
	×××	×××	×××	×××

强夯施工记录汇总表

共×页　第1页

<table>
<tr><td>工程名称</td><td colspan="2">××大厦</td><td colspan="2">施工总包单位</td><td>××建设工程有限公司</td></tr>
<tr><td>专业施工单位</td><td colspan="2">××基础工程有限公司</td><td colspan="2">施工日期</td><td>××年×月×日</td></tr>
<tr><td>设计标高(m)</td><td>12.80(±0.000)</td><td>夯前地面标高(m)</td><td>13.70</td><td>场地平均夯沉量(cm)</td><td>120.2</td></tr>
<tr><td>建(构)筑物名称</td><td>设备</td><td>实际强夯面积(m²)</td><td>5000</td><td>累计平均夯能(kN·m/m²)</td><td>377</td></tr>
<tr><td>夯锤尺寸(m)</td><td>ϕ2.60</td><td>夯锤重量(t)</td><td>20</td><td>起重设备</td><td>—</td></tr>
<tr><td colspan="6">加固地层描述:坡积黏土厚度6～8m
地下水类型及其水位标高:孔隙水场地地面标高以下－4.10m(详见地质勘察报告)</td></tr>
</table>

夯区编号	夯击面积(m²)	夯击点数	夯击遍数(击)	单击夯击能(kN·m)	平均单位夯击能(kN·m/m²)	夯区平均夯沉量(cm)
1	31.8	6	8	2000	3019	119.3
2	31.8	6	8	2000	3019	119.7
3	31.8	6	8	2000	3019	120.1
4	31.8	6	8	2000	3019	120.3
5	31.8	6	8	2000	3019	119.8
6	31.8	6	8	2000	3019	119.9
7	31.8	6	8	2000	3019	120.4
8	31.8	6	8	2000	3019	120.1
9	31.8	6	8	2000	3019	120.3
…						
满夯	5000	1000	2	800	320	2

<table>
<tr><td rowspan="3">签字栏</td><td rowspan="2">建设(监理)单位</td><td colspan="3">施工单位</td></tr>
<tr><td>质检员</td><td>施工员</td><td>施工班组长</td></tr>
<tr><td>×××</td><td>×××</td><td>×××</td><td>×××</td></tr>
</table>

四、《水泥土搅拌桩地基施工记录》填写范例

水泥土搅拌桩地基施工记录

日期：××年×月×日　　　　　　　　　　　　　　　　　　共×页　第1页

工程名称	××大厦	施工单位	××建设工程有限公司		
专业施工单位	××基础工程有限公司	设计桩长(m)	13	设计桩径(m)	0.5

设备型号规格	深层搅拌机	SJB40	外加剂	名称	FDN	水泥	品牌	×××
	集料斗	$1.85m^3$		含量(%)	2		强度等级	P·O 42.5
	灰浆泵	2×40		名称	—	水灰比		0.55∶1
	拌浆机	$0.5m^3$		含量(%)	—	喷搅形式		四搅三喷

桩号			7#	8#						
第一次	喷浆段起止标高(m)		−1.5	−1.1						
			−14.5	−14.5						
	钻进	开始时间	8:10	9:50						
		结束时间	8:30	10:10						
	提升喷浆	开始时间	8:35	10:15						
		结束时间	9:02	10:42						
	流量(L/min)		30	30						
第二次	喷浆段起止标高(m)		−1.5	−1.5						
			−14.5	−14.5						
	钻进	开始时间	9:03	10:43						
		结束时间	9:08	10:48						
	提升喷浆	开始时间	9:09	10:49						
		结束时间	9:15	10:55						
	流量(L/min)		30	30						
水泥用量(kg)			690	690						
施工异常情况记录			正常							

签字栏	建设(监理)单位	施工单位		
		质检员	施工员	施工班组长
	×××	×××	×××	×××

五、《土桩和灰土挤密桩桩孔施工记录》填写范例

土桩和灰土挤密桩桩孔施工记录

施工单位　××建设集团有限公司　　　　工程名称　××工程

施工班组　四班　　　　地面标高　46.500

机械型号　HG－223　　　　设计孔径　400　孔深　至②层细砂

序号	施工日期	基础编号	桩孔编号	桩孔深度(m)	锤击次数		成孔时间(分)		成孔质量检查	备注
					总数	最后1米内	总计	最后1米内		
1	××年×月×日	03	323	7.3	35×15	40	8′	2′	合格	
2	××年×月×日	03	231	7.5	35×15	39	8′	2′	合格	
3	××年×月×日	03	256	7.2	35×15	39	8′	2′	合格	
4	××年×月×日	03	237	7.1	35×15	39	7′	2′	合格	
5	××年×月×日	03	210	7.3	35×15	40	7′	2′	合格	
6	××年×月×日	03	132	7.2	35×15	40	7′	2′	合格	
7	××年×月×日	03	317	7.2	35×15	39	8′	2′	合格	
8	××年×月×日	03	400	7.1	35×15	39	8′	2′	合格	
9	××年×月×日	03	425	7.2	35×15	40	8′	2′	合格	
10	××年×月×日	03	400	7.2	35×15	40	8′	2′	合格	
11	××年×月×日	03	355	7.3	35×15	40	7′	2′	合格	
12	××年×月×日	03	239	7.2	35×15	40	8′	2′	合格	
参加人员	监理(建设)单位	施工单位								
		专业技术负责人			质检员			记录人		
	×××	×××			×××			×××		

六、《土桩和灰土挤密桩桩孔分填施工记录》填写范例

土桩和灰土挤密桩桩孔分填施工记录

施工单位 ××建设集团有限公司　　工程名称 ××工程

施工班组 ××班组　　地面标高 46.5

夯填机械 WKS—55　　填料类别 灰土

序号	施工日期	基础编号	桩孔编号	桩孔深度(m)	桩孔直径(m)	设计填料量(m^3)	实际填料量(m^3)	夯填时间(min)	质量检查	备注
1	××年×月×日	03	323	7.3	0.400	1.0	1.1	35	合格	
2	××年×月×日	03	231	7.5	0.400	1.10	1.10	36	合格	
3	××年×月×日	03	256	7.2	0.40	1.11	1.12	37	合格	
4	××年×月×日	03	237	7.1	0.40	1.12	1.15	35	合格	
5	××年×月×日	03	210	7.3	0.40	1.15	1.15	40	合格	
6	××年×月×日	03	132	7.2	0.40	1.10	1.15	39	合格	
7	××年×月×日	03	317	7.2	0.40	1.10	1.10	35	合格	
8	××年×月×日	03	400	7.1	0.40	1.10	1.15	35	合格	
9	××年×月×日	03	425	7.2	0.40	1.15	1.16	40	合格	
10	××年×月×日	03	400	7.2	0.40	1.15	1.15	40	合格	
11	××年×月×日	03	355	7.3	0.40	1.15	1.15	40	合格	
12	××年×月×日	03	239	7.2	0.40	1.15	1.15	38	合格	
13	××年×月×日	03	259	7.3	0.40	1.15	1.15	35	合格	

参加人员	监理（建设）单位	施工单位		
		专业技术负责人	质检员	记录人
	×××	×××	×××	×××

注：土桩和灰土挤密桩桩孔分填施工记录指桩孔分填过程的记录。分填材料应检验合格、夯实后应测定干密度。

七、《重锤夯实施工记录》填写范例

重锤夯实施工记录

施工单位 ××建设集团有限公司　　　　地基土质 ××

工程名称 西北六环

夯锤重量 20 吨　锤底直径 2.5 m　落距 7 m　　填料类别 自动脱钩

施工地段及面积	夯打日期		气候条件	含水量(%)		实际加水量(L/m^2)	夯击遍数		最后下沉量(cm)	预留土层厚度(m)	底面标高		总下沉量(cm)	备注
	开始	完成		天然	最佳		规定	实际			夯前	夯后		
西北六环 3千m^2	××年×月×日	××年×月×日	晴	25%	26%	12.0	5	6	3	0.6	47	46.6	40	
西北六环 3千m^2	××年×月×日	××年×月×日	晴	25%	26%	12.0	5	6	4	0.65	40	39.5	50	
西北六环	××年×月×日	××年×月×日	晴	25%	26%	12.0	5	6	4	0.65	40	39.5	50	
西北六环	××年×月×日	××年×月×日	晴	25%	26%	12.0	5	6	4	0.65	40	39.5	50	
西北六环	××年×月×日	××年×月×日	晴	25%	26%	12.0	5	6	4	0.65	40	39.5	50	
西北六环	××年×月×日	××年×月×日	晴	25%	26%	12.0	5	6	4	0.65	40	39.5	50	

参加人员	监理(建设)单位	施工单位		
		专业技术负责人	质检员	记录人
	×××	×××	×××	×××

注:重锤夯实施工记录指使用重锤(锤重一般为15～20kN)夯实地基施工过程的记录。重锤夯实遍数、下沉量等应满足设计要求。

第三节 基础工程施工记录

一、《隐蔽工程验收记录》填写范例

<table>
<tr><td colspan="2">隐蔽工程验收记录</td><td>编　　号</td><td>×××</td></tr>
<tr><td>工程名称</td><td colspan="3">××大厦</td></tr>
<tr><td>隐检项目</td><td>基坑支护工程(沉井)</td><td>隐检日期</td><td>××年×月×日</td></tr>
<tr><td>隐检部位</td><td colspan="3">基坑　①～⑩/Ⓑ～Ⓕ轴线　－12.2m 标高</td></tr>
<tr><td colspan="4">隐检依据：施工图图号　结施 1、结施 5、地质勘察报告××-081　，设计变更/洽商（编号　/　）及有关国家现行标准等。
主要材料名称及规格/型号：　钢筋 HRB 335 Φ 14、Φ 18、Φ 20</td></tr>
<tr><td colspan="4">隐检内容：
1. 钢筋有质量证明书和复试报告，合格，其品种、级别、规格和数量符合设计要求；且无锈蚀、无污染。
2. 混凝土强度下沉前必须达到 70%设计强度，封底前，沉井的下沉稳定＜10mm/8h。
3. 封底结束后的位置在××，刃脚平均标高与设计标高比＜100mm。
4. 刃脚支设采用半垫架法，垫木用 16×20cm（或 15×15cm）枕木，根数××，对称铺设。
5. 钢筋采用搭接连接，接头错开在 35d 并不小于 500mm 区域内接头面积的百分比不超过 50%；内外钢筋之间加设Φ 14 支撑钢筋，每 1.0m 不小于 1 个，梅花形布置。
6. 在钢筋外层垫置水泥砂浆保护层垫块
申报人：×××</td></tr>
<tr><td colspan="4">检查意见：
经检查，符合设计要求及《建筑地基基础工程施工质量验收规范》GB 50202—2002 的规定

检查结论：　☑同意隐蔽　　□不同意，修改后进行复查</td></tr>
<tr><td colspan="4">复查结论：

复查人：　　　　　　　　复查日期：</td></tr>
</table>

<table>
<tr><td rowspan="3">签字栏</td><td rowspan="2">建设（监理）单位</td><td>施工单位</td><td colspan="2">××建设工程有限公司</td></tr>
<tr><td>专业技术负责人</td><td>专业质检员</td><td>专业工长</td></tr>
<tr><td>×××</td><td>×××</td><td>×××</td><td>×××</td></tr>
</table>

注：本表由施工单位填写，建设单位、施工单位、城建档案馆各保存一份。

<table>
<tr><td colspan="2">隐蔽工程验收记录</td><td>编　号</td><td>.×××</td></tr>
<tr><td>工程名称</td><td colspan="3">××大厦</td></tr>
<tr><td>隐检项目</td><td>静力压桩焊接接桩</td><td>隐检日期</td><td>××年×月×日</td></tr>
<tr><td>隐检部位</td><td colspan="3">基础层　①～⑮/Ⓐ～Ⓖ轴线　－6.000m 标高</td></tr>
<tr><td colspan="4">隐检依据：施工图图号　结施 1、结施 5　地质勘察报告××-0113　，设计变更/洽商（编号　/　）及有关国家现行标准等。
主要材料名称及规格/型号：　钢板、焊条</td></tr>
<tr><td colspan="4">隐检内容：
1. 采用焊接接桩时，应先将四周点焊固定，然后对称焊接，并确保焊缝质量和设计尺寸。
2. 焊接的材质（钢板、焊条）均符合设计要求，焊接件做好防腐处理。
3. 焊接接桩，其预埋件表面应清洁，上下节之间的间隙应用铁片垫实焊牢。
4. 接桩时，在距地面 1m 左右进行，上下节桩的中心线偏差不得大于 10mm，节点弯曲矢高不得大于 1%桩长

申报人：×××</td></tr>
<tr><td colspan="4">检查意见：
经检查，焊接接桩符合设计要求及《建筑地基基础工程施工质量验收规范》GB 50202—2002 的规定

检查结论：　☑同意隐蔽　□不同意，修改后进行复查</td></tr>
<tr><td colspan="4">复查结论：

复查人：　　　　复查日期：</td></tr>
</table>

签字栏	建设（监理）单位	施工单位	××建设工程有限公司	
		专业技术负责人	专业质检员	专业工长
	×××	×××	×××	×××

注：本表由施工单位填写，建设单位、施工单位、城建档案馆各保存一份。

<table>
<tr><td colspan="2">隐蔽工程验收记录</td><td>编　　号</td><td>×××</td></tr>
<tr><td>工程名称</td><td colspan="3">××工程</td></tr>
<tr><td>隐检项目</td><td>混凝土灌注桩钢筋笼</td><td>隐检日期</td><td>××年×月×日</td></tr>
<tr><td>隐检部位</td><td colspan="3">基础　①～③/Ⓐ～Ⓖ 轴线　－1.600m 标高</td></tr>
<tr><td colspan="4">隐检依据：施工图图号 结－4、地质勘察报告××－14 号，设计变更/洽商（编号 / ）及有关国家现行标准等。
主要材料名称及规格/型号： HRB335、Φ10、Φ18、Φ20、Φ22</td></tr>
<tr><td colspan="4">隐检内容：
1. 成孔：孔径Φ1000mm，施工孔深 31.80m，桩顶标高－1.60m。
2. 钢筋笼制作：笼径 900mm，笼长 26.80m，主筋 18Φ20，加劲箍Φ18@2000mm，箍筋加密区Φ10@100mm，非加密区Φ10@200mm，十字支撑Φ22@4000mm，吊筋 4Φ18×5.98m。
3. 钢筋笼主筋采用焊接连接，双面搭接焊 5d

申报人：×××</td></tr>
<tr><td colspan="4">检查意见：
经检查，以上项目均符合设计要求及《建筑地基基础工程施工质量验收规范》GB 50202—2002 的规定

检查结论：　☑同意隐蔽　□不同意，修改后进行复查</td></tr>
<tr><td colspan="4">复查结论：

复查人：　　　　　　　复查日期：</td></tr>
</table>

<table>
<tr><td rowspan="3">签字栏</td><td rowspan="2">建设（监理）单位</td><td>施工单位</td><td colspan="2">××建设集团有限公司</td></tr>
<tr><td>专业技术负责人</td><td>专业质检员</td><td>专业工长</td></tr>
<tr><td>×××</td><td>×××</td><td>×××</td><td>×××</td></tr>
</table>

注：本表由施工单位填写，建设单位、施工单位、城建档案馆各保存一份。

二、《混凝土浇灌申请书》填写范例

<table>
<tr><td colspan="3" rowspan="2">混凝土浇灌申请书</td><td>编　号</td><td>×××</td></tr>
<tr><td>日　期</td><td>××年×月×日×时</td></tr>
<tr><td colspan="2">工程名称</td><td colspan="3">××小区住宅楼工程</td></tr>
<tr><td colspan="2">申请浇灌部位</td><td>二层①～⑬/Ⓐ～Ⓖ轴构造柱、圈梁、板带</td><td>申请浇灌日期</td><td>××年×月×日 ×时</td></tr>
<tr><td colspan="2">技术要求</td><td>坍落度180mm，初凝时间2h</td><td>强度等级</td><td>C25</td></tr>
<tr><td colspan="2">搅拌方式
(搅拌站名称)</td><td>机械搅拌
(××预拌混凝土供应公司)</td><td>申请人</td><td>×××</td></tr>
<tr><td colspan="5">依据：施工图纸(施工图纸号　结施—4、结施—5　)、设计变更/洽商(编号　/　)和有关规范、规程</td></tr>
<tr><td colspan="3">检 查 内 容</td><td colspan="2">检 查 结 果</td></tr>
<tr><td>1</td><td colspan="2">隐检情况</td><td colspan="2">已完成隐检</td></tr>
<tr><td>2</td><td colspan="2">预检情况</td><td colspan="2">已完成预检</td></tr>
<tr><td>3</td><td colspan="2">水电预埋情况</td><td colspan="2">已完成，符合要求</td></tr>
<tr><td>4</td><td colspan="2">施工组织情况</td><td colspan="2">已完备</td></tr>
<tr><td>5</td><td colspan="2">机械设备准备情况</td><td colspan="2">准备就绪</td></tr>
<tr><td>6</td><td colspan="2">保温养护及有关准备情况</td><td colspan="2">—</td></tr>
<tr><td colspan="5">检查结论：
1. 原材料、机械设备及施工人员已就位。
2. 专项施工方案及技术交底工作已落实。
3. 计量设备已准备完毕。
4. 各种隐检、水电预埋工作已完成

☑ 同意浇灌　　□不同意浇灌</td></tr>
</table>

<table>
<tr><td rowspan="3">签字栏</td><td rowspan="2">施工单位</td><td rowspan="2">××建设集团有限公司</td><td>专业技术负责人</td><td>专业质检员</td></tr>
<tr><td>×××</td><td>×××</td></tr>
<tr><td>监理单位</td><td>××工程建设监理有限公司</td><td>专业监理工程师
(水、电、土)</td><td>×××
×××
×××</td></tr>
</table>

三、《混凝土浇灌申请书》填写说明

1.表格解析

(1)责任部门。

施工单位项目工程部、项目专业技术负责人、专业质检员、专业施工员，项目监理机构专业监理工程师等。

(2)提交时限。

每次混凝土浇筑前提交。

(3)填写要点。

1)申请浇灌部位：同“隐蔽部位”填写要求。

2)技术要求：应根据混凝土合同的具体技术要求填写，如混凝土初、终凝时间要求，抗渗设计要求等。

3)检查内容及检查结果：

①隐检情况：主要是施工现场各专业需隐蔽的工程。

②水电预埋情况：依据专业施工图纸、检查管道预留孔洞、预埋套管(预埋件)、机电各系统的管道施工情况。

③施工组织情况：应根据混凝土工程施工方案，对施工现场的场地安排、人员组织、检测设备(坍落筒)等情况进行检查。

④机械设备准备情况：对机械设备如混凝土泵车、振捣器等进行检查。

⑤保温养护及有关准备情况：根据混凝土施工方案及季节性施工方案的要求，对混凝土养护措施、材料等进行检查。

4)检查结论：依据项目监理机构专业监理工程师的检查意见填写，并确认“同意浇灌”或“不同意浇灌”的结论。

2.相关规定及要求

(1)规范名称。

1)《混凝土结构工程施工质量验收规范》GB 50204—2015。

2)《建筑工程资料管理标准》DB22/JT 127—2014。

(2)相关要求。

混凝土浇筑前，施工单位应对施工现场各专业的隐蔽工程和混凝土浇筑准备(如钢筋、模板工程检查；水电预埋检查；材料、设备及其他准备等)进行检查，自检合格后，根据现场浇筑混凝土计划量、施工条件、施工气温、浇筑部位等填报混凝土浇灌申请，由施工单位项目专业技术负责人和监理签认批准，形成“混凝土浇灌申请书”。浇灌申请通过后方可正式浇筑混凝土。

四、《混凝土开盘鉴定记录》填写范例

混凝土开盘鉴定记录				编　　号	×××	
				开盘时间	××年×月×日	
工程名称	××小区7号住宅楼工程					
配比单编号	PB100600124			设计强度等级	C30	
浇筑部位	首层①～⑬/Ⓐ～Ⓙ轴顶板、梁			浇　筑　量	150m³	
坍落度设计值	150～170mm			坍落度实测值	160mm	
搅拌机型号	JZC350			试块编号	×××	
材料名称	水泥	砂	石	水	外加剂	掺合料
种类规格	P·O　42.5	中砂	5～31.5m	饮用水	FB减水剂	粉煤灰
设计配比(kg/m³)	350	748	1076	175	12.03	51
试配用料(kg/盘)	350	785	1076	158	12.03	51
施工用料(kg/盘)	100	224	307	45	3.44	14.6

鉴定结论及其他需要说明的事项：

同意C30混凝土开盘鉴定结果，鉴定合格

签字栏	施工单位	××建设集团有限公司	专业技术负责人	专业质检员
			×××	×××
	监理单位	××工程建设监理有限公司	专业监理工程师	×××

五、《混凝土开盘鉴定记录》填写说明

1. 表格解析

(1)责任部门。

施工项目经理部、项目监理机构、混凝土试配单位及相关责任人等。

(2)填写要点。

表中各项应根据配合比试验报告、浇筑部位及现场开盘鉴定的实际情况填写清楚、齐全，不得有缺项、漏项。要有明确的检查结论，签字齐全。

2. 相关规定及要求

(1)规范名称。

1)《混凝土结构工程施工规范》GB 50666—2011。

2)《混凝土质量控制标准》GB 50164—2011。

3)《普通混凝土用砂、石质量及检验方法标准》JGJ 52—2006。

4)《混凝土结构工程施工质量验收规范》GB 50204—2015。

5)《建筑工程资料管理标准》DB22/JT 127—2014。

(2)相关要求。

1)根据《混凝土结构施工质量验收规范》GB 50204—2015 要求：

①现场搅拌混凝土时，首次使用的混凝土配合比，应进行开盘鉴定。

②商品混凝土首次使用的混凝土配合比，由供应单位自行组织相关人员进行开盘鉴定。

③混凝土开盘鉴定记录应按本表的要求填写。

2)用于承重结构及抗渗防水工程使用的混凝土，开盘鉴定是指第一次使用的配合比、第一盘搅拌时的鉴定。

3)采用现场搅拌混凝土的，应由项目部组织监理单位、搅拌机组、混凝土试配单位进行开盘鉴定工作，共同认定试验室签发的混凝土配合比确定的组成材料是否与现场施工所用材料相符，以及混凝土拌合物性能是否满足设计要求和施工需要。开始生产时应至少留置一组标准养护试件，作为验证配合比的依据。

4)混凝土所用主要原材料：水泥、砂、石、外加剂等应与配合比中的材料吻合，如有变化应调整配合比。

5)混凝土试配配合比应换算为实际使用配合比。

根据现场砂、石的含水率，换算出实际单方混凝土加水量，砂、石用量。

实际加水量＝配合比中的用水量－砂用量×砂含水率－石用量×石含水率。

砂实际用量＝配合比中砂用量×(1＋砂含水率)。

石实际用量＝配合比中石用量×(1＋石含水率)。

六、《混凝土搅拌检查记录》填写范例

混凝土搅拌检查记录			编　号	×××
工程名称	××综合楼工程			
施工部位(构件)	首层⑨～⑬/Ⓐ～Ⓖ轴顶板		混凝土强度等级	C30
日　期	×月×日	月　日	月　日	月　日
搅拌机编号	××			
配比单编号	2011－0636			
设计配合比	1.00∶2.14∶3.07∶0.50∶0.034∶0.146			
水泥复试报告编号	2011－0205			
水泥用量(kg/盘)	350			
砂化验单编号	2011－0207			
砂用量(kg/盘)	785			
石化验单编号	2011－0221			
石用量(kg/盘)	1076			
用水量(kg/盘)	158			
外加剂名称	ISP－Ⅳ			
外加剂掺量(kg/盘)	12.03			
掺合材料名称	粉煤灰			
掺合材料用量(kg/盘)	51			

签字栏				
签字栏	施工单位	××建设集团有限公司	专业技术负责人	专业质检员
			×××	×××
	监理单位	××工程建设监理有限公司	专业监理工程师	×××

七、《混凝土搅拌检查记录》填写说明

1.表格解析

(1)责任部门。

项目工程部。

(2)填写与主要签认责任。

项目技术负责人、工长。

2.相关规定及要求

(1)水泥进场时应对其品种、级别、包装或散装仓号、出厂日期等进行检查，并应对其强度、安定性及其他必要的性能指标进行复验，其质量必须符合现行国家标准《通用硅酸盐水泥》GB 175—2007 等的规定。当在使用中对水泥质量有怀疑或水泥出厂超过三个月(快硬硅酸盐水泥超过一个月)时，应进行复验，并按复验结果使用。

钢筋混凝土结构、预应力混凝土结构中，严禁使用含氯化物的水泥。

检查数量：按同一生产厂家、同一等级、同一品种、同一批号且连续进场的水泥，袋装不超过 200t 为一批，散装不超过 500t 为一批，每批抽样不少于一次。

检验方法：检查产品合格证、出厂检验报告和进场复验报告。

(2)混凝土中掺用外加剂的质量及应用技术应符合现行国家标准《混凝土外加剂》GB 8076—2008、《混凝土外加剂应用技术规范》GB 50119—2013 等规定。预应力混凝土结构中，严禁使用含氯化物的外加剂。钢筋混凝土结构中，当使用含氯化物的外加剂时，混凝土中氯化物的总含量应符合现行国家标准《混凝土质量控制标准》GB 50164—2011 的规定。

检查数量：按进场的批次和产品的抽样检验方案确定。

检验方法：检查产品合格证、出厂检验报告和进场复验报告。

(3)混凝土中氯化物和碱的总含量应符合现行国家标准《混凝土结构设计规范》GB 50010—2010 和设计的要求。

检验方法：检查原材料试验报告和氯化物、碱的总含量计算书。

(4)混凝土中掺用矿物掺合料的质量应符合现行国家标准《用于水泥和混凝土中的粉煤灰》GB 1596—2005 等的规定。矿物掺合料的掺量应通过试验确定。

检查数量：按进场的批次和产品的抽样检验方案确定。

检验方法：检查出厂合格证和进场复验报告。

(5)普通混凝土所用的粗、细骨料的质量应符合国家现行标准《普通混凝土用砂、石质量及检验方法标准》JGJ 52—2006 的规定。

检查数量：按进场的批次和产品的抽样检验方案确定。

检验方法：检查进场复验报告

注：1.混凝土用的粗骨料，其最大颗粒粒径不得超过构件截面最小尺寸的 1/4，且不得超过钢筋最小净间距的 3/4。

2.对混凝土实心板，骨料的最大粒径不宜超过板厚的 1/3，且不得超过 40mm。

(6)拌制混凝土宜采用饮用水；当采用其他水源时，水质应符合国家现行标准《混凝土用水标准》JGJ 63—2006 的规定。

检查数量：同一水源检查不应少于一次。

检验方法：检查水质试验报告。

八、《混凝土浇筑检查记录》填写范例

混凝土浇筑检查记录			编　号	×××
工程名称	××综合楼工程			
施工日期	5月20日	月　日	月　日	月　日
施工部位(构件)	二层顶板梁 ①～⑫/Ⓐ～Ⓗ轴			
施工班组	混凝土班组			
搅拌检查记录编号	0106－C053－1			
混凝土强度等级	C25			
混凝土浇灌方式	泵送			
混凝土振捣方式	机械振捣			
天气情况	温度26℃晴			
施工缝	有/无			
混凝土实测坍落度	160mm			
混凝土浇筑量	$80m^3$			
标养试块组数	1组			
同条件试块组数	2组			
混凝土养护方法	洒水覆盖			
混凝土养护时间	28d			
签字栏 施工单位	××建设集团有限公司		专业技术负责人	专业质检员
			×××	×××
签字栏 监理单位	××工程建设监理有限公司		专业监理工程师	×××

九、《混凝土浇筑检查记录》填写说明

现场混凝土浇筑必须进行施工检查，检查记录应按本表的要求填写。

1. 表格解析

(1)责任部门。

项目工程部。

(2)填写与主要签认责任。

项目技术负责人、工长。

2. 相关规定及要求

(1)混凝土运输、浇筑及间歇的全部时间不应超过混凝土的初凝时间。同一施工段的混凝土应连续浇筑，并应在底层混凝土初凝之前将上一层混凝土浇筑完毕。

当底层混凝土初凝后浇筑上一层混凝土时，应按施工技术方案中对施工缝的要求进行处理。

(2)施工缝的位置应在混凝土浇筑前按设计要求和施工技术方案确定。施工缝的处理应按施工技术方案执行。

(3)后浇带的留置位置应按设计要求和施工技术方案确定。后浇带混凝土浇筑应按施工技术方案进行。

检查数量：全数检查。检验方法：观察，检查施工记录。

(4)混凝土浇筑完毕后，应按施工技术方案及时采取有效的养护措施，并应符合下列规定：

1)应在浇筑完毕后的12h以内对混凝土加以覆盖并保湿养护；

2)混凝土浇水养护的时间：对采用硅酸盐水泥、普通硅酸盐水泥或矿渣硅酸盐水泥拌制的混凝土，不得少于7d；对掺用缓凝型外加剂或有抗渗要求的混凝土，不得少于14d；

3)浇水次数应能保持混凝土处于湿润状态；混凝土养护用水应与拌制用水相同；

4)采用塑料布覆盖养护的混凝土，其敞露的全部表面应覆盖严密，并应保持塑料布内有凝结水；

5)混凝土强度达到 $1.2N/mm^2$ 前，不得在其上踩踏或安装模板及支架。

注：1. 当日平均气温低于5℃时，不得浇水。

2. 当采用其他品种水泥时，混凝土的养护时间应根据所采用水泥的技术性能确定。

3. 混凝土表面不便浇水或使用塑料布时，宜涂刷养护剂。

4. 对大体积混凝土的养护，应根据气候条件按施工技术方案采取控温措施。

十、《混凝土坍落度现场检查记录》填写范例

混凝土坍落度现场检查记录						资料编号	×××	
工程名称及浇筑部位		××大厦A栋　43#～92# CFG桩				浇筑日期	××年×月×日	
混凝土强度等级		C25	设计坍落度(mm)	180±20		申请方量(m^3)	36	
序号	车号	方量(m^3)	到场时间	抽测时间		实测坍落度(mm)	偏差值(mm)	备注
				时	分			
1	10	6	11:23	11	24	190		

签字	施工单位	××勘察技术工程公司	
	技术负责人	专业工长	记录人员
	×××	×××	×××

十一、《混凝土配合比通知单》填写范例

混凝土配合比通知单

委托单位：××建设集团有限公司　　　　试验编号：×××

工程名称	××工程					委托日期	2015年3月19日
使用名称	3层顶板圈梁构造柱楼梯阳台					报告日期	2015年3月21日
混凝土种类	泵送	设计等级		C25		要求坍落度	180mm
水泥品种强度等级	P·S 32.5	生产厂家		××有限公司		试验编号	15030463
砂规格	中砂					试验编号	15030485
石子规格	5－31.5m					试验编号	15030486
外加剂种类及掺量	HF－3泵送剂　2.3%					试验编号	15030447
掺合料种类及掺量	粉煤灰	15%				试验编号	15030533
配合比							
材料名称	水泥	砂子	石子	水	外加剂		掺合料
用量(kg/m^3)	330	733	1100	195	9		58
质量配合比	0.85	1.89	2.84	0.50	0.023		0.15
搅拌方法	机械搅拌	捣固方法		机械振捣		养护条件	标准养护
砂率(%)	40	水灰比		0.50		实测坍落度	180mm

依据标准：

《普通混凝土配合比设计规程》JGJ 55—2011；《混凝土泵送施工技术规程》JGJ/T 10—2011

备　注：

1. 本配合比按干料计算；
2. 水含量中含有液体外加剂中的水

试验单位：××检测中心　　技术负责人：×××　　审核：×××　　试(检)验：×××

十二、《混凝土配合比通知单》填写说明

混凝土配合比通知单是施工单位根据设计要求的混凝土强度等级提请试验单位进行混凝土试配，根据试配结果出具的报告单。

1. 表格解析

(1)责任部门。

有资质检测单位提供，试验员收集。

(2)提交时限。

混凝土浇筑开始前提交。

(3)填写要点。

1)委托单位：提请试验的单位。

2)试验编号：由试验室按收到试件的顺序统一排列编号，表栏内试验编号指材料进场复(测)试试验报告编号。

3)工程名称及使用部位：按委托单上的工程名称及使用部位填写。

4)混凝土种类：一般有塑性、流动性、大流动性、泵送、抗渗等。

5)要求坍落度：设计或施工时要求的混凝土的坍落度。

6)实测坍落度：试验室实际测得的坍落度。

7)养护条件：该组配合比成型的试件在试验室的养护方法，一般为标养。

(4)检查要点。

1)现场搅拌混凝土应有配合比申请单和配合比通知单。预拌混凝土应有试验室签发的配合比通知单。

委托单位应依据设计强度等级、技术要求、施工部位、原材料情况等向试验部门提出配合比申请单，试验部门依据配合比申请单签发配合比通知单。

2)不论混凝土工程量大小、强度高低，均应进行试配，并按照配比单拌制混凝土。严禁使用经验配合比。

3)申请试配应提供混凝土的技术要求、原材料的有关性能，混凝土的搅拌、施工方法和养护方法，设计有特殊要求的混凝土应特别予以详细说明。

4)混凝土试配应在原材料试验合格后进行。

5)试验、审核、技术负责人签字齐全并加盖试验单位公章。

2. 相关规定及要求

(1)规范名称。

1)《普通混凝土配合设计规程》JGJ 55—2011。

2)《混凝土结构工程质量验收规范》GB 50205—2001。

(2)相关要求。

1)取样：应从现场取样，一般水泥 20kg，砂 80kg，石子 150kg。

2)一般要求：

①混凝土应采用质量配合比，施工中应严格按配合比计量施工，不得随意变更。

②混凝土拌制前，应测定砂石含水率，根据测试结果调整材料用量，提出施工配合比。

③如混凝土的组成材料（水泥，骨料、外加剂等）有变化，其配合比应从新适配选定。不同品种水泥不得混用。

④适配混凝土的各组成材料应经检验符合有关规定的要求。

⑤现场施工时的混凝土配合比，应根据砂、石的含水率做相应调整并做好记录。

3)混凝土配制强度的确定。

①混凝土配制强度应按式5-1计算：

$$f_{cu,0} \geqslant f_{cu,k} + 1.645\sigma \tag{5-1}$$

式中：$f_{cu,0}$——混凝土配制强度（MPa）；

$f_{cu,k}$——混凝土立方体抗压强度标准值（MPa）；

σ——混凝土强度标准（MPa）。

②遇有下列情况时就提高混凝土配制强度：

a.现场条件与试验室条件有显著差异时；

b.C30级及其以上强度等级的混凝土，采用非统计方法评定时。

③混凝土强度标准差宜根据同类混凝土统计资料计算确定，并应符合下列规定：

a.计算时，强度试件组数不应少于25组。

b.当混凝土强度等级为C20和C25级，其强度标准差计算值小于2.5MPa；当混凝土强度等级等于或大于C30级，其强度标准差计算值小于3.0MPa时，计算配制强度用的标准差应取小于3.0MPa；

c.当无统计资料计算混凝土强度标准差时，其值应按现行国家标准《混凝土结构工程施工质量验收规范》GB 50204—2015的规定取用。

4)混凝土配合比的计算。

①进行混凝土配合比计算时，其计算公式和有关参数表格中的数值均系以干燥状态骨料为基准。当以饱和面干骨料为基准进行计算时，则应做相应的修正。

干燥状态骨料系指含水率小于0.5%的细骨料或含水率小于0.2%的粗骨料。

②混凝土配合比应按下列步骤进行计算：

a.计算配制强度 $f_{cu,0}$ 并求出相应的水灰比；

b.选取每立方米混凝土的用水量，并计算出每立方米混凝土的水泥用量；

c.选取砂率，计算粗骨料和细骨料的用量，并提出供试配用的计算配合比。

③混凝土强度等级小于C60级时，混凝土水灰比宜按式5-2计算：

$$W/C = \frac{\alpha_\alpha \cdot f_{ce}}{f_{cu,0} + \alpha_\alpha \cdot \alpha_b \cdot f_{ce}} \tag{5-2}$$

式中：α_α、α_b——回归系数；

f_{ce}——水泥28d抗压强度实测值（MPa）。

a.当无水泥28d抗压强度实测值时，公式5-3中的 f_{ce} 值可按下式确定：

$$f_{ce} = \gamma_c \cdot f_{ce,g} \tag{5-3}$$

式中：γ_c——水泥强度等级值的富余系数，可按实际统计资料确定；

$f_{ce,g}$——水泥强度等级值（MPa）。

b.f_{ce} 值也可根据3d强度或快测强度推定28d强度关系式推定得出。

④回归系数 α_a 和 α_b 宜按下列规定确定：

a. 回归系数 α_a 和 α_b 应根据工程所使用的水泥、骨料，通过试验由建立的水灰比与混凝土强度关系式确定；

b. 当不具备上述试验统计资料时，其回归系数可按表 5-2 采用。

表 5-2 回归系数 α_a、α_b 选用表

系数＼石子品种	碎石	卵石
α_a	0.46	0.48
α_b	0.07	0.33

⑤每立方米混凝土的用水量(m_{w0})可按相关规定确定。

⑥每立方米混凝土的水泥用量(m_{c0})可按式 5-4 计算：

$$m_{c0} = \frac{m_{w0}}{W/C} \tag{5-4}$$

⑦混凝土的砂率可按相关规定选取。

⑧粗骨料和细骨料用量的确定，应符合下列规定：

a. 当采用重量法时，应按下列公式计算：

$$m_{c0} + m_{g0} + m_{c0} + m_{w0} = m_{cp} \tag{5-5}$$

$$\beta_s = \frac{m_{s0}}{m_{g0} + m_{r0}} \times 100\% \tag{5-6}$$

式中：m_{c0}——每立方米混凝土的水泥用量(kg)；

m_{g0}——每立方米混凝土的粗骨料用量(kg)；

m_{s0}——每立方米混凝土的细骨料用量(kg)；

m_{w0}——每立方米混凝土的用水量(kg)；

β_s——砂率(%)；

m_{cp}——每立方米混凝土拌合物的假定重量(kg)，其值可取 2350～2450kg。

b. 当采用体积法时，应按下列公式计算：

$$\frac{m_{c0}}{\rho_c} + \frac{m_{g0}}{\rho_g} + \frac{m_{s0}}{\rho_s} + \frac{m_{w0}}{\rho_w} + 0.01\alpha = 1 \tag{5-7}$$

$$\beta_s = \frac{m_{s0}}{m_{g0} + m_{s0}} \times 100\% \tag{5-8}$$

式中：ρ_c——水泥密度(kg/m^3)，可取 2900～3100kg/m^3；

ρ_g——粗骨料的表观密度(kg/m^3)；

ρ_s——细骨料的表观密度(kg/m^3)；

ρ_w——水的密度(kg/m^3)，可取 1000 kg/m^3；

α——混凝土的含气量百分数，在不使用引气型外加剂时；α 可取为 1。

c. 粗骨料和细骨料的表观密度(ρ_g、ρ_s)应按现行行业标准《普通混凝土用砂、石质量及检验方法标准》JGJ 52—2006 规定的方法测定。

十三、《砂浆原材料称量记录》填写范例

砂浆原材料称量记录

工程名称	××工程										强度等级		M10
部位	基础①～⑫/Ⓐ～Ⓖ轴					施工日期		××年×月×日9时至××年×月×日11时					
现场配合比	原材料					水泥	石	砂	水	掺合料(石灰膏)			外加剂
	每盘用量(kg)					100	—	659	37	27			—
施工现场每盘实际称量偏差记录(± kg)													
序号	水泥	石	砂	水	掺合料	外加剂	序号	水泥	石	砂	水	掺合料	外加剂
1	−1	—	4	0.2	−0.1	—							
2	0.5	—	6	0.1	0.3	—							
3	1	—	3	0.6	0.1	—							
4	1	—	4	0.2	0.2	—							
设计配合比	原材料					水泥	石	砂	水	掺合料(石灰膏)			外加剂
	每盘用量(kg)					100	—	650	45	27			—

司磅员：××× 监理员：××× 第 1 页 共 1 页

注：1. 按设计配合比报告计算出每盘原材料的设计配合比用量，填入相应栏内；

2. 按施工现场材料的含水量调整出每盘原材料现场配合比用量，填入相应栏内；

3. 使用掺合料、外加剂时，在相应栏中填入所用的材料名称、如粉煤灰、早强剂等。

十四、《砌筑砂浆试块强度统计、评定记录》填写范例

<table>
<tr><td colspan="6" rowspan="2">砌筑砂浆试块强度统计、评定记录</td><td colspan="2">编　号</td><td colspan="2">×××</td></tr>
<tr><td colspan="2">强度等级</td><td colspan="2">M5.0</td></tr>
<tr><td colspan="2">工程名称</td><td colspan="8">××工程</td></tr>
<tr><td colspan="2">施工单位</td><td colspan="4">××建设集团有限公司</td><td colspan="2">养护方法</td><td colspan="2">标准养护</td></tr>
<tr><td colspan="2">统计日期</td><td colspan="4">2015 年 5 月 14 日至 2015 年 6 月 20 日</td><td colspan="2">结构部位</td><td colspan="2">六～十一层砌体</td></tr>
<tr><td colspan="2">试块组数 n</td><td colspan="2">强度标准值 $f_{cu,k}$ (MPa)</td><td colspan="2">平均值 $m_{f_{cu}}$ (MPa)</td><td colspan="2">最小值 $f_{cu,min}$ (MPa)</td><td colspan="2">85% $f_{cu,k}$</td></tr>
<tr><td colspan="2">6</td><td colspan="2">5</td><td colspan="2">9.15</td><td colspan="2">7.3</td><td colspan="2">4.25</td></tr>
<tr><td rowspan="7">每组强度值(MPa)</td><td>9.7</td><td>10.2</td><td>9.5</td><td>9.4</td><td>8.8</td><td>7.3</td><td></td><td></td><td></td></tr>
<tr><td></td><td></td><td></td><td></td><td></td><td></td><td></td><td></td><td></td></tr>
<tr><td></td><td></td><td></td><td></td><td></td><td></td><td></td><td></td><td></td></tr>
<tr><td></td><td></td><td></td><td></td><td></td><td></td><td></td><td></td><td></td></tr>
<tr><td></td><td></td><td></td><td></td><td></td><td></td><td></td><td></td><td></td></tr>
<tr><td></td><td></td><td></td><td></td><td></td><td></td><td></td><td></td><td></td></tr>
<tr><td></td><td></td><td></td><td></td><td></td><td></td><td></td><td></td><td></td></tr>
<tr><td>判定式</td><td colspan="5">$m_{f_{cu}} \geqslant 1.10 f_{cu,k}$</td><td colspan="4">$f_{cu \cdot min} \geqslant 85\% f_{cu,k}$</td></tr>
<tr><td>结果</td><td colspan="5">9.15＞5.5</td><td colspan="4">7.3＞4.25</td></tr>
<tr><td colspan="10">结论：
依据《砌体结构工程施工质量验收规范》GB 50203—2011 第 4.0.12 条，评定合格</td></tr>
<tr><td rowspan="2">签字栏</td><td colspan="5">专业技术负责人</td><td colspan="4">专业监理工程师</td></tr>
<tr><td colspan="5">×××</td><td colspan="4">×××</td></tr>
</table>

十五、《砌筑砂浆试块强度统计、评定记录》填写说明

结构验收（基础或主体结构完成后）前，按单位工程同一类型、强度等级的砂浆为同一验收批，工程中所用各品种、各强度等级的砂浆强度都应分别进行统计评定。

1. 表格解析

（1）责任部门。

施工单位项目质量部、专业技术负责人，项目监理机构专业监理工程师等。

（2）提交时限。

同一验收批强度报告齐全后评定，分项质量验收前1d提交。

2. 相关规定及要求

（1）规范名称。

1）《砌体结构工程施工质量验收规范》GB 50203—2011。

2）《建筑工程资料管理标准》DB22/JT 127—2014。

（2）相关要求。

砌筑砂浆试块强度验收时其强度合格标准应符合下列规定：

1）同一验收批砂浆试块强度平均值应大于或等于设计强度等级值的1.10倍；

2）同一验收批砂浆试块抗压强度的最小一组平均值应大于或等于设计强度等级值的85%。

注：1. 砌筑砂浆的验收批，同一类型、强度等级的砂浆试块不应少于3组；同一验收批砂浆只有1组或2组试块时，每组试块抗压强度平均值应大于或等于设计强度等级值的1.10倍；对于建筑结构的安全等级为一级或设计使用年限为50年及以上的房屋，同一验收批砂浆试块的数量不得少于3组。

2. 砂浆强度应以标准养护，28d龄期的试块抗压强度为准。

3. 制作砂浆试块的砂浆稠度应与配合比设计一致。

抽检数量：每一检验批且不超过250m^3砌体的各类、各强度等级的普通砌筑砂浆，每台搅拌机应至少抽检一次。验收批的预拌砂浆、蒸压加气混凝土砌块专用砂浆，抽检可为3组。

检验方法：在砂浆搅拌机出料口或在湿拌砂浆的储存容器出料口随机取样制作砂浆试块（现场拌制的砂浆，同盘砂浆只应作1组试块），试块标养28d后作强度试验。预拌砂浆中的湿拌砂浆稠度应在进场时取样检验。

十六、《砂浆配合比通知单》填写范例

单位编号:00423

砂浆配合比申请单 (××)量认(京)字(110152)号				资料编号	×××
				委托编号	2015－08595
工程名称	××办公楼工程 一～五层砌体				
委托单位	××建设集团有限公司××项目部			试验委托人	×××
砂浆种类	水泥混合砂浆			强度等级	M5.0
水泥品种	P·O 42.5			厂 别	××水泥厂
水泥进场日期	2015 年 4 月 8 日			试验编号	SN10－0070
砂产地	××砂石厂	粗细级别	中砂	试验编号	SZ10－0055
掺合料种类	粉煤灰			外加剂种类	—
申请日期	2015 年 4 月 27 日			要求使用日期	2015 年 5 月 4 日

砂浆配合比通知单							配合比编号	SP10－0044
							试配编号	2015－0028
强度等级	M5.0						试验日期	2015 年 4 月 27 日
配 合 比								
材料名称	水泥	砂	白灰膏	掺合料		外加剂		
每立方米用量(kg/m^3)	190	1450	155					
比例	1	7.63	0.82					
注:砂浆稠度为 70～100mm,白灰膏稠度为 120±5mm								
批 准	×××	审 核	×××	试 验	×××			
试验单位	××工程检测试验有限公司							
报告日期	2015 年 5 月 4 日							

注:本表由检测机构提供。

十七、《砂浆配合比通知单》填写说明

砂浆配合比通知单是施工单位根据设计要求的砂浆强度等级提请试验单位进行砂浆试配,根据试配结果出具的报告单。

1.表格解析

(1)责任部门。

有资质检测单位提供,试验员收集。

(2)提交时限。

砂浆砌筑开始前提交。

(3)填写要点。

1)试验编号:由试验室按收到试件的顺序统一排列编号;

2)工程名称及使用部位:按委托单上的工程名称及使用部位填写;

3)砂浆种类:一般有水泥砂浆和混合砂浆等;

4)要求稠度:设计或施工时要求的砂浆的稠度;

5)实测稠度:试验室实际测得的稠度;

6)养护条件:该组配合比成型的试件在试验室的养护方法,一般为标养。

(4)检查要点。

1)水泥:应有出厂合格证明。用于承重结构的水泥,无出厂证明,水泥出厂超过该品种存放规定期限,或对质量有怀疑的水泥及进口水泥等应在试配前进行水泥复试,复试合格后才可使用。

2)砂:砌筑砂浆用砂宜采用中砂,并应过筛,不得含有草根等杂物。

水泥砂浆和强度等级等于或大于M5的水泥混合砂浆。砂的含泥量不应超过5%;强度等级小于M5的水泥混合砂浆,砂的含泥量不应超过10%(采用细砂的地区,砂的含泥量可经试验后酌情放大)。

3)白灰膏:砌筑砂浆用白灰膏应由生石灰充分熟化而成,熟化时间不得少于7d。要防止白灰膏干燥、冻结和污染,脱水硬化的白灰膏要严禁使用。

4)水:拌制砂浆的水应采用不含有害物质的纯净水。

5)所用的水泥、砂、掺合料、外加剂等要具实填写,并要在复试合格后再做试配,填好试验编号。

6)配合比通知单应字迹清楚,无涂改,签字齐全。

2.相关规定及要求

(1)规范名称。

《砌筑砂浆配合比设计规程》JGJ/T 98—2010。

(2)相关要求。

1)一般要求。

①砌筑砂浆应采用经试验室确定的重量配合比,施工中要严格按配合比计量施工,不得随意改变。

②如砂浆的组成材料(水泥、骨料、外加剂等)有变化,其配合比应重新试配选定。

③砂浆的品种、强度等级、稠度、分层度、强度必须满足设计要求及《砌筑砂浆配合比设计规程》JGJ/T 98—2010，如品种、强度等级有变动，应征得设计的同意，并办理洽商。

④混合砂浆所用生石灰、黏土及电石渣均应化膏使用，其使用稠度宜为 120±5mm 计量。

⑤水泥砂浆和水泥石灰砂浆中掺用微沫剂，其掺量应事先通过试验确定。水泥黏土砂浆中，不得掺入有机塑化剂。

2)技术条件。

①砌筑砂浆的强度等级宜采用 M20，M15，M10，M7.5，M5，M2.5。

②水泥砂浆拌合物的密度不宜不小于 1900kg/m^3；水泥混合砂浆拌合物的密度不宜小于 1800kg/m^3。

③砌筑砂浆稠度、分层度、试配抗压强度必须同时符合要求。

④砌筑砂浆稠度应按表 5-3 的规定选用。

表 5-3 砌筑砂浆的稠度

砌体种类	砂浆稠度(mm)
烧结普通砖砌体	70～90
轻骨料混凝土小型空心砌块砌体	60～90
烧结多孔砖，空心砖砌体	60～80
烧结普通砖平拱式过梁 空斗墙，筒拱 普通混凝土小型空心砌块砌体 加气混凝土砌块砌体	50～70
石砌体	30～50

⑤砌筑砂浆的分层度不得大于 30mm。

⑥水泥砂浆中水泥用量不应小于 200kg/m^3；水泥混合砂浆中水泥和掺加料总量宜为 300～350kg/m^3。

⑦具有冻融循环次数要求的砌筑砂浆，经冻融试验后，质量损失率不得大于 5%，抗压强度损失率不得大于 25%。

⑧砂浆试配时应采用机械搅拌。搅拌时间，应自投料结束算起，并应符合下列规定：

a. 对水泥砂浆和水泥混合砂浆，不得小于 120s；

b. 对掺用粉煤灰和外加剂的砂浆，不得小于 180s。

3)砌筑砂浆配合比计算与确定。

①水泥混合砂浆配合比计算。

a. 砂浆配合比的确定。

(a)计算砂浆试配强度 $f_{m,0}$(MPa)；

(b)计算出每立方米砂浆中的水泥用量 Q_c(kg)；

(c)按水泥用量 Q_c 计算每立方米砂浆掺加料用量 Q_D(kg)；

(d)确定每立方米砂浆砂用量 Q_s(kg)；

(e)按砂浆稠度选用每立方米砂浆用水量 Q_w(kg)；

(f)进行砂浆试配；

(g)配合比确定。

b.砂浆的试配强度应按式 5-9 计算：

$$f_{m,0}=f_2+0.645\sigma \tag{5-9}$$

式中：$f_{m,0}$——砂浆的试配强度，精确至 0.1MPa；

f_2——砂浆抗压强度平均值，精确至 0.1MPa；

σ——砂浆现场强度标准差，精确至 0.01MPa。

c.砌筑砂浆现场强度标准差的确定应符合下列规定：

(a)当有统计资料时，应按下式 5-10 计算：

$$\sigma=\sqrt{\frac{\sum_{i=1}^{n}f_{m,i}^2-n\mu_{fm}^2}{n-1}} \tag{5-10}$$

式中：$f_{m,i}$——统计周期内同一品种砂浆第 i 组试件的强度(MPa)；

μ_{fm}——统计周期内同一品种砂浆 n 组试件强度的平均值(MPa)；

n——统计周期内同一品种砂浆试件的总组数，$n\geqslant25$。

(b)当不具有近期统计资料时，砂浆现场强度标准差 σ 可按表 5-4 取用。

表 5-4　砂浆强度标准差 σ 选用值(MPa)

施工水平＼砂浆强度等级	M2.5	M5	M7.5	M10	M15	M20
优　良	0.50	1.00	1.50	2.00	3.00	4.00
一　般	0.62	1.25	1.88	2.50	3.75	5.00
较　差	0.75	1.50	2.25	3.00	4.50	6.00

d.水泥用量的计算应符合下列规定：

(a)每立方米砂浆中的水泥用量，应按式 5-11 计算：

$$Q_c=\frac{1000(f_{m,0}-\beta)}{\alpha\cdot f_{ce}} \tag{5-11}$$

式中：Q_c——每立方米砂浆的水泥用量，精确至 1kg；

$f_{m,0}$——砂浆的试配强度，精确至 0.1MPa；

f_{ce}——水泥的实测强度，精确至 0.1MPa；

α、β——砂浆的特征系数，其中 $\alpha=3.03$，$\beta=-15.09$。

注：各地区也可用本地区试验资料确定 α、β 值，统计用的试验组数不得少于 30 组。

(b)在无法取得水泥的实测强度值时，可按式 5-12 计算 f_{ce}：

$$f_{ce}=\gamma_c\cdot f_{ce,k} \tag{5-12}$$

式中：$f_{ce,k}$——水泥强度等级对应的强度值；

γ_c——水泥强度等级值的富余系数，该值应按实际统计资料确定。无统计资料时 γ_0 可取 1.0。

e. 水泥混合砂浆的掺加料用量应按式 5-13 计算：

$$Q_D = Q_A - Q_C \tag{5-13}$$

式中：Q_D——每立方米砂浆的掺加料用量，精确至 1kg；石灰膏、黏土膏使用的调度为 120±5mm；

Q_C——每立方米砂浆的水泥用量，精确至 1kg；

Q_A——每立方米砂浆中水泥和掺加料的总量，精确至 1kg；宜在 300～350kg 之间。

f. 每立方米砂浆中的砂子用量，应按干燥状态（含水率小于 0.5%）的堆积密度值作为计算值（kg）。

g. 每立方米砂浆中的用水量，根据砂浆稠度等要求可选用 240～310kg。

注：1. 混合砂浆中的用水量，不包括石灰膏或黏土膏中的水。

2. 当采用细砂或粗砂时，用水量分别取上限或下限。

3. 稠度小于 70mm 时，用水量可小于下限。

4. 施工现场气候炎热或干燥季节，可酌量增加用水量。

②水泥砂浆配合比选用。

水泥砂浆材料用量可按表 5-5 选用。

表 5-5　每立方米水泥砂浆材料用量

强度等级	每立方米砂浆水泥用量（kg）	每立方米砂子用量（kg）	每立方米砂浆用水量（kg）
M2.5～M5	200～230	1m³ 砂子的堆积密度值	270～330
M7.5～M10	220～280		
M15	280～340		
M20	340～400		

注：1. 此表水泥强度等级为 32.5 级，大于 32.5 级水泥用量宜取下限。

2. 根据施工水平合理选择水泥用量。

3. 当采用细砂或粗砂时，用不量分别取上限或下限。

4. 稠度小于 70mm 时，用水量可小于下限。

5. 施工现场气候炎热或干燥季节，可酌量增加用水量。

③配合比试配、调整与确定。

a. 试配时应采用工程中实际使用的材料；搅拌要求应符合相关规定。

b. 按计算或查表所得配合比进行试拌时，应测定其拌合物的稠度和分层度，当不能满足要求时. 应调整材料用量，直到符合要求为止。然后确定为试配时的砂浆基准配合比。

c. 试配时至少应采用三个不同的配合比，其中一个为按规定得出的基准配合比，其他配合比的水泥用量应按基准配合比分别增加及减少 10%。在保证调度、分层度合格的条件下。可将用水量或掺加料用量作相应调整。

d. 对三个不同的配合比进行调整后，应按现行行业标准《建筑砂浆基本性能试验方法标准》JGJ/T 70—2009 的规定成型试件，测定砂浆强度；并选定符合试配强度要求的且水泥用量最低的配合比作为砂浆配合比。

十八、《锤击预制桩施工检查记录》填写范例

锤击预制桩施工检查记录				编　　号	×××	
				施工日期	××年×月×日	
工程名称	××综合楼工程					
桩锤重量	80kg			施工图号	结施－5	
自然地面标高	－1.50m	设计贯入度	3.8cm/10击	接桩形式	焊接	
序号	桩位号	桩规格	设计桩顶标高	实际桩顶标高	桩垂直度	实际贯入度
1	B15－2	ϕ400	－2.0m	－2.1m	0.3%	3.6cm/10击
…						
签字栏	分包单位	××基础工程有限公司	专业技术负责人	专业质检员		
			×××	×××		
	总包单位	××建设集团有限公司	专业技术负责人	专业质检员		
			×××	×××		
	监理单位	××工程建设监理有限公司	专业监理工程师	×××		

十九、《锤击预制桩施工检查记录》填写说明

1. 表格解析

(1)责任部门。

总包/分包单位项目专业技术负责人、专业质检员，项目监理机构专业监理工程师等。

(2)填写与主要签认责任。

项目技术负责人、工长。

2. 相关规定及要求

(1)填写依据。

《建筑地基基础工程施工质量验收规范》GB 50202—2002。

(2)相关要求。

1)沉桩前必须处理空中和地下障碍物,场地应平整,排水应畅通,并应满足打桩所需的地面承载力。

2)桩锤的选用应根据地质条件、桩型、桩的密集程度、单桩竖向承载力及现有施工条件等因素确定,也可按《建筑桩基技术规范》JGJ 94—2008 附录 H 选用。

3)桩打入时应符合下列规定:

①桩帽或送桩帽与桩周围的间隙应为 5～10mm;

②锤与桩帽、桩帽与桩之间应加设硬木、麻袋、草垫等弹性衬垫;

③桩锤、桩帽或送桩帽应和桩身在同一中心线上;

④桩插入时的垂直度偏差不得超过 0.5%。

4)打桩顺序要求应符合下列规定:

①对于密集桩群,自中间向两个方向或四周对称施打;

②当一侧毗邻建筑物时,由毗邻建筑物处向另一方向施打;

③根据基础的设计标高,宜先深后浅;

④根据桩的规格,宜先大后小,先长后短。

5)打入桩(预制混凝土方桩、预应力混凝土空心桩、钢桩)的桩位偏差,应符合表 5-6 的规定。斜桩倾斜度的偏差不得大于倾斜角正切值的 15%(倾斜角系桩的纵向中心线与铅垂线间夹角)。

表 5-6 打入桩桩位的允许偏差(mm)

项 目	允许偏差
带有基础梁的桩:(1)垂直基础梁的中心线	$100+0.01H$
(2)沿基础梁的中心线	$150+0.01H$
桩数为 1～3 根桩基中的桩	100
桩数为 4～16 根桩基中的桩	1/2 桩径或边长
桩数大于 16 根桩基中的桩:(1)最外边的桩	1/3 桩径或边长
(2)中间桩	1/2 桩径或边长

注:H 为施工现场地面标高与桩顶设计标高的距离。

6)桩终止锤击的控制应符合下列规定:

①当桩端位于一般土层时,应以控制桩端设计标高为主,贯入度为辅;

②桩端达到坚硬、硬塑的黏性土、中密以上粉土、砂土、碎石类土及风化岩时,应以贯入度控制为主,桩端标高为辅;

③贯入度已达到设计要求而桩端标高未达到时,应继续锤击 3 阵,并按每阵 10 击的贯入度不应大于设计规定的数值确认,必要时,施工控制贯入度应通过试验确定。

7)当遇到贯入度剧变,桩身突然发生倾斜、位移或有严重回弹、桩顶或桩身出现严重裂缝、破碎等情况时,应暂停打桩,并分析原因,采取相应措施。

8)当采用射水法沉桩时,应符合下列规定:

①射水法沉桩宜用于砂土和碎石土;

②沉桩至最后1～2m时,应停止射水,并采用锤击至规定标高,终锤控制标准可按第(6)项有关规定执行。

9)施打大面积密集桩群时,可采取下列辅助措施:

①对预钻孔沉桩,预钻孔孔径可比桩径(或方桩对角线)小50～100mm,深度可根据桩距和土的密实度、渗透性确定,宜为桩长的1/3～1/2;施工时应随钻随打;桩架宜具备钻孔锤击双重性能;

②对饱和黏性土地基,应设置袋装砂井或塑料排水板。袋装砂井直径宜为70～80mm,间距宜为1.0～1.5m,深度宜为10～12m;塑料排水板的深度、间距与袋装砂井相同;

③应设置隔离板桩或地下连续墙;

④可开挖地面防震沟,并可与其他措施结合使用。防震沟沟宽可取0.5～0.8m,深度按土质情况决定;

⑤应限制打桩速率;沉桩结束后,宜普遍实施一次复打;

⑥沉桩过程中应加强邻近建筑物、地下管线等的观测、监护。

10)预应力混凝土管桩的总锤击数及最后1.0m沉桩锤击数应根据桩身强度和当地工程经验确定。

11)锤击沉桩送桩应符合下列规定:

①送桩深度不宜大于2.0m;

②当桩顶打至接近地面需要送桩时,应测出桩的垂直度并检查桩顶质量,合格后应及时送桩;

③送桩的最后贯入度应参考相同条件下不送桩时的最后贯入度并修正;

④送桩后遗留的桩孔应立即回填或覆盖;

⑤当送桩深度超过2.0m且不大于6.0m时,打桩机应为三点支撑履带自行式或步履式柴油打桩机;桩帽和桩锤之间应用竖纹硬木或盘圆层叠的钢丝绳作"锤垫",其厚度宜取150～200mm。

12)送桩器及衬垫设置应符合下列规定:

①送桩器宜做成圆筒形,并应有足够的强度、刚度和耐打性。送桩器长度应满足送桩深度的要求,弯曲度不得大于1/1000;

②送桩器上下两端面应平整,且与送桩器中心轴线相垂直;

③送桩器下端面应开孔,使空心桩内腔与外界连通;

④送桩器应与桩匹配。套筒式送桩器下端的套筒深度宜取250～350mm,套管内径应比桩外径大20～30mm,插销式送桩器下端的插销长度宜取200～300mm,杆销外径应比(管)桩内径小20～30mm。对于腔内存有余浆的管桩,不宜采用插销式送桩器;

⑤送桩作业时,送桩器与桩头之间应设置1～2层麻袋或硬纸板等衬垫。内填弹性衬垫压实后的厚度不宜小于60mm。

13)施工现场应配备桩身垂直度观测仪器(长条水准尺或经纬仪)和观测人员,随时量测桩身的垂直度。

二十、《静压预制桩施工检查记录》填写范例

静压预制桩施工检查记录				编　　号	×××	
				施工日期	××年×月×日	
工程名称	××综合楼工程					
桩机型号	ZYJ－800			施工图号	结施－5	
自然地面标高	－1.500m	设计终压值	1260kN	接桩形式	焊接	
序号	桩位号	桩规格	设计桩顶标高	实际桩顶标高	桩垂直度(%)	实　际终压值
1	B3－1	ϕ800	－2.600m	－2.600m	0.5	1262.3kN
2	B3－3	ϕ800	－2.600m	－2.550m	0.5	1272.5kN
签字栏	分包单位	××基础工程有限公司		专业技术负责人	专业质检员	
				×××	×××	
	总包单位	××建设集团有限公司		专业技术负责人	专业质检员	
				×××	×××	
	监理单位	××工程建设监理有限公司		专业监理工程师	×××	

二十一、《静压预制桩施工检查记录》填写说明

1. 表格解析

(1)责任部门。

总包/分包单位项目专业技术负责人、专业质检员，项目监理机构专业监理工程师等。

(2)填写与主要签认责任。

项目技术负责人。

2. 相关规定及要求

(1)填写依据。

《建筑地基基础工程施工质量验收规范》GB 50202—2002。

(2)相关要求。

1)采用静压沉桩时，场地地基承载力不应小于压桩机接地压强的1.2倍，且场地应平整。

2)静力压桩宜选择液压式和绳索式压桩工艺；宜根据单节桩的长度选用顶压式液压压桩机和抱压式液压压桩机。

3)选择压桩机的参数应包括下列内容：

①压桩机型号、桩机质量(不含配重)、最大压桩力等；

②压桩机的外形尺寸及拖运尺寸；

③压桩机的最小边桩距及最大压桩力；

④长、短船型履靴的接地压强；

⑤夹持机构的形式；

⑥液压油缸的数量、直径，率定后的压力表读数与压桩力的对应关系；

⑦吊桩机构的性能及吊桩能力。

4)压桩机的每件配重必须用量具核实，并将其质量标记在该件配重的外露表面；液压式压桩机的最大压桩力应取压桩机的机架重量和配重之和乘以0.9。

5)当边桩空位不能满足中置式压桩机施压条件时，宜利用压边桩机构或选用前置式液压压桩机进行压桩，但此时应估计最大压桩能力减少造成的影响。

6)当设计要求或施工需要采用引孔法压桩时，应配备螺旋钻孔机，或在压桩机上配备专用的螺旋钻。当桩端需进入较坚硬的岩层时，应配备可入岩的钻孔桩机或冲孔桩机。

7)最大压桩力不得小于设计的单桩竖向极限承载力标准值，必要时可由现场试验确定。

8)静力压桩施工的质量控制应符合下列规定：

①第一节桩下压时垂直度偏差不应大于0.5%；

②宜将每根桩一次性连续压到底，且最后一节有效桩长不宜小于5m；

③抱压力不应大于桩身允许侧向压力的1.1倍。

9)终压条件应符合下列规定：

①应根据现场试压桩的试验结果确定终压力标准；

②终压连续复压次数应根据桩长及地质条件等因素确定。对于入土深度大于或等于 8m 的桩，复压次数可为 2～3 次；对于入土深度小于 8m 的桩，复压次数可为 3～5 次；

③稳压压桩力不得小于终压力，稳定压桩的时间宜为 5～10s。

10)压桩顺序宜根据场地工程地质条件确定，并应符合下列规定：

①对于场地地层中局部含砂、碎石、卵石时，宜先对该区域进行压桩；

②当持力层埋深或桩的入土深度差别较大时，宜先施压长桩后施压短桩。

11)压桩过程中应测量桩身的垂直度。当桩身垂直度偏差大于 1%的时，应找出原因并设法纠正；当桩尖进入较硬土层后，严禁用移动机架等方法强行纠偏。

12) 出现下列情况之一时，应暂停压桩作业，并分析原因，采用相应措施：

①压力表读数显示情况与勘察报告中的土层性质明显不符；

②桩难以穿越硬夹层；

③实际桩长与设计桩长相差较大；

④出现异常响声；压桩机械工作状态出现异常；

⑤桩身出现纵向裂缝和桩头混凝土出现剥落等异常现象；

⑥夹持机构打滑；

⑦压桩机下陷。

13)静压送桩的质量控制应符合下列规定：

①测量桩的垂直度并检查桩头质量，合格后方可送桩，压桩、送桩作业应连续进行；

②送桩应采用专制钢质送桩器，不得将工程桩用作送桩器；

③当场地上多数桩的有效桩长 L 小于或等于 15m 或桩端持力层为风化软质岩，需要复压时，送桩深度不宜超过 1.5m；

④除满足上述"③"规定外，当桩的垂直度偏差小于 1%，且桩的有效桩长大于 15m 时，静压桩送桩深度不宜超过 8m；

⑤送桩的最大压桩力不宜超过桩身允许抱压压桩力的 1.1 倍。

14)引孔压桩法质量控制应符合下列规定：

①引孔宜采用螺旋钻干作业法；引孔的垂直度偏差不宜大于 0.5%；

②引孔作业和压桩作业应连续进行，间隔时间不宜大于 12h；在软土地基中不宜大于 3h；

③引孔中有积水时，宜采用开口型桩尖。

15)当桩较密集，或地基为饱和淤泥、淤泥质土及黏性土时，应设置塑料排水板、袋装砂井消减超孔压或采取引孔等措施。在压桩施工过程中应对总桩数 10%的桩设置上涌和水平偏位观测点，定时检测桩的上浮量及桩顶水平偏位值，若上涌和偏位值较大，应采取复压等措施。

二十二、《钢筋混凝土预制桩施工记录》填写范例

钢筋混凝土预制桩施工记录

施工单位 ××建设集团有限公司　　　　工程名称 ××工程

施工班组 ××桩机班　　　　桩的规格 J2Hb－230－1010A

桩锤类型及冲击部分重量 32，7.2t　　　　自然地面标高 ±0

桩帽重量 100kg 气候 晴　　　　桩顶设计标高 －1.15

桩号	打桩日期	桩入土每米锤击次数																								落距(mm)	桩顶高出或低于设计标高(m)	最后贯入度(mm/10击)
		1	2	3	4	5	6	7	8	9	10	11	12	13	14	15	16	17	18	19	20	21	22	23	24			
1	06.2.10	2	3	4	5	8	10	12	12	15	17	17	19	21	24	24	27									150	＋0.30	5
2	06.2.10	3	2	3	6	10	9	13	14	14	16	17	18	20	23	26	28									150	＋0.30	6
3	06.2.10	2	3	4	6	9	11	10	14	15	16	17	20	19	24	26	27									150	＋0.25	6
4	06.2.10	3	3	4	7	8	10	12	13	14	16	18	19	21	22	27	28									150	＋0.30	5
5	06.2.10	3	3	3	6	8	12	13	12	15	17	19	20	20	25	27	28									150	＋0.25	6
6	06.2.11	2	3	4	7	8	10	11	12	14	15	19	22	20	23	26	28									150	＋0.25	7
7	06.2.11	2	2	4	8	8	11	12	13	16	17	17	19	21	24	27	28									150	0.30	6
8	06.2.11	2	3	3	7	10	12	12	14	14	17	18	20	20	25	28	28									150	0.20	5
9	06.2.11	3	2	5	8	9	11	11	12	15	16	18	21	21	23	27	28									150	0.20	5
10	06.2.11	3	3	5	6	10	12	12	13	15	18	18	21	20	25	26	27									150	0.30	6
11	06.2.12	3	2	4	5	9	12	12	12	13	17	17	21	20	24	25	27									150	0.25	6
12	06.2.12	2	3	6	6	8	11	12	13	16	18	16	20	19	25	26	27									150	＋0.25	6
13	06.2.12	2	2	5	5	7	11	12	12	15	18	18	19	22	24	26	28									150	＋0.20	5

备注				
参加人员	监理(建设)单位	施工单位		
		专业技术负责人	质检员	记录人
	×××	×××	×××	×××

注：打桩过程中如有异常情况记录在备注栏内。

二十三、《钢筋混凝土预制桩施工记录》填写说明

1.表格解析

(1)责任部门。

项目工程部。

(2)填写要点

1)桩锤类型及冲击部分重量:桩锤类型分为蒸气和柴油锤两类,不同的锤型和重量冲击部分重量不同,按实际选用填写。

2)桩帽重量:沉桩应使用适合桩头尺寸的桩帽,桩帽用铸钢或钢板制成,按实际重量填写。

3)桩入土每米锤击数:按桩入土每一米的实际锤击数填写,应设专人负责进行记录。

4)落距:按要求施打的落距填写。

5)桩顶高出或低于设计标高:分别填写每根桩施打完后的桩顶高出或低于设计的实际标高。

6)最后贯入度:一般指贯入度已达到,而桩尖标高尚未达到时,应继续锤击3阵,其每阵10击的平均贯入度为最后贯入度。振动沉桩时,按最后三次振动(加压)每次10分钟或5分钟,测出每分钟的平均贯入为最后贯入度。

2.施工要点

(1)现场制桩。

1)混凝土预制桩在现场制作应采用工具式木模板或钢模板,支在坚实平整的地坪上,模板应平整牢固,尺寸准确。用间隔法重叠生产,桩头部分使用钢模堵头板,桩尖使用特制的专用模板。桩头模板应与两侧模板垂直,桩头模板应保证桩尖尺寸正确。桩与桩之间涂刷掺滑石粉的废机油或其他隔离效果好的隔离剂,邻桩与上层桩的混凝土应在邻桩与下层混凝土达到设计强度的30%才能浇筑。重叠生产一般不宜超过四层。

2)长桩应分节制作,单节长度应满足桩架的有效高度、制作场地条件、运输与装卸能力等方面的要求,并应避免在桩尖接近硬持力层或桩尖处于硬持力层中接桩。

3)桩中的钢筋应严格保证位置的正确,桩尖应对准纵轴线,钢筋骨架主筋连接宜采用对焊或电弧焊,主筋接头配置在同一截面内的数量不得超过50%;相邻两根主筋接头截面的距离应大于主筋直径的35倍,且不小于500mm。桩顶1m范围内不应有接头。桩顶钢筋网的位置要准确,纵向钢筋顶部保护层不应过厚,钢筋网格的距离应正确,以防锤击时打碎桩头,同时桩顶面和接头端面应平整,桩顶平面与纵轴线倾斜不应大于2mm。

4)混凝土强度等级应不低于C30,粗骨料用5~40mm碎石或卵石,用机械拌制混凝土,坍落度不大于60mm,混凝土浇筑应由桩顶向桩尖方向连续进行,不得中断,并应防止另一端的砂浆积聚过多,并用振捣器仔细捣实。接桩的接头处要平整,使上下桩能互相贴合对准。浇筑完毕应用塑料薄膜封闭或覆盖浇水养护不少于7d,用矿渣水泥不少于14da如采用蒸汽养护,在蒸养后,尚应适当自然养护,30d后方可使用。

5)当桩的混凝土达到设计强度的70%后即可起吊,吊点应系于吊环上。间隔重叠法生产的桩应从最上排桩的一侧开始起吊,起吊前应在桩与桩的接缝处,沿桩的长度方向用

4～5 根钢契子(均匀分布)同时将相邻的桩妻松动后再起吊，严禁用吊车生拉硬拽。

6)桩的场内运输：长桩可采用平板拖车、平台挂车、汽车后挂小炮车运输；短桩亦可采用载重汽车，或轻轨平板车运输。装卸时桩支承应紧靠设计吊环位置，叠放平稳并垫实，上下层桩的支承位置应对齐。运输时行车应平稳，并掌握好行驶速度，防止任何碰撞和冲击。严禁以直接拖拉桩体方式代替装车运输。

7)桩的堆放场地应平整坚实，排水良好。桩应按规格、桩号分层叠放，支承点设在靠近吊点处；各层垫木应上下对齐，并支垫平稳，堆放层数不宜超过 4 层。运到打桩位置堆放，应布置在打桩架附设的起重钩工作半径范围内，并考虑起吊方向，避免转向。

(2)打入式预制桩施工。

1)根据地基土质情况，桩基平面布置，桩的尺寸、密集程度、深度，桩机移动方便和施工场地的实际情况确定打桩顺序。当基坑不大时，打桩应逐排打设或从中间开始分头向周边或两边进行；对于密集的群桩，应自中间向两个方向或向四周对称施打；当一侧毗邻建筑物时，由毗邻建筑物处向另一方向施打；当基坑较大时，应将基坑分段，而后在各段范围内分别进行。但打桩应避免自外向内，或从周边向中间进行，以避免中间土体被挤密，桩难以打入，或虽勉强打入，但使邻桩侧移或上冒。

对基础标高不一的桩，宜先深后浅，对不同规格的桩，宜先大后小，先长后短，可使土层挤密均匀，以防止位移或偏斜；在粉质黏土地区，应避免按一个方向进行，使土体向一边挤压，造成入土深度不一，土体挤密程度不均，导致不均匀沉降。若桩距大于或等于 4 倍的桩直径，打桩顺序可不考虑桩互相挤密的影响。

2)打桩前，按设计要求进行桩定位放线，确定桩位，每根桩中心处钉一小木桩，并设置油漆标志；打桩机就位时，应垂直平稳地架设在打桩部位，桩锤应对准桩位，确保施打时不发生歪斜或移动。

3)起吊预制桩一般利用桩架上吊索与卷扬机进行。起吊时，吊点必须正确，起吊速度应缓慢均匀。如桩架无起吊装置，则另配起重机送桩就位。桩插入土中位置应准确，垂直度偏差不得超过 0.5%。

4)打桩时，应用导板夹具或桩箍将桩嵌固在桩架两导柱中，桩位置及垂直度校正后，始可将锤连同桩帽压在桩顶，桩帽与桩周边应有 5～10mm 间隙。桩锤与桩帽，桩帽与桩之间应加弹性衬垫，桩锤与桩帽接触表面须平整，桩锤、桩帽与桩身中心线要一致，以免沉桩产生偏移。

5)开始打桩应起锤轻压并轻击数下，观测桩身、桩架、桩锤等垂直一致后，方可转入正常施打。开始落距应小，待入土达一定深度且桩身稳定后，方可将落距提高到规定的高度施打。

6)接桩：混凝土预制长桩，由于受运输条件和桩架高度的限制，一般分成数节制作，分节打入，在打桩过程中进行接桩。常用的接桩方式有焊接、法兰连接及硫磺胶泥锚接几种。焊接和法兰连接接桩可用于各类土层；硫磺胶泥锚接适用于软土层。焊接接桩，钢板宜用低碳钢，焊条宜用 E43，焊接时应先将四角点焊固定，然后对称焊接，并确保焊缝质量和设计尺寸。法兰接桩，钢板和螺栓宜用低碳钢并坚固牢靠；硫磺胶泥锚接接桩，使用的硫磺胶泥配合比应通过试验确定，其物理力学性能应符合本标准的要求。硫磺胶泥锚接方法是将熔化的硫磺胶泥注满锚筋孔内并溢出桩面，然后迅速将上段桩对准落下，胶泥冷硬后，即可继续施打，比前几种接头形式接桩简便快速。锚接时应注意以下几点。

①锚筋应刷干净并调直。

②锚筋孔内应有完好螺纹，无积水、杂物和油污。

③接桩时，接点的平面和锚筋孔内应灌满胶泥，灌注时间不得超过2min，灌注后的停歇时间应大于7min。

④胶泥试块每班不得少于1组。

8）当桩顶标高较低，须送桩入土时，应用钢制送桩器放于桩头上，锤击送桩器将桩送入土中。

9）当打桩的贯入度已达到要求，而桩的入土深度接近设计要求时，即可进行控制。一般要求最后二次10锤的平均贯入度不大于设计要求的数值，或以桩尖入土深度控制符合设计要求，最后填好打桩记录，即可移机到下一桩位。

10）质量控制要点。

①桩在现场预制时，应对原材料、钢筋骨架（检验标准见表5-7）、混凝土强度进行检查；采用工厂生产的成品桩，桩进场后应进行外观尺寸检查。

表5-7 预制桩钢筋骨架质量检验标准(mm)

	项序	检查项目	允许偏差	检查方法
主控项目	1	主筋距桩顶距离	±5	用俐尺量
	2	多节桩锚固钢筋位置	5	用钢尺量
	3	多节桩预埋铁件	±3	用钢尺量
	4	主筋保护层厚度	±5	用钢尺量
一般项目	1	主筋间距	±5	用钢尺量
	2	桩尖中心线	10	用钢尺量
	3	箍筋间距	±20	用钢尺量
	4	桩顶钢筋网片	±10	用钢尺量
	5	多节桩锚固钢筋长度	±10	用钢尺量

②施工中应对桩体垂直度、沉桩情况、桩顶完整状况、接桩质量进行检查。对电焊接桩，必须满焊，有空隙用小块钢板嵌填，保证焊缝长度和厚度，焊后检查焊缝外观有无气孔、夹渣、凹痕、裂痕等缺陷，重要工程应做10%的焊缝探伤检查。

③施工结束后，应对承载力及桩体质量做检验。

④对总锤击数超过500击的锤击桩，应符合桩体强度及28d龄期的两项条件才能锤击。

⑤在饱和黏土中打桩，应控制沉桩速率，监测土体变形，防止因沉桩过快，土体应力来不及释放，造成桩基整体移位或将桩挤断。

二十四、《钢管桩施工记录》填写范例

钢管桩施工记录

施工单位 ××建设集团有限公司　　工程名称 ××工程

打桩机编号 DJB 40　　桩尖端设计标高 －11.00m

桩锤类型及重量 D40 98T　　自然地面标高 30.00m　　气候 晴

焊接设备及焊工 ×××　　桩的规格 400mm　　桩尖端形状 闭口圈锥头

日期	桩号	班次	分节顺序	打桩起讫时间	焊接起讫时间	锤击下沉情况																			累计入土深度(m)	累计土芯高度(m)	最后贯入度(mm/10击)	回弹量(mm)	平面偏差(mm)	倾斜(%)
						入土深度(m)	1	2	3	4	5	6	7	8	9	10	11	12	13	14	15	16	17	18						
×月×日	ZJ—100	一班	××	2:00～3:40	××	锤击次数 落距高度(mm)	1	2	3	3	5	11	21	33	39	56	83	102							12	8.5	<3	1	5	<1%
						锤击次数 落距高度(mm)																								
						锤击次数 落距高度(mm)																								
						锤击次数 落距高度(mm)																								
						锤击次数 落距高度(mm)																								
						锤击次数 落距高度(mm)																								

备注				
参加人员	监理（建设）单位	施工单位		
		专业技术负责人	质检员	记录人
	×××	×××	×××	×××

注：打桩过程中如有异常情况记录在备注栏内。

二十五、《钢管桩施工记录》填写说明

1. 表格解析

(1)责任部门。

项目工程部。

(2)填写要点。

1)桩锤类型及重量:桩锤类型分为蒸汽锤和柴油锤两类;按实际选用填写。

2)分节顺序:钢管桩需分别由一根上节桩、一根下节桩和若干根中节桩组成,根据每根钢管桩长度及分节情况由施工单位进行分节排序。

3)打桩起讫时间:指打桩开始和结束完成至设计标高的时间。

4)焊接起讫时间:指焊接每节桩开始和结束的时间。

5)桩入土每米锤击次数;按桩入土每一米的实际锤击数。锤击数应设专人负责记录。

6)落距:按要求施打的落距。

7)累计土芯高度:即桩的入土总深度。

8)累计土芯高度:指钢管桩施打完成后管内土芯的实际高度。

9)最后贯入度:一般以最后 3 阵,每阵 10 击的平均贯入度为最后贯入度,以不大于设计规定的数据为合格。

10)回弹量:实测回弹量。

11)平面偏差:指两个方向桩位的偏差。

12)倾斜:指被击打桩完成后,桩垂直度偏差。

2. 相关规定及要求

(1)管桩施工顺序,应根据桩的密集程度与周围建(构)筑物的关系合理确定。一般当桩较密集且距周围建(构)筑物较远,施工场地较开阔时,宜从中间向四周对称施打;若桩较密集、场地狭长、两端距建(构)筑物较远时,宜从中间向两端对称施打犷若桩较密集且一侧靠近建(构)筑物时,宜从毗邻建筑物一侧开始向另一方向施打;若建(构)筑物外围设有支护桩,宜先打设土程桩,再打设外围支护桩。另外,根据入土深度,宜先打设深桩,后打设浅桩;根据管桩规格,宜先大后小,先长后短;根据高层建筑塔楼(高层)与裙房(低层)的关系,宜先高后低。

(2)桩锤选择。管桩施打应合理选择桩锤,桩锤选用一般应满足以下要求。

1)能保证桩的承载力满足设计要求;

2)能顺利或基本顺利地将桩下沉到设计深度;

3)打桩的破碎率能控制在 1%左右,最多不超过 3%;

4)满足设计要求的最后贯入度,最好为 20～40mm/10 击,每根桩的总锤击数宜在 1500 击以内,最多不超过 2000～2500 击。

(3)打桩前应通过轴线控制点,逐个定出桩位,打设钢筋标桩,并用白灰在标桩附近地面上画上一个圆心与标桩重合、直径与管桩相等的圆圈,以方便插桩对中,保持桩位正确。

(4)底桩就位前，应在桩身上划出单位长度标记，以便观察桩的入土深度及记录每米沉桩击数。吊桩就位一般用单点吊将管桩吊直，使桩尖插在白灰圈内，桩头部插入锤下面的桩帽套内就位，并对中和调直，使桩身、桩帽和桩锤三者的中心线重合，保持桩身垂直，其垂直度偏差不大于0.5%。桩垂直度观测包括打桩架导杆的垂直度，可用两台经纬仪在离打桩架15m以外成正交方向进行观测，也可在正交方向上设置两根吊花垂线进行观测校正。

(5)锤击沉桩宜采取低锤轻击或重锤低打，以有效降低锤击应力，同时特别注意保持底桩垂直，在锤击沉桩的全过程中都应使桩锤、桩帽和桩身的中心线重合，防止桩受到偏心锤打，以免桩受弯受扭。

(6)桩的接头过去多采用法兰盘螺栓连接，刚度较差。现今都在桩端头埋设端头板，四周用一圈坡口进行电焊连接。当底桩桩头(顶)露出地面0.5～1.0m时，即应暂停锤击，进行管桩接长。方法是先将接头上的泥土、铁锈用钢丝刷刷净，再在底桩桩头上扣上一个特制的接桩夹具(导向箍)，将待接的上节桩吊入夹具内就位，调直后，先用电焊在剖口圆周上均匀对称点焊4～6点，待上、下节桩固定后卸去夹具，再正式由两名焊工对称、分层、连续的施焊，一般焊接层数不小于2层，焊缝应饱满连续，待焊缝自然冷却8～10min，始可继续锤击沉桩。

(7)在较厚的钻土、粉质黏土层中施打多节管桩，每根桩宜连续施打，一次完成，以避免间歇时间过长，造成再次打入困难，而需增加许多锤击数，甚至打不下去而将桩头打坏。

(8)当桩尖(靴)被打入设计持力层一定深度，符合设计确定的停锤条件时，即可收锤停打，终止锤击的控制条件，称为收锤标准。收锤标准通常以达到的桩端持力层、最后贯入度或最后1m沉桩桩锤击数为主要控制指标。桩端持力层作为定性控制；最后贯入度或最后1m沉桩锤击作为定量控制，均通过试桩或设计确定。一般停止锤击的控制原则是：桩端(指桩的全截面)位于一般土层时，以控制桩端设计标高为主贯入度可作参考；桩端达到坚硬、硬塑的黏性土、中密以上粉土、砂土、碎石类土、风化岩时，以贯入度控制为主，桩端标高可作参考。当贯入度已达到，桩端标高未达到时，应继续锤击3阵，按每阵10击的贯入度不大于设计规定的数值加以确认，必要时施工控制贯入度应通过试验与有关单位会商确定。

(9)为将管桩打到设计标高，需要采用送桩器，送桩器用钢板制作，长4～6m。设计送桩器的原则是：打入阻力不能太大，容易拔出，能将冲击力有效地传到桩上，并能重复使用。

(10)质量控制要点。

1)施工前，应检查进入现场的成品桩及接桩用电焊条等产品质量。

2)防止桩顶打碎的控制要点：加强桩制作质量控制，保证桩头混凝土密实性和强度达到设计要求；桩运输、堆放、吊装中防止碰撞损坏桩头，合理选用桩锤，不能过重或过轻；桩帽宜做成圆筒形，套桩头用的筒体深度宜为350～450mm，内径应比桩径大4～6mm，不能空隙过大；遇孤石可采用小直径钻孔再插管桩的方法施打；合理确定贯入度或总锤击数，不能过小或过多；在厚黏性土层中停歇时间不应超过24h。

3)防止桩顶偏位的控制要点：测量放线应经复测后使用，插桩应认真对中；打桩应按规定的顺序进行；避免打桩期间同时开挖基坑；施工前用洛阳铲（如地质复杂、孤石较多时可采用超前钻探）探明地下孤石、障碍物，较浅的挖除，深的用钻机钻透或爆碎；接桩应吊线找直，垂直偏差应控制在 0.5%以内；偏位过大，应拔出，移位再打；偏位不大，可用木架顶正，再慢锤打入；障碍物不深，可挖去回填后再打。

4)防止桩身倾斜超过规范规定的控制要点：打桩机导杆弯曲应纠正；打桩场地应整平夯压密实；插桩应吊线锤检查，桩帽、桩身和桩尖必须在一条垂线上方可施打；桩身弯曲度应不大于 1%，过大的不宜使用；开始沉桩，应临时固定牢固，并轻锤慢击；施打时，应使桩锤、桩帽、桩身在同一直线上，防止受力偏心；桩垫、锤垫应找平，桩帽与桩周围的间隙应为 2～3mm；其他控制同桩顶偏位的控制。

5)桩身断裂的控制要点：在砂土层中沉桩，桩端应设桩靴，避免采用开口管桩；遇孤石和岩石避免硬打；接桩要保持上、下节桩在同一直线上，焊接焊缝应饱满，填塞钢板应紧密；焊后自然冷却 8～10min，始可施打；管桩制作严格控制漏浆、管壁厚度和桩身强度；打桩时要设合适的桩垫，厚度不宜小于 120mm；桩身制作预应力值必须符合设计要求；沉桩桩身自由段长细比不宜超过 40；桩在堆放、吊装和搬运过程中避免碰撞产生裂缝或断裂，沉桩前要认真检查，已严重裂缝或断裂的桩避免使用。

6)沉桩达不到设计的控制要求（未达到设计标高或最后贯入度及锤击数控制要求）的控制要点：详细核对地质勘探资料，必要时应作补充勘探；合理选择持力层或标高，使符合地质实际情况；探明地下障碍物和硬夹层，并清除或钻透或爆碎；选用桩锤不能太小，旧桩锤性能不稳定，应检修合格方可使用；桩头被打碎，桩身被打断应停止施打，处理后再打；打桩应注意顺序，减少向一侧挤密；打桩应连续进行，必须间歇时，间歇时间不宜超过 24h。

7)施工过程中，应检查桩的贯入度情况、桩顶完整状况、电焊接桩质量、桩体垂直度、电焊后的停歇时间。重要工程应对电焊接头做 10%的焊缝探伤检查。

8)施工结束后，应做承载力检验及桩体质量检验。

二十六、《泥浆护壁成孔灌注桩施工记录》填写范例

泥浆护壁成孔灌注桩施工记录

施工单位 ××建设集团有限公司　　工程名称 ××工程

施工班组 ××班组　　气　候 晴

钻机类型 R—618　　设计桩顶标高 37.5m

设计桩径 1200mm　　自然地面标高 38.5m

日期	班次	桩号	钻孔时间(min)	钻孔直径(cm)		钻孔深度(m)		护筒埋深(m)	孔底沉渣厚度(mm)	孔底标高(m)	泥浆种类	泥浆指标			备注
				设计	实测	设计	实测					比重	胶体率(%)	含砂量(%)	
2015.3.4	1班	16#	××	750	760	30	30.20	1.50	4	—36.20	黏土	1.10	98	5	
2015.3.4	1班	17#	××	750	758	30	30.10	1.50	5	—36.10	黏土	1.15	97	6	
2015.3.4	1班	18#	××	750	765	30	30.10	1.50	5	—36.10	黏土	1.10	98	5	
2015.3.4	1班	19#	××	750	763	30	30.20	1.50	4	—36.20	黏土	1.20	97	6	
2015.3.4	1班	20#	××	750	765	30	30.30	1.50	5	—36.30	黏土	1.15	97	5	
2015.3.5	1班	21#	××	750	759	30	30.20	1.50	4	—36.20	黏土	1.10	96	6	
2015.3.5	1班	22#	××	750	758	30	30.20	1.50	4	—36.20	黏土	1.10	97	6	
2015.3.5	1班	23#	××	750	766	30	30.10	1.50	4	—36.10	黏土	1.10	97	6	
2015.3.6	1班	24#	××	750	765	30	30.30	1.50	4	—36.30	黏土	1.10	98	6	
2015.3.7	1班	25#	××	750	765	30	30.20	1.50	4	—36.20	黏土	1.10	97	7	
2015.3.7	1班	26#	××	750	760	30	30.20	1.50	5	—36.20	黏土	1.15	98	7	
2015.3.7	1班	27#	××	750	760	30	30.20	1.50	5	—36.20	黏土	1.15	97	7	

参加人员	监理(建设)单位	施工单位		
		专业技术负责人	质检员	记录人
	×××	×××	×××	×××

二十七、《泥浆护壁成孔灌注桩施工记录》填写说明

泥浆护壁成孔灌注桩施工记录是指灌注桩(泥浆护壁成孔)施工过程中的情况记录。在施工过程中,必须设专人负责对每根桩的成孔过程进行测量、检验并记录。

1.表格解析

(1)责任部门。

项目工程部。

(2)填写要点。

1)护筒埋深:详见泥浆护壁成孔灌注桩对护筒埋深的要求。

2)孔底沉渣厚度:实际沉渣厚度,但应不大于泥浆护壁成孔对孔底沉渣厚度的要求。

3)孔底标高:指柱孔成孔后的孔底标高。

4)泥浆种类:指泥浆中土的种类,即膨润土,黏土等。

5)泥浆指标:一般比重1.04~1.25,含砂量不大于4%~8%,胶体率不小于90%;按实际检测结果填写。

2.相关规定及要求

(1)正(反)循环泥浆护壁钻孔灌注桩特点和适用范围。

正(反)循环泥浆护壁钻孔灌注桩又称为回转钻成孔灌注桩。主要是指利用原土自然造浆或人工造浆浆液护壁,可通过循环泥浆将被钻头切削土体的土块钻屑挟带排出孔外的成孔施工方法。是国内最为常用和应用范围较广的成桩方法。

其特点是:可利用地质部门常规地质钻机,用于各种地质条件,各种大小孔径(300~2000mm)和深度(40~100m),护壁效果好,成孔质量可靠;施工无噪声、无振动、无挤压;机具设备简单,操作方便,费用较低。但成孔速度慢,效率低,用水量大,泥浆排放量大,污染环境,扩孔率较难控制。

适用于高层建筑和桥梁桩基施工,适于地下水位较高的软、硬土层,如淤泥、黏性土、砂土,软质岩等土层。

根据护壁泥浆循环方式的不同,分为正、反循环两种方式:

1)正循环回转钻成孔方法是钻机回转装置带动钻杆和钻头回转切削破碎岩土,由泥浆泵输进钻杆内腔的泥浆,经钻头出浆口射出,带动钻渣沿孔壁上升,从孔口溢浆口溢出流人泥浆池,经沉淀返回循环池。通过循环泥浆,一方面协助钻头破碎岩土,将钻渣带出孔外,同时起护壁作用。

正循环回转钻成孔的特点是:钻机小、设备简单,设备故障相对较小;工艺技术成 熟,操作简单便于掌握;泥浆上返速度较低,挟带土粒直径小,排渣能力差,岩土重复破碎现象严重。

适用于填土、淤泥、黏土、粉土、砂土等地层,对卵、砾石含量不大于15%、粒径小于10mm的部分砂卵石、砂砾石层和软质基岩、较硬基岩中也可使用。正循环回转钻 成孔直径一般不宜大于1.0m,孔深度不宜超过40m。

2)反循环回转钻成孔方法是由钻机回转装置带动钻杆和钻头回转切削破碎岩土,选用泵吸、气举、喷射等措施抽吸循环护壁泥浆、挟带钻渣从钻杆内腔抽吸出孔外的成孔方法。

反循环回转钻成孔的特点是:振动小、噪声低,钻效高,排渣彻底,但泥浆需求量大;土

层中有较高应力的水或地下水流时，施工困难；遇粒径较大(大于150mm)的碎、卵石及漂石钻进困难；遇较厚的松散土层，易出现塌孔现象；成孔桩径一般比设计桩径大10%～20%左右。反循环回转钻成孔直径一般为0.6～1.2m，最大成孔直径可达4m，成孔深度可达90M。

适用于填土、淤泥、黏土、粉土、砂土、砂砾等地层，当采用圆锥式钻头可进入软质岩，采用牙轮式钻头能进入硬质岩。特别适宜于砂性土层。

(2)正(反)循环泥浆护壁钻孔灌注桩工艺流程。

测量放线、定桩位→埋设护筒→钻机就位→成孔→第一次清孔→桩孔检查→吊放钢筋笼→吊放导管→第二次清孔→灌注水下混凝土，成桩。

(3)正(反)循环泥浆护壁钻孔灌注桩施工要点。

1)护筒埋设：钻机就位前在桩位埋设6～8mm厚钢板护筒，内径比孔口大100～200mm，埋深在黏土中不宜小于1.0m，砂土中不宜小于1.5m。受水位涨落影响或水下施工的钻孔灌注桩，护筒应加高加深，必要时应打入不透水层；护筒上部宜开设1～2个溢流孔；护筒埋设应准确、稳定，护筒中心与桩位中心的偏差不得大于50mm；同时挖好泥浆池、排浆槽。

2)钻机就位：钻机就位前，应先平整场地，必要时铺设枕木并用水平尺校正，保证钻机平稳、牢固，对钻机导杆进行垂直度校正。

3)钻头选用：在黏土、砂性土中成孔时宜采用疏齿钻头，翼板的角度根据土层的软硬在30°～60°之间，刀头的数量根据土层的软硬布置，注意要互相错开，以保护刀架；在卵石及砾石层中成孔时，宜选用平底楔齿滚刀钻头；在较硬岩石中成孔时，宜选用平底球齿滚刀钻头。

4)泥浆制备：除能自行造浆的土层外，均应制备泥浆。泥浆制备应选用高塑性黏土或膨润土，拌制泥浆应根据工艺和穿越土层情况进行配合比设计。膨润土泥浆可按表5-8的性能指标制备。

表5-8 制备泥浆的性能指标

项次	项目	性能指标	检验方法
1	密度	1.1～1.15	泥浆密度计
2	钻度	10～25s	50000/70000漏斗法
3	含砂率	＜6%	
4	胶体率	＞95%	量杯法
5	失水量	＜30mL/30min	失水量仪
6	泥皮厚度	1～3mm/30min	失水量仪
7	静切力	1min20～30mg/cm² 10min50～100mg/cm²	静切力计
8	稳定性	＜0.03g/cm²	
9	pH值	7～9	pH试纸

5)成孔:回转钻机适用于各种口径、各种土层的钻孔桩,成孔时应注意控制钻进速度,采用减压钻进,保证成孔的垂直度,根据土层变化调整泥浆的相对密度和黏度。

a. 在密实的黏土中和直径在 1.0m 以内的桩可采用正循环成孔,钻进时可采用清水钻进。

b. 直径大于 1.0m 深度在 50m 以内的桩宜采用砂石泵反循环成孔;对于大直径深度在 50m 以上的桩宜采用气举反循环成孔。

c. 对于土层倾斜角度较长,孔深大于 50m 的桩,在钻头、钻杆上应增加导向装置,保证成孔垂直度。

d. 在淤泥、砂性土中钻进时,宜适当增加泥浆的相对密度;在卵石、砾石中钻进时应加大泥浆的相对密度,提高携渣能力。

e. 在卵石、砾石及岩层中成孔时,应增加钻具的重量即增加配重。

6)钻进时,应根据土层情况加压,开始应轻压力、慢转速,逐步转入正常。加压靠钻具自重调整吊绳进行,一般土层,不超过 10kN;基岩中钻进,为 15～25kN。

7)钻机转速:对合金钢钻头为 180r/min;钢粒钻头为 100r/min. 在松软土层中钻进,应根据泥浆补给情况控制钻进速度,在硬土层或岩层中的钻进速度,以钻机不发生跳动为准。

8)第一次清孔:桩孔钻进至设计深度后,进行清孔。如泥浆中无大颗粒钻渣时可采用置换泥浆法清孔;如泥浆中含有较大颗粒的砂石,应采用反循环清孔;孔深 50m 以内的桩可采用泵吸反循环工艺(见图 5-1);孔深 50m 以上的桩应采用气举反循环工艺(见图 5-2),气举反循环清孔可将 30mm 左右的石块排出。直至孔内沉渣厚度和泥浆. 比重符合要求。

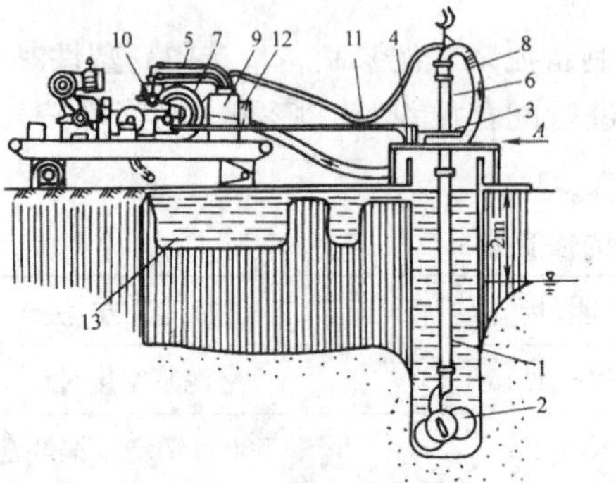

图 5-1　泵吸反循环施工法

1—钻杆;2—钻头;3—旋转台盘;4—液压马达;5—液压泵;6—方型传动杆;7—砂石泵;8—吸渣软管;9—真空柜;10—真空泵;11—真空软管;12—冷却水槽;13—泥浆沉淀池

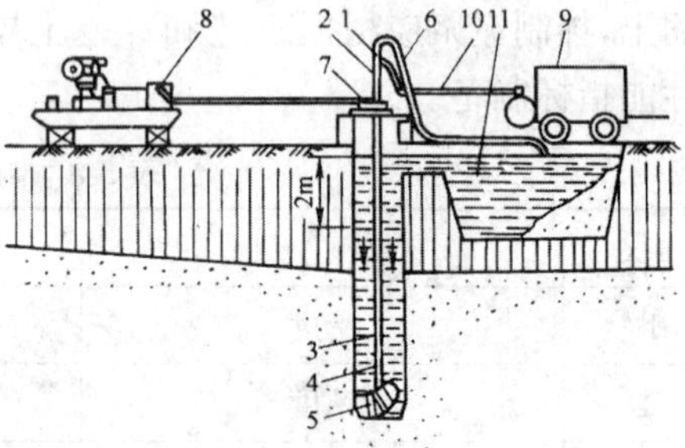

图 5-2　气举循环施工法

1—气密式旋转接头;2—气密式传动杆;3—气密式钻杆;4—喷射嘴;5—钻头;6—压送软管;7—旋转台盘;8—液压泵;9—压气机;10—空气软管;11—水槽

9)清孔后测量孔径和沉渣厚度,符合要求后,吊入钢筋笼和导管,在灌注混凝土前进行第二次清孔。当孔底 500mm 以内的泥浆相对密度小于 1.20、含砂率成 8%、黏度<28s(孔底沉渣厚度:端承桩≤50mm,摩擦端承、端承摩擦桩≤100mm,摩擦桩≤150mm),方可灌注混凝土。

二十八、《干作业成孔灌注桩施工记录》填写范例

干作业成孔灌注桩施工记录

施工单位 ××建设集团有限公司　　　　工程名称 ××工程

施工班组 ××班组　　　　气　　候 晴

钻机类型 ZKL 800BB　　　　设计桩顶标高 －7.20

设计桩径 ϕ800mm　　　　自然地面标高 －1.00

日期	桩号	持力层标高(m)	钻孔深度(m)	进入持力层深度(m)	第一次测孔			第二次测孔			混凝土灌注		钻孔总用时间(min)	出现情况			备注
					孔深(m)	虚土(mm)	进水(mm)	孔深(m)	虚土(mm)	进水(mm)	实际(m^3)	计算(m^3)		坍孔	缩径	进水	
××年×月×日	20#	－25.15	24.15	5	24.10	5	20	24.05	10	30	24.4	20.35	4		无		
××年×月×日	21#	－25.15	24.15	5	24.05	10	20	24.00	15	30	23.8	20.35	3		无		
××年×月×日	22#	－25.15	24.15	5	24.05	10	20	24.00	15	30	23.9	20.35	2		无		
××年×月×日	23#	－25.15	24.15	5	24.05	5	15	24.05	10	25	24.0	20.35	3		无		
××年×月×日	31#	－25.15	24.15	5	24.05	5	15	24.05	10	30	24.2	20.35	3		无		
××年×月×日	34#	－25.15	24.15	5	24.05	10	20	24.00	15	30	24.3	20.35	3		无		
××年×月×日	37#	－25.15	24.15	5	24.05	5	20	24.05	10	30	24.4	20.35	4		无		
××年×月×日	41#	－25.15	24.15	5	24.05	10	15	24.00	15	30	24.5	20.35	3		无		

参加人员	监理（建设）单位	施工单位		
		专业技术负责人	质检员	记录人
	×××	×××	×××	×××

二十九、《干作业成孔灌注桩施工记录》填写说明

干作业成孔灌注桩施工记录是指灌注桩(干作业成孔)施工过程中的情况记录。在成孔过程中,必须设专人负责对每根桩的成孔过程进行测量、检查并记录。

1. 表格解析

(1)责任部门。

项目工程部。

(2)填写要点。

1)钻孔深度:实测钻孔深度,且不应小于设计的钻孔深度。

2)持力层标高:选择较硬土层作为桩端持力层标高。

3)进入持力层深度:指灌注桩实际进入持力层的深度。

4)第一次测孔:第一节钻杆钻入后停机时的测孔。

孔深:第一节钻杆钻入后测量的深度。

进水:第一节钻杆钻入孔内的进水深度。

5)第二次测孔:接上钻杆到达钻至要求深度时测孔。

孔深:第二次钻孔时测量的深度。

进水:第二次钻孔孔内进水的深度。

6)混凝土灌注:指计算灌注量和实际灌注量。

2. 相关规定与要求

(1)干作业螺旋钻成孔灌注桩的特点和适用范围。

干作业螺旋钻成孔灌注桩根据成孔取土方法不同,可分为长螺旋钻成孔与短螺旋钻成孔两种。

长螺旋钻成孔方法是使用长螺旋钻孔机的螺旋钻头,在孔位切削土层,随钻头旋转被切削的土块钻屑沿着带有长螺旋叶片的钻杆上升,输送到出土器后自动排出孔外。短螺旋钻成孔方法与长螺旋方法不同之处是短螺旋成孔,其被切削的土块钻屑只能沿着数量不多的螺旋叶片(一般只在临近钻头 2～3m)的钻杆上升,积聚在短螺旋叶片上,形成“土柱”,然后靠提钻、反钻、甩土等将钻屑散落在孔周,一般每钻进 0.5～1.0m 既要提钻一次。国产长螺旋钻孔机、成孔直径为 300～800mm,成孔深度不超过 26m;国产短螺旋钻孔机,最大成孔直径可达 1828mm,最大孔深可达 70m。

其特点是:不需任何护壁措施,不产生挤土效应,桩侧土受机械扰动小,无泥浆污染;钻进速度快,成孔质量易于控制,造价低,设备简单、施工方便;

适用于地下水位以上的填土、黏性土、粉土、砂土与粒径不大的砂砾土。

(2)干作业螺旋钻成孔灌注桩施工的主要机具。

1)常用螺旋钻机技术性能见表 5-9。

2)另配钢筋加工机械,混凝土搅拌、运输机械,混凝土灌注串筒或溜槽、振捣机具等。

(3)干作业螺旋钻成孔灌注桩的施工要点。

1)钻孔机就位时应校正,要求保持平整、稳固,使在钻进过程中不发生倾斜或移动。在钻架上应有控制深度的标尺,以便在施工中进行观测、记录。

2)钻孔时，先调直桩架挺杆，对正桩位，启动钻机钻 0.5～1.0m 深，检查一切正常后，再继续钻进，土块随螺旋叶片上升排出孔口，达到设计深度后停钻，提钻，检查成孔质量；即可移动钻机至下一桩位。

表 5-9　螺旋钻孔机规格与技术性能

项　目	LZ 型 长螺旋钻机	KL600 型 螺旋钻机	BZ—1 型 短螺旋钻机	ZKL400/600 钻孔机	BQZ 型 步履式钻孔机	DZ 型 步履式钻孔机
钻孔最大直径(mm)	300、600	400、500	300～800	400/600	400	1000～1500
钻孔最大深度(m)	15	15、15	8、11、8	12～16	8	30
钻杆长度(m)	—	18.3、18.8	—	22	9	—
钻头转速(r/min)	63～116	50	45	80	85	38.5
钻进速度(m/min)	1.0	—	3.1	—	1	0.2
电机功率(kW)	40	50、55	40	30～55	22	22
外形尺寸(m) (长×宽×高)	—	—	—	—	8×4×12.5	6×4.1×16

3)钻进过程中，排出孔口的土应随时清除、运走，钻到预定深度后，应在原深处空转清土，然后停止回转，提钻杆，但不转动，孔底虚土厚度超过标准时，应分析原因，采取措施处理。

4)钻进时如严重塌孔，孔内有大量的泥土时，需回填砂或私土重新钻孔或往孔内倒少量土粉或石灰粉，将泥中的水分吸干后清出。如遇有含石块较多的土层，或含水量较大的软塑私土层时，应注意避免钻杆晃动引起孔径扩大，致使孔壁附着扰动土和孔底增加回落土。

5)清孔后应用测绳或手提灯测量和观察孔深及虚土厚度。虚土厚度等于钻深与孔深之差值，一般不应大于 100mm。

6)钢筋笼应一次绑好，并绑好保护层砂浆垫块，对准孔位吊直扶稳或用导向钢筋，缓慢送入孔内，注意勿碰孔壁。下放到设计位置后立即固定。保护层应符合要求。钢筋笼过长时，可分 2 段吊放，采用电焊连接。

7)钢筋笼定位后，应即灌注混凝土，以防塌孔，混凝土的坍落度一般为 80～100mm。

8)质量控制要点。

①钻孔时，应注意地层土质变化，遇有砂砾石、卵石或流塑淤泥、上层滞水，应立即采取措施处理，防止塌方。出现钻杆跳动、机架摇晃、钻不进尺等异常情况，应立即停车检查，查明原因、排除故障后再继续施工。

②操作中，应及时清理虚土，必要时应二次施钻清理；钻孔完毕，孔口应用盖板盖好，防止往孔内掉土。

③混凝土灌注应严格按操作工艺边灌混凝土边振捣；严禁把土和杂物与混凝土一起灌入桩孔内，以及防止出现缩颈、空洞、夹土等质量通病。

④混凝土灌注到桩顶，应随时测量桩顶标高，以免过高，造成截桩；过低，不能保证桩头质量。

三十、《套管成孔灌注桩施工记录》填写范例

套管成孔灌注桩施工记录

施工单位 ××建设集团有限公司　　　　施工班组 打桩队A组

工程名称 水利部实验基地综合楼　　　　打桩顺序 跳打

跳打后中心距 8.0m　　　　桩管规格及重量 ϕ460，2.0T

打桩机类型及编号 锤击沿管CM—45VT　　　　桩管上弹性垫的材料及厚度＿＿＿ 气候＿＿＿

桩锤冲击部分重量 2500kg　　　　桩锤类型 单作用蒸汽锤

桩尖类型 预制钢筋混凝土　　　　桩帽类型及重量＿＿＿

桩号	日期	班次	钻孔深度	灌注次数	沉管锤击次数(击/米)								最后10击贯入度(mm)	最后10击平均落距(mm)	沉管时间									实际消耗时间	
					总计	1	2	3	4	5	…	…			停歇时间				原因	开始		结束			
															时	分	时	分		时	分	时	分	时	分
6-3#	×年×月×日	2	15	1	15	3	8	15	21	40	58	99	2	400	11	30	13	2	补焊	12	10	12	50	0	40

序号	第一次加混凝土时间				第一次拔管时间				第一次拔管高度(m)	第二次加混凝土时间				第二次拔管时间				拔管时间(min)	钢筋长度(m)	桩顶离地面深度(mm)	灌注混凝土数量(m^3)		
	开始		结束		开始		结束			开始		结束		开始		结束					第一次	第二次	总计
	时	分	时	分	时	分	时	分		时	分	时	分	时	分	时	分						
1	12	52	12	56	12	56	12	57	5	12	57	13	02	13	02	13	05	3	15	100	1.5	1.3	2.8

参加人员	监理(建设)单位	施工单位		
		专业技术负责人	质检员	记录人
	×××	×××	×××	×××

注：沉管扩大灌注桩施工记录可参照该表格式填写。

三十一、《套管成孔灌注桩施工记录》填写说明

1.表格解析

(1)责任部门。

项目工程部。

(2)填写要点。

1)跳打后中心距:套管成孔灌注桩一般应连打,亦可依照顺序间隔施打,打桩完成后,测量桩的中心距。

2)桩锤冲击部分重量:指实际选用桩锤类型相应的冲击部分重量。

3)桩帽类型及重量:按实际选用的桩帽类型和重量。

4)桩管上弹性垫的材料及厚度:应用适合桩头尺寸的弹性衬垫,可缓和打入桩时的冲击,使打桩应力均匀分布,延长撞击的持续时间以利桩的贯入,按实际选用的材料及厚度。

5)桩尖类型:一般有活瓣桩尖、混凝土桩尖(混凝土强度等级不低于C30),按实际选用类型。

6)沉管锤击次数:分别按每米沉管的锤击数填写,并就此进行汇总,填入总计栏内。

7)最后10击贯入度:指最后3阵中最后一阵的贯入度。

8)最后10击平均落距:指最后三阵中最后一阵的平均落距。

9)第一次加混凝土时间:每次用上料斗灌满桩管(或略高于地面)的时间。

10)第一次拔管时间:混凝土灌满桩管即可开始第一次拔管时间。

11)第一次拔管高度:第一次拔管高度应控制在能容纳第二次所需混凝土灌注量为限的高度。

12)第二次加混凝土时间:第二次用上料斗灌满桩管(或略同于地面)的时间。

13)第二次拔管时间;混凝土灌满桩管即可开始第二次拔管的时间。

14)灌注混凝土数量:分别按第一次、第二次灌注的混凝土实际数量,并进行汇总,填入总计栏内。

2.相关规定及要求

(1)套管夯扩灌注桩的特点和适用范围。

套管夯扩灌注桩又称夯扩桩,是在普通锤击沉管灌注桩的基础上加以改进发展起来的一种新桩型。由于其扩底作用,增大了桩端支撑面积,能够充分发挥桩端持力层的承载潜力。特点是:在桩管内增加了一根与外桩管长度基本相同的内夯管,以代替钢筋混凝土预制桩尖,与外管同步打入设计深度,并作为传力杆将桩锤击力传至桩端夯扩成大头形,并且增大了地基的密度。同时,利用内管和桩锤的自重将外管内的现浇桩身混凝土压密成型,使水泥浆压人桩侧土体并挤密桩侧的土,使桩的承载力大幅度提高。夯扩桩施工设备简单,上马快,操作方便,可消除一般灌注桩易出现缩颈、裂缝、混凝土不密实、回淤等弊病,保证工程质量;而且技术可靠,工艺合理,经济实用,单桩承载力可达1100kN,工程造价比一般混凝土灌注桩基降低30%～40%。适用于一般黏性土、淤泥、淤泥质土、黄土、硬黏性土;亦可用于有地下水的情况;可在20层以下的高层建筑基础中使用。

(2)套管夯扩灌注桩施工机具设备。

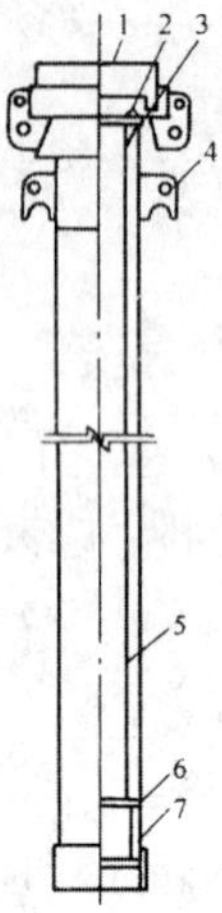

图 5-3　夯扩灌注桩桩管构造

1—柴油打桩机桩帽；2—8M6×60 螺栓；3—附加桩帽；4—套管吊耳；5—ϕ219夯管；6—ϕ290×10 夯头；7—ϕ325×10 套管

沉管机械采用锤击式沉桩机或 D16—32 筒式柴油打桩机、静力压桩机，并配有 2 台 2t 慢速卷扬机，用于拔管。桩管由外管(套管)和内管(夯管)组成(见图 5-3)。外管直径为 325mm 或 377mm 无缝钢管；内管直径为 219mm，壁厚 10mm，长度比外管短 100mm，底端可采用闭口平底或闭口锥底。

(3)套管夯扩灌注桩施工工艺流程如下：

测放桩位→机架就位→将内外套管同步打入设计深度→拔出内夯管→在外桩管内灌第一批混凝土→将内夯管放回外桩管中压在混凝土面上→将外桩管拔起一定高度→用桩锤通过内夯管将外桩管中灌入的混凝土挤出外管→将内外管同时打至设计要求的深度完成第一次夯扩→重复以上程序进行二次夯扩→拔出内夯管→在外桩管内灌第二批混凝土→再插入内夯管紧压管内混凝土→边压边徐徐拔起外桩管→成桩(图 5-4)。

(4)套管夯扩灌注桩施工要点。

1)机架就位，在桩位处垫一层 150～200mm 厚与灌注桩同强度等级的干硬性混凝土，放下桩管，紧压在混凝土面上，以防回淤。

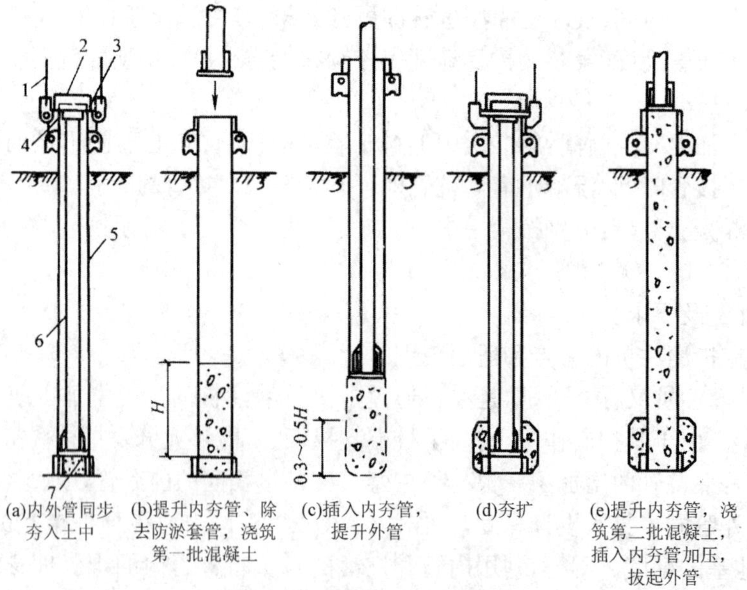

图 5-4　夯扩桩工艺流程

1—钢丝绳；2—原有桩帽；3—特制桩帽；4—防淤套管；5—外管；6—内夯管；7—干混凝土

2)将外桩管和内套管套叠同步打入设计深度，拔出内夯管并在外桩管内灌第一批混凝土，高度为 H，混凝土量一般为 0.1～0.3m^3。

3)将内夯管放回外桩管中压在混凝土面上，并将外桩管拔起 h 高度($h<H$)，一般为

0.6～1.0m。

4)用桩锤通过内夯管将外桩管中灌入的混凝土挤出外管，将内外管再同时打至设计要求的深度(h 深处)，迫使其内混凝土向下部和四周基土挤压，形成扩大的端部，完成一次夯扩。或根据设计要求，可重复以上施工步骤进行二次夯扩。

5)拔出内夯管，在外管内灌第二批混凝土，一次浇筑桩身所需的高度，再插入内夯管紧压管内混凝土，边压边徐徐拔起外桩管，直至拔出地面。以上 H，h 等参数要通过试验确定，作为施工的控制依据。

6)夯扩沉管灌注桩亦可用以下两种方法形成：

①沉管由桩管和内击锤组成，沉管在振动力及机械自重作用下，到达设计位置后，灌入混凝土，用内击锤夯击管内混凝土使其形成扩大头。

②采用单管，用振动加压将管沉到设计要求的深度，往管内灌一定高度的扩底混凝土后向上提管，此时桩尖活瓣张开，混凝土进入孔底，由于桩尖受自重和外侧阻力关闭，再将桩管加压振动复打，迫使扩底混凝土向下部和四周基土挤压，形成扩大头。

7)如有地下水或渗水，沉管过程、外管封底可采用干硬性混凝土或无水混凝土，经夯实形成阻水、阻泥管塞，其高度一般为 100mm。

8)桩的长度较大或需配置钢筋笼时，桩身混凝土宜分段浇筑；拔管时，内夯管和桩锤应施压于外管的混凝土顶面，边压边拔。

9)工程施工前，宜进行试成桩，应详细记录混凝土的分次灌入量、外管上拔高度、内管夯击次数、双管同步沉入深度，并检查外管的封底情况，有无进水、涌泥等，经核实后作为施工控制的依据。

10)桩端扩大头进入持力层的深度不小于 3m，当采用 2.5t 锤施工时，要保证每根桩的夯扩锤击数不少于 50 锤，当不能满足此锤击数时，须再投料一次，扩大头采用干硬性混凝土，坍落度应在 10～30mm 左右。挤扩多分支承力盘和多承力盘桩见图 5-5。

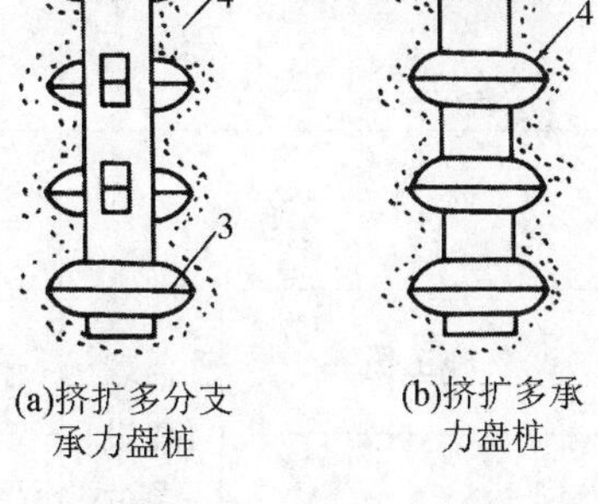

图 5-5 挤扩多分支承力盘和多承力盘桩

1—主桩；2—分支；3—承力盘；5-压实(挤密)土料

三十二、《钻(挖)孔灌注桩成孔质量检查记录》填写范例

钻(挖)孔灌注桩成孔质量检查记录

共×页 第1页

<table>
<tr><td colspan="2">工程名称</td><td>××大厦</td><td>施工日期</td><td>××年×月×日</td></tr>
<tr><td colspan="2">施工单位</td><td>××基础工程有限公司</td><td>桩 号</td><td>18#(D=1000mm)</td></tr>
<tr><td rowspan="2">序号</td><td rowspan="2">项 目</td><td colspan="2">质量检验值</td><td rowspan="2">备 注</td></tr>
<tr><td>设计要求或规范规定</td><td>实测值</td></tr>
<tr><td>1</td><td>孔位中心(mm)</td><td>≤100</td><td>25</td><td></td></tr>
<tr><td>2</td><td>孔径(mm)</td><td>±50</td><td>+20</td><td></td></tr>
<tr><td>3</td><td>垂直度(%)</td><td><1</td><td>0.30</td><td></td></tr>
<tr><td>4</td><td>孔底沉渣厚度(mm)</td><td>≤50</td><td>25</td><td></td></tr>
<tr><td>5</td><td>孔底标高(mm)</td><td>≤300</td><td>20</td><td></td></tr>
<tr><td>6</td><td>扩大头尺寸(m)</td><td>—</td><td>—</td><td></td></tr>
<tr><td>7</td><td>清孔后泥浆比重</td><td>1.15～1.20</td><td>1.16</td><td></td></tr>
<tr><td>8</td><td>桩端进入持力层情况</td><td>≥设计值(500mm)</td><td>600mm</td><td></td></tr>
<tr><td></td><td></td><td></td><td></td><td></td></tr>
<tr><td></td><td></td><td></td><td></td><td></td></tr>
</table>

<table>
<tr><td rowspan="2">施工单位</td><td>项目技术负责人</td><td>施工员</td><td rowspan="2">监理(建设)单位</td><td>监理工程师(建设单位项目专业技术负责人)</td></tr>
<tr><td>×××</td><td>×××</td><td>×××</td></tr>
</table>

三十三、《钢桩焊接接桩检查记录》填写范例

钢桩焊接接桩检查记录

工程名称：××大厦　　　　钢桩规格 ϕ609.6×11mm 总长45m 分3节

电焊条型号、规格SAN－53　ϕ3.2、ϕ2.4　　　　电焊工姓名×××　　电焊工证号 ×××

检查项目＼偏差值	允许偏差	实际偏差	实际偏差	实际偏差	实际偏差	备　注
施工日期		2007年×月×日	2007年×月×日			
桩号、接点位置		35# 下中	35# 上中			
电焊起讫时间	时分～时分	6:40－6:50	7:45－7:57			
上下节端部错口 外径≥700mm	≤3mm	—	—			
外径＜700mm	≤2mm	√	√			
焊接咬边深度	≤0.5mm	√	√			
焊接加强层高度	2mm	√	√			
焊接加强层宽度	2mm	√	√			
焊缝质量外观	无气孔、无焊瘤、无裂缝	无	无			
焊接条件	焊接层数3～10层	3层	3层			
节点弯曲矢高	$<\frac{L}{1000}$	√	√			
焊接结束后停歇时间	＞1min	√	√			

项目工程师：×××　　　　质量员：×××　　　　记录：×××

说明：1. 钢桩焊接接桩检查记录的“检查项目”是根据《建筑地基基础工程施工质量验收规范》GB 50202—2002 表 5.5.4-2 钢桩施工质量标准中有关接桩电焊要求制成，焊接条件对焊接质量至关重要，钢管桩标准焊接条件见下页表格。

2. 本记录一根桩填一张，一根钢桩的节数超过 4 节的，自下而上编号，3 节桩的编上、中、下。

3. 本表检查工具应备齐钢尺、焊缝检查仪、秒表等，需检校合格。

4. 根据钢管桩的壁厚选择符合质量要求的层数，填写在焊接条件的“实际偏差”栏内。

5. 各检查项目的偏差值，在允许偏差限值范围内的用“√”表示（除焊接条件外）。

6. 打桩（压桩）机编号和班次填在备注栏内。

7. 本检查表由电焊工自检合格后，交质检员确认，质检员应在焊接时跟踪巡回检查。

几种壁厚钢管桩焊缝的分层与标准焊接条件如表 5-10 所示：

表 5-10　钢管桩标准焊接条件

厚度	形　状	层数	电流(A)	电压(V)	速度(cm/min)
9mm + 9mm	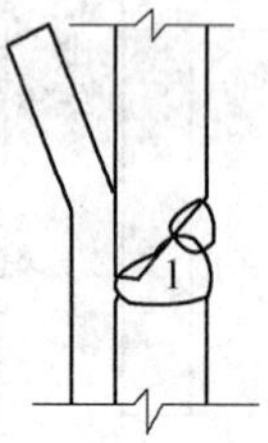	1	380～460	26～30	23～28
		2	350～460	26～30	30～35
12mm + 12mm	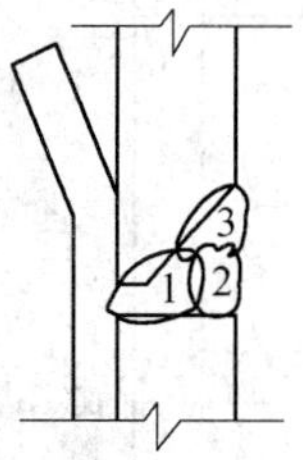	1	380～460	26～30	23～28
		2	380～460	26～30	23～28
		3	350～460	26～30	30～35
14mm + 14mm		1	380～460	26～30	23～28
		2	380～460	26～30	23～28
		3			
		4	350～460	26～30	30～35

续表 5-10

厚度	形　状	层数	电流(A)	电压(V)	速度(cm/min)
16mm + 16mm	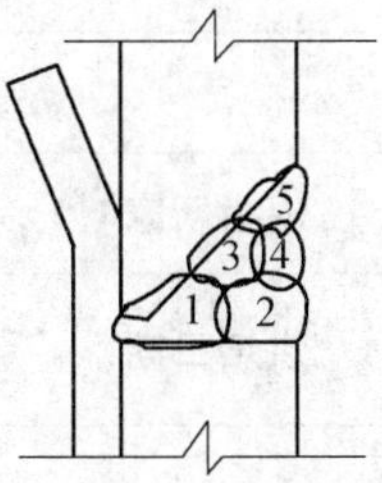	1	380～460	26～30	23～28
		2	380～460	26～30	23～28
		3			
		4			
		5	350～460	26～30	30～35
19mm + 19mm	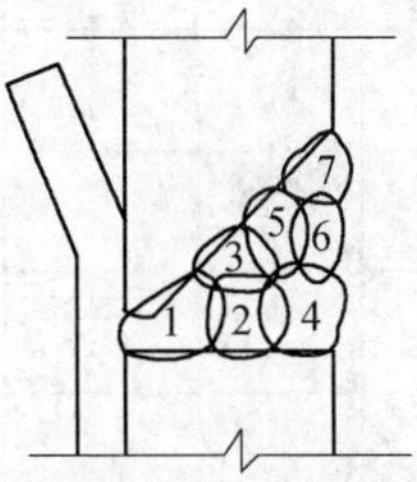	1	380～460	26～30	23～28
		2	380～460	26～30	23～28
		3			
		4			
		5			
		6			
		7	350～460	26～30	30～35
22mm + 22mm	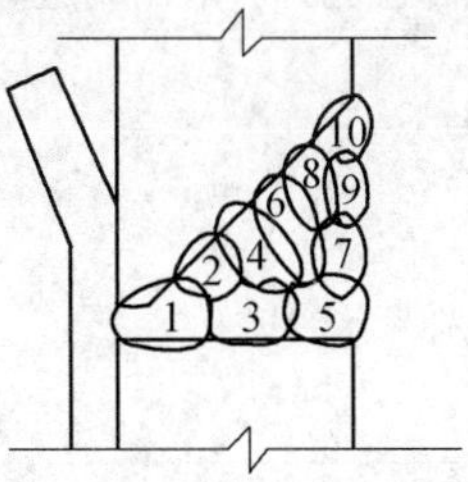	1	380～460	26～30	23～28
		2	380～460	26～30	23～28
		3			
		4			
		5			
		6			
		7			
		8			
		9			
		10	350～460	26～30	30～35

三十四、《焊接材料烘焙记录》填写范例

<table>
<tr><td colspan="5">焊接材料烘焙记录</td><td colspan="3">资料编号</td><td colspan="3">×××</td></tr>
<tr><td colspan="2">工程名称</td><td colspan="9">××工程</td></tr>
<tr><td colspan="2">焊材牌号</td><td colspan="2">结506焊条</td><td>规格(mm)</td><td>φ3.2、φ4</td><td colspan="2">焊材厂家</td><td colspan="3">××材料厂</td></tr>
<tr><td colspan="2">钢材材质</td><td colspan="2">Q345B</td><td>烘焙方法</td><td>电炉烘干法</td><td colspan="2">烘焙日期</td><td colspan="3">××年×月×日</td></tr>
<tr><td rowspan="3">序号</td><td rowspan="3">施焊部位</td><td rowspan="3">烘焙数量(kg)</td><td colspan="5">烘焙要求</td><td colspan="2">保温要求</td><td rowspan="3">备注</td></tr>
<tr><td rowspan="2">烘干温度(℃)</td><td rowspan="2">烘干时间(h)</td><td colspan="3">实际烘焙</td><td rowspan="2">降至恒温(℃)</td><td rowspan="2">保温时间(h)</td></tr>
<tr><td>烘焙日期</td><td>从时分</td><td>至时分</td></tr>
<tr><td>1</td><td>压型钢板点焊</td><td>10</td><td>280</td><td>2</td><td>××年×月×日</td><td>8:00</td><td>10:00</td><td>100</td><td>0.5</td><td></td></tr>
<tr><td></td><td></td><td></td><td></td><td></td><td></td><td></td><td></td><td></td><td></td><td></td></tr>
<tr><td></td><td></td><td></td><td></td><td></td><td></td><td></td><td></td><td></td><td></td><td></td></tr>
<tr><td></td><td></td><td></td><td></td><td></td><td></td><td></td><td></td><td></td><td></td><td></td></tr>
<tr><td></td><td></td><td></td><td></td><td></td><td></td><td></td><td></td><td></td><td></td><td></td></tr>
<tr><td></td><td></td><td></td><td></td><td></td><td></td><td></td><td></td><td></td><td></td><td></td></tr>
<tr><td></td><td></td><td></td><td></td><td></td><td></td><td></td><td></td><td></td><td></td><td></td></tr>
<tr><td></td><td></td><td></td><td></td><td></td><td></td><td></td><td></td><td></td><td></td><td></td></tr>
<tr><td colspan="11">说明：
1.焊接、焊条等在使用前,应按产品说明书及有关工艺文件规定的技术要求进行烘干。
2.焊接材料烘干后应存放在保温箱内,随用随取,焊条由保温箱(筒)取出到施焊的时间不得超过2h,酸性焊条不宜超过4h;烘干温度250～300℃</td></tr>
<tr><td colspan="3">施工单位</td><td colspan="8">××建设集团有限公司</td></tr>
<tr><td colspan="3">专业技术负责人</td><td colspan="4">专业质检员</td><td colspan="4">记录人</td></tr>
<tr><td colspan="3">×××</td><td colspan="4">×××</td><td colspan="4">×××</td></tr>
</table>

注:本表由施工单位填写。

三十五、《静力压桩施工记录》填写范例

静力压桩施工记录

共×页　第1页

工程名称	××大厦		施工单位	××建设工程有限公司	设计桩长(m)　30	设计压桩力(kN)	4000
桩号　18	实际桩长(m)	29=10+10+9	自然地面标高(m)　−0.8	设计桩顶标高(m)　−1.8	送(砍)桩长度(m)　1.0	××年×月×日 开始时间　18:00 结束时间　20:10	
入土深度(m)	压力表读数(MPa)	实际压桩力(kN)	垂直度	入土深度(m)	压力表读数(MPa)	实际压桩力(kN)	垂直度
2	1	200	0.3	28	8	1600	0.4
4	3	600	0.4	30	10(双)	4000	0.3
6	4	800	0.4				
8	5	1000	0.4				
10	6	1200	0.3				
12	10	2000	0.4				
14	10	2000	0.2				
16	10	2000	0.3				
18	7	1400	0.4				
20	6	1200	0.3				
22	8	1600	0.4				
24	8	1600	0.2				
26	8	1600	0.3				
签字栏	建设(监理)单位		施工单位				
			质检员		施工员	施工班组长	
	×××		×××		×××	×××	

三十六、《试打桩情况记录》填写范例

试打桩情况记录

工程名称：××工程　　　　**试打日期** 2015 年 9 月 4 日

建设单位	××房地产开发有限公司	**设计单位**	××建筑设计院	**总包单位**	××建设集团有限公司	**打桩单位**	××基础工程有限公司
设计桩型	静压 PHC 管桩	**混凝土强度等级**	C80	**配筋情况**	主筋Φ20mm 箍筋Φ8@150mm	**施工机械**	YZY－750

工程桩控制标准：

1. 桩端持力层选为第(七)层强风化粗粒花岗岩。
2. 施工过程以压桩力控制为主，桩长控制为辅。ϕ500 桩终压力控制 4300kN。
3. 参考地质报告，ϕ500 桩终压力控制 4300kN。
4. 施工中桩长进行调配。
5. 遇到异常情况通知有关部门进行协商处理

试打桩桩号及情况：

本工程×# 桩在 X 轴交 Y 轴处，试压点位于钻探孔 ZK××孔附近(现有地面标高为罗零 14.30m)，采用 PHC500AB－100 管桩。配桩长度：15.15＋5＝20.15。桩最终入土深度为 22.25m，终压力为 4327kN

评定意见：

合格

<table>
<tr><td rowspan="3">参加人员</td><td rowspan="2">监理(建设)单位</td><td colspan="3">施工单位</td></tr>
<tr><td>专业技术负责人</td><td>质检员</td><td>记录人</td></tr>
<tr><td>×××</td><td>×××</td><td>×××</td><td>×××</td></tr>
</table>

第四节 基坑支护工程施工记录

一、《隐蔽工程验收记录》填写范例

隐蔽工程验收记录		编　号	×××
工程名称	××工程		
隐检项目	基坑支护工程（地下连续墙）	隐检日期	××年×月×日
隐检部位	基坑支护墙　①～⑤/Ⓐ～Ⓔ 轴线　－20.5m 标高		

隐检依据：施工图图号 结施 2，施工方案 ，设计变更/洽商（编号 / ）及有关国家现行标准等。

主要材料名称及规格/型号： 钢筋 HRB335 Φ 22、Φ 16、HPB 235 Φ 6.5

隐检内容：

1. 基坑支护的成槽宽度、深度、垂直度均符合设计要求。
2. 钢筋笼制作：钢筋长 11000mm，主筋 10 Φ 22、加力筋Φ 16@1500mm、Φ 6.5@200mm。
3. 钢筋接头位置及接头处预留搭接长度均符合设计要求。
4. 钢筋笼两侧设定位垫块，定位垫块采用 10mm 厚钢板制成“八”字形与主筋焊接，竖向间距 5m。
5. 钢筋笼内部竖向钢筋与横向钢筋交点采用点焊。
6. 清槽：用成槽机清除槽底淤积沙泥，沉渣厚度小于 100mm，泥浆中含砂率小于 2%，其他指标正常

申报人：×××

检查意见：

经检查，成槽宽度、深度、垂直度、钢筋笼规格、位置、槽底清理、沉渣厚度均符合设计要求和《建筑地基基础工程施工质量验收规范》GB 50202—2002

检查结论：　☑同意隐蔽　　☐不同意，修改后进行复查

复查结论：

复查人：　　　　　　复查日期：

签字栏	建设（监理）单位	施工单位	××建设工程有限公司	
		专业技术负责人	专业质检员	专业工长
	×××	×××	×××	×××

注：本表由施工单位填写，建设单位、施工单位、城建档案馆各保存一份。

<table>
<tr><td colspan="2">隐蔽工程验收记录</td><td>编 号</td><td>×××</td></tr>
<tr><td>工程名称</td><td colspan="3">××办公楼工程</td></tr>
<tr><td>隐检项目</td><td>地面工程(防水隔离层)</td><td>隐检日期</td><td>××年×月×日</td></tr>
<tr><td>隐检部位</td><td colspan="3">三层卫生间、开水间、空调机房楼面防水隔离层</td></tr>
<tr><td colspan="4">隐检依据:施工图号 建施—1、建施—7 ,设计变更/工程变更单(编号 /)及有关国家现行标准等。
主要材料名称及规格/型号: 单组分聚氨酯防水涂料 Ⅱ类</td></tr>
<tr><td colspan="4">隐检内容:
1.单组分聚氨酯防水涂料有出厂合格证、检测报告、使用说明书、进场复试报告,合格。
2.涂膜防水层施工前,基层干燥,含水率小于9%。
3.涂刷底胶,涂刷量为0.3kg/m²,涂刷后干燥3h以上。
4.细部附加层处理。对管根、阴阳角等细部节点处,做一布二油防水附加层。其宽度和上返高度大于300mm。
5.涂膜防水层施工分三道涂层铺设,其施工方法、铺设厚度、间隔时间等均符合要求

申报人:×××</td></tr>
<tr><td colspan="4">检查意见:
经检查,符合设计要求和《建筑地面工程施工质量验收规范》GB 50209—2010的规定。可进行下道工序施工

检查结论: ☑同意隐蔽 □不同意隐蔽</td></tr>
<tr><td colspan="4">复查结论:

复查人: 复查日期:</td></tr>
</table>

<table>
<tr><td rowspan="3">签字栏</td><td rowspan="2">建设(监理)单位</td><td>施工单位</td><td colspan="2">××建设工程有限公司</td></tr>
<tr><td>专业技术负责人</td><td>专业质检员</td><td>专业工长</td></tr>
<tr><td>×××</td><td>×××</td><td>×××</td><td>×××</td></tr>
</table>

注:本表由施工单位填写,建设单位、施工单位、城建档案馆各保存一份。

<table>
<tr><td colspan="3">隐蔽工程验收记录</td><td>编　号</td><td>×××</td></tr>
<tr><td>工程名称</td><td colspan="4">××图书馆</td></tr>
<tr><td>隐检项目</td><td colspan="2">锚杆支护　锚杆成孔</td><td>隐检日期</td><td>××年×月×日</td></tr>
<tr><td>隐检部位</td><td colspan="4">三层　　③～④/Ⓒ 轴线　　－6.900m 标高</td></tr>
<tr><td colspan="5">隐检依据：施工图号　基坑支护与降水设计总说明－002、基坑支护与降水设计平面图－003、地质勘察报告（编号××），设计变更/工程变更单（编号　××　）及有关国家现行标准等。
主要材料名称及规格/型号：　/　</td></tr>
<tr><td colspan="5">隐检内容：
1. 单组分聚氨酯防水涂料有出厂合格证、检测报告、使用说明书、进场复试报告，合格。
2. 涂膜防水层施工前，基层干燥，含水率小于 9%。
3. 涂刷底胶，涂刷量为 0.3kg/m²，涂刷后干燥 3h 以上。
4. 细部附加层处理。对管根、阴阳角等细部节点处，做一布二油防水附加层。其宽度和上返高度大于 300mm。
5. 涂膜防水层施工分三道涂层铺设，其施工方法、铺设厚度、间隔时间等均符合要求
申报人：×××</td></tr>
<tr><td colspan="5">检查意见：
经检查，符合设计要求和《建筑地面工程施工质量验收规范》GB 50209—2010 的规定。可进行下道工序施工
检查结论：　☑同意隐蔽　　□不同意隐蔽</td></tr>
<tr><td colspan="5">复查结论：
复查人：　　　　　　　　复查日期：</td></tr>
<tr><td rowspan="3">签字栏</td><td rowspan="2">建设（监理）单位</td><td>施工单位</td><td colspan="2">××建设工程有限公司</td></tr>
<tr><td>专业技术负责人</td><td>专业质检员</td><td>专业工长</td></tr>
<tr><td>×××</td><td>×××</td><td>×××</td><td>×××</td></tr>
</table>

注：本表由施工单位填写，建设单位、施工单位、城建档案馆各保存一份。

隐蔽工程验收记录		编　号	×××
工程名称	××办公楼工程		
隐检项目	石材背板与保温板安装	隐检日期	××年×月×日
隐检部位	F01层西立面		

隐检依据：施工图号 装施－1、装施－26 **，设计变更/工程变更单(编号** / **)及有关国家现行标准等。**

主要材料名称及规格/型号： 14号工字钢、连接件、30×80mm不锈钢螺栓、1438×523×1.5mm镀锌背板、M12×57mm/M8×80mm等镀锌螺栓、玻璃岩棉、镀锌钢框架、791硅酮密封胶、聚氨酯光泽漆、聚氨酯防锈漆、铝合金型材

隐检内容：

1. 根据施工图纸分格尺寸及标高线，将连接件焊于埋件上，焊缝涂刷防锈漆。
2. 14号工字钢与连接件之间用30×80mm不锈钢螺栓连接固定，工字钢与挂件用M12×57mm镀锌螺栓连接、调整高度，三面焊接。
3. 镀锌背板与工字钢用M5×15mm镀锌螺栓连接，间距为40mm，并调节平整度。
4. 镀锌背板内侧安装玻璃岩棉，交接缝处用铝箔胶纸粘贴，以400mm间距粘贴棉钉；镀锌背板外侧接缝填塞泡沫棒，并用791硅酮密封胶注胶处理。
5. 镀锌背板喷涂红色防锈漆一道，12h后喷涂黑色光泽漆一道，再过12h后喷涂黑色光泽漆一道。
6. 钢框架上口2个耳片与挂件2个角的切口紧靠嵌接，4个角用M8×80mm镀锌螺栓定位并安装牢固。
7. 铝合金型材用M6×16mm不锈钢螺栓安装固定于钢框架上

申报人：×××

检查意见：

经检查，石材幕墙骨架材料品种、规格、数量、构造，防锈处理，安装牢固性等均符合设计要求和《建筑装饰装修工程质量验收规范》GB 50210—2001的规定

检查结论： ☑同意隐蔽　☐不同意隐蔽

复查结论：

复查人：　　　　**复查日期：**

签字栏	建设(监理)单位	施工单位	××建设工程有限公司	
		专业技术负责人	专业质检员	专业工长
	×××	×××	×××	×××

注：本表由施工单位填写，建设单位、施工单位、城建档案馆各保存一份。

二、《隐蔽工程验收记录》填写说明

隐蔽工程是指工程项目建设过程中，某一道工序所完成的工程实物，被后一工序形成的工程实物所隐蔽，而且不可逆向作业的工程。

1. 表格解析

(1)责任部门。

施工单位项目专业技术负责人、专业质检员、专业工长（施工员）、项目监理机构专业监理工程师等。

(2)提交时限。

检查合格后 1d 内完成，检验批验收前提交。

(3)填写要点。

1)工程名称：与施工图纸图签中名称一致。

2)编号：按吉林省工程资料编号要求填写。

3)隐检项目：应按实际检查项目填写，具体写明（子）分部工程名称和施工工序主要检查内容。隐蔽项目栏填写举例：桩基工程钢筋笼安装、支护工程锚杆安装、门窗工程（预埋件、锚固件或螺栓安装）、吊顶工程（龙骨、吊件、填充材料安装）。

4)隐检部位：对于结构工程隐蔽部位应体现层、轴线、标高和主要构件名称（墙、柱、板、梁等）；对于装饰装修工程隐蔽部位应体现楼层、轴线（或建筑功能房间/区域名称，如楼梯间、公共走廊、会议室、餐厅等）。

5)隐检日期：按实际检查日期填写。

6)隐检依据：施工图纸、设计变更单/工程变更单、有关国家现行标准，如相关的施工质量验收规范、标准、规程；本工程的施工组织设计、（专项）施工方案、技术交底等。特殊的隐检项目如新材料、新工艺、新设备等要标注具体的执行标准文号或企业标准文号。

7)主要材料名称及规格/型号：按实际发生材料、设备填写，将各主要材料名称及对应的规格/型号表述清楚。

8)隐检内容：结合设计、规范要求，将隐蔽部位关联的隐检项目和涉及的各检查点描述具体详细。应严格反映施工图的设计要求；按照施工质量验收规范的自检情况（如原材料复验、连接件试验、主要施工工艺做法等）。若文字不能表达清楚的，可用详图或大样图表示。

9)检查结论：按照监理单位检查意见填写。所有隐检内容是否全部符合要求应明确；隐检中第一次验收未通过的，应注明质量问题和复查要求；隐蔽验收后应确认结论，在相应的选择框□同意隐蔽，□不同意隐蔽处划“√”。

10)签字栏：应本着“谁施工、谁签认”的原则。对于专业分包工程应体现专业分包单位名称，分包单位的各级责任人签认后再报请总包签认，总包签认后再报请监理签认。各方签字后生效。

2. 相关规定及要求

(1)规范名称。

1)《建筑工程施工质量验收统一标准》GB 50300—2013。

2)《建筑工程资料管理标准》DB22/JT 127—2014。

(2)相关要求。

1)隐蔽工程验收的程序和组织。

施工过程中,隐蔽工程在隐蔽前,施工单位应按照有关标准、规范和设计图纸的要求自检合格后,填写隐蔽工程验收记录(有关监理验收记录及结论不填写)和隐蔽工程报审、报验表等表格,向项目监理机构(建设单位)进行申请验收,项目专业监理工程师(建设单位项目专业技术负责人)组织施工单位项目专业质量(技术)负责人等严格按设计图纸和有关标准、规范进行验收:对施工单位所报资料进行审查,组织相关人员到验收现场进行实体检查、验收,同时应留有照片、影像等资料。对验收不合格的工程,专业监理工程师(建设单位项目专业技术负责人)应要求施工单位进行整改,自检合格后予以复查;对验收合格的工程,专业监理工程师(建设单位项目专业技术负责人)应签认隐蔽工程验收记录和隐蔽工程报审、报验表,准予进行下一道工序施工。

2)主要隐检项目及内容。

①土方工程。

a.检查内容:依据施工图纸、地质勘探报告、有关施工验收规范要求,检查基底清理情况,基底标高,基底轮廓尺寸等情况。

b.填写要点:土方工程隐检记录中要注明施工图纸编号,地质勘测报告编号,将检查内容描述清楚。

②支护工程。

a.检查内容:依据施工图纸、有关施工验收规范要求和基坑支护方案、技术交底,检查锚杆、土钉的品种规格、数量、插入长度、钻孔直径、深度和角度;检查地下连续墙成槽宽度、深度、倾斜度,钢筋笼规格、位置、槽底清理、沉渣厚度情况。

b.填写要点:支护工程隐检记录中要注明施工图纸编号,地质勘测报告编号,锚杆、土钉的品种规格、数量、插入长度、钻孔直径等主要数据描述清楚。

③桩基工程。

a.检查内容:依据施工图纸、有关施工验收规范要求和桩基施工方案、技术交底,检查钢筋笼规格、尺寸、沉渣厚度、清孔等情况。

b.填写要点:桩基工程隐检记录中要注明施工图纸编号,地质勘测报告编号,将检查的钢筋笼规格、尺寸、沉渣厚度、清孔等情况描述清楚。

④地下防水工程。

a.检查内容:依据施工图纸、有关施工验收规范要求和防水施工方案、技术交底,检查混凝土的变形缝、施工缝、后浇带、穿墙套管、预埋件等设置的形式和构造等情况;检查防水层的基层处理,防水材料的规格、厚度、铺设方式、阴阳角处理、搭接密封处理等情况。

b.填写要点:地下防水工程隐检记录中要注明施工图纸编号,刚性防水混凝土的强度等级、抗渗等级,柔性防水材料的型号、规格、防水材料的复试报告编号、施工铺设方法、搭接长度、宽度尺寸等情况,还应将阴阳角处理、附加层情况等描述清楚,必要时可附简图加以说明。

三、《基坑支护水平位移监测记录》填写范例

基坑支护水平位移监测记录				编　　号	×××
工程名称	××大厦工程				
基坑支护部位	基坑①～⑮	支护日期	××年×月×日	支护方案编号	××
施工单位	××建筑工程有限公司	验收日期	××年×月×日	监测单位	××工程测量有限公司
支护验收结果	合格	监理工程师	×××	监测开始日期	××年×月×日
设计方案规定控制变形值(mm)					

变形监测记录(实际变形值)(mm)								检测人员签字
检测次数	检测时间	A	B	C	D	E	F	
1	××年×月×日	1	2	1	0	1	1	×××、×××
2	××年×月×日	0	0	1	1	1	2	×××、×××
3	××年×月×日	1	1	1	1	0	0	×××、×××
4	××年×月×日	0	1	0	1	1	1	×××、×××
5	××年×月×日	0	0	0	1	0	1	×××、×××
6	××年×月×日	0	0	0	0	1	0	×××、×××
7	××年×月×日	0	0	0	0	0	0	×××、×××
8	××年×月×日	0	0	0	0	0	0	×××、×××
9	××年×月×日	0	0	0	0	0	0	×××、×××
10	××年×月×日	1	0	0	0	0	0	×××、×××

监测点简图：

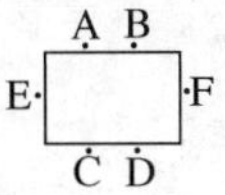

实际变形值必须控制在设计控制值内，如发生超出控制值等异常情况，应及时处理，必须达到正常情况后再继续施工

签字栏	施工单位	××建设工程有限公司	专业技术负责人	专业质检员	施测人
			×××	×××	×××
	监理单位	××工程建设监理有限公司		专业监理工程师	×××

四、《基坑支护水平位移监测记录》填写说明

1. 表格解析

(1)责任部门。

施测单位项目专业技术负责人、专业质检员、测量员，项目监理机构专业监理工程师等。

(2)提交时限。

支护工程验收前10d提交。

2. 相关规定及要求

(1)填写依据。

1)《工程测量规范》GB 50026—2007。

2)《建筑变形测量规范》JGJ 8—2007。

3)《建筑基坑工程监测技术规范》GB 50497—2009。

4)《建筑工程资料管理标准》DB22/JT 127—2014。

(2)相关要求。

1)一般要求。

①监测方法的选择应根据基坑等级、精度要求、设计要求、场地条件、地区经验和方法适用性等因素综合确定，监测方法应合理易行。

②变形监测网的基准点、工作基点布设应符合下列要求：

a. 每个基坑工程至少应有3个稳定、可靠的点作为基准点；

b. 工作基点应选在稳定和方便使用的位置。在通视条件良好、距离较近、观测项目较少的情况下，可直接将基准点为工作基点；

c. 监测期间，应定期检查工作基点和基准点的稳定性。

③监测仪器、设备和元件应符合下列规定：

a. 满足观测精度和量程的要求，且应具有良好的稳定性和可靠性；

b. 应经过校准或标定，且校核记录和标定资料齐全，并应在规定的校准有效期内使用；

c. 监测过程中应定期进行监测仪器、设备的维护保养、检测以及监测元件的检查。

④对同一监测项目，监测时宜符合下列要求：

a. 采用相同的观测方法和观测路线；

b. 使用同一监测仪器和设备；

c. 固定观测人员；

d. 在基本相同的环境和条件下工作。

⑤监测项目初始值应在相关施工工序之前测定，并取至少连续观测3次的稳定值的平均值。

⑥地铁、隧道等其他基坑周边环境的监测方法和监测精度应符合相关标准的规定以及主管部位的要求。

⑦除使用《建筑基坑工程监测技术规范》GB 50497—2009规定的监测方法外，亦可采用能达到本规范规定精度要求的其他方法。

2)水平位移监测。

①测定特定方向上的水平位移时，可采用视准线法、小角度法、投点法等；测定监测点任意方向的水平位移时，可视监测点的分布情况，采用前方交会法、后方交会法、极坐标法等；当测点与基准点无法通视或距离较远时，可采用GPS测量法或三角、三边、边角测量与基准线法相结合的综合测量方法。

②水平位移监测基准点的埋设应符合国家现行标准《建筑变形测量规范》JGJ 8—2007的有关规定，宜设置有强制对中的观测墩，并且采用精密的光学对中装置，对中误差不宜大于0.5mm。

③基坑围护墙（边坡）顶部、基坑周边管线、邻近建筑水平位移监测精度应根据其水平位移报警值按表5-11确定。

表5-11 基坑维护墙（坡）顶水平位移监测精度要求（mm）

水平位移报警值	累计值 D(mm)	$D<20$	$20 \leqslant D<40$	$40 \leqslant D \leqslant 60$	$D>60$
	变化速率 V_D(mm/d)	$V_D<2$	$2 \leqslant V_D<4$	$4 \leqslant V_D<6$	$V_D>6$
监测点坐标中误差		≤0.3	≤1.0	≤1.5	≤3.0

注：1. 监测点坐标中误差，是指监测点相对测站点（如工作基点等）的坐标中误差，为点位中误差的1/2。
2. 当根据累计值和变化速率选择精度要求不一致时，水平位移监测精度优先按变化速度报警值的要求确定。
3. 本规范以中误差作为衡量精度的标准。

3）深层水平位移。

①围护墙体或土体深层水平位移的监测宜采用在墙体或土体中预埋测斜管、通过测斜仪观测各深度处水平位移的方法。

②测斜仪的系统精度不宜低于0.25mm/m，分辨率不宜低于0.02mm/500mm。

③测斜管应在基坑开挖1周前埋设，埋设时应符合下列要求：

a. 埋设前应检查测斜管质量，测斜管连接时应保证上、下管段的导槽相互对准、顺畅，各段接头及管底应保证密封；

b. 测斜管埋设时应保持竖直，防止发生上浮、断裂、扭转；测斜管一对导槽的方向应与所需测量的位移方向保持一致；

c. 当采用钻孔法埋设时，测斜管与钻孔之间的孔隙应填充密实。

④测斜仪探头置入测斜管底后，应待探头接近管内温度时再量测，每个监测点均应进行正、反两次量测。

⑤当以上部管口作为深层水平位移的起算点时，每次监测均应测定管口坐标的变化并修正。

4）监测报警。

①基坑工程监测报警值应符合基坑工程设计的限值、地下主体结构设计要求以及监测对象的控制要求。基坑工程监测报警值由基坑工程设计方确定。

②基坑内、外地层位移控制位符合下列要求：

a. 不得导致基坑的失稳；

b. 不得影响地下结构的尺寸、形状和地下工程的正常施工；

c. 对周边已有建筑物引起的变形不得超过相关技术规范的要求或影响其正常使用；

d. 不得影响周边道路、管线、设施等正常使用；

e. 满足特殊环境的技术要求。

③基坑工程监测报警值应由监测项目的累计变化量和变化速率值共同控制。

④基坑及支护结构监测报警值应根据监测项目、支护结构的特点和基坑等级确定，可参考表 5-12。

表 5-12 基坑及支护结构监测报警值

序号	监测项目	支护结构类型	基坑类别								
			一级			二级			三级		
			累计值		变化速率(mm/d)	累计值		变化速率(mm/d)	累计值		变化速率(mm/d)
			绝对值(mm)	相对基坑深度(h)控制值		绝对值(mm)	相对基坑深度(h)控制值		绝对值(mm)	相对基坑深度(h)控制值	
1	围护墙(边坡)顶部水平位移	放坡、土钉墙、喷锚支护、水泥土墙	30～35	0.3%～0.4%	5～10	50～60	0.6%～0.8%	10～15	70～80	0.8%～1.0%	15～20
		钢板桩、灌注桩、型钢水泥土墙、地下连续墙	25～30	0.2%～0.3%	2～3	40～50	0.5%～0.7%	4～6	60～70	0.6%～0.8%	8～10
2	围护墙(边坡)顶部竖向位移	放坡、土钉墙、喷锚支护、水泥土墙	20～40	0.3%～0.4%	3～5	50～60	0.6%～0.8%	5～8	70～80	0.8%～1.0%	8～10
		钢板桩、灌注桩、型钢水泥土墙、地下连续墙	10～20	0.1%～0.2%	2～3	25～30	0.3%～0.5%	3～4	35～40	0.5%～0.6%	4～5
3	深层水平位移	水泥土墙	30～35	0.3%～0.4%	5～10	50～60	0.6%～0.8%	10～15	70～80	0.8%～1.0%	15～20
		钢板桩	50～60	0.6%～0.7%	2～3	80～85	0.7%～0.8%	4～6	90～100	0.9%～1.0%	8～10
		型钢水泥土墙	50～55	0.5%～0.6%		75～80	0.7%～0.8%		80～90	0.9%～1.0%	
		灌注桩	45～50	0.4%～0.5%		70～75	0.6%～0.7%		70～80	0.8%～0.9%	
		地下连续墙	40～50	0.4%～0.5%		70～75	0.7%～0.8%		80～90	0.9%～1.0%	
4	立柱竖向位移		25～35	—	2～3	35～45	—	4～6	55～65	—	8～10
5	基坑周边地表竖向位移		25～35	—	2～3	50～60	—	4～6	60～80	—	8～10
6	坑底回弹		25～35	—	2～3	50～60	—	4～6	60～80	—	8～10
7	土压力		$(60\%\sim70\%)f_1$		—	$(70\%\sim80\%)f_1$		—	$(70\%\sim80\%)f_1$		—
8	孔隙水压力										

续表 5-12

序号	监测项目	支护结构类型	基坑类别								
			一级			二级			三级		
			累计值		变化速率（mm/d）	累计值		变化速率（mm/d）	累计值		变化速率（mm/d）
			绝对值（mm）	相对基坑深度（h）控制值		绝对值（mm）	相对基坑深度（h）控制值		绝对值（mm）	相对基坑深度（h）控制值	
9	支撑内力		$(60\%\sim70\%)f_2$		—	$(70\%\sim80\%)f_2$		—	$(70\%\sim80\%)f_2$		—
10	围护墙内力										
11	立柱内力										
12	锚杆内力										

注：1. h 为基坑设计开挖深度，f_1 为荷载设计值，f_2 为构件承载能力设计值。

2. 累计值取绝对值和相对基坑深度（h）控制值两者的小值。

3. 当监测项目的变化速率达到表中规定值或连续 3d 超过该值的 70%，应报警。

4. 嵌岩的灌注桩或地下连续墙位移报警值宜按表中数值的 50%取用。

⑤基坑周边环境监测报警值的限值应根据主管部门的要求确定，如无具体规定，可参考表 5-13 确定。

表 5-13　建筑基坑工程周边环境监测报警值

监测对象 \ 项目				累计值（mm）	变化速率（mm/d）	备　注
1	地下水位变化			1000	500	—
2	管线位移	刚性管道	压力	10～30	1～3	直接观察点数据
			非压力	10～40	3～5	
		柔性管线		10～40	3～5	—
3	邻近建（构）筑物			10～60	10～60	—
4	裂缝宽度	建筑		1.5～3	持续发展	—
		地表		10～15	持续发展	—

注：建筑整体倾斜度累计值达到 2/1000 或倾斜速度连续 3d 大于 $0.0001H$/d（H 为建筑承重结构高度）时应报警。

⑥基坑周边建筑、管线的报警值除考虑基坑开挖造成的变形，尚应考虑其原有变形的影响。

⑦当出现下列情况之一时，必须立即进行危险报警，并应对基坑支护结构和周边环境中的保护对象采取应急措施。

a. 监测数据达到监测报警值的累计值；

b. 基坑支护结构或周边土体的位移值突然明显增大或基坑出现流沙、管涌、隆起、陷落或较严重的渗漏等；

c. 基坑支护结构的支撑或锚杆体系出现过大变形、压屈、断裂、松弛或拔出的迹象；

d. 周边建筑的结构部分、周边地面出现较严重的突发裂缝或危害结构的变形裂缝；

e. 周边管线变形突然明显增长或出现裂缝、泄漏等；

f. 根据当地工程经验判断，出现其他必须进行危险报警的情况。

五、《地下连续墙挖槽施工记录》填写范例

地下连续墙挖槽施工记录

施工单位 ××建设集团　　　　挖土设备 BH—12

工程名称 ××工程　　　　挖槽设计深度、宽度 20m/800mm

日期	班次	单元槽段编号	单元槽段深度		本班挖槽深度(m)	本班挖土方量(m)	挖槽宽度(m)	槽壁垂直度	槽位偏差情况	备注
			本班开始时(m)	本班结束时(m)						
××年×月×日	三班	20#	8	19	11	52.8	6	2%	−20cm	

参加人员	监理(建设)单位	施工单位		
		专业技术负责人	质检员	记录人
	×××	×××	×××	×××

六、《地下连续墙挖槽施工记录》填写说明

地下连续墙挖槽施工记录是指地下连续墙挖槽施工过程中检查的情况记录。

1.表格解析。

(1)责任部门。

项目工程部。

(2)填写要点。

1)单元槽段编号：按施工图设计的单元槽段编号。

2)单元槽段深度：分别填记本班开始时槽段深度及结束时挖至的深度。

3)槽壁垂直度：墙面垂直度应符合设计要求，一般为 $h/200$(h 为墙深)。

4)槽位偏差情况：按地下连续墙分项工程质量允许偏差项目要求检查。

2.相关规定及要求

(1)应根据成槽地点的工程地质和水文地质条件、施工环境、设备能力、地下墙的结构尺寸及质量要求等选用挖槽机械。通常，对于软质地基，宜选用抓斗式挖槽机械；对于硬质地基，宜选用回转式或冲击式挖槽机械。

(2)挖槽前，应预先将地下墙划分为若干个施工槽段，其平面形状可为一字形、L 形、T 形等。槽段长度应根据设计要求、土层性质、地下水情况、钢筋笼的轻重大小、设备起吊能力、混凝土供应能力等条件确定，一般槽段长度为 3～7m。

(3)挖槽前，应制订出切实可行的挖槽方法和施工顺序，并严格执行。挖槽时，应加强观测，确保槽位、槽深、槽宽和垂直度符合设计要求。遇有槽壁坍塌事故发生，应及时分析原因，妥善处理。

(4)挖槽过程中，应保持槽内始终充满泥浆，泥浆的使用方式，应根据挖槽方式的不同而定，使用抓斗挖槽时，应采用泥浆静止方式，随着挖槽深度的增大，不断向槽内补充新鲜泥浆，使槽壁保持稳定；使用钻头或切削刀具挖槽时，应采用泥浆循环方式，用泵把泥浆通过管道压送到槽底，土渣随泥浆上浮至槽顶面排出称为正循环；泥浆自然流人槽内，土渣被泵管抽吸到地面上称为反循环。反循环的排渣效率高，宜用于容积大的槽段开挖。

(5)槽段的终槽深度应符合下列要求：非承重墙的终槽深度必须保证设计深度，同一槽段内，槽底深度必须一致且保持平整；承重墙的槽段深度应根据设计人岩深度要求，参照地质剖面图及槽底岩屑样品等综合确定；同一槽段开挖深度宜一致；遇有特殊情况应会同设计单位研究处理。

(6)槽段开挖完毕，应检查槽位、槽深、槽宽及槽壁垂直度，合格后，应尽快清底换浆及安装钢筋笼、灌注槽段混凝土。

七、《地下连续墙护壁泥浆施工记录》填写范例

地下连续墙护壁泥浆施工记录

施工单位 ××建设集团　　　　泥浆搅拦机类型 J_1—400(A)

工程名称 ××工程　　　　膨润土种类和特性 钠土、黏性大、稳定性差

泥浆配合比(每立方米):土∶水∶化学掺合剂＝ 0.08 ∶ 1 ∶ 0.003 (kg)

泥浆配合比(每 盘):土∶水∶化学掺合剂＝ 80 ∶ 1000 ∶ 3 (kg)

班次	日期	泥浆取样位置	泥浆质量指标									备注
			比重	黏度(s)	含砂量(%)	胶体率(%)	失水量(mL/30min)	泥皮厚度(mm)	静切力(mg/cm²)	稳定性(g/cm³)	pH	
中	××年×月×日	16#中间	1.10	20	2	97	10	2	××	××	8.9	

参加人员	监理(建设)单位	施工单位		
		专业技术负责人	质检员	记录人
	×××	×××	×××	×××

八、《地下连续墙护壁泥浆施工记录》填写说明

地下连续墙护壁泥浆施工记录是指地下连续墙(护壁泥浆)施工过程中的记录。

1.表格解析

(1)责任部门。

项目工程部。

(2)填写要点。

1)泥浆取样位置:取样实际位置。

2)泥浆质量指标:按实际检测指标填写。

2.相关规定及要求

(1)泥浆的配制与使用。

1)泥浆的作用在于维护槽壁的稳定、防止槽壁坍塌、悬浮岩屑和冷却、润滑钻头。泥浆质量的优劣直接关系着成槽速度的快慢,也直接关系着墙体质量、墙底与基岩接合质量以及墙段间接缝的质量。

2)施工前,应对造浆私土进行认真选择,一般应选用膨润土造浆,并在施工前进行造浆率和造浆性能试验。

3)配制泥浆前,应根据地质条件、成槽方法和用途等进行泥浆配合比设计,试验合格后方可使用。其性能指标应符合表5-14的规定。新拌制的泥浆应存放24h或加分散剂,使膨润土充分水化后,方可使用。

表5-14 制配泥浆的性能指标

项目	性能指标	检验方法
密度	1.1～1.3	泥浆密度计
黏度	18～25s	500/700mL野外教度计
含砂量	<5%	含砂量仪
胶体率	>95%	试管法
失水量	<30mL/30min	失水量仪
泥皮厚度	1～3mm/30min	失水量仪
静切力	1min,2～3N/m²;10min,5～10N/m²	静切力仪
稳定性	<0.004 30g/mm³	密度计
pH值	7～9	pH试纸

4)施工场地应设置足够施工使用的泥浆配制、循环和净化系统场地。泥浆池应加设防雨棚,施工场地应设集水井和排水沟,防止雨水和地表水污染泥浆,同时也防止泥浆污染场地,做到文明生产。

5)不同施工阶段的泥浆性能指标的测定项目应按下列要求进行:

①在鉴定黏土的造浆性能和确定泥浆配合比时,均应测定泥浆的黏度、密度、含砂量、稳定性、胶体率、静切力、失水量、泥皮厚度和 pH 值;

②清槽后,测定槽底以上 0.2～1.0m 处泥浆的密度、含砂率和黏度。

6)施工期间,槽内泥浆面必须高于地下水位 1.0m 以上,并且不低于导墙顶面 0.5m。

7)施工过程中,应经常测定和调节泥浆性能,使其适应不同地层的钻进要求。

①对于覆盖层(即人工填土部分)泥浆黏度要适当大些,可达 25～30s,甚至更大,失水量和泥皮厚度要小一些;

②对于黏土层,泥浆黏度可小一些,浓度也可稀一些。当黏度过高时,可用分散剂和加水稀释,但应禁止直接向槽内加清水,而应将水加进池内,经充分搅拌后再用。

③对于砂层,泥浆黏度应大些,浓度也可大些,失水量和泥皮厚度要小一些,在地下水特别丰富的地层中要采用高黏度高浓度泥浆。

④对于渗透性极高的地层,泥浆可能漏失,可用高黏度泥浆,或在泥浆中添加堵漏材料,如锯末和其他纤维物质,也可以直接往槽内投黏土球,在制作黏土球时,可往土中加适量的 Na－CMC。

8)当泥浆受水泥污染时,黏度会急剧升高,可用 Na_2CO_3 和 FCL(铁铬盐)进行稀释。如果泥浆过分凝胶化时,就要把泥浆废弃。

①当泥浆受海水污染时,可用海水造浆,并加入 CMC。

②当泥浆受其他盐类污染时,可用腐殖酸钠或 FCL 来处理。

③当钻进页岩时,页岩会遇水膨胀剥落,要用 CMC 来降低失水量和泥皮厚度。

9) 施工现场应有足够的泥浆储备量,以满足成槽、清槽的需要以及失浆时的应急需要。泥浆池的数量至少要放置 4 个,总容量应能满足 1～2d 成槽和清槽用浆量。

10)在清槽过程中应不断置换泥浆。清槽后,槽底以上 0.2～1.0m 处的泥浆比重应小于 1.2,含砂量不大于 8%,黏度不大于 28s。

11)泥浆应进行净化回收重复使用。泥浆净化回收可采用振动筛、旋流器、流槽、沉淀池或强制脱水等方法。

废弃泥浆和残渣,应按环境保护的有关规定处理。

(2)清底换浆。

1)在槽段开挖结束后,灌注槽段混凝土前,应进行槽段的清底换浆工作,以清除槽底沉渣,直至沉渣厚度符合设计要求为止。

2)清底换浆作业可在挖槽结束后立即进行,也可在灌注槽段混凝土之前进行,不管在什么时候进行清底换浆作业,均应在浇注槽段混凝土之前,测定槽内泥浆的指标及沉渣厚度,达到设计要求后,才允许灌注槽段混凝土。

3)清底换浆时,应注意保持槽内始终充满泥浆,以维持槽壁的稳定。

九、《锚杆成孔记录》填写范例

锚杆成孔记录

工程名称：××工程　　施工单位：××建设集团有限公司

成孔日期	锚孔编号	锚孔层号	土层类型	孔体检查				备注
				孔直径	孔深度	孔倾角	孔间距	
××年×月×日	1	第一层	亚黏土	110	>××	13°	××	
××年×月×日	2	第二层	亚黏土	110	>××	13°	××	
××年×月×日	3	……						

参加人员	监理（建设）单位	施工单位		
		专业技术负责人	质检员	记录人
	×××	×××	×××	×××

十、《锚杆成孔记录》填写说明

锚杆成孔记录是指为保证基坑边坡的稳定，对基坑边坡锚杆成孔过程的记录。锚杆支护应有专项设计，施工时必须符合设计及规范规定。

1. 填写要点

(1)锚孔编号：指实际的锚孔编号。锚孔编号由施工单位按施工实际编号或按施工图设计的锚孔编号。

(2)锚孔层号：指整个护坡面深度范围内从上而下排列的某一层的层号。

(3)孔体检查：分别按孔深度、孔直径、孔倾角、孔间距进行检查。

2. 相关要求

(1) 钻孔前按设计及土层定出孔位并做出标记。

(2) 锚杆水平方向孔距误差不大于 50mm，垂直方向孔距误差不大于 100mm。钻孔底部偏斜尺寸不大于长度的 3%，可用钻孔测斜仪控制钻孔方向。

(3) 湿作业成孔，先启动水泵，注水钻进，并根据地质条件控制钻进速度，每节钻杆在接杆前，一定要反复冲洗外套管内的泥水，直至清水溢出。接外套管时要停止供水，把丝扣处泥砂清除干净，抹上少量黄油，要保证接后的套管与原有套管在同一轴线上。钻进过程中随时注意速度、压力及钻杆轴线平直。钻进离设计深度 200mm 时，用清水反复冲洗管中的泥砂，直至外套管内溢出清水，然后退出内钻杆，逐节拔出后，用塑料管测孔深并做好记录。

(4) 干作业成孔，要随时注意钻进速度，避免“别钻杆”，应把土充分倒出后再拔钻杆，以减少孔内虚土，方便拔钻杆。

十一、《锚杆安装记录》填写范例

锚杆安装记录

工程名称：××工程　　　　　　**施工单位：**××建设集团有限公司

序号	施工日期	锚孔编号	锚孔层号	锚杆检查				备注
				锚杆直径	锚杆长度	锚杆间距	锚杆水平度	
1	××年×月×日	$18^{\#}$	2	150mm	15m	2m	10°	
2	…							
附图	（图略）							
参加人员	监理（建设）单位	施工单位						
		专业技术负责人			质检员		记录人	
	×××	×××			×××		×××	

十二、《锚杆安装记录》填写说明

锚杆安装记录是指为保证基坑边坡的稳定，对基坑边坡锚杆安装过程的记录。

(1)锚孔编号：指实际的锚孔编号。锚孔编号由施工单位按施工实际编号或按施工图设计的锚孔编号。

(2)锚孔层号：指整个护坡面深度范围内从上而下排列的某一层的层号。

(3)锚杆检查：分别按锚杆直径、水平度、锚杆长度、锚杆间距进行检查。

十三、《预应力锚杆张拉与锁定施工记录》填写范例

预应力锚杆张拉与锁定施工记录

工程名称：××工程　　　　　　施工单位：××建设集团有限公司

锚孔编号	施工日期	张拉荷载(kN)	油压表读数(MPa)	测定时间(min)	锚头位移(mm)			锚头位移增量(mm)	锁定荷载(kN)
					1	2	3		
18#	××年×月×日	240	12.5	5	57.1	63.9	75.2	18.1	336

参加人员	监理（建设）单位	施工单位		
		专业技术负责人	质检员	记录人
	×××	×××	×××	×××

十四、《预应力锚杆张拉与锁定施工记录》填写说明

预应力锚杆张拉与锁定施工记录是指采用预应力锚杆支护时，当浆液达到设计强度后，对锚杆的张拉与锁定过程的记录。

1. 填写要点

(1)张拉荷载：指张拉时实际荷载。

(2)锁定荷载：指锁定时实际荷载。

2. 相关要求

锚体养护一般达到水泥强度的70%值，可以进行预应力张拉。

(1)为避免相邻锚杆张拉的应力损失，可采用“跳张法”，即隔1拉1的方法。

(2)正式张拉前，应取设计拉力的10%～20%，对锚杆预张1～2次，使各部位接触，杆体与土体紧密，产生初剪。

(3)正式张拉宜分级加载，每级加载后恒载3min记录伸长值，张拉到设计荷载（不超过轴力），恒载10min，再无变化可以锁定。

(4)锁定预应力以设计轴拉力的75%为宜。

十五、《注浆及护坡混凝土施工记录》填写范例

注浆及护坡混凝土施工记录

工程名称：××工程　　　　　　施工单位：××建设集团有限公司

<table>
<tr><th rowspan="2">序号</th><th rowspan="2">施工日期</th><th rowspan="2">孔编号</th><th rowspan="2">孔层号</th><th colspan="3">孔体注浆</th><th colspan="4">护坡面混凝土</th><th rowspan="2">备注</th></tr>
<tr><th>材料及配合比</th><th>注浆压力</th><th>注浆量</th><th>强度等级</th><th>坍落度</th><th>混凝土量</th><th>浇筑时间</th></tr>
<tr><td>1</td><td>××年×月×日</td><td>S10</td><td>第一层</td><td>水泥浆 0.5</td><td>0.3MPa</td><td>1150L >设计</td><td>C20</td><td></td><td>$12m^3$</td><td>实际</td><td></td></tr>
<tr><td>2</td><td>…</td><td></td><td></td><td></td><td></td><td></td><td></td><td></td><td></td><td></td><td></td></tr>
<tr><td></td><td></td><td></td><td></td><td></td><td></td><td></td><td></td><td></td><td></td><td></td><td></td></tr>
<tr><td></td><td></td><td></td><td></td><td></td><td></td><td></td><td></td><td></td><td></td><td></td><td></td></tr>
<tr><td></td><td></td><td></td><td></td><td></td><td></td><td></td><td></td><td></td><td></td><td></td><td></td></tr>
<tr><td></td><td></td><td></td><td></td><td></td><td></td><td></td><td></td><td></td><td></td><td></td><td></td></tr>
<tr><td></td><td></td><td></td><td></td><td></td><td></td><td></td><td></td><td></td><td></td><td></td><td></td></tr>
<tr><td></td><td></td><td></td><td></td><td></td><td></td><td></td><td></td><td></td><td></td><td></td><td></td></tr>
<tr><td>附图</td><td colspan="11">（图略）</td></tr>
<tr><td rowspan="3">参加人员</td><td colspan="3" rowspan="2">监理（建设）单位</td><td colspan="8">施工单位</td></tr>
<tr><td colspan="3">专业技术负责人</td><td colspan="3">质检员</td><td colspan="2">记录人</td></tr>
<tr><td colspan="3">×××</td><td colspan="3">×××</td><td colspan="3">×××</td><td colspan="2">×××</td></tr>
</table>

十六、《注浆及护坡混凝土施工记录》填写说明

注浆及护坡混凝土施工记录是指为保证基坑边坡的稳定，对基坑边坡采用土钉墙或锚杆注浆及混凝土护坡支护施工时所做的施工记录。

（1）孔体注浆。

1）材料及配合比：设计配制的浆体及使用的原材料；

2）注浆压力：施工时的注浆压力。

3）注浆量：单个孔体注浆量。

（2）护坡面混凝土。

1）混凝土强度等级：指设计选定的混凝土强度等级；

2）坍落度：指施工试配坍落度。

3）厚度：指坡面混凝土设计厚度。

十七、《土钉墙土钉成孔施工记录》填写范例

土钉墙土钉成孔施工记录

工程名称：××工程　　　　**施工单位：**××建设集团有限公司

<table>
<tr><th rowspan="2">序号</th><th rowspan="2">施工日期</th><th rowspan="2">土钉孔编号</th><th rowspan="2">土钉孔层号</th><th colspan="4">土钉孔检查</th><th rowspan="2">护坡面坡度</th><th rowspan="2">成孔时间</th><th rowspan="2">备注</th></tr>
<tr><th>土钉孔直径</th><th>孔体水平度</th><th>土钉孔长度</th><th>土钉孔间距</th></tr>
<tr><td>1</td><td>××年×月×日</td><td>21#</td><td>5</td><td>130mm</td><td>10°</td><td>12m</td><td>1.5m</td><td>71</td><td>50mm</td><td></td></tr>
<tr><td>2</td><td>××年×月×日</td><td>……</td><td></td><td></td><td></td><td></td><td></td><td></td><td></td><td></td></tr>
<tr><td></td><td></td><td></td><td></td><td></td><td></td><td></td><td></td><td></td><td></td><td></td></tr>
<tr><td></td><td></td><td></td><td></td><td></td><td></td><td></td><td></td><td></td><td></td><td></td></tr>
<tr><td></td><td></td><td></td><td></td><td></td><td></td><td></td><td></td><td></td><td></td><td></td></tr>
<tr><td></td><td></td><td></td><td></td><td></td><td></td><td></td><td></td><td></td><td></td><td></td></tr>
<tr><td></td><td></td><td></td><td></td><td></td><td></td><td></td><td></td><td></td><td></td><td></td></tr>
<tr><td>附图</td><td colspan="10">（略）</td></tr>
<tr><td rowspan="3">参加人员</td><td colspan="2" rowspan="2">监理（建设）单位</td><td colspan="8">施工单位</td></tr>
<tr><td colspan="3">专业技术负责人</td><td colspan="3">质检员</td><td colspan="2">记录人</td></tr>
<tr><td colspan="2">×××</td><td colspan="3">×××</td><td colspan="3">×××</td><td colspan="2">×××</td></tr>
</table>

十八、《土钉墙土钉成孔施工记录》填写说明

土钉墙土钉成孔记录是指为保证基坑边坡稳定，对基坑边坡土钉的成孔过程的记录。土钉墙支护应有专项设计，施工时必须符合设计及规范规定。

1. 表格解析

（1）责任部门。

项目工程部。

（2）填写要点。

1）土钉孔编号：指实际的土钉孔编号。土钉编号由施工单位按施工实际编号或按施工图设计的土钉孔编号。

2）土钉孔层号：指整个护坡面深度范围内从上而下排列的某一层的层号。

3）土钉孔检查：分别按土钉孔直径、孔体水平度、土钉孔长度、土钉孔间距进行检查。

4）护坡面坡度：指土钉墙护坡面的坡度。

2. 相关规定及要求

（1）钻孔前，应根据设计要求定出孔位并做出标记及编号。当成孔过程中遇到的障碍物需调整孔位时，不得损害支护结构设计原定的安全程度。

（2）采用的机具应符合土层特点，满足设计要求，在进钻和抽出钻杆过程中不得引起土体坍孔。而在易坍孔的土体中钻孔时宜采用套管成或挤压成孔。成孔过程中应由专人做成孔记录，按土钉编号逐一记载取出土堆体的特征、成孔质量、事故处理等，并将取出的土体及时与初步设计所认定的土质加以对比，若发现有较大的偏差要及时修改土钉的设计参数。

（3）土钉钻孔的质量应符合下列规定：

1）孔距允许偏差为±100mm。

2）孔径允许偏差为±5mm。

3）孔深允许偏差为±30mm。

4）倾角允许偏差为±1°。

十九、《土钉墙土钉钢筋安装记录》填写范例

土钉墙土钉钢筋安装记录

工程名称：××工程　　　　施工单位：××建设集团有限公司

序号	施工日期	土钉孔编号	土钉孔层号	土钉孔钢筋检查					坡面钢筋			备注
				直径	根数	箍筋间距	钢筋长度	保护层厚度	上段钢筋	下段钢筋	搭接长度	
1	××年×月×日	$18^{\#}$	$6^{\#}$	Φ22	1	200m	15m	40m	1.8m	1.8m	30m	

附图	（略）

参加人员	监理（建设）单位	施工单位		
		专业技术负责人	质检员	记录人
	×××	×××	×××	×××

二十、《土钉墙土钉钢筋安装记录》填写说明

土钉墙土钉钢筋安装记录是指为保证基坑边坡的稳定，对基坑边坡土钉钢筋安装过程的记录。

1. 表格解析

(1)责任部门。

项目工程部。

(2)填写要点。

1)土钉孔编号：指实际的土钉孔编号。土钉孔编号由施工单位按施工实际编号或按施工图设计的土钉孔编号。

2)土钉孔层号：指整个护坡面深度范围内从上而下排列某一层的层号。

3)土钉孔钢筋的检查：分别按直径、根数、箍筋间距、钢筋长度、保护层厚度进行检查。

4)坡面钢筋：分别按上段钢筋、下段钢筋、钢筋搭接长度进行检查。

2. 相关规定及要求

插入土钉钢筋前要进行清孔检查，若孔中出现局部渗水、塌孔或掉落松土应立即处理。土钉钢筋置入孔中前，要先在钢筋上安装对中定位支架，以保证钢筋处于孔位中心且注浆后其保护层厚度不小于25mm。支架沿钉长的间距可为2～3m左右，支架可为金属或塑料件，以不妨碍浆体自由流动为宜。

第五节 地下水控制工程施工记录

一、《井点施工记录(通用)》填写范例

井点施工记录(通用)

工程名称:××工程　　　　施工单位:××建设集团有限公司

井点类别		轻型井点				井点孔施工机具规格				××
施工日期		××年×月×日				天气情况				晴
井点编号	冲孔起讫时间	井点孔		井点管		灌砂量(kg)	滤管长度	滤管底端标高	沉淀管长度	备注
		直径(mm)	深度(m)	直径(mm)	全长(m)					
1	××～××	300	10.5	43	11	××	2.0	××	××	
2	××～××	300	10.6	43	11	××	2.0	××	××	
3	××～××	300	10.6	43	11	××	2.0	××	××	
4	××～××	300	10.5	43	11	××	2.0	××	××	
5	××～××	300	10.5	43	11	××	2.0	××	××	
6	××～××	300	10.6	43	11	××	2.0	××	××	
7	××～××	300	10.5	43	11	××	2.0	××	××	
8	××～××	300	10.5	43	11	××	2.0	××	××	
9	××～××	300	10.5	43	11	××	2.0	××	××	
10	××～××	300	10.5	43	11	××	2.0	××	××	
11	××～××	300	10.5	43	11	××	2.0	××	××	
12	××～××	300	10.5	43	11	××	2.0	××	××	
13	××～××	300	10.5	43	11	××	2.0	××	××	
14	××～××	300	10.5	43	11	××	2.0	××	××	
15	××～××	300	10.5	43	11	××	2.0	××	××	
16	××～××	300	10.5	43	11	××	2.0	××	××	
17	××～××	300	10.6	43	11	××	2.0	××	××	
18	××～××	300	10.5	43	11	××	2.0	××	××	
项目技术负责人:×××				质检员:×××				记录人:×××		

二、《井点施工记录(通用)》填写说明

井点施工记录(通用)是指为了保证施工的正常进行,采取轻型、喷射、电渗、管井、深井等不同方法降低地下水位施工时井孔施工过程的记录。

1.表格解析

(1)责任部门。

项目工程部。

(2)填写要点。

1)天气情况。指井点实际施工时日的天气情况,如晴、阴、雨、雪、雾、风及温度等。

2)井点类别。指实际采用的井点种类,如轻型井点(单层或多层)、喷射井点、电渗井点、管井井点、深井泵等。

3)井点编号。指某"井点系统"设计的井点编号,如"轻型"1#、2#等。

4)井点孔。

①直径:指实际的成孔直径。

②深度:指实际的成孔深度。

5)井点管。

①直径:指实际埋入井点管的直径。

②全长:指实际埋入井点管的总长度。

6)灌砂量:指单孔的灌砂量,不应小于设计灌砂量的95%。

7)滤管长度:指不同井点系统滤管长度。

8)滤管底端标高:指滤管底端标高。

9)沉淀管长度:指施工图设计沉淀管长度。

2.相关规定及要求

降低地下水应有专项设计,施工时必须符合设计及规范规定。

三、《轻型井点降水记录》填写范例

轻型井点降水记录

工程名称:××工程　　　　施工单位:××建设集团有限公司

观测时间		降水机组		地下水流量(m^3/h)	观测孔水位读数(m)				记事	观测记录
时	分	真空表读数(毫米汞柱)	压力表读数(N/mm^2)		1	2	3	…		
0	30	152	2	5	29	29	29			
1	00	152	2	5	29.1	29	29			
1	30	152	2	5	29	29	29.05			
2	0	152	2	5	29	29	29			
2	30	152	2	5	29	29	29			
3	0	152	2	5	29.05	29	29			
3	30	152	2	5	29	29	29			
4	0	152	2	5	29	29	29			
4	30	152	2	5	29	29	29			
5	0	152	2	5	29	29	29			
5	30	152	2	5	29	29	29			
6	0	152	2	5	29	29	29			
6	30	152	2	5	29	29	29			
7	0	152	2	5	29	29	29			
7	30	152	2	5	29	29	29			
备注	降水泵房编号:××　　机组类别:××　　气候:晴 实际使用机组数量:××　　井点数量:开 ×× 根,停 × 根 观测日期:××年×月×日									
项目技术负责人:×××				质检员:×××					记录人:×××	

四、《轻型井点降水记录》填写说明

轻型井点降水记录是指为保证施工的正常进行，采用轻型井点降低地下水位施工时所做的降水记录。

1. 表格解析

(1)责任部门。

项目工程部。

(2)填写要点。

1)降水泵房编号：指施工组织设计中泵房的编号。

2)机组类别：指抽水机组的类别，分为干式真空泵、射流泵和隔膜泵等。

3)降水机组真空表读数：指轻型井点抽水设备系统装设的真空表指针读数；降水机组压力表读数：指轻型井点抽水设备系统装设的压力表指针读数。

4)地下水流量：指轻型井点若干机组每小时的排水总数量。

5)观测孔水位读数：指轻型井点降水设若干观测孔，每一观测孔均应定时观测，并按编号分别记录。

6)记事：包括换班时间、抽出地下水含泥量、边坡稳定简要描述及井点系统运转情况等。

2. 相关规定及要求

(1)轻型井点降低地下水位，是沿基础周围以一定的间距置入井管(下端为滤管)，在地面上用水平铺设的集水总管将各井管中取水管连接起来，再于一定位置设置真空泵或离心水泵，开动真空泵和离心水泵后，地下水在真空吸力作用下，经滤管进入井管、集水总管排出，达到降水目的。

(2)降水记录应设专人，记录次数不少于规范规定。

(3)轻型井点降水系统的布置，应根据基坑的平面形状与大小、土质、地下水位高低与流向、降水深度要求而定。

1)平面布置。当基坑或沟槽宽度小于6m，降水深度小于5m时，可用单排井点，井点管布置在地下水流上游一侧；当基坑或基槽的宽度大6m，或土质不良、渗透系数较大时，则宜采用双排线状井点，布置在基坑或基槽的两侧；当基坑或基槽的面积较大时，宜采用环状井点布置。

2)高程布置。当地下降水深度小于6m时，应采用一级轻型井点布置；当降水深度大于6m、一级轻型井点不能满足降水深度时，可采用明沟排水和井点降水相结合的方法，将总管安装在原有地下水位线以下，以增加降水深度，当采用明沟排水和一级井点相结合的方法不能满足要求时，则应采用二级轻型井点降水方法，即先挖去一级井点排干的土方，然后再在坑内布置第二排井点。

(4)井点管埋设。

1)井点管埋设程序：总管排放→井点管埋设→弯连管连接→抽水设备安装。

2)井点管埋设。井点管埋设一般采用水冲法，包括冲孔和埋管两个过程。

冲孔时，先用起重设备将直径50～70mm的冲管吊起，并插在井点位置上，然后开动高压水泵，将土冲松，冲孔时，冲管应垂直插入土中，并做上下左右摆动，以加剧土体松动，边冲边沉，冲孔直径应不小于 300mm，以保证井管四周有一定数量的砂滤层，冲孔深度应比滤管底深 500mm 左右，以防冲管拔出时，部分土颗粒沉于坑底而触及滤管底部。各层土冲孔所需水流压力详见表 5-15。

表 5-15 各层土冲孔所需水流压力

土层名称	冲水压力(MPa)	土层名称	冲水压力(MPa)
松散砂土	0.25～0.45	可塑的黏土	0.60～0.75
软塑状态的黏土、粉质黏土	0.25～0.50	砾石夹黏性土	0.85～0.90
密实的腐殖土	0.5	硬塑状态的黏土、粉质黏土	0.75～1.25
密实的细砂	0.5	粗砂	0.80～1.15
松散的中砂	0.45～0.55	中等颗粒的砾石	1.0～1.25
黄土	0.60～0.65	硬黏土	1.25～1.50
密实的中砂	0.60～0.70	密实的粗砾	1.35～1.50

注：1. 埋设井点冲孔水流压力，最可靠的数字是通过试冲，以上表列值供施工予估配备高压泵及必要时的空气压缩机性能之用。

2. 根据国产轻型井点的最小间距 800mm，要求冲孔距离不宜过近，以防两孔冲通，轻型井点间距宜采用 800～1600mm。

井孔冲成后，立即拔出冲管，插入井点管，并在井点管和孔壁间迅速填灌砂滤层，以防孔壁坍塌，砂滤层的填灌质量是保证轻型井点顺利工作的关键，一般应采用洁净的粗砂，填灌要均匀，应填灌到滤管顶上 1～1.5m，以保证水流畅通，井点填砂后，井点管上口须用勃土封口，以防漏气。

(5)井点管使用。

井点管使用，应保证连续抽水，并准备双电源，正常出水规律为“先大后小，先浑后清”。如不上水，或水一直较浑，或出现清后又浑等情况，应立即检查纠正。真空度是判断井点系统良好与否的尺度，应经常观察，一般真空度应不低于 55.3～66.7kPa，如真空度不够，通常是因为管路漏气，应及时修好。井点管淤塞，可通过听管内水流声，手扶管壁感到振动，夏冬期时期手扶管子较热等简便方法进行检查。如井点管淤塞太多，严重影响降水效果时，应逐个用高压水反冲洗井点管或拔除重新埋设。

(6)井点管拆除。

地下建、构筑物竣工并进行回填土后，方可拆除井点系统，井点管拆除一般多借助于倒链、起重机等，所留孔洞用土或砂填塞，对地基有防渗要求时，地面以下 2m 应用私土填实。

(7)质量控制要点。

1)集水总管、滤管和泵的位置及标高应正确。井点系统各部件安装严密，防止漏气。

2)冲孔孔径不应小于 300mm，深度应比滤管底深 500mm 以上，井点孔口到地面下 500～1000mm 范围内应用黏性土填实。

3)隔膜泵底应平整稳固，出水的接管应平接，不得上弯，皮碗应安装准确，对称，使工作时受力平衡。

4)降水过程中，应定时观测水流量、真空度和水位观测井内的水位。

五、《喷射井点降水记录》填写范例

喷射井点降水记录

工程名称： 施工单位：

<table>
<tr><td colspan="2">观测时间</td><td rowspan="2">工作水压力(N/mm^3)</td><td rowspan="2">地下水流量(m^3/h)</td><td colspan="4">观测孔水位读数(m)</td><td rowspan="2">实际抽水的井</td><td rowspan="2">记事</td><td rowspan="2">观测记录</td></tr>
<tr><td>时</td><td>分</td><td>1</td><td>2</td><td>3</td><td>…</td></tr>
<tr><td></td><td></td><td></td><td></td><td></td><td></td><td></td><td></td><td></td><td></td><td></td></tr>
<tr><td></td><td></td><td></td><td></td><td></td><td></td><td></td><td></td><td></td><td></td><td></td></tr>
<tr><td>备注</td><td colspan="10">降水泵房编号： 气候：
机组编号：在运转 在停止 在修理 井点数量：开 根，停 根
观测日期：</td></tr>
<tr><td colspan="11">项目技术负责人： 质检员： 记录人：</td></tr>
</table>

六、《喷射井点降水记录》填写说明

喷射井点降水记录是指为保证施工的正常运行，采取喷射井点降低地下水施工时所做的降水记录。

1. 填写要点

(1)降水泵房编号：指施工组织设计(降低地下水部分)的降水泵房编号。

(2)机组编号。

在运转——指正在运行的机组数量。

在停止——指已停止运行的机组数量。

在修理——指正在检修的机组数量。

(3)工作水压力按计算求得：

$$P=P_0/d$$

式中：P——水泵工作水压力；

P_0——高度(m)，水箱至井管底部的总高度；

d——水高度与喷嘴前工作水头的比。

(4)地下水流量：指喷射井点每小时的排水总数量。

(5)观测孔水位读数：喷射井点降水设若干观测孔，每一观测孔均应定时进行观测，并按编号分别记录。

(6)记事：包括换工作水时间、工作水含泥量、真空度、基坑边坡稳定简要描述及井点系统运转情况等。

(7)换工作水时间：工作水应保持清洁，不清洁会使喷嘴、混合室等部位很快磨损，一般第一次换水应在两天后进行，正常抽水时如发现工作水不清洁，应予更换并应记录。

(8)工作水含泥量：指工作水抽样检验结果。

(9)基坑边坡稳定情况：包括基坑概况，基坑几何尺寸、土壤类别、固结情况：有无流沙现象；附近建筑物有无相互影响等。

(10)井点系统运转情况：指单远井点系统内高压水泵、进回水总管、井点管、水池、水箱、电源系统等运转是否正常，有无需要检修之处等。

2. 相关要求

(1)喷射井点用于深层降水，一般降水深度大于 6m 时采用，降水深度可达 8～20mm。

(2)喷射井管和设置间距一般为 2～3m。冲孔直径为 400～600ram，深度比滤管底深 1m 以上。喷射井点用的高压工作水应经常保持清洁，不得含泥沙或杂物。试抽两天后应更换清水。

(3)降水记录应设专人，记录次数不少于规范规定。

3. 施工要点

(1)喷射井点布置与埋设。

1) 喷射井点布置与埋设方法与轻型井点基本相同。

2)井管间距一般为 2～3m，冲孔直径为 400～600mm，深度应比滤管底深 1m 以上，为防止喷射器损坏，成孔宜采用套管法，加气及压缩空气排泥，当套管内含泥量经测定小于 5%时，方可下井管，井点孔口地面以下 500～1000mm 深度范围内应采用勃土封口。

3) 下井管时水泵应先运转，每下好一根井管，立即与总管接通(不接回水管)，并及时进行单根试抽排泥，并测定其真空度(地面测定不应小于 93.3kPa)，待井管出水变清后停止。

4) 全部井管下沉完毕，再接通回水总管，经试抽使工作水循环进行后再正式工作。

5) 扬水装置(喷嘴、混合室、扩散室等)的尺寸、轴线等，应加工精确。

各套进水总管应用阀门隔开，各套回水管也应分开，为防止产生工作水反灌，在滤管下端应设逆止球阀。

(2) 喷射井点使用。

1) 开泵时，压力要小些(小于 0.3MPa)，以后再逐渐正常。

2) 抽水时，如发现井管周围有泛砂冒水现象，应立即关闭井点管进行检修。

3) 工作水应保持清洁，试抽两天后应更换清水，以防止工作水磨损喷嘴和水泵叶轮。

(3) 质量控制要点。

1) 井点管组装前，应检验喷嘴混合室、支座环和滤网等，井点管应在地面做泵水试验和真空度测定，其测定真空度不宜小于 93.3kPa。

2) 准确控制进水总管和滤管位置和标高。

3) 高压水泵的出水管应装有压力表和调压回水管路，以控制水压力。

4) 为防止喷射器磨损，应用套管冲枪成孔，加水及压缩空气排泥，套管内含泥量应小于 5%。

5) 冲孔直径不应小于 400mm，深度应比滤管底深 1m 以上。

6) 工作水应保持清洁，全面试抽 2d 后，应用清水更换，防止水质浑浊。

7) 在降水过程中，应定时观测工作水压力、地下水流量、井点的真空度和水位观测井的水位。

8) 观测孔孔口标高应在抽水前测量一次，以后则定期观测，以计算实际降深。

七、《电渗井点降水记录》填写范例

电渗井点降水记录

工程名称：　　　　　　　　　　　　　　　施工单位：

观测时间		连续通电时间	电气设备		井点设备		地下水流量	观测孔水位读数(m)				记事	观测记录
时	分		电流(A)	电压(V)	真空表读数(毫米汞柱)	压力表读数(N/mm^2)	(m^3/h)	1	2	3	…		
备注	降水泵房编号：　井点类别：　机组数量：　气候： 通电方式(连续、间歇)：　井点根数：　直流电机(或电焊机)数量： 观测日期：												
项目技术负责人：　　质检员：　　记录人：													

八、《电渗井点降水记录》填写说明

电渗井点降水记录是指为保证施工的正常进行，采取电渗井点降水施工时所做的降水记录。电渗井点：适用于渗透性差的(渗透系数小于0.1m/天)淤泥和淤泥状黏土中，一般与轻型井点和喷射井点结合使用，效果较好；

1. 填写要点

(1)降水泵房编号：指施工组织设计(降低地下水部分)的降水泵编号。

(2)通电方式：指连续还是间歇通电。

(3)连续通电时间：指实际通电时间(一般采用间歇通电，即通电 24 小时后，停电 2～3 个小时再通电)。

(4)井点设备。

真空表读数：指电渗井点真空表的实际读数。

压力表读数：指电渗井点压力表的实际读数。

地下水流量：指施工组织设计核定的地下水流量，或指电渗井点每小时的排水总量。

(5)观测孔水位读数：电渗井点设若干个观测孔，每个观测孔应定时观测并按编号分记录。

(6)记事：包括换工作水时间、基坑边坡稳定情况简要描述等。

(7)降水记录应设专人，记录次数不少于规范规定。

2.施工要点

(1)电渗井点布置。

电渗井点降水是利用井点管(轻型或喷射井点)本身作阴极，沿基坑外围布置，以钢管 φ50～φ70)或钢筋(φ25 以上)作阳极，垂直埋设在井内侧，阴阳极分别用电线等连接成通路，并对阳极施加强直流电流。

电渗井点管埋设采用套管冲枪成孔埋设，阳极埋设应垂直，严禁与相临阴极相碰，阳极入土深度应比井点管深 500mm，外露地面以上约 200～400mm。阴阳极间距一般为 800～1500mm，当采用轻型井点时为 800～1000mm，当采用喷射井点时为 1200～1500mm，并成平行交错排列，阴阳极数量应相等，必要时阳极数量可多于阴极。

为防止电流从土表面通过，通电前应将阴阳极间地面上的金属和其他导电物体处理干净，有条件时涂一层沥青绝缘，另外，在不需要通电流的范围内(如渗透系数较大的土层)的阳极表面涂两层沥青绝缘，以减少电耗。

(2) 电渗井点使用。

在电渗降水时，应采用间隙通电，即通电 24h 后停电 2～3h，再通电作业，以节约电能和防止土体电阻加大。

(3) 电渗井点拆除。

在基坑土方回填不需要降水后，再拆除电渗井点。在拆除前，应先关闭电源，拆除直流发电机或直流电焊机，然后按轻型井点管或喷射井点管的拆除方法，拆除电渗井点。

(4) 质量控制要点。

1) 用金属材料制成的阳极应考虑电蚀量。

2) 阴阳极的数量应相等，阳极数量可多余阴极数量，阳极的深度应较阴极深约 500mm，以露出地面 200～400mm 为宜。

3) 阳极埋设应垂直，严禁与阴极相碰，阳极表面可涂绝缘沥青或涂料。

4) 工作电压不宜大于 60V，土中通电时的电流密度宜为 0.5～1.0A/m^2。

5) 降水期间隙通电时间，一般为工作通电 24h 后，应停电 2～3h，再通电作业。

6) 降水过程中，应定时观测电压、电流密度、耗电量和地下水位。

九、《管井井点降水记录》填写范例

管井井点降水记录

工程名称：　　　　　　　　　　　　　　施工单位：

观测时间		地下水流量	各井点内水位读数(m)			电压	各泵电流读数				记事	观测记录者
时	分	(m^3/h)	1	2	…	(V)	1	2	3	…		
备注	实际抽水井点数量					气候：				观测日期：		
项目技术负责人：						质检员：					记录人：	

十、《管井井点降水记录》填写说明

1.填写要点

(1)地下水流量:按施工组织设计核定的地下水流量,或按管井井点若干机组每小时排水总数量。

(2)各井点内水位读数:应按时对各个井管内的水位进行测定,并分别予以记录。

(3)记事:包括水泵运转、抽出水的含泥量及基坑边坡稳定情况简要描述等。

2.施工要点

(1) 管井布置。

1) 基坑总涌水量确定后,再验算单根井点极限涌水量,然后确定井的数量,采取沿基坑边每隔一定距离均匀设置管井,管井之间用集水总管连接。

2) 井管中心距地下构筑物边缘距离,应依据所用钻机的钻孔方法而定,当采用泥浆护壁套管法时,应不小于 3m,当用泥浆护壁冲击式钻机成孔时,为 500～1500mm。

3)井管埋设深度和距离,应根据降水面积和深度及含水层的渗透系数而定,最大埋深可达 10m,间距 10～50m。

(2)管井埋设。

管井埋设可用泥浆护壁套管的钻孔方法成孔,也可用泥浆护壁冲击钻成孔,钻孔直径一般为 500～600mm,当孔深到达预定深度后,应将孔内泥浆掏净,然后下入 300～400mm 由实管和花管组成的铸铁管或水泥砾石管,滤水井管置于孔中心,用圆木堵塞管口。为保证井的出水量,且防止粉细砂涌入井内,在井管周围应回填粒料作过滤层,其厚度不得小于 100mm,井管上口地面下 500mm 内,应用黏土填充密实。

管井回填料后,如使用铸铁井管时,应在管内用活塞拉孔进行洗井或采用空压机洗井,如用其他材料的井管时,应用空压机洗井至水清为止。

(3) 水泵设置。

水泵的设置标高应根据降水深度和估计水泵最大真空吸水高度而定,一般为 5～7m,高度不够时,可设在基坑内。

(4) 管井井点使用。

管井井点在使用过程中,应经常对电动机、传动机械、电流、电压等进行检查,并对管井内水位和流量进行观测和记录。

(5) 井管拔除。

井管使用完毕后,滤水井管可拔除,拔除的方法是在井口周围挖深 300mm,用钢丝绳将管口套紧,然后用人工拔杆借助倒链或绞磨将井管徐徐拔除,孔洞用砂粒填实,上部 500mm 用黏土填实。

(6) 质量控制要点。

1) 管井井点成孔直径应比井管直径大 200mm。

2) 井管与孔壁间应用 5～15mm 的砾石填充作过滤层,地面下 500mm 内应用黏土填充密实。

3) 井的中心距基坑(槽)边缘的距离,当采用泥浆护壁钻孔法成孔时,不小于 3.0m;当用泥浆护壁冲击钻成孔时,为 0.5～1.5m。应定时观测水位和流量。

十一、《深井井点降水记录》填写范例

深井井点降水记录

工程名称：××工程　　　　施工单位：××建设集团有限公司

井点和观测孔编号	井点类别	水泵功率(kW)	电流(A)	电压(V)	水位读数(孔口起算)(m)	数量(m^3/h)	含泥量	记事	观测记录者
井 1		2.2			25	4	1%		
井 2		2.2			25.5	4	1%		
井 3		2.2			24	4	3%		
井 4		2.2			26	4	2%		
井 5		2.2			27	5	5%		
…									
观 1	观测孔口标高(m)				41.5		孔深(m)		32
观 2	观测孔口标高(m)				41.3		孔深(m)		32
观 3	观测孔口标高(m)				41.5		孔深(m)		32
观 4	观测孔口标高(m)				41.6		孔深(m)		32
观 5	观测孔口标高(m)				41.5		孔深(m)		32
…	观测孔口标高(m)				41.4		孔深(m)		32
备注	观测日期：××年×月×日　　气候：晴								
项目技术负责人：×××				质检员：×××				记录人：×××	

第六节 土方工程施工记录

一、《隐蔽工程验收记录》填写范例

<table>
<tr><td colspan="3">隐蔽工程验收记录</td><td>资料编号</td><td colspan="2">×××</td></tr>
<tr><td colspan="2">工程名称</td><td colspan="4">××办公楼工程</td></tr>
<tr><td colspan="2">隐检项目</td><td>土方开挖</td><td>隐检日期</td><td colspan="2">××年×月×日</td></tr>
<tr><td colspan="2">隐检部位</td><td colspan="4">基础 层　(1/1)～⑬/Ⓐ～Ⓗ 轴线　－6.310/－7.810m 标高</td></tr>
<tr><td colspan="6">隐检依据：施工图图号 结施－1、结施－4、工程地质勘察报告（编号××） ，设计变更/洽商（编号 / ）及有关国家现行标准等。
主要材料名称及规格/型号： /</td></tr>
<tr><td colspan="6">隐检内容：
1. 基础基底标高低跨为－7.810m（高程41.890m）、高跨为－6.310m（高程43.390m），槽底土质为××，水位与工程地质勘察报告相符。
2. 基槽土层已挖至－7.810m、－6.310m，基底清理到位，浮土、松土清除到持力层，无砖块、石头等杂物。
3. 基底轮廓尺寸。
影像资料的部位、数量：基础(1/1)～②/Ⓐ～Ⓑ轴，××
隐检内容已做完，请予以检查
申报人：×××</td></tr>
<tr><td colspan="6">检查意见：
经检查：基底标高、基底轮廓尺寸符合设计要求；槽底土质与工程地质勘察报告相符，清槽工作到位，未出现地下水，同意进行下道工序

检查结论：　☑同意隐蔽　□不同意，修改后进行复查</td></tr>
<tr><td colspan="6">复查结论：

复查人：　　　复查日期：</td></tr>
<tr><td rowspan="3">签字栏</td><td rowspan="2">施工单位</td><td rowspan="2">××建设集团有限公司</td><td>专业技术负责人</td><td>专业质检员</td><td>专业工长</td></tr>
<tr><td>×××</td><td>×××</td><td>×××</td></tr>
<tr><td>监理（建设）单位</td><td colspan="2">××工程建设监理有限公司</td><td>专业工程师</td><td>×××</td></tr>
</table>

注：本表由施工单位填写，并附影像资料。

二、《隐蔽工程验收记录》填写说明

1. 表格解析

(1)责任部门。

项目工程部、项目技术部。

(2)提交时限。

检查合格后 1d 内完成,检验批验收前提交。

(3)填写要点。

1)工程名称:与施工图纸中图签一致。

2)分项工程名称:指隐蔽部位所在分项名称。

3)施工标准名称及编号:指施工所依据的标准名称及编号。

4)质量要求:指设计或规范要求。

5)施工单位自查结论:填写隐蔽部位的自查内容及评价。

6)隐蔽工程部位:对于结构工程隐检部位应体现层、轴线、标高和构件名称(墙、柱、板、梁);对于装饰工程隐检部位应体现楼层、轴线(或建筑功能房间/区域名称,如楼梯间、公共走廊、会议室、餐厅等)。

7)检验内容:应将隐检的项目、具体内容描述清楚。应严格反映施工图的设计要求;按照施工质量验收规范的自检情况(如原材料复验、连接件试验、主要施工工艺做法等)。若文字不能表达清楚的,可用详图或大样图表示。

8)凡涉及结构安全的重要部位应留置隐蔽前的影像资料,其部位、数量如实填写。

9)隐蔽工程验收记录应由项目专业工长填报,项目资料员按照不同的隐检项目分类汇总整理。

2. 相关规定及要求

(1)隐检程序。

隐蔽工程验收是保证工程质量与安全的重要过程控制检查,应分专业(土建专业、给水排水专业、电气专业、通风空调专业等);分系统(机电工程);分区段(划分的施工段);分部位(主体结构、装饰装修等);分工序(钢筋工程、防水工程等),分层进行。

隐蔽工程施工完毕后,由专业工长填写隐检记录,项目技术负责人组织监理单位旁站,施工单位专业工长、质量检查员共同参加。验收后由监理单位签署审核意见,并下审核结论。若检查存在问题,则在审核结论中给予明示。对存在的问题,必须按处理意见进行处理,处理后对该项进行复查,并将复查结论填入栏内。凡未经过隐蔽工程验收或验收不合格的工程,不允许进行下一道工序的施工。

隐蔽工程验收记录所反应的部位、时间、检查要求等应与相应的施工日志、方案和交底、试验报告(原材、配合比、焊连接等)、检验批质量验收记录等反映的内容相一致。

(2)主要隐检项目及内容。

1)土方工程。

①检查内容:依据施工图纸、地质勘探报告、有关施工验收规范要求,检查基底清理情况,基底标高,基底轮廓尺寸等情况。

②填写要点：土方工程隐检记录中要注明施工图纸编号，地质勘测报告编号，将检查内容描述清楚。

2)支护工程。

①检查内容：依据施工图纸、有关施工验收规范要求和基坑支护方案、技术交底，检查锚杆、土钉的品种规格、数量、插入长度、钻孔直径、深度和角度；检查地下连续墙成槽宽度、深度、倾斜度，钢筋笼规格、位置、槽底清理、沉渣厚度情况。

②填写要点：支护工程隐检记录中要注明施工图纸编号，地质勘测报告编号，锚杆、土钉的品种规格、数量、插入长度、钻孔直径等主要数据描述清楚。

3)桩基工程。

①检查内容：依据施工图纸、有关施工验收规范要求和桩基施工方案、技术交底，检查钢筋笼规格、尺寸、沉渣厚度、清孔等情况。

②填写要点：桩基工程隐检记录中要注明施工图纸编号，地质勘测报告编号，将检查的钢筋笼规格、尺寸、沉渣厚度、清孔等情况描述清楚。

4)地下防水工程。

①检查内容：依据施工图纸、有关施工验收规范要求和防水施工方案、技术交底，检查混凝土的变形缝、施工缝、后浇带、穿墙套管、预埋件等设置的形式和构造等情况；检查防水层的基层处理，防水材料的规格、厚度、铺设方式、阴阳角处理、搭接密封处理等情况。

②填写要点：地下防水工程隐检记录中要注明施工图纸编号，刚性防水混凝土的强度等级、抗渗等级，柔性防水材料的型号、规格、防水材料的复试报告编号、施工铺设方法、搭接长度、宽度尺寸等情况，还应将阴阳角处理、附加层情况等描述清楚，必要时可附简图加以说明。

5)结构钢筋绑扎。

①检查内容：依据施工图纸、有关施工验收规范要求和钢筋施工方案、技术交底，检查钢筋的品种、规格、数量、位置、锚固和接头位置、搭接长度、保护层厚度、钢筋及垫块绑扎和钢筋除锈等情况。

②填写要点：钢筋工程隐检记录中要注明施工图纸编号，主要钢筋原材复试报告编号，钢筋竖向水平各自的型号、排距、保护层尺寸，箍筋的型号、间距尺寸，钢筋绑扎接头长度尺寸，垫块规格尺寸等，若钢筋规格与图纸不相符，还应将钢筋代用变更的洽商编号填写清楚，检查内容应尽量描述清楚。

6)结构钢筋连接。

①检查内容：依据施工图纸、有关施工验收规范要求和钢筋施工方案、技术交底，检查钢筋连接形式、连接种类、接头位置、数量和连接质量，若是焊接，还要检查焊条、焊剂的产品质量，检查焊口形式、焊缝长度、厚度、表面清渣等情况。

②填写要点：钢筋连接隐检记录中要注明施工图纸编号，钢筋连接试验报告编号，钢筋连接的种类(焊接、机械连接)，连接形式(锥螺纹连接、滚压直螺纹连接、钢套筒连接、剥肋直螺纹连接、电渣压力焊、闪光对焊等)，焊(连)接的具体规格尺寸、数量、接头位置应描述清楚，对不同连接形式分别填写隐检记录。

三、《地基验槽记录》填写范例

地基验槽记录		资料编号	×××
工程名称	××大厦工程	验槽日期	××年×月×日
验槽部位	⑧～⑬/Ⓐ～Ⓗ轴内基槽		

依据：施工图纸（施工图纸号 结施－1、结施－4、地质勘察报告（编号：××））、设计变更/洽商（编号 / ）及有关规范、规程

验槽内容：

1. 基槽开挖至勘探报告第 ③、④ 层，持力层为 ③、④ 层。

2. 基底绝对高程和相对标高 43.400/－6.300、40.850/－8.850、42.300/－7.400、44.350/－5.350 。

3. 土质情况 第③层黏质粉土、砂质粉土；第$③_1$层重粉质黏土、粉质黏土；第④层细砂、粉砂 。（附：☑钎探记录及钎探点平面布置图）

4. 桩位置 / 、桩类型 / 、数量 / ，承载力满足设计要求。（附：□施工记录、□桩检测记录）

注：若建筑工程无桩基或人工支护，则相应在第4条填写处划“/”

申报人：×××

检查意见：

经检查，槽底土质为第四纪沉积之黏质粉土、砂质粉土，局部粉砂、粉质黏土。Ⓑ～Ⓒ/⑨～⑫轴为原建筑的肥槽，下挖1.5m后（见硬土层），采用级配砂石或3∶7灰土分层回填夯实。设计需加强基础及结构刚度，坡道部分的人工堆积层至少下挖1.0m，用3∶7灰土分层回填夯实

检查结论：☑无异常，可进行下道工序　　□需要地基处理

签字公章栏	××集团开发有限公司 建设单位	××工程建设监理有限公司 监理单位	××建筑设计研究院 设计单位	××勘察设计研究院 勘察单位	××建设集团有限公司 施工单位
	×××	×××	×××	×××	×××

注：本表由施工单位填写。

四、《地基验槽记录》填写说明

“地基验槽记录”是土方挖至槽底设计标高，钎探完成之后进行的对建筑物持力层情况的验收。

1.表格解析

(1)责任部门。

项目工程部。

(2)提交时限。

地基验槽通过当日完成。

(3)检查要点。

建筑物应进行施工验槽，检查内容包括基坑位置、平面尺寸、持力层核查、基底绝对高程和相对标高、基坑土质及地下水位等，有桩支护或桩基的工程还应进行桩的检查。地基验槽检查记录应由建设、勘察、设计、监理、施工单位共同验收签认。如地基验槽未通过，需要进行地基处理，应由勘察、设计单位提出处理意见并填写“地基处理记录”。

2.相关规定及要求

(1)规范名称。

《建筑地基基础工程施工质量验收规范》GB 50202—2002。

(2)相关要求。

1)“地基验槽记录”关系到地基承载力、建筑物下沉倾斜等一系列结构安全问题，是保证建筑物整体安全的重要环节。地基验槽是所有新建工程必不可少的一项重要工作，应按有关规定要求(如北京市执行《关于加强建设工程地基与基础质量验收管理的若干规定》)执行。

2)基坑的验收内容包括：

①依据地质勘探报告验收地基土质是否与报告相符，核对基坑的土质和地下水情况，是否与勘察报告一致。

②依据图纸核查基坑的位置、平面尺寸、基槽底标高等是否符合设计文件。

③若地基土与报告不相符，则需办理地基土处理洽商。对人工处理的地基，应按有关范围和设计文件的要求进行验收。

④审查钎探报告：包括钎探点布置图及钎探记录。检查基坑底面以下有无空穴、古墓、古井、防空掩体、地下埋设物及其他变异。

⑤对深基础，还应检查基坑对附近建筑物、道路、管线是否存在不利影响。

五、《地基处理记录》填写范例

<table>
<tr><td colspan="4">地基处理记录(一)</td><td colspan="2">资料编号</td><td>×××</td></tr>
<tr><td>工程名称</td><td colspan="3">××大厦工程</td><td colspan="2">日　期</td><td>××年×月×日</td></tr>
<tr><td colspan="7">处理依据及方式：
处理依据：1.《建筑地基基础工程施工质量验收规范》GB 50202—2002。2.《建筑地基处理技术规范》JGJ 79—2012。3.本工程《地基基础施工方案》。4.勘察单位地基验槽时提出的处理意见。
方式：Ⓑ～Ⓒ/⑨～⑫轴原建筑的肥槽已下挖 1.5m 仍未见老土，采用 3∶7 灰土分层回填夯实，坡道部分的人工堆积层下挖 1.0m，采用灰土分层回填夯实</td></tr>
<tr><td colspan="7">处理部位及深度(或用简图表示)
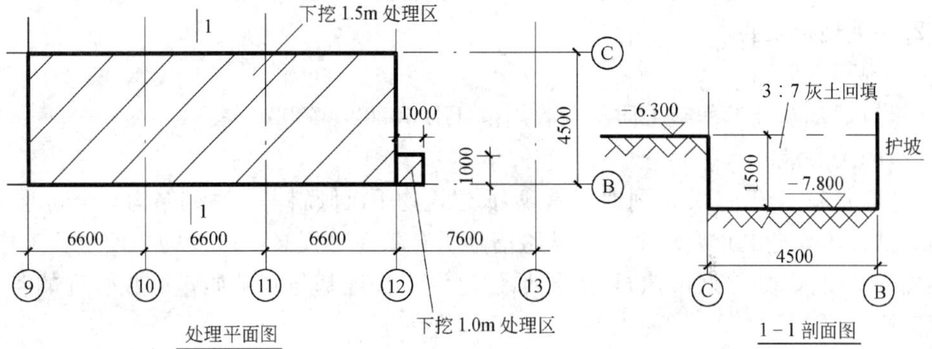
处理平面图　　1-1 剖面图
□有　/　☑无　附页(图)</td></tr>
<tr><td colspan="7">处理结果：
地基处理满足设计图纸及《建筑地基基础工程施工质量验收规范》GB 50202—2002 的规定</td></tr>
<tr><td colspan="7">检查意见：
经检查，地基处理结果符合勘察和设计单位要求，同意验槽
检查日期：××年×月×日</td></tr>
<tr><td rowspan="3">签字栏</td><td>监理单位</td><td>设计单位</td><td>勘察单位</td><td>施工单位</td><td colspan="2">××建设集团有限公司</td></tr>
<tr><td rowspan="2">×××</td><td rowspan="2">×××</td><td rowspan="2">×××</td><td>专业技术负责人</td><td>专业质检员</td><td>专业工长</td></tr>
<tr><td>×××</td><td>×××</td><td>×××</td></tr>
</table>

注：本表由施工单位填写。

<table>
<tr><td colspan="2">地基处理记录(二)</td><td>资料编号</td><td>×××</td></tr>
<tr><td>工程名称</td><td>××大厦工程</td><td>日　　期</td><td>××年×月×日</td></tr>
<tr><td colspan="4">处理依据及方式：
处理依据：
1.《建筑地基基础工程施工质量验收规范》GB 50202—2002。
2.《建筑地基处理技术规范》JGJ 79—2012。
3.本工程《地基基础施工方案》。
4.勘察单位地基验槽时提出的处理意见。
方式：Ⓐ～Ⓒ/②～⑪轴采用强夯方式处理</td></tr>
<tr><td colspan="4">处理部位及深度(或用简图表示)
（图略）
□有　/　☑无　附页(图)</td></tr>
<tr><td colspan="4">处理结果：
地基处理满足设计图纸及《建筑地基基础工程施工质量验收规范》GB 50202—2002 的规定</td></tr>
<tr><td colspan="4">检查意见：
经检查，地基处理结果符合勘察和设计单位要求，同意验槽
检查日期：××年×月×日</td></tr>
</table>

<table>
<tr><td rowspan="3">签字栏</td><td rowspan="2">监理单位</td><td rowspan="2">设计单位</td><td rowspan="2">勘察单位</td><td>施工单位</td><td colspan="2">××建设集团有限公司</td></tr>
<tr><td>专业技术负责人</td><td>专业质检员</td><td>专业工长</td></tr>
<tr><td>×××</td><td>×××</td><td>×××</td><td>×××</td><td>×××</td><td>×××</td></tr>
</table>

注：本表由施工单位填写。

地基处理记录(三)		资料编号	×××
工程名称	××大厦工程	日　　期	××年×月×日

处理依据及方式：

处理依据：

1.《建筑地基基础工程施工质量验收规范》GB 50202—2002。

2.《建筑地基处理技术规范》JGJ 79—2012。

3. 本工程《地基基础施工方案》。

4. 勘察单位地基验槽时提出的处理意见。

方式：基础底部换填级配碎石 200mm 厚

处理部位及深度(或用简图表示)

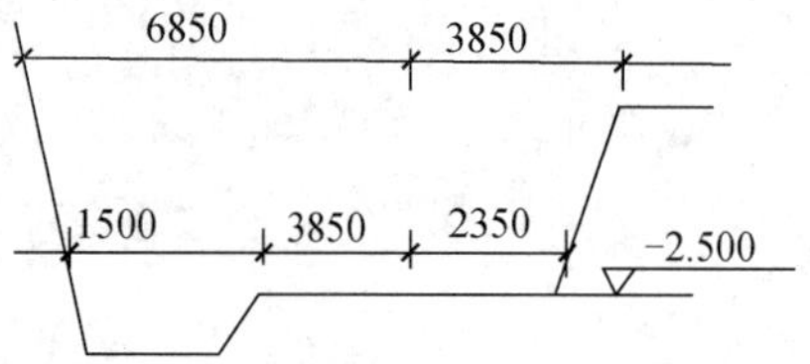

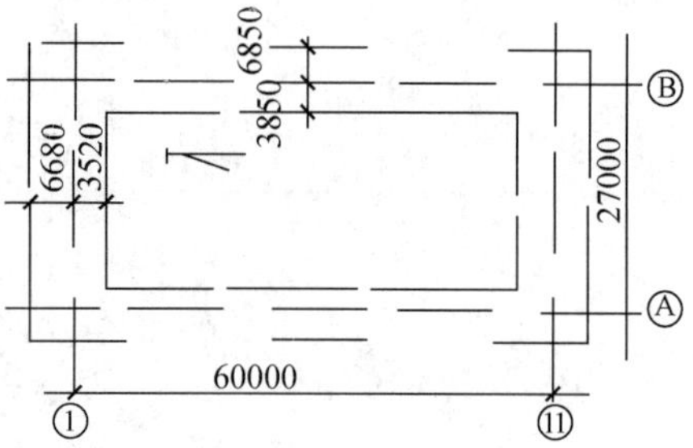

□有　/　☑无　附页(图)

处理结果：

地基处理满足设计图纸及《建筑地基基础工程施工质量验收规范》GB 50202—2002 的规定

检查意见：

经检查，地基处理结果符合勘察和设计单位要求，同意验槽

检查日期：　××年×月×日

签字栏	监理单位	设计单位	勘察单位	施工单位	××建设集团有限公司	
	×××	×××	×××	专业技术负责人	专业质检员	专业工长
				×××	×××	×××

注：本表由施工单位填写。

六、《地基处理记录》填写说明

1.表格解析

(1)责任部门。

项目工程部。

(2)填写要点。

1)地基处理记录内容包括:地基处理依据及方式、处理部位及深度、处理结果和检查意见等。

2)“处理依据及方式”栏中的“依据”:施工图纸(纸号)、设计变更/洽商(编号)、有关国家现行标准、规范。方式:地基处理的技术要求内容。

3)当地基处理范围较大,内容较多,用文字描述较困难时,应附简图示意。地基处理完成,应由勘察、设计单位复查(填写在“检查意见”栏),如勘察、设计单位委托监理单位进行复查,应有书面的委托记录。

2.相关规定及要求

(1)地基处理方法主要有换填垫层法、预压法、强夯法和强夯置换法、振冲法、砂石桩法、水泥粉煤灰碎石桩法、水泥土搅拌法、高压喷射注浆法、石灰桩法、灰土挤密桩法和土挤密桩法、柱锤冲扩桩法、单液硅化法和碱液法等方法,其他地基处理方法有注浆法,锚杆静压桩法和坑式静压桩法等,详细地基处理方法过程和施工见《建筑地基处理技术规范》JGJ 79—2012 相关规定。

(2)地基处理应满足《建筑地基基础工程施工质量验收规范》GB 50202—2002 的规定。

(3)地基处理技术资料一般包括地基处理方案、地基处理的施工试验记录、地基处理检查记录。处理结果应符合加固的原理、技术要求、质量标准等。

(4)地基处理方案。

基槽挖至设计标高,经勘察、设计、建设(监理)、施工单位共同验槽,对实际地基与地质勘探报告不相符或不符合设计要求的基槽,拟定处理方案并办理全过程洽商。处理方案中应有工程名称、验槽时间、钎探记录分析。标注清楚需要处理的部位;写明需要处理的实际情况、具体方法及是否达到设计、规范要求。最后必须经设计、勘察人员签认。

(5)地基处理的施工试验记录。

1)灰土、砂、砂石三合土地基应有土质量干密度或贯入度试验记录,并应做击实试验,提出最大干密度、最佳含水率及根据密实度的要求提供最小干密度的控制指标。混凝土地基应按规定取试样,并做好强度试验记录。

2)重锤夯实地基应有试夯报告及最后下沉量和总下沉量记录。试夯后,分别测定和比较坑底以下 2.5m 以内,每隔 0.25m 深度处,夯实土与原状土的密实度,其试夯密实度必须达到设计要求;施工前,应在现场进行试夯,选定夯锤重量(2～3t)、锤底直径和落距(2.5～4.5m)锤重与底面积的关系应符合锤重在底面上的单位静压力为 1.5～2.0N/cm^2。试夯结束后应做试夯报告及试夯记录,同时在夯实过程中,应做好重锤夯实施工记录。

3)强夯地基应对锤重(常用:10～25t;最大:40t)、间距(5～9m)、夯基点布置及夯击次数做好记录。

七、《地基钎探记录》填写范例

地基钎探记录						资料编号	×××
工程名称	××住宅楼工程					钎探日期	××年×月×日
套锤重	10kg	自由落距	500mm			钎径	25mm
顺序号	各步锤击数						备　注
	0～30(cm)	30～60(cm)	60～90(cm)	90～120(cm)	120～150(cm)	150～180(cm)	180～210(cm)
1	17	27	31	31	36	42	51
2	23	25	33	30	37	42	49
3	22	22	28	32	39	42	50
4	17	22	33	36	36	43	48
5	23	21	27	30	41	40	48
6	21	28	29	30	41	40	48
7	17	21	32	30	35	48	47
8	19	22	33	33	37	46	50
9	18	28	28	34	36	40	46
10	22	23	29	36	38	45	52
11	17	23	27	38	35	47	53
12	17	27	28	32	35	43	46
13	15	22	32	37	39	42	46
14	22	20	30	36	42	42	46
15	22	27	30	35	37	42	52
16	20	20	31	35	39	41	46
17	18	26	26	34	36	40	51
18	22	27	29	31	36	42	46
19	15	24	33	30	38	42	50
20	16	24	26	30	39	47	51
施工单位	××建设集团有限公司						
专业技术负责人	专业工长			记录人			
×××	×××			×××			

注：本表由施工单位填写，并附钎探点布置图。

续表

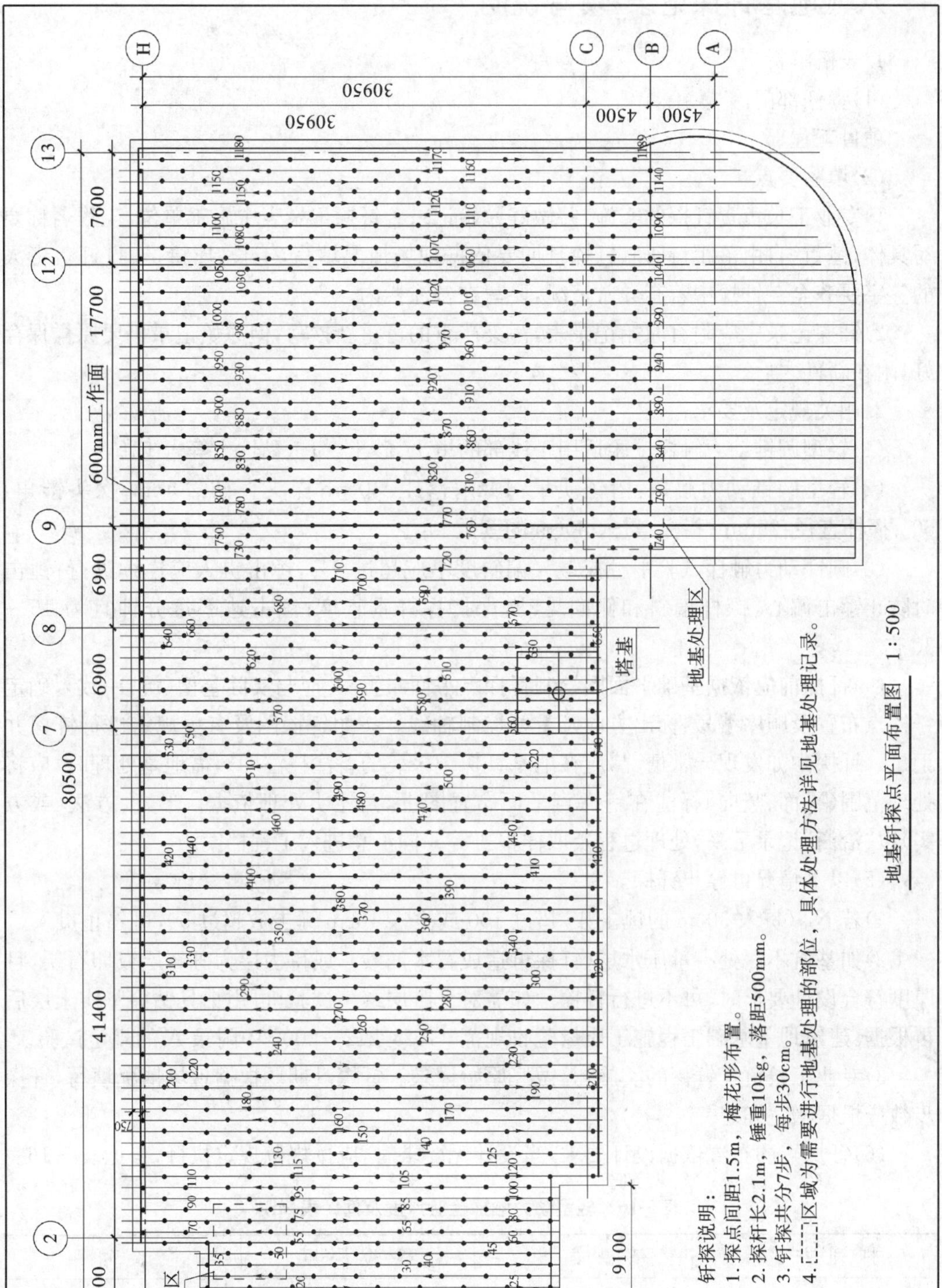
钎探说明：
1. 探点间距1.5m，梅花形布置。
2. 探杆长2.1m，锤重10kg，落距500mm。
3. 钎探共分7步，每步30cm。
4. 区域为需要进行地基处理的部位，具体处理方法详见地基处理记录。
地基处理区
塔基
600mm工作面
北
地基钎探点平面布置图 1:500

八、《地基钎探记录》填写说明

1. 表格解析

(1)责任部门。

项目工程部。

(2)填写要点。

1)专业工长负责钎探的实施,并做好原始记录。钎探记录表中施工单位、工程名称要写具体,锤重、自由落距、钎径、钎探日期要依据现场情况填写,工长、质检员、打钎负责人的签字要齐全。钎探中若有异常情况,要写在备注栏内。

2)钎探记录表应附有原始记录表,污染严重的可重新抄写,但原始记录仍要原样保存好,附在新件之后。

2. 相关规定及要求

(1)轻型圆锥动力触探试验适用于浅部的填土、砂土、粉土黏性土等岩土施工。

(2)轻型圆锥动力解探:落锤质量:10kg;落距:50cm;探头直径:40mm;探头锥角:60°;探杆直径:25mm;指标:贯入 30cm 的读数 N_{10}。

(3)圆锤动力触探试验中触探最大偏斜度不应超过 2%,锤击贯入应连续进行;锤击时防止锤击偏心,探杆偏斜和侧向晃动,保持探杆垂直度;锤击速率每分钟宜为 15～30 击。

(4)钎探前应依据基础平面图绘制钎探点平面布置图[应与实际基槽(坑)一致],确定钎探点布置及顺序编号,标出方向及重要控制轴线。按照钎探图及有关规定进行钎探并记录。钎探中如发现异常情况,应在地基钎探记录表的备注栏注明。需地基处理时,应将处理范围(平面、竖向)标注在钎探点平面布置图上,并注明处理依据。形式、方法(或方案)以"洽商"记录下来,处理过程及取样报告等一同汇总进入工程档案。

(5)以下情况可停止钎探。

1)若 N_{10}(贯入 30cm 的锤击数)超过 100 或贯入 10cm 锤击数超过 50,可停止贯入。

2)如基坑不深处有承压水层(钎探可造成冒水涌砂),或持力层为砾石层或卵石层,且厚度符合设计要求时,可不进行钎探。如需对下卧层继续试验,可用钻具钻穿坚实土层后再根据《建筑地基基础工程施工质量验收规范》GB 50202—2002 中附录 A 的规定试验。

3)专业工长负责钎探的实施,并做好原始记录。钎探日期要根据现场情况填写,钎探步数应根据槽宽确定。

(6)钎探点的布置依据设计要求,当设计无要求时,应按规范规定执行,参见表 5-16。

表 5-16 轻型动力触探检验深度及间距表(m)

排列方式	基槽宽度	检验深度	检验间距
中心一排	<0.8	1.2	1.0～1.5m 视地基复杂情况定
两排错开	0.8～2.0	1.5	
梅花形	>2.0	2.1	

八、《分项/分部工程施工报验表》填写范例

分项/分部工程施工报验表		资料编号	×××
工程名称	××工程	日　期	××年×月×日

现我方已完成＿／＿(层)＿／＿轴(轴线或房间)＿／＿(高程)＿／＿(部位)的＿土方开挖＿工程，经我方检验符合设计、规范要求，请予以验收。

附件：名　称　　页　数　　编　号

1. □质量控制资料汇总表＿＿页＿＿
2. □隐蔽工程检查记录＿＿页＿＿
3. □预检记录＿＿页＿＿
4. □施工记录＿＿页＿＿
5. □施工试验记录＿＿页＿＿
6. □分部(子分部)工程质量验收记录＿＿页＿＿
7. ☑分项工程质量验收记录＿1＿页＿×××＿
8. □＿＿＿＿页＿＿
9. □＿＿＿＿页＿＿
10. □＿＿＿＿页＿＿

质量检查员(签字)：×××

施工单位名称：××建设工程有限公司　　技术负责人(签字)：×××

审查意见：

1. 所报附件材料真实、齐全、有效。
2. 所报分项工程实体工程质量符合规范和设计要求

审查结论：　☑合格　　□不合格

监理单位名称：××建设监理有限公司　(总)监理工程师(签字)：×××　审查日期：××年×月×日

注：本表由施工单位填报，监理单位、施工单位各存一份。分项、分部工程不合格，应填写《不合格项处置记录》，分部工程应由总监理工程师签字。

第七节　地下防水工程施工记录

一、《隐蔽工程验收记录》填写范例

<table>
<tr><td colspan="3">隐蔽工程验收记录</td><td>资料编号</td><td>×××</td></tr>
<tr><td>工程名称</td><td colspan="4">××办公楼工程</td></tr>
<tr><td>隐检项目</td><td colspan="2">第一层卷材防水</td><td>隐检日期</td><td>××年×月×日</td></tr>
<tr><td>隐检部位</td><td colspan="4">基础底板Ⅰ段　(1/1)～⑧/Ⓑ～Ⓗ 轴线　－8.750～－6.200m 标高</td></tr>
<tr><td colspan="5">隐检依据：施工图图号　结施 1、结施 3、地下防水施工方案　，设计变更/洽商(编号　/　)及有关国家现行标准等。
主要材料名称及规格/型号：　弹性体改性沥青防水卷材(聚酯胎)Ⅰ型　3mm　××牌</td></tr>
<tr><td colspan="5">隐检内容：
基础底板Ⅰ段(1/1)～⑧/Ⓑ～Ⓗ轴卷材防水第一层做法及搭接密封处理：
1. 防水卷材有出厂合格证、检测报告、产品性能和使用说明书、复试报告(试验编号：××)，合格。所选用的胶粘剂、密封材料等配套材料，与铺贴的卷材材性相容。
2. 采用热熔法铺贴卷材，卷材铺贴方向从西向东。
3. 在阴角、阳角处做卷材附加层，长度 500mm(平面与立面各 250mm)，在距离⑦轴以东 2000mm 处后浇带(800mm 宽)增加长度为 2800mm 卷材防水层、两边各 1000mm。
4. 卷材搭接长度：两幅卷材长、短边搭接长度 100mm，相邻幅卷材接缝错开距离≥1500mm，在立面与平面的转角处，卷材的接缝留在平面上，距立面不小于 600mm。
5. 防水收头：防水卷材与永久性保护墙之间采用空铺法施工，卷材铺好后，顶部临时固定留出卷材接茬的搭接长度(500mm)。
影像资料的部位、数量：基础底板③～④/Ⓒ～Ⓓ轴，××
隐检内容已做完，请予以检查　　　　申报人：×××</td></tr>
<tr><td colspan="5">检查意见：
经检查：防水卷材规格、厚度符合设计要求；卷材第一层铺设方式、搭接密封处理等符合施工质量验收规范规定，铺贴后的卷材平整顺直，搭接尺寸正确，无扭曲、空鼓、皱折损伤

检查结论：　☑同意隐蔽　　□不同意，修改后进行复查</td></tr>
<tr><td colspan="5">复查结论：

复查人：　　　　复查日期：</td></tr>
<tr><td rowspan="3">签字栏</td><td rowspan="2">施工单位</td><td rowspan="2">××建设集团有限公司</td><td>专业技术负责人</td><td>专业质检员</td><td>专业工长</td></tr>
<tr><td>×××</td><td>×××</td><td>×××</td></tr>
<tr><td>监理(建设)单位</td><td colspan="2">××工程建设监理有限公司</td><td>专业工程师</td><td>×××</td></tr>
</table>

注：本表由施工单位填写，并附影像资料。

<table>
<tr><td colspan="3">隐蔽工程验收记录</td><td>资料编号</td><td colspan="2">×××</td></tr>
<tr><td>工程名称</td><td colspan="5">××办公楼工程</td></tr>
<tr><td>隐检项目</td><td colspan="2">施工缝</td><td>隐检日期</td><td colspan="2">××年×月×日</td></tr>
<tr><td>隐检部位</td><td colspan="5">地下一层Ⅰ段　⑴～③/Ⓑ～Ⓗ 轴线　外墙及顶板</td></tr>
<tr><td colspan="6">隐检依据：施工图图号 结施－4、结施－7 ，设计变更/洽商（编号 / ）及有关国家现行标准等。
主要材料名称及规格/型号：50×100mm 木方、BW 止水条</td></tr>
<tr><td colspan="6">隐检内容：
1. 外墙与顶板交接外水平施工缝留置在板底 50mm 处，设置时采用预埋 50×100mm 木方扁放，留置凹槽，后钉 BW 止水条，竖向施工缝留置在××轴处，用钢板网拦住后再用木方挤紧，木方做成齿口卡住钢筋。
2. 施工缝的处理：水平施工缝剔掉混凝土软弱层，使其显露石子，并清理干净。

影像资料的部位、数量：

隐检内容已做完，请予以检查

申报人：×××</td></tr>
<tr><td colspan="6">检查意见：
经检查，施工缝的留置方法、位置以及接槎的处理均符合要求

检查结论：　☑同意隐蔽　□不同意，修改后进行复查</td></tr>
<tr><td colspan="6">复查结论：

复查人：　　　　　　复查日期：</td></tr>
<tr><td rowspan="3">签字栏</td><td rowspan="2">施工单位</td><td rowspan="2">××建设集团有限公司</td><td>专业技术负责人</td><td>专业质检员</td><td>专业工长</td></tr>
<tr><td>×××</td><td>×××</td><td>×××</td></tr>
<tr><td>监理（建设）单位</td><td colspan="2">××工程建设监理有限公司</td><td>专业工程师</td><td>×××</td></tr>
</table>

注：本表由施工单位填写，并附影像资料。

<table>
<tr><td colspan="3">隐蔽工程验收记录</td><td>资料编号</td><td>×××</td></tr>
<tr><td>工程名称</td><td colspan="4">××市地铁×号线××站～××站盾构区间工程</td></tr>
<tr><td>隐检项目</td><td colspan="2">管片拼装接缝防水</td><td>隐检日期</td><td>××年×月×日</td></tr>
<tr><td>隐检部位</td><td colspan="4">右线隧道 1091～1099 环</td></tr>
<tr><td colspan="5">隐检依据:施工图图号 结施 10,混凝土施工方案 ,设计变更/洽商(编号 ××)及有关国家现行标准等。
主要材料名称及规格/型号: 防水材料、橡胶密封垫</td></tr>
<tr><td colspan="5">隐检内容:
1. 防水材料的品种、规格、性能、构造形式、截面尺寸。
2. 钢筋混凝土管片的抗渗性能。
3. 防水密封垫粘贴是否牢固、平整、严密、位置正确。
4. 拼装时有无损坏防水密封垫及脱槽、扭曲和移位现象。
5. 管片拼装接缝及螺栓孔的防水处理情况

申报人:×××</td></tr>
<tr><td colspan="5">检查意见:
符合设计要求和施工规范规定,同意隐蔽,进行下道工序施工

检查结论: ☑同意隐蔽 □不同意,修改后进行复查</td></tr>
<tr><td colspan="5">复查结论:

复查人: 复查日期:</td></tr>
<tr><td rowspan="3">签字栏</td><td rowspan="2">建设(监理)单位</td><td>施工单位</td><td colspan="2">××城建地铁工程有限公司</td></tr>
<tr><td>专业技术负责人</td><td>专业质检员</td><td>专业工长</td></tr>
<tr><td>×××</td><td>×××</td><td>×××</td><td>×××</td></tr>
</table>

注:本表由施工单位填写,建设单位、施工单位、城建档案馆各保存一份。

<table>
<tr><td colspan="4">隐蔽工程验收记录</td><td>资料编号</td><td>×××</td></tr>
<tr><td colspan="2">工程名称</td><td colspan="4">××大厦</td></tr>
<tr><td colspan="2">隐检项目</td><td colspan="2">地下防水(渗排水工程)</td><td>隐检日期</td><td>××年×月×日</td></tr>
<tr><td colspan="2">隐检部位</td><td colspan="4">基础　①～⑳/Ⓐ～Ⓖ 轴线　－10.75 标高</td></tr>
<tr><td colspan="6">隐检依据:施工图图号　结施××、建施××　,设计变更/洽商(编号　/　)及有关国家现行标准等。
主要材料名称及规格/型号:　砂、石、无砂混凝土管</td></tr>
<tr><td colspan="6">隐检内容:
1.材料情况:砂、石,见砂试验报告(编号××)、石试验报告(编号××);无砂混凝土管,合格。
2.渗排水层的构造符合设计要求。过滤层与基坑土层接触处用厚度为100mm、粒径为5～10mm的石子铺填。沿渗水沟安放渗排水管,管与管相互对接处留出10mm间隙。在做渗排水层时,将管埋实固定,渗排水管的埋设深度及坡度符合设计和规范要求。
3.分层设渗排水层(即20～40mm的碎石层)至结构底面。分层厚度及密实度均匀一致,与基坑周围土接触处,设粗砂滤水层。
4.隔浆层铺抹50mm厚的水泥砂浆,铺设时抹实压平。隔浆层铺抹至墙边

申报人:×××</td></tr>
<tr><td colspan="6">检查意见:
经检查,符合设计要求和《地下防水工程质量验收规范》GB 50208—2011的规定

检查结论:　☑同意隐蔽　□不同意,修改后进行复查</td></tr>
<tr><td colspan="6">复查结论:

复查人:　　　　复查日期:</td></tr>
<tr><td rowspan="3">签字栏</td><td rowspan="2">建设(监理)单位</td><td>施工单位</td><td colspan="3">××建设工程有限公司</td></tr>
<tr><td>专业技术负责人</td><td colspan="2">专业质检员</td><td>专业工长</td></tr>
<tr><td>×××</td><td>×××</td><td colspan="2">×××</td><td>×××</td></tr>
</table>

本表由施工单位填写,建设单位、施工单位、城建档案馆各保存一份。

<table>
<tr><td colspan="2">隐蔽工程验收记录</td><td>资料编号</td><td>×××</td></tr>
<tr><td>工程名称</td><td colspan="3">××工程</td></tr>
<tr><td>隐检项目</td><td>预注浆、后注浆</td><td>隐检日期</td><td>××年×月×日</td></tr>
<tr><td>隐检部位</td><td colspan="3">地下基础层　　①～⑩/Ⓐ～Ⓖ 轴线　　－12.000m 标高</td></tr>
<tr><td colspan="4">隐检依据：施工图图号 结施××　地质勘察报告××-0081、注浆施工方案 ，设计变更/洽商(编号 /)及有关国家现行标准等。
主要材料名称及规格/型号： ××</td></tr>
<tr><td colspan="4">隐检内容：
1. 配制浆液的原材料有出厂合格证、质量检验报告、计量措施和试验报告，合格。
2. 注浆孔的数量、布置间距、钻孔深度及角度符合设计要求。
3. 按设计位置垂直钻 ϕ108 孔，底标高－12.00m，钻孔距混凝土坑壁 500mm。
4. 用水泥－水玻璃浆液在坑壁后形成 1.5～2.5m 厚的水泥土料的胶凝体，起到隔水堵水作用。
5. 注浆各阶段的控制压力和进浆量符合设计要求。
6. 注浆结束后将注浆孔及检查孔封填密实

申报人：×××</td></tr>
<tr><td colspan="4">检查意见：
经检查，符合设计要求和《地下防水工程质量验收规范》GB 50208—2011 的规定

检查结论：　☑同意隐蔽　　□不同意，修改后进行复查</td></tr>
<tr><td colspan="4">复查结论：

复查人：　　　　　　　　复查日期：</td></tr>
</table>

<table>
<tr><td rowspan="3">签字栏</td><td rowspan="2">建设(监理)单位</td><td>施工单位</td><td colspan="2">××建设工程有限公司</td></tr>
<tr><td>专业技术负责人</td><td>专业质检员</td><td>专业工长</td></tr>
<tr><td>×××</td><td>×××</td><td>×××</td><td>×××</td></tr>
</table>

注：本表由施工单位填写，建设单位、施工单位、城建档案馆各保存一份。

<table>
<tr><td colspan="3">隐蔽工程验收记录</td><td>资料编号</td><td>×××</td></tr>
<tr><td>工程名称</td><td colspan="4">××工程</td></tr>
<tr><td>隐检项目</td><td colspan="2">衬砌裂缝注浆</td><td>隐检日期</td><td>××年×月×日</td></tr>
<tr><td>隐检部位</td><td colspan="4">地下基础层　⑨～⑬/Ⓓ～Ⓕ 轴线　－8.400m 标高</td></tr>
<tr><td colspan="5">隐检依据:施工图图号＿＿＿＿＿,设计变更/洽商(编号＿＿/＿＿)及有关国家现行标准等。
主要材料名称及规格/型号:超细水泥浆液</td></tr>
<tr><td colspan="5">隐检内容:
1. 注浆材料及其配合比符合设计要求。
2. 钻孔埋管的孔位、孔径、孔距均符合设计要求。
3. 结构裂缝两侧剔成沟槽,槽宽 3cm、槽深 2cm,并清理干净。
4. 注浆孔深度不穿透结构厚度,留 10cm 厚度为安全距离。
5. 注浆的控制压力和进浆量符合设计要求

申报人:×××</td></tr>
<tr><td colspan="5">检查意见:
经检查,符合设计要求和《地下防水工程质量验收规范》GB 50208—2011 的规定

检查结论:　☑同意隐蔽　□不同意,修改后进行复查</td></tr>
<tr><td colspan="5">复查结论:

复查人:　　　　复查日期:</td></tr>
<tr><td rowspan="3">签字栏</td><td rowspan="2">建设(监理)单位</td><td>施工单位</td><td colspan="2">××建设工程有限公司</td></tr>
<tr><td>专业技术负责人</td><td>专业质检员</td><td>专业工长</td></tr>
<tr><td>×××</td><td>×××</td><td>×××</td><td>×××</td></tr>
</table>

注:本表由施工单位填写,建设单位、施工单位、城建档案馆各保存一份。

二、《地下室防水效果检查记录》填写范例

地下室防水效果检查记录

<table>
<tr><td colspan="2">工程名称</td><td colspan="2">××工程</td><td>检查日期</td><td>××年×月×日</td></tr>
<tr><td colspan="2">工程编号</td><td colspan="2">××</td><td>部　　位</td><td>地下一层外墙</td></tr>
<tr><td colspan="2">检查内容</td><td colspan="4">检查人员用干手触摸混凝土墙面及用吸墨纸(报纸)贴附背水墙面检查①～⑥轴墙体的湿渍面积,有无裂缝和渗水现象。
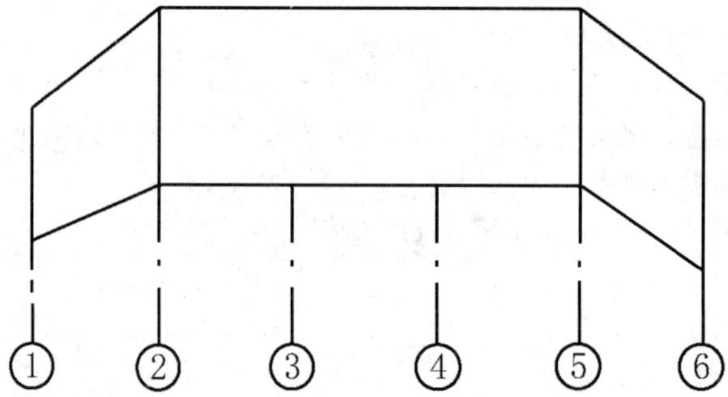
</td></tr>
<tr><td colspan="2">检查结果</td><td colspan="4">经检查:地下一层①～⑥轴背水内表面的混凝土墙面无湿渍及渗水现象,观感质量合格,符合设计要求和《地下防水工程质量验收规范》GB 50208—2011 规定</td></tr>
<tr><td colspan="2">评定意见</td><td colspan="4">符合设计及规范要求,评定合格
××年×月×日</td></tr>
<tr><td rowspan="3">参加人员</td><td rowspan="2" colspan="2">监理(建设)单位</td><td colspan="3">施工单位</td></tr>
<tr><td>专业技术负责人</td><td>质检员</td><td>试验员</td></tr>
<tr><td colspan="2">×××</td><td>×××</td><td>×××</td><td>×××</td></tr>
</table>

三 、《地下室防水效果检查记录》填写说明

1. 表格解析

(1)责任部门。

项目工程部。

(2)提交时限。

检查通过当日内完成地下防水工程验收前提交。

(3)填写要点。

1)"检查内容"栏:应按《地下防水工程质量验收规范》GB 50208—2011 中第 8.0.8 条及附录 C 和施工技术方案填写。

2)"检查结果"栏:应由建设(监理)单位填写,对地下结构的背水面的渗漏情况做出评价,是否符合设计要求及《地下防水工程质量验收规范》GB 50208—2011 规定。

2. 相关规定及要求

(1)为保证地下防水工程施工质量,强化地下防水工程的质量验收,地下防水效果检查已列入单位工程重要的安全、功能检查项目,必须引起高度重视。

(2)检查地下防水工程渗漏水量,应符合地下工程防水等级标准的规定,见表 5-17。

表 5-17　地下工程防水等级标准

防水等级	防 水 标 准
一级	不允许渗水,结构表面无湿渍
二级	不允许漏水,结构表面可有少量湿渍; 房屋建筑地下工程:总湿渍面积不应大于总防水面积(包括顶板、墙面、地面)的 1/1000;任意 $100m^2$ 防水面积上的湿渍不超过 2 处,单个湿渍的最大面积不大于 $0.1m^2$; 其他地下工程:总湿渍面积不应大于总防水面积的 2/1000;任意 $100m^2$ 防水面积上的湿渍不超过 3 处,单个湿渍的最大面积不大于 $0.2m^2$;其中,隧道工程平均渗水量不大于 $0.05L/(m^2 \cdot d)$,任意 $100m^2$ 防水面积上的渗水量不大于 $0.15L/(m^2 \cdot d)$
三级	有少量漏水点,不得有线流和漏泥砂; 任意 $100m^2$ 防水面积上的漏水或湿渍点数不超过 7 处,单个漏水点的最大漏水量不大于 2.5L/d,单个湿渍的最大面积不大于 $0.3m^2$
四级	有漏水点,不得有线流和漏泥砂; 整个工程平均漏水量不大于 $2L/(m^2 \cdot d)$;任意 $100m^2$ 防水面积上的平均漏水量不大于 $4L/(m^2 \cdot d)$

(3)渗漏水调查。

1)地下防水工程质量验收时,施工单位必须提供地下工程"背水内表面的结构工程展开图"。

2)房屋建筑地下室只调查围护结构内墙和底板。全埋设于地下的结构(地下商场、地铁车站、军事地下库等),除调查围护结构内墙和底板外,背水的顶板(拱顶)系重点调查目标。

3)钢筋混凝土及钢筋混凝土管片衬砌的隧道渗漏水调查的重点为上半环。

4)施工单位必须在“背水内表面的结构工程展开图”上详细标示在工程自检时发现的裂缝,并标明位置、宽度、长度和渗漏水现象、经修补、堵漏的渗漏水部位、防水等级标准容许的渗漏水现象位置。

5)地下防水工程验收时,经检查、核对标示好的“背水内表面的结构工程展开图”必须纳入竣工验收资料。

(4)渗漏水现象描述使用的术语、定义和标识符号,可按表5-18选用。

表5-18　渗漏水现象描述使用的术语、定义和标识符号

术语	定　义	标识符号
湿渍	地下混凝土结构背水面,呈现明显色泽变化的潮湿斑	#
渗水	水从地下混凝土结构衬砌内表面渗出,在背水的墙壁上可观察到明显的流挂水膜范围	○
水珠	悬垂在地下混凝土结构衬砌背水顶板(拱顶)的水珠,其滴落间隔时间超过1min称水珠现象	◇
滴漏	地下混凝土结构衬砌背水顶板(拱顶)渗漏水的滴落速度,每min至少1滴,称为滴漏现象	▽
线漏	渗漏成线或喷水状态	↓

(5)当被验收的地下工程有结露现象时,不宜进行渗漏水检测。

(6)房屋建筑地下室渗漏水现象检测。

1)地下工程防水等级对“湿渍面积”与“总防水面积”(包括顶板、墙面、地面)的比例作了规定。按防水等级2级设防的房屋建筑地下室,单个湿渍的最大面积不大于0.1m^2,任意100m^2防水面积上的湿渍不超过1处。

2)湿渍的现象:湿渍主要是由混凝土密实度差异造成毛细现象或由混凝土容许裂缝(宽度小于0.2mm)产生,在混凝土表面肉眼可见的“明显色泽变化的潮湿斑”。一般在人工通风条件下可消失,即蒸发量大于渗入量的状态。

3)湿渍的检测方法:检查人员用干手触摸湿斑,无水分浸润感觉。用吸墨纸或报纸贴附,纸不变颜色。检查时,要用粉笔勾划出湿渍范围,然后用钢尺测量高度和宽度,计算面积,标示在“展开图”上。

4)渗水的现象:渗水是由于混凝土密实度差异或混凝土有害裂缝(宽度大于0.2mm)而产生的地下水连续渗入混凝土结构,在背水的混凝土墙壁表面肉眼可观察到明显的流挂水膜范围,在加强人工通风的条件下也不会消失,即渗入量大于蒸发量的状态。

5)渗水的检测方法:检查人员用干手触摸可感觉到水分浸润,手上会沾有水分。用吸墨纸或报纸贴附,纸会浸润变颜色。检查时,要用粉笔勾划出渗水范围,然后用钢尺测量高度和宽度,计算面积,标示在“展开图”上。

6)对房屋建筑地下室检测出的“渗水点”,一般情况下应准予修补堵漏,再重新验收。

7)对防水混凝土结构的细部构造渗漏水检测,也应按本条内容执行。若发现严重渗水必须分析、查明原因,应准予修补堵漏,然后重新验收。

四、《防水工程试水检查记录》填写范例

<table>
<tr><td colspan="3">防水工程试水检查记录</td><td>资料编号</td><td colspan="2">×××</td></tr>
<tr><td>工程名称</td><td colspan="5">××住宅楼工程</td></tr>
<tr><td>检查部位</td><td colspan="2">首层卫生间地面</td><td>检查日期</td><td colspan="2">××年×月×日</td></tr>
<tr><td rowspan="2">检查方式</td><td>☑第一次蓄水　□第二次蓄水</td><td>蓄水时间</td><td colspan="3">从 ×× 年 × 月 × 日 10 时
至 ×× 年 × 月 × 日 10 时</td></tr>
<tr><td colspan="5">□淋水　□雨期观察</td></tr>
<tr><td colspan="6">检查方法及内容：
首层卫生间地面第一次蓄水试验：在门口处用水泥砂浆做挡水墙，地漏周围挡高 5cm，用球塞（或棉丝）把地漏堵严密且不影响试水，然后进行蓄水，蓄水最浅水位为 20mm，蓄水时间为 24h。
检查方法：在地下一层查看管根、墙体砖面、顶板是否有渗漏水现象</td></tr>
<tr><td colspan="6">检查结果：
经检查，卫生间第一次蓄水试验无渗漏现象，检查合格，符合规范要求</td></tr>
<tr><td colspan="6">复查意见：

复查人：　　　　　　　　复查日期：</td></tr>
<tr><td rowspan="3">签字栏</td><td rowspan="2">施工单位</td><td rowspan="2">××建设集团有限公司</td><td>专业技术负责人</td><td>专业质检员</td><td>专业工长</td></tr>
<tr><td>×××</td><td>×××</td><td>×××</td></tr>
<tr><td>监理（建设）单位</td><td colspan="2">××工程建设监理有限公司</td><td>专业工程师</td><td>×××</td></tr>
</table>

注：本表由施工单位填写。

防水工程试水检查记录			资料编号	×××
工程名称	××住宅楼工程			
检查部位	屋面(十一层顶板) ⑨～⑬/Ⓐ～Ⓓ轴、④～⑪/Ⓔ～Ⓕ轴		检查日期	××年×月×日
检查方式	□第一次蓄水　□第二次蓄水	蓄水时间	从 ×× 年 × 月 × 日 9:00 至 ×× 年 × 月 × 日 11:15	
	☑淋水　□雨期观察			

检查方法及内容：

1. 沿屋脊方向布置与屋脊同长度的花管(钢管直径 38mm 左右,管上部钻 3～5mm 的孔,布置两排,孔距 80～100mm),用有压力的自来水管接通进行淋水(呈人工降水状)。

2. 高出屋面的烟道、风道、出气管、女儿墙、出入孔等突出屋面的部分泛水,防水层上口布设淋水管。

3. 淋水时间为 2h15min

检查结果：

对所有顶层房间进行逐间检查,无渗漏现象。符合设计要求及规范规定,合格

复查意见：

复查人：　　　　　　　　　　复查日期：

签字栏	施工单位	××建设集团有限公司	专业技术负责人	专业质检员	专业工长
			×××	×××	×××
	监理(建设)单位	××工程建设监理有限公司		专业工程师	×××

注：本表由施工单位填写。

五、《防水工程试水检查记录》填写说明

有防水要求的房间和屋面工程完工后应按标准规定进行蓄水或淋水防水性能试验，填写防水工程试水检查记录。幕墙工程施工应有幕墙淋水检查记录，淋水检查应在易渗漏部位进行并填写防水工程试水检查记录。

1.表格解析

(1)责任部门。

项目工程部。

(2)提交时限。

检查通过当日内完成。

(3)填写要点。

“检查方法及内容”：应注意特殊部位蓄水检查方法，如厕浴间管根处、地漏处和屋面细部构造等。

2.相关规定及要求

(1)规范名称。

1)《建筑装饰装修工程质量验收规范》GB 50210—2001。

2)《玻璃幕墙工程技术规范》JGJ 102—2003。

3)《住宅装饰装修工程施工规范》GB 50327—2001。

4)《住宅设计规范》GB 50096—2011。

5)《屋面工程质量验收规范》GB 50207—2012。

(2)相关要求。

1)蓄水试验记录。

①厕浴间蓄水试验方法及要求。

凡厕浴间等有防水要求的房间必须有防水层及安装后蓄水检验记录，卫生器具安装完后应做100%的二次蓄水试验，质检员检查合格签字记录。蓄水时间不少于24h。蓄水最浅水位不应低于20mm。

②屋面蓄水试验方法及要求。

有女儿墙的屋面防水工程，能做蓄水试验的宜做蓄水检验。

蓄水试验应在防水层施工完成并验收后进行。将水落口用球塞堵严密，且不影响试水。蓄水深度最浅处不应小于20mm。蓄水时间为24h。

2)淋水试验记录。

①外墙淋水试验方法及要求。

预制外墙板板缝，应有2h的淋水无渗漏试验记录。

预制外墙板板缝淋水数量为每道墙面不少于10%～20%的缝，且不少于一条缝。试验时在屋檐下竖缝处1.0m宽范围内淋水，应形成水幕。淋水时间为2h。试验时气温在+5℃以上。

②屋面淋水试验方法及要求。

高出屋面的烟、风道、出气管、女儿墙、出入孔根部防水层上口应做淋水试验。

屋面防水层应进行持续2h淋水试验。沿屋脊方向布置与屋脊同长度的花管(钢管直径38cm左右,管上部钻3～5mm的孔,布置两排,孔距80～100mm左右),用有压力的自来水管接通进行淋水(呈人工降水状)。风道、出气管、女儿墙、出入孔根部防水层上口应做淋水试验,并做好记录。

3)雨季观察记录。

冬季施工的工程,应在来年雨季之前补作淋水、蓄水试验,或做好雨季观察记录。

记录主要包括:降雨级数、次数、降雨时间、检查结果、检查日期及检查人。

4)不具备蓄水和淋水试验条件的要求。

对于不具备全部屋面进行蓄水和淋水试验条件的屋面防水工程,除做好雨季观察记录外,对屋面细部、节点的防水应进行局部蓄水和淋水试验。

5)水落口应做蓄水检验,时间不少于2h。

6)女儿墙、出屋面管道、烟(风)道防水卷材上卷部位等应做淋水试验,时间不少于2h。

第六章

地基与基础工程施工试验记录及检测报告资料（C6）

本章内容包括下列资料：

- 地基处理工程施工试验记录及检测报告
- 基础工程施工试验记录及检测报告
- 土方工程施工试验记录及检测报告
- 地下防水工程施工试验记录及检测报告

第一节 地基处理工程施工试验记录及检测报告

一、《土工击实试验报告》填写范例

<table>
<tr><td colspan="2">CMA
(××)量认(京)字(110152)号
土工击实试验报告</td><td>编　　号</td><td>×××</td></tr>
<tr><td>工程名称</td><td colspan="3">××综合楼工程</td></tr>
<tr><td rowspan="2">委托单位</td><td rowspan="2">××建设集团有限公司</td><td>试验编号</td><td>TS 2015—0042</td></tr>
<tr><td>试件编号</td><td>001</td></tr>
<tr><td>试验委托人</td><td>×××</td><td>委托编号</td><td>2015—01460</td></tr>
<tr><td>结构类型</td><td>全现浇剪力墙</td><td>填土部位</td><td>基槽①～⑦/Ⓑ～Ⓖ轴</td></tr>
<tr><td>要求压实系数(λ_c)</td><td>0.97</td><td>土样种类</td><td>2∶8灰土</td></tr>
<tr><td>来样日期</td><td>××年×月×日</td><td>试验日期</td><td>××年×月×日</td></tr>
<tr><td rowspan="3">试验结果</td><td colspan="3">最优含水率(ω_{op})＝18.2%</td></tr>
<tr><td colspan="3">最大干密度(ρ_{dmax})＝1.72g/cm^3</td></tr>
<tr><td colspan="3">控制指标(控制干密度)
最大干密度×要求压实系数＝1.67g/cm^3</td></tr>
<tr><td colspan="4">结论：
依据《土工试验方法标准》GB/T 50123—1999标准，最优含水率为18.2%，最大干密度为1.72g/cm^3，控制干密度为1.67g/cm^3
××工程检测试验有限公司
试验专用章</td></tr>
</table>

批准	×××	审核	×××	试验	×××
试验单位	××工程检测试验有限公司				
报告日期	××年×月×日				

二、《土工击实试验报告》填写说明

1. 表格解析

(1)责任部门。

有资质检测单位提供，试验员收集。

(2)提交时限。

回填施工前完成，击实试验 3～7d。

(3)核查要点。

1)“工程名称及施工部位”要写具体，名称应与图签和施工组织设计一致；部位明确。

2)“委托单位”要写具体，名称应与施工组织设计一致。

3)“试验时期”应与其他资料交圈吻合。

4)“要求压实系数、控制干密度”按设计要求、施工规范和经试验计算确定数据素土、灰土、砂或级配砂石回填应按设计要求办理，当设计无要求时，控制干密度 ρ_d (g/cm^3) 应符合下列标准：

素土：一般应≥1.65，黏土可降低 10%；

灰土：粉土≥1.55，粉质黏土≥1.50，黏土≥1.45；

砂不小于在中密状态时的干密度，中砂 1.55～1.60；级配砂石 2.1～2.2。

2. 相关规定及要求

土方工程应测定土的最大干密度和最优含水率，确定最小干密度控制值。土工击实应由项目试验员负责委托，达到试验周期并在回填施工前领取试验报告，检查内容齐全无误后提交项目技术员或资料员。

(1)设计有压实系数要求的，应先取土样进行击实试验，确定最大干密度和最优含水量，并根据设计提出的压实系数计算出填料的控制干密度，再进行干密度取样试验。

(2)设计无压实系数要求且无干密度要求的，依据表 6-1 选择压实系数，再取土样进行击实试验，确定填料的控制干密度后，再进行干密度取样试验。

表 6-1 压实填土的质量控制

结构类型	填土部位	压实系数 λ_c	控制含水量(%)
砌体承重结构和框架结构	在地基主要受力层范围内	≥0.97	$W_{op}\pm2$
	在地基主要受力层范围以下	≥0.95	
排架结构	在地基主要受力层范围内	≥0.96	
	在地基主要受力层范围以下	≥0.94	

注：1. λ_c 为回填土控制干密度与最大干密度的比值。

2. 地坪垫层以下及基础底面标高以上的压实填土，压实系数不应小于 0.94。

3. W_{op} 为最佳含水率。

(3)设计提出了控制干密度要求的，无须进行击实试验，直接进行干密度取样试验。

(4)对于一般的小型工程无击实试验条件的单位，最大干密度可按经验公式计算。

(5)做标准击实试验的土样取样数量应满足：素土或灰土不少于 25kg，砂或级配砂石不少于 45kg。

三、《回填土试验报告》填写范例

CMA
(××)量认(京)字(110152)号

回填土试验报告

		编　号	×××
		试验编号	CL11－0059
		委托编号	2015－03180
工程名称及施工部位	××办公楼工程　基础肥槽(－2.830～－1.330m)		
委托单位	××建设集团有限公司××项目部	试验委托人	×××
要求压实系数(λ_c)	0.97	回填土种类	2∶8 灰土
控制干密度(ρ_d)	1.67g/cm³	试验日期	××年×月×日

点号 / 项目 / 步数	1	2								
	实测干密度(g/cm³)									
	实测压实系数									
27	1.69	1.67								
	0.98	0.97								
28	1.67	1.70								
	0.97	0.99								
29	1.69	1.70								
	0.98	0.99								
30	1.67	1.69								
	0.97	0.98								
31	1.67	1.67								
	0.97	0.97								
32	1.70	1.69								
	0.99	0.98								
33	1.70	1.69								
	0.99	0.98								
34	1.67	1.70								
	0.97	0.99								
35	1.69	1.70								
	0.98	0.99								
36	1.67	1.69								
	0.97	0.98								

取样位置简图:(附)

见附图

结论:

该 2∶8 灰土符合设计要求

××工程检测试验有限公司 试验专用章

批准	×××	审核	×××	试验	×××
试验单位	××工程检测试验有限公司				
报告日期	××年×月×日				

续表

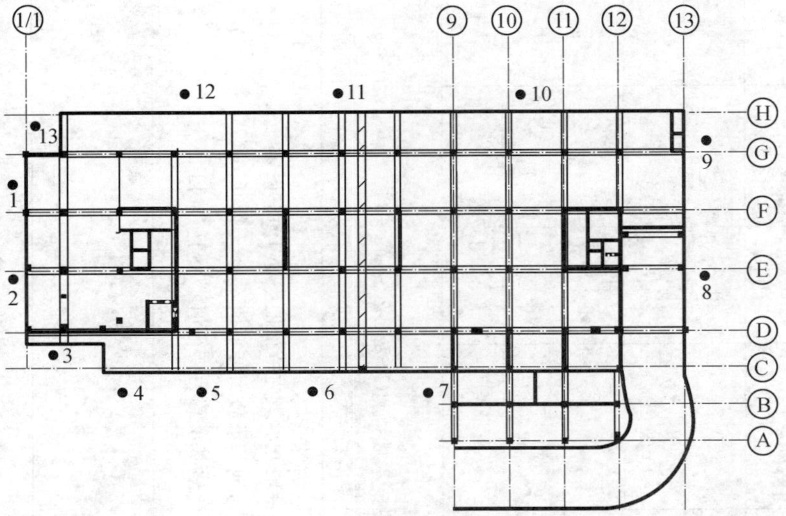

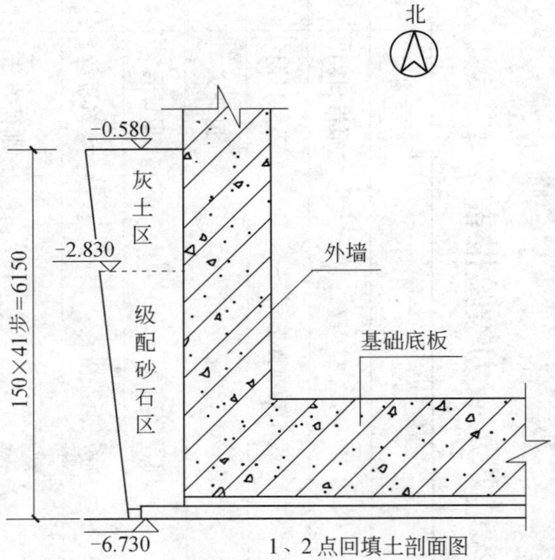

1、2 点回填土剖面图

基础肥槽回填土取点平面布置图

说明：

1．1、2 点基础肥槽回填，－6.73～－2.83m 采用级配砂石；－2.83～－0.58m 采用 2∶8 灰土。

2．回填土的分层厚度为虚铺 200mm，夯实后为 150mm。

四、《地基承载力检验报告》填写范例

地基承载力检验报告

工程名称	××大厦			报告编号	检××-×××
工程地点	××市××区××路			报告日期	××年×月×日
委托单位	××建设工程有限公司			委托日期	××年×月×日
施工单位	××建设工程有限公司			见证人	×××
见证单位	××建设监理有限公司			见证号	×××
地基处理工艺方法	深层搅拌法			试验方法	载荷试验
地基承载力特征值(kPa)	130	载荷板尺寸(mm×mm)	100×100	加荷方法	慢速维持荷载法

点(桩)号	加荷级数	最大试验荷载(kN)	最大试验荷载下载荷板沉降(mm)	残余变形(mm)	地基承载力特征值(kPa)	检测日期	备　注
1	10	260	36.72	25.39	≥130	×/×	
2	10	260	29.74	20.89	≥130	×/×	
3	10	260	32.45	22.30	≥130	×/×	

检测依据	《建筑地基处理技术规范》JGJ 79—2012
检测结论	1#试验点的复合地基承载力特征值不小于130kPa 2#试验点的复合地基承载力特征值不小于130kPa 3#试验点的复合地基承载力特征值不小于130kPa
备　注	——

批准：×××　　　　审核：×××　　　　检验：×××

五、《夯实水泥土桩复合地基载荷试验检测报告》填写范例

夯实水泥土桩复合地基载荷试验

检 测 报 告

工程名称： ××小区2#住宅楼

工程地点： ××市××区××路

委托单位： ××建设工程有限公司

检测日期： ××年×月×日至×月×日

报告编号： CS15-11-66

××建设工程检测中心
检测报告专用章

××建设工程有检测中心

××年×月×日

××小区 2# 住宅楼

夯实水泥土桩复合地基载荷试验检测报告

检　测　人：×××

编　　　制：×××

审　　　核：×××

批　　　注：×××

声明：

1. 本报告涂改、错页、换页、漏页无效；
2. 本报告无我单位相关技术资格证书章无效；
3. 未经书面同意不得复制或作为他用；
4. 如对本检测报告有异议或需要说明之处，可在报告发出后 15 日内向本检测单位书面提出，本单位将于 5 日内给予答复。

检测单位：××建设工程检测中心
地　　址：××区××路
邮　　编：×××
电　　话：×××

报告编号:CS15-11-66　　　　共6页　第1页

检　测　报　告

<table>
<tr><td>工程名称</td><td colspan="6">××小区 2#住宅楼</td></tr>
<tr><td>检测性质</td><td colspan="6">委托检验</td></tr>
<tr><td>检测依据</td><td colspan="6">《建筑地基处理技术规范》JGJ 79—2012
《建筑地基基础工程施工质量验收规范》GB 50202—2002</td></tr>
<tr><td>桩　　型</td><td colspan="2">夯实水泥土桩</td><td colspan="2">施工有效桩长(m)</td><td>5.00</td><td>桩径(mm)</td><td>350</td></tr>
<tr><td>检测日期</td><td colspan="2">××年×月×日</td><td colspan="2">检测项目</td><td colspan="3">复合地基承载力</td></tr>
<tr><td rowspan="2">检测情况</td><td rowspan="2">静载荷</td><td>总桩数</td><td>被检数</td><td>抽检率(%)</td><td rowspan="2" colspan="2">单桩复合地基承载力特征值(kPa)</td><td rowspan="2">≥180</td></tr>
<tr><td>625</td><td>4</td><td>0.64</td></tr>
<tr><td>结　　论</td><td colspan="7">本工程单桩复合地基承载力特征值≥180kPa</td></tr>
</table>

报告编号:CS15-11-66　　　　共6页　第2页

一、项目概况

工程名称	××小区2#住宅楼	工程地点	××市××区××路
建设单位	××集团开发有限公司	委托单位	××建设工程有限公司
勘察单位	××勘察设计院	设计单位	××建筑设计院
施工单位	××建设工程有限公司	桩　型	夯实水泥土桩
设计有效桩长(m)	5.00	桩径(mm)	350
工程桩总数	625	检测桩数	静压4根
检测性质	委托检验	检测日期	××年×月×日
备　注			

二、地质概况

岩土工程勘察工作由××勘察设计研究院岩土工程公司完成。

详见该场地的《岩土工程勘察报告》。

三、检测依据

检测依据标准及代号:

1. 中华人民共和国行业标准《建筑地基处理技术规范》JGJ 79—2012;

2. 中华人民共和国国家标准《建筑地基基础工程施工质量验收规范》GB 50202—2002。

四、现场检测

1. 加载方式

现场试验所用承压板为圆形,其面积为1.00m^2,最大加载量为设计要求复合地基承载力特征值的2倍,分为8级,单桩复合地基载荷试验参数见“单桩复合地基静载荷试验参数一览表”。

加载方式采用钢梁下设地锚的方法产生反力,油压千斤顶加载。

2. 荷载及沉降测量

荷载值通过压力传感器测量,试桩沉降则通过承压板两边对称架设的机械式百分表测量,所有百分表均用磁性表座固定于由脚手架钢管构成的基准梁上,基准梁在独立的基准桩上安装。

3. 加载标准及终止试验的条件

每加一级荷载,按间隔10min、10min、10min、15min、15min读记承压板沉降量,以后为每隔0.5小时测读一次沉降量。当每小时的沉降量小于0.1mm时,则认为已趋稳定,可加下一级荷载。

当出现下列情况之一时可终止试验:

(1) 沉降急骤增大,承压板周围的土明显地侧向挤出;

(2) 承压板累计沉降量已大于压板宽度或板直径的6%;

(3) 在某一级荷载下,24h内沉降速率不能达到稳定;

(4) 当达不到极限荷载,而最大加载压力已大于设计要求压力值的2倍。

满足上述前三种情况之一时,其对应的前一级荷载定为极限荷载。

五、检测结果

本工程共进行单桩复合地基静载荷试验4点,单桩复合地基静载试验结果见"单桩复合地基静载荷试验结果汇总表",*p-s* 曲线见本报告第5页、第6页附图,各试验点在加载到最大荷载时沉降量较小,在10.44～13.56mm之间,p-s曲线一般较为平滑,无明显拐点及陡降段,均未达到破坏。

复合地基压缩模量值取13MPa。

综上所述,本工程单桩复合地基承载力特征值≥180kPa。

六、检测结论

本工程总桩数625根,进行单桩复合地基静载荷试验4点,抽检率0.5%,通过检测,结论如下:

本工程单桩复合地基承载力特征值≥180kPa。

七、附图表

1. 单桩复合地基静载荷试验参数一览表

单桩复合地基静载荷试验参数一览表

总桩数（根）	检测桩数(根)	检测比例（%）	实际面积置换率（%）	复合地基承载力特征值（kPa）（设计）	最大加荷量（kPa）	加荷等级	检测用置换率（%）	承压板面积（m^2）
625	4	0.64	9.6	180	360	8	9.6	1.00

2. 单桩复合地基静载荷试验结果汇总表

单桩复合地基静载荷试验结果汇总表

检测桩号	加荷等级	每级加荷量（kPa）	最大加荷量（kPa）	最大沉降量（mm）	单桩复合地基承载力基本值（kPa）	单桩复合地基承载力特征值（kPa）
123	8	45	360	11.90	≥180	≥180
263	8	45	360	13.47	≥180	
376	8	45	360	10.44	≥180	
503	8	45	360	13.56	≥180	

3. 检测点平面示意图(见本报告第4页附图)

4. 单桩复合地基静载荷试验 *p-s* 曲线(见本报告第5页、第6页附图)

报告编号:CS15-11-66　　　　　　　　　　　　　　　　　　　　共 6 页　第 4 页

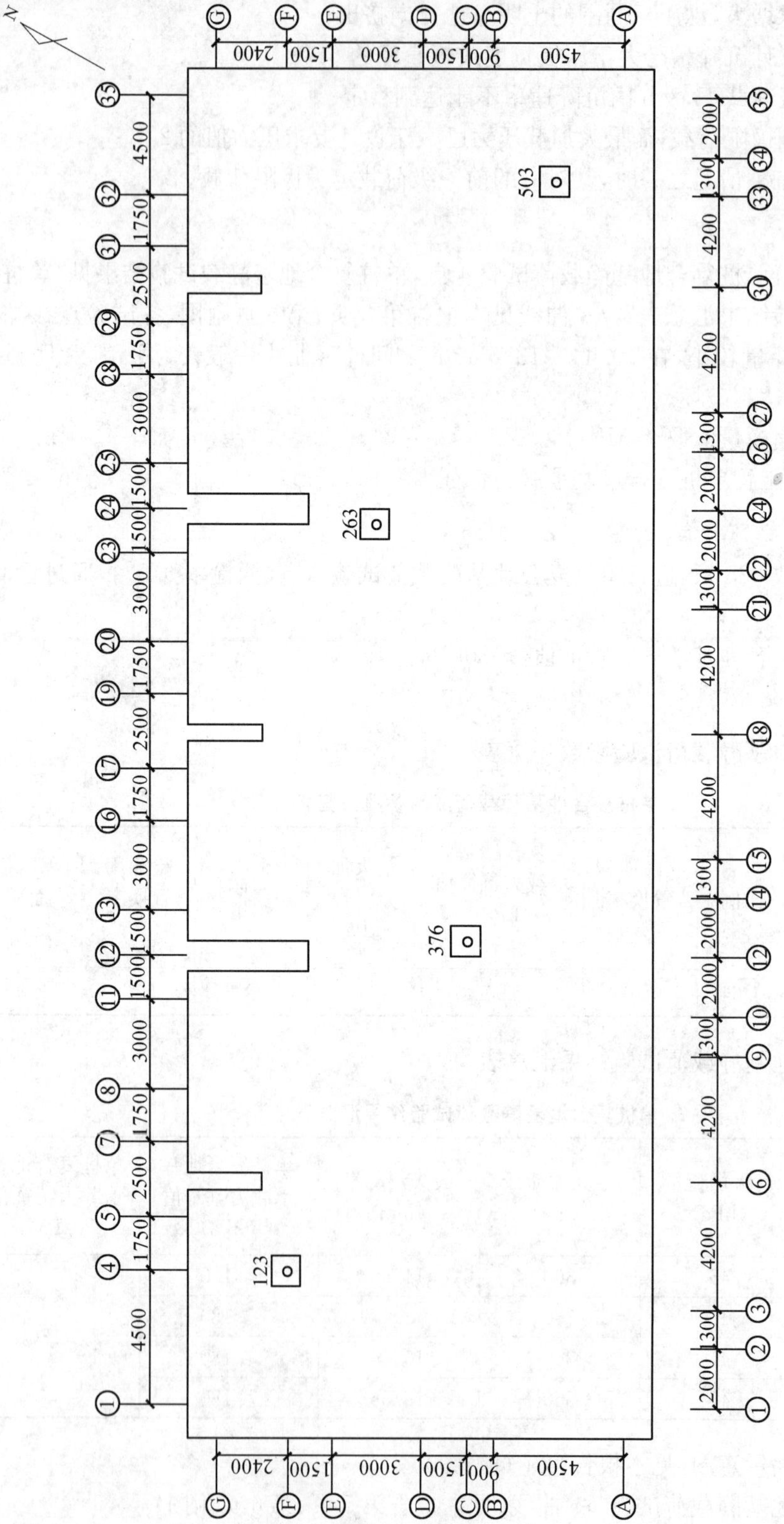

××小区2#住宅楼检测点平面示意图

报告编号：CS15-11-66

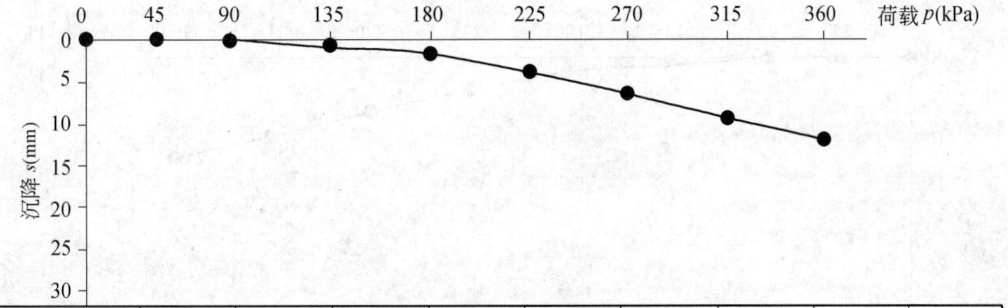

荷载(kPa)	0	45	90	135	180	225	270	315	360
沉降(mm)	0.00	0.00	0.08	0.75	1.77	3.75	6.48	9.32	11.90

××小区 2# 住宅楼 123# 桩载荷试验 p-s 曲线

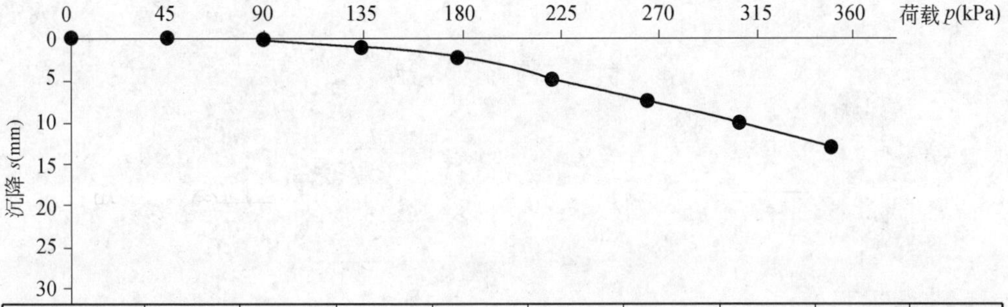

荷载(kPa)	0	45	90	135	180	225	270	315	360
沉降(mm)	0.00	0.02	0.30	1.13	2.44	4.92	7.77	10.48	13.47

××小区 2# 住宅楼 263# 桩载荷试验 p-s 曲线

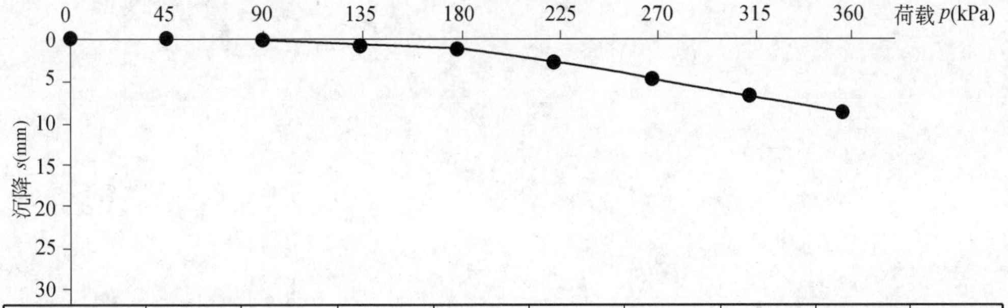

荷载(kPa)	0	45	90	135	180	225	270	315	360
沉降(mm)	0.00	0.00	0.24	0.80	1.58	3.28	5.59	8.10	10.44

××小区 2# 住宅楼 376# 桩载荷试验 p-s 曲线

报告编号:CS15-11-66　　　　共6页　第6页

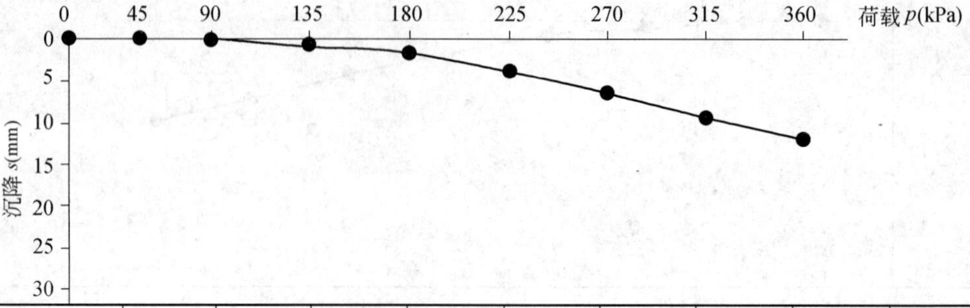

荷载(kPa)	0	45	90	135	180	225	270	315	360
沉降(mm)	0.00	0.04	0.52	1.57	3.42	6.54	9.32	11.35	13.56

××小区 2# 住宅楼 503# 桩载荷试验 p-s 曲线

六、《CFG 桩复合地基检测报告》填写范例

通过 ISO 9001:2008 质量管理体系认证　　　　编号:JC-××-221

××大厦 A 栋

CFG 桩复合地基检测报告

检测单位:××勘察技术工程公司

检测日期:××年×月×～××年×月×日

检测单位地址:××××区××大街××号

检测单位电话:×××××××××

检测单位负责人:×××

续表

目　录

一、前言

拟建××大厦 A 栋,由于基础埋深处持力层承载力和建筑物沉降不能满足上部设计的要求,其地基采用 CFG 桩复合地基进行加固处理。为评价 CFG 桩复合地基改良效果及施工质量,受××××有限责任公司的委托,我公司承担了该工程静载荷试验及低应变检测工作。

××年 7 月 17 日进场,××年 8 月 3 日完成现场测试,××年 8 月 10 日提交正式文字报告。

本次检测共完成单桩复合地基静载荷试验 3 组,低应变动测 60 根,检测桩位见附图(略)。

二、工程概况及工程地质条件

(一)工程概况。

建筑场地位于××××区××门外,基础埋深 13.40m,即绝对标高 25.50m,其中地下 2 层,地上 24 层,结构形式为框架一剪力墙结构,基础形式为梁板筏基础。根据地基处理方案,地基采用 CFG 桩复合地基进行加固处理,长螺旋钻机成孔,泵送混凝土中心压灌成桩,设计总桩数 576 根,桩径 ϕ410mm,桩身混凝土强度等级 C25,有效桩长 16.0m,桩土置换率 0.0517,复合地基承载力特征值 480kPa。有关设计参数见"××勘察设计研究院"《××大厦 A 栋地基处理工程设计方案》。

(二)工程地质条件。

根据勘察报告该工程基础以下由上而下依次如下:

地层情况一览表

成因类别	大层编号	地层序号	岩　性	各大层层顶标高(m)	压缩性
人工堆积层	1	①	黏质粉土填土、粉质黏土填土	37.94～39.67	—
		①$_1$	房渣土、碎石填土		—
第四纪沉积层	2	②	黏质粉土、砂质粉土	33.14～38.16	中～中低压缩性
		②$_1$	粉质黏土、黏质粉土		中～中高压缩性
		②$_2$	黏土、重粉质黏土		中高压缩性

续表

（续）

成因类别	大层编号	地层序号	岩　性	各大层层顶标高（m）	压缩性
第四纪沉积层	3	③	粉砂、细砂	31.68～34.27	低压缩性
		③$_1$	粉质黏土、黏质粉土		中低一低压缩性
		③$_2$	砂质粉土、黏质粉土		低压缩性
		③$_3$	黏土、重粉质黏土		中高一中压缩性
		③$_4$	圆砾		低压缩性
	4	④	圆砾、卵石	27.15～29.24	低压缩性
		④$_1$	细砂、中砂		低压缩
	5	⑤	粉质黏土、黏质粉土	21.69～22.64	中低～低压缩性
		⑤$_1$	黏土、重粉质粉土		中一中低压缩性
		⑤$_2$	黏质粉土、砂质粉土		低压缩性
	6	⑥	粉质黏土、黏质粉土	16.78～18.15	中低～低压缩性
		⑥$_1$	黏质粉土、砂质粉土		低压缩性
		⑥$_2$	细砂、粉砂		低压缩性
	7	⑦	黏土、重粉质黏土	11.86～13.11	中低一低压缩性
		⑦$_1$	粉质黏土、黏质粉土		中低一低压缩性
		⑦$_2$	砂质粉土、黏质粉土		低压缩性
	8	⑧	黏土、重粉质黏土	5.40～6.94	低～中低压缩性
		⑧$_1$	黏质粉土、砂质粉土		低压缩性
		⑧$_2$	粉质黏土、黏质粉土		低缩性
	9	⑨	卵石、圆砾	0.95～2.76	低压缩性
		⑨$_1$	细　砂		低压缩性

有关地层详见“××勘察设计研究院”提供的该工程《岩土工程勘察报告》××技059。

三、方法技术及原理

（一）静载荷法

静载荷试验是在原位条件下，逐级施加模拟建筑的实际荷载，并同时观测地基相应变形的一种检测方法。检测采用慢速维持荷载法，加载装置采用油压千斤顶，试验反力利用压重平台，配重为砂袋，压重不小于最大加荷的1.2倍，最大加载量2460kN，荷载分9级施加，第一级按2倍分级加载。具体步骤如下：每级荷载前后各测读一次，以后每隔30min测读一次。当每小时的沉降不超过0.1mm，认为该级荷载的沉降已达到相对稳定，可加下一级荷载。

续表

当出现下列现象之一时,即可终止试验:

(1)沉降量急骤增大,土被挤出或压板周围出现明显的裂缝。

(2)累计的沉降量已大于压板宽度或直径的6%。

(3)总加载量已为设计要求值的2倍以上。

(二)低应变动测法

低应变基桩无损检测应用"反射波"法,属弹性波的应用范畴。当在桩顶施加一瞬时冲击力后,弹性波沿桩身向下传播,在其传播过程中遇到桩界面或桩间界面时(即桩身介质不均匀、断裂等,亦称桩身缺陷),必然产生弹性波的反射沿桩身传播。因此,在桩顶安置检波器,连接记录仪器,就可以记录下冲击信号和反射波传播的双程旅行时间。一般来说,桩长是已知的,由此可计算出弹性波在桩体中的平均传播速度。由于介质内弹性波传播速度的大小,与其本身的物理性质(如密度、弹性模量、泊松比等)密切相关,因此根据反射波的到达时间及其运动学特点,可分析缺陷的性质及严重程度,并可计算出缺陷所在的位置。

本次试验参照有关规范有《建筑地基基础设计规范》GB 50007—2011;《岩土工程勘察规范》GB 50021—2001、《建筑地基处理技术规范》JGJ 79—2012、《建筑地基基础工程施工质量验收规范》GB 50202—2002、《建筑桩基检测技术规范》JGJ 106—2014、《产品验收标准》BETEC/C—03—2003等。

四、仪器设备

(一)静载荷试验

(1)JK-Ⅱ(编号:991)静力载荷测试仪(含记录仪、打印机、油泵、液压千斤顶、测力传感器、位移传感器)。

(2)测力油压表、百分表(备用)。

(3)主梁、副染、支承垛。

(二)低应变动测试验

(1)TNO桩基诊断仪。

(2)微处理机、激光打印机。

(3)传感器、手锤、力棒等。

五、资料整理及检测结果

(一)资料整理所使用的参数及符号

桩长L:16.0m

桩径D:410mm

桩截面积A_R:0.132m^2

单桩影响圆面积A_e:2.56m^2

桩间距s:1.60m×1.60m

置换率m:0.0517

天然地基土承载力特征值f_{sk}:300～320kPa

设计复合地基承载力特征值f_{spk}:480kPa

复合地基静载荷承压板面积A_b:2.56m^2

(二)检测结果

1.静载荷试验

根据要求,结合现场实际情况,本次检测完成单桩复合地基静载荷试验3组,根据原始数据,

续表

依据有关规范、规程及经验公式进行修正、计算并绘制 Q-S 曲线。根据曲线特点，当极限点明显时，取极限点对应的 Q 值为竖向承载力极限值，除以安全系数 2 及承压板面积为单桩复合地基承载力特征值；当比例界限点明显时，取比例界限点对应的 Q 值除以承压板面积为单桩复合地基承载力特征值；若上述两点均不明显，可按照相对变形取值，但不大于最大加荷值 1/2，其结果如下：

静载荷试验成果表

序号	桩号	最大加荷量（kN）	最大沉降量（mm）	单桩复合地基承载力特征值（kPa）	复合地基承载力特征值（kPa）
1	467	2460	7.07	>480	>480
2	486	2460	7.50	>480	
3	519	2460	9.57	>480	

2. 低应变检测

低应变检测成果如下。

低应变检测成果表

序号	桩号	桩长（m）	波速（m/s）	完整性	序号	桩号	桩长（m）	波速（m/s）	完整性
1	20	16.0	3800	4.0m 扩径	31	350	16.0	400	完整
2	28	16.0	3800	完整	32	356	16.0	3900	4.0m 扩径
3	41	16.0	3800	完整	33	363	16.0	3800	完整
4	54	16.0	2800	3.0m 扩径	34	374	16.0	3900	9.0m 扩径
5	61	16.0	4200	完整	35	382	16.0	3800	完整
6	73	16.0	3900	完整	36	386	16.0	3900	完整
7	84	16.0	3800	完整	37	495	16.0	3800	完整
8	92	16.0	3700	完整	38	407	16.0	2800	完整
9	102	16.0	3900	完整	39	413	16.0	3800	完整
10	106	16.0	3800	完整	40	419	16.0	3800	完整
11	116	16.0	3800	4.0m 扩径	41	428	16.0	3800	3.0m 扩径

续表

（续）

序号	桩号	桩长(m)	波速(m/s)	完整性	序号	桩号	桩长(m)	波速(m/s)	完整性
12	120	16.0	3800	完整	42	438	16.0	3800	完整
13	142	16.0	3800	完整	43	446	16.0	4100	完整
14	154	16.0	3800	完整	44	456	16.0	3800	完整
15	165	16.0	4200	完整	45	461	16.0	3900	完整
16	183	16.0	3800	完整	46	478	16.0	3800	完整
17	202	16.0	3800	完整	47	490	16.0	3800	完整
18	215	16.0	3800	完整	48	500	16.0	3800	完整
19	221	16.0	3800	完整	49	506	16.0	3900	完整
20	248	16.0	3800	完整	50	514	16.0	3800	完整
21	264	160	3800	完整	51	518	16.0	2800	完整
22	269	16.0	3900	完整	52	519	16.0	3800	完整
23	277	16.0	3800	完整	53	525	16.0	3800	完整
24	295	16.0	3700	完整	54	533	16.0	3800	完整
25	299	16.0	3800	完整	55	538	16.0	3800	完整
26	309	16.0	3800	完整	56	555	16.0	3800	完整
27	318	16.0	3800	完整	57	560	16.0	3800	完整
28	326	16.0	3900	完整	58	562	16.0	3800	完整
29	333	16.0	3800	完整	59	569	16.0	3900	完整
30	343	16.0	3900	3.0m 扩径	60	576	16.0	3800	6.0m 缩径

说明：该桩长由施工单位提供，为设计桩长。

六、结论

(1)静载荷试验表明处理后的 CFG 桩复合地基承载力特征值大于 480kPa，满足设计要求。

(2)低应变检测表明该工程 CFG 桩桩身完整，未发现不良缺陷桩。

第二节　基础工程施工试验记录及检测报告

一、《混凝土试块试验报告》填写范例

混凝土试块试验报告

委托单位：××建设集团有限公司　　　　试验编号：×××

<table>
<tr><td>工程名称</td><td colspan="4">××工程</td><td>委托日期</td><td>2015 年 7 月 14 日</td></tr>
<tr><td>结构部位</td><td colspan="4">基础底板</td><td>报告日期</td><td>2015 年 8 月 11 日</td></tr>
<tr><td>强度等级</td><td>C10</td><td colspan="2">试块边长(mm)</td><td>150×150</td><td>检验类别</td><td>委托</td></tr>
<tr><td>配合比编号</td><td colspan="4">06115305</td><td>养护方法</td><td>标养</td></tr>
<tr><td>试样编号</td><td>成型日期</td><td>破型日期</td><td>龄期
(d)</td><td>强度值
(MPa)</td><td>强度代表值
(MPa)</td><td>达设计强度
(%)</td></tr>
<tr><td rowspan="3">007</td><td rowspan="3">2015 年 7 月 12 日</td><td rowspan="3">2015 年 8 月 9 日</td><td rowspan="3">28</td><td>26.0</td><td rowspan="3">26.9</td><td rowspan="3">134</td></tr>
<tr><td>27.9</td></tr>
<tr><td>26.8</td></tr>
<tr><td rowspan="3"></td><td rowspan="3"></td><td rowspan="3"></td><td rowspan="3"></td><td></td><td rowspan="3"></td><td rowspan="3"></td></tr>
<tr><td></td></tr>
<tr><td></td></tr>
<tr><td colspan="7">依据标准：
《混凝土强度检验评定标准》GB/T 50107—2010</td></tr>
<tr><td colspan="7">检验结论：
符合《混凝土强度检验评定标准》GB/T 50107—2010 的要求，合格</td></tr>
<tr><td colspan="7">备　注：本报告未经本室书面同意不得部分复制
见证单位：××建设监理公司
见证人：×××</td></tr>
<tr><td colspan="7">试验单位：××检测中心　技术负责人：×××　审核：×××　试(检)验：×××</td></tr>
</table>

二、《混凝土试块试验报告》填写说明

1. 表格解析

(1)责任部门。

有资质检测单位提供,试验员收集。

(2)提交时限。

标养 30d 内提交;同条件视龄期而定。

(3)填写要点。

1)委托单位:提请试验的单位。

2)试验编号:由试验室按收到试件的顺序统一排列编号。

3)工程名称及结构部位:按委托单上的工程名称及结构部位填写。

4)试块边长:有 100、150、200mm 三种正方形。

5)检验类别:有委托、仲裁、抽样、监督和对比五种,按实际填写。

6)配合比编号:指生产该批混凝土所使用的混凝土强度委托试验单的编号。

7)养护方法:指该组混凝土试件的养护方法,一般有:标养、蒸养、自然养护、同条件养护。

8)试样编号:指该组混凝土试件的编号。

(4)检查要点。

对涉及混凝土结构安全的重要部位应进行结构实体的混凝土强度检验。检验应在监理工程师(建设单位项目专业技术负责人)见证下,由施工项目技术负责人组织实施。对混凝土强度的检验,应以在混凝土浇筑地点制备并与结构实体同条件养护的试件强度为依据。

1)按照《混凝土结构工程施工质量验收规范》GB 50204—2015 规定,应有 C20 以上每个强度等级的结构实体强度检验报告。

2)承重结构的混凝土抗压强度试块,应按规定实行有见证取样和送检。

3)结构混凝土出现不合格检验批的,或未按规定留置试块的,应有结构处理的相关资料;需要检测的,应有相应资质检测机构的检测报告,并有设计单位出具的认可文件。

4)用于现浇结构构件混凝土质量的试块,应在混凝土浇筑地点随机取样制作,并在标准条件下养护,试件的留置应符合相应标准的规定。

5)用于预制结构构件或施工期间有临时负荷时的混凝土试块,应采用与结构构件同条件养护。

6)试验、审核、技术负责人签字齐全,并加盖试验单位公章。

2. 相关规定及要求

(1)普通混凝土试块留置。

1)每拌制 100 盘且不超过 100m^3 的同配合比的混凝土,取样不得少于一次。

2)每工作班拌制的同一配合比的混凝土不足 100 盘时,取样不得少于一次。

3)当一次连续浇筑超过 1000m^3 时,同一配合比混凝土每 200m^3 混凝土取样不得少于一次。

4)每一楼层,同一配合比的混凝土,取样不得少于一次。

5)每次取样应至少留置一组标准养护试件,同条件养护试件的留置组数(如拆模前,

拆除支撑前等）应根据实际需要确定。

6）冬期施工时，掺用外加剂的混凝土，还应留置与结构同条件养护的用以检验受冻临界强度试件及与结构同条件养护 28d、再标准养护 28d 的试件；未掺用外加剂的混凝土。应留置与结构同条件养护的用以检验受冻临界强度试件及解除冬期施工后转常温养护 28d 的同条件试件。

7）用于结构实体检验的同条件养护试件留置应符合下列规定：对混凝土结构工程中的各混凝土强度等级，均应留置同条件养护试件；同一强度等级的同条件养护试件，其留置的数量应根据混凝土工程量和重要性确定，不宜少于 10 组，且不应少于 3 组。

8）建筑地面工程的混凝土，以同一配合比，同一强度等级，每一层或每 $1000m^2$ 为一检验批，不足 $1000m^2$ 也按一批计。每批应至少留置一组试块。

（2）抗渗混凝土试块留置。

1）连续浇筑抗渗混凝土每 $500m^3$ 应留置一组抗渗试件（一组为 6 个抗渗试件），且每项工程不得少于两组。采用预拌混凝土的抗渗试件，留置组数应视结构的规模和要求而定。混凝土的抗渗性能，应采用标准条件下养护混凝土抗渗试件的试验结果评定。

2）冬季施工检验掺用防冻剂的混凝土抗渗性能，应增加留置与工程同条件养护 28d，再标准养护 28d 后进行抗渗试验的试件。

3）留置抗渗试件的同时需留置抗压强度试件并应取自同一盘混凝土拌合物中。取样方法同普通混凝土，试块应在浇筑地点制作。

（3）轻集料混凝土试块留置。

1）抗压强度、稠度同普通混凝土。

2）混凝土干表观密度试验：连续生产的预制构件厂及预拌混凝土同配合比的混凝土每月不少于 4 次；单项工程每 $100m^3$ 混凝土至少一次，不足 $100m^3$ 也按 $100m^3$ 计。

（4）结构实体检验用同条件养护试件的留置规定。

1）留置 ST 试件的结构部位为涉及混凝土结构安全的重要部位，这些结构部位应由监理（建设）、施工等方共同选定。一般仅限于涉及混凝土结构安全的柱、墙、梁等结构构件。通常选择同类构件中跨度较大，负荷较大的构件。而底板和顶板混凝土一般不考虑，因为在施工中养护条件（温度和湿度）容易保证。

2）重要部位的每一强度等级的混凝土，均应留置结构实体同条件混凝土试件。同一强度等级留置数量依据混凝土量和结构重要性确定，但不宜少于 10 组，且最少不应少于 3 组。

3）ST 试件在浇筑地点制作，并做到完全与结构实体同条件养护，即要求放置在相应结构构件或结构部位的适当位置，要求试压前的养护条件始终与结构一致。

（5）其他要求。

同条件养护试件应在达到等效养护龄期时进行强度试验，同条件自然养护试件的等效养护龄期及相应的试件强度代表值，宜根据当地的气温和养护条件，按下列规定确定：

1）等效养护龄期可取按日平均温度逐日累计达到 600℃·d 时所对应的龄期，0℃及以下的龄期不计入；等效养护龄期不应小于 14d，也不宜大于 60d。

2）同条件养护试件的强度代表值应根据强度试验结果，按现行国家标准《混凝土强度检验评定标准》GB/T 50107—2010 的规定确定后，乘折算系数取用；折算系数宜取为 1.10，也可根据当地的试验统计结果作适当调整。

三、《混凝土试块强度统计、评定记录》填写范例

混凝土试块强度统计、评定记录								编号		×××
								强度等级		C35
工程名称	××综合楼工程									
施工单位	××建设集团有限公司××项目经理部							养护方法		标准养护
统计期	2015年4月7日至2015年6月26日							结构部位		一～五层柱、墙、顶板后浇带
试块组 n	强度标准值 $f_{cu,k}$ (MPa)		平均值 $m_{f_{cu}}$ (MPa)		标准差 $S_{f_{cu}}$ (MPa)		最小值 $f_{cu,min}$ (MPa)		合格评定系数	
									λ_1	λ_2
21	35		41.88		3.01		35.9		0.95	0.85
每组强度值(MPa)	40.1	43.5	42.8	42.1	41.7	42.9	38.1	43.8	48.4	35.9
	42.2	38.8	42.6	43.2	45.4	37.2	38.8	42.8	42.9	40.2
	46									
评定界限	☑统计方法						□非统计方法			
	$f_{cu,k}$		$f_{cu,k}+\lambda_1 \cdot S_{f_{cu}}$		$\lambda_2 \cdot f_{cu,k}$		$\lambda_3 \cdot f_{cu,k}$		$\lambda_4 \cdot f_{cu,k}$	
	35		37.86		29.75					
判定式	$m_{f_{cu}} \geqslant f_{cu,k}+\lambda_1 \cdot S_{f_{cu}}$			$f_{cu,min} \geqslant \lambda_2 \cdot f_{cu,k}$			$m_{f_{cu}} \geqslant \lambda_3 \cdot f_{cu,k}$		$f_{cu,min} \geqslant \lambda_4 \cdot f_{cu,k}$	
结果	41.88>37.86			35.9>29.75						
结论：依据《混凝土强度检验评定标准》GB/T 50107—2010要求，该批混凝土强度评定为合格										
签字栏	专业技术负责人					专业监理工程师				
	×××					×××				

四、《混凝土试块强度统计、评定记录》填写说明

1.表格解析

(1)责任部门。

施工单位项目质量部、项目专业技术负责人,项目监理机构专业监理工程师等。

(2)提交时限。

同一验收批报告齐全后评定,混凝土分项质量验收前1d提交。

(3)填写要点。

1)确定单位工程中需统计评定的混凝土验收批,找出所有同一强度等级的各组试件强度值,分别填入表中。

2)填写所有已知项目。

3)分别计算出该批混凝土试件的强度平均值、标准差,找出合格评定系数和混凝土试件强度最小值填入表中。

4)计算出各评定数据并对混凝土试件强度进行评定,结论填入表中。

5)凡按《混凝土强度检验评定标准》进行强度统计达不到要求的,应有结构处理措施,需要检测的,应经法定检测单位检测并应征得设计部门认可。检测、处理资料应存档。

2.相关规定及要求

(1)规范名称。

1)《混凝土结构工程施工质量验收规范》GB 50204—2015。

2)《混凝土强度检验评定标准》GB/T 50107—2010。

3)《建筑工程资料管理标准》DB22/JT 127—2014。

(2)相关要求。

1)一般要求。

①对混凝土强度的检验,其试块应在混凝土浇筑地点制作,并分别以标准养护和同条件养护的试块强度为依据。

②混凝土试块强度统计、评定记录应以标准养护试块强度,按本表的要求填写。

③混凝土结构实体强度统计、评定记录应以同条件养护试块强度,按本表的要求填写,不同强度等级,分别进行统计、评定。

④当未能取得同条件养护试块强度或同条件养护试块强度被判为不合格时,应委托具有相应资质等级的检测机构进行检测。

2)统计方法评定。

①采用统计方法评定时,应按下列规定进行:

a.当连续生产的混凝土,生产条件在较长时间内保持一致,且同一品种、同一强度等级混凝土的强度变异性保持稳定时,应按本项“2)”的规定进行评定。

b.其他情况应按本项“3)”的规定进行评定。

②一个检验批的样本容量应为连续的3组试件,其强度应同时符合式6-1、式6-2规定:

$$m_{f_{cu}} \geqslant f_{cu,k} + 0.7\sigma_0 \tag{6-1}$$

$$f_{cu,min} \geqslant f_{cu,k} - 0.7\sigma_0 \tag{6-2}$$

检验批混凝土立方体抗压强度的标准差应按式 6-3 计算：

$$\sigma_0 = \sqrt{\frac{\sum_{i=1}^{n} f_{cu,i}^2 - nm_{f_{cu}}^2}{n-1}} \tag{6-3}$$

当混凝土强度等级不高于 C20 时，其强度的最小值尚应满足式 6-4 要求：

$$f_{cu,min} \geqslant 0.85 f_{cu,k} \tag{6-4}$$

当混凝土强度等级高于 C20 时，其强度的最小值尚应满足式 6-5 要求：

$$f_{cu,min} \geqslant 0.90 f_{cu,k} \tag{6-5}$$

式中：$m_{f_{cu}}$——同一检验批混凝土立方体抗压强度的平均值（N/mm^2），精确到 0.1（N/mm^2）；

$f_{cu,k}$——混凝土立方体抗压强度标准值（N/mm^2），精确到 0.1（N/mm^2）；

σ_0——检验批混凝土立方体抗压强度的标准差（N/mm^2），精确到 0.01（N/mm^2）；当检验批混凝土强度标准差 σ_0 计算值小于 2.5N/mm^2 时，应取 2.5N/mm^2；

$f_{cu,i}$——前一个检验期内同一品种、同一强度等级的第 i 组混凝土试件的立方体抗压强度代表值（N/mm^2），精确到 0.1（N/mm^2）；该检验期不应少于 60d，也不得大于 90d；

n——前一检验期内的样本容量，在该期间内样本容量不应小于 45；

$f_{cu,min}$——同一检验批混凝土立方体抗压强度的最小值（N/mm^2），精确到 0.1（N/mm^2）。

③当样本容量不少于 10 组时，其强度应同时满足式 6-6、式 6-7 要求：

$$m_{f_{cu}} \geqslant f_{cu,k} + \lambda_1 \cdot S_{f_{cu}} \tag{6-6}$$

$$f_{cu,min} \geqslant \lambda_2 \cdot f_{cu,k} \tag{6-7}$$

同一检验批混凝土立方体抗压强度的标准差应按式 6-8 计算：

$$S_{f_{cu}} = \sqrt{\frac{\sum_{i=1}^{n} f_{cu,i}^2 - nm_{f_{cu}}^2}{n-1}} \tag{6-8}$$

式中：$S_{f_{cu}}$——同一检验批混凝土立方体抗压强度的标准差（N/mm^2），精确到 0.01（N/mm^2）；当检验批混凝土强度标准差 $S_{f_{cu}}$ 计算值小于 2.5N/mm^2 时，应取 2.5N/mm^2；

λ_1，λ_2——合格评定系数，按表 6-2 取用；

n——本检验期内的样本容量。

表 6-2 混凝土强度的合格评定系数

试件组数	10～14	15～19	≥20
λ_1	1.15	1.05	0.95
λ_2	0.90	0.85	

3)非统计方法评定。

①当用于评定的样本容量小于 10 组时，应采用非统计方法评定混凝土强度。

②按非统计方法评定混凝土强度时，其强度应同时符合式 6-9、式 6-10 规定：

$$m_{f_{cu}} \geqslant \lambda_3 \cdot f_{cu,k} \tag{6-9}$$

$$f_{cu,min} \geqslant \lambda_4 \cdot f_{cu,k} \tag{6-10}$$

式中：λ_3，λ_4——合格评定系数。

混凝土强度等级＜C60 时：$\lambda_3 = 1.15$，$\lambda_4 = 0.95$；

混凝土强度等级≥C60 时：$\lambda_3 = 1.10$，$\lambda_4 = 0.95$。

4)混凝土强度的合格性评定。

①当检验结果满足上述 2)或 3)项的规定时，则该批混凝土强度应评定为合格；当不能满足上述规定时，该批混凝土强度应评定为不合格。

②对评定为不合格批的混凝土，可按国家现行的有关标准进行处理。

五、《钢筋试样台账》填写范例

钢筋试样台账										编号			×××	
工程名称			××工程							统计人(签字)			×××	
试样编号	种类	规格(mm)	牌号(级别)	厂别	代表数量	炉罐号	是否见证	制作人	取样日期	送检日期	委托编号	报告编号	检测试验结果	备注
001	直螺纹连接	32	HRB335	××钢铁有限公司	490m	YX10318	是	×××	××年×月×日	××年×月×日	2015—00367	GJ 2015—09001	合格	
002	直螺纹连接	28	HRB335	××钢铁有限公司	440m	YX18032122	是	×××	××年×月×日	××年×月×日	2015—00367	GJ 2015—00367	合格	
003	热轧带肋钢筋	22	HRB335	××钢铁有限公司	8t	YX10218	是	×××	××年×月×日	××年×月×日	2015—00367	GJ 2015—09011	合格	

六、《钢筋试样台账》填写说明

(1)责任部门。

“钢筋试样台账”由现场试验人员（项目试验员）制取试样并做出标识后，按试样编号顺序登记试样台账，并在获取检测试验报告后填写齐全试样台账。

(2)提交时限。

“钢筋试样台账”应随施工进度及时整理，并在相应分部（子分部）、分项工程验收前完成。

(3)填写要点。

1)试样编号：试样按照取样时间顺序连续编号，不得空号、重号。

2)种类，规格，牌号（级别），厂别，炉罐号：按实际发生的钢筋质量证明文件（钢筋出厂合格证、质量证明书、检测报告等）如实填写。如种类可以为热轧光圆钢筋、热轧带肋钢筋等；热轧带肋钢筋分为 HRB335、HRB400、HRB500、HRBF335、HRBF400、HRBF 500 六个牌号；热轧带肋钢筋公称直径范围为 6～50mm，标准推荐的钢筋公称直径为 6mm、8mm、10mm、12mm、16mm、20mm、25mm、32mm、40mm、50mm。

3)代表数量：应填写本次复试的实际钢筋数量，不得笼统填写验收批的最大批量 60t。

4)是否见证：承重结构钢筋及重要钢材应实行有见证取样和送检。

5)委托编号：应按检测单位给定的委托编号填写。

6)报告编号：应按相应检测试验报告中的报告编号填写。

7)检测试验结果：应按相应检测试验报告中检测试验的结果、结论如实填写。

8)备注：填写其他需要说明的问题。

七、《钢筋连接接头试样台账》填写范例

钢筋连接接头试样台账								编号			×××		
工程名称			××工程					统计人(签字)			×××		
试样编号	接头类型	接头等级	代表数量	原材试样编号	公称直径(mm)	是否见证	制作人	取样日期	送检日期	委托编号	报告编号	检测试验编号	备注
1	直螺纹	Ⅰ级	300	G01—1103 0511	22	是	×××	××年×月×日	××年×月×日	2015—00367	ZL2014—0013	合格	
2	直螺纹	Ⅱ级	300	G01—1103 0521	20	是	×××	××年×月×日	××年×月×日	2015—00367	ZL2014—0016	合格	
3	直螺纹	Ⅲ级	300	G01—1103 0533	18	是	×××	××年×月×日	××年×月×日	2015—00367	ZL2014—0017	合格	

八、《钢筋连接接头试样台账》填写说明

(1)责任部门。

“钢筋连接接头试样台账”由现场试验人员（项目试验员）制取试样并做出标识后，按试样编号顺序登记试样台账，并在获取检测试验报告后填写齐全试样台账。

(2)提交时限。

“钢筋连接接头试样台账”应随施工进度及时整理，并在相应分部(子分部)、分项工程验收前完成。

(3)填写要点。

1)试样编号:试样按照取样时间顺序连续编号，不得空号、重号。

2)接头类型:按设计的接头类型填写，如:电渣压力焊、滚轧直螺纹连接等。

3)接头等级:按设计要求或规程规定填写。

4)代表数量:按照实际的数量填写，不得超过规范验收批的最大批量。

5)原材试样编号:应按相应钢筋原材试验报告中试样编号填写。

6)公称直径:应按相应钢筋原材试验报告中规格填写。

7)是否见证:承重结构工程中的钢筋连接接头应按规定实行有见证取样和送检。

8)委托编号:应按检测单位给定的委托编号填写。

9)报告编号:应按相应试验报告中的报告编号填写。

10)检测试验结果:应按相应试验报告中试验的结果、结论如实填写。

11)备注:填写其他需要说明的问题。

九、《砂浆施工配合比下料单》填写范例

<table>
<tr><td colspan="2" rowspan="2">M5.0 砂浆施工配合比下料单</td><td>编　　号</td><td>×××</td></tr>
<tr><td>施工日期</td><td>××年×月×日</td></tr>
<tr><td>工程名称</td><td colspan="3">××综合楼工程</td></tr>
<tr><td>施工单位</td><td>××建设发展有限公司</td><td>执行班组</td><td>土建班组</td></tr>
<tr><td>施工部位</td><td>二～三层砌体</td><td>搅拌机型号</td><td>SMJ－500</td></tr>
<tr><td>设计配合比</td><td>1.00∶0.82∶7.63</td><td>设计强度等级</td><td>M5.0</td></tr>
<tr><td>水泥强度等级</td><td>P·O 42.5</td><td>水泥种类</td><td>普通水泥</td></tr>
<tr><td>水泥(m³)</td><td>190kg</td><td>水泥/盘</td><td>100kg</td></tr>
<tr><td>混合材料(m³)</td><td>155kg</td><td>混合材料/盘</td><td>81.6kg</td></tr>
<tr><td>砂(m³)</td><td>1450kg</td><td>砂/盘</td><td>763kg</td></tr>
<tr><td>外加剂使用情况</td><td>—</td><td>配合比报告单编号</td><td>2014－24－0047－001</td></tr>
<tr><td colspan="4">需要说明事项：
（略）</td></tr>
<tr><td colspan="2">专业技术负责人(签字)：
×××
××年×月×日</td><td colspan="2">填表人(签字)：
×××
××年×月×日</td></tr>
</table>

十、《砂浆试件台账》填写范例

砂浆试件台账									编号		×××	
工程名称		××工程							统计人(签字)		×××	
试样编号	砌筑部位	强度等级	砂浆种类	配合比编号	成型时间	养护方式	是否见证	制作人	送检日期	委托编号	报告编号	检测试验编号	备注
1	二层填充墙①～⑱/Ⓐ～Ⓗ	M5	砌筑砂浆	2016—11—1	××年×月×日	标准养护	是	×××	××年×月×日	2016—WT—0007	SJ2016—00137	合格	
2	三层填充墙①～⑱/Ⓐ～Ⓗ	M5	砌筑砂浆	2016—11—1	××年×月×日	标准养护	是	×××	××年×月×日	2016—WT—0002	SJ2016—00137	合格	
3	四层填充墙①～⑱/Ⓐ～Ⓗ	M5	砌筑砂浆	2016—11—1	××年×月×日	标准养护	是	×××	××年×月×日	2016—WT—0003	SJ2016—00137	合格	
4	五层填充墙①～⑱/Ⓐ～Ⓗ	M5	砌筑砂浆	2016—11—1	××年×月×日	标准养护	是	×××	××年×月×日	2016—WT—0005	SJ2016—00137	合格	

十一、《砂浆试件台账》填写说明

(1)责任部门。

“砂浆试件台账”由现场试验人员(项目试验员)制取试件并做出标识后,按试件编号顺序登记试件台账,并在获取检测试验报告后填写齐全试件台账。

(2)提交时限。

“砂浆试件台账”应随施工进度及时整理,并在相应分部(子分部)、分项工程验收前完成。

(3)填写要点。

1)试件编号:试件按照取样时间顺序连续编号,不得空号、重号。

2)砌筑部位:应体现层、轴线、标高和主要构件名称(墙等)。

3)强度等级:填写设计强度等级。

4)砂浆种类:填写水泥砂浆或混合砂浆。

5)配合比编号:依据配合比试验报告填写。

6)养护方式:标准养护或同条件养护。

7)是否见证:承重结构的砌筑砂浆试件应按规定实行有见证取样和送检。

8)委托编号:应按检测单位给定的委托编号填写。

9)报告编号:应按相应试验报告中的报告编号填写。

10)检测试验结果:应按相应试验报告中试验的结果、结论如实填写。作为强度评定的试件,必须是以龄期为28d标养试件抗压试验结果为准。

11)备注:填写其他需要说明的问题。

十二、《砂浆试块试验报告》填写范例

砂浆试块试验报告

委托单位：××建设集团有限公司　　　　试验编号：×××

工程名称	××工程				委托日期	××年×月×日
使用部位	地上二层①～⑨/Ⓐ～Ⓓ轴				报告日期	××年×月×日
强度等级	M5.0	砂浆种类	混合砂浆		检验类别	委托
配合比编号	2015—043136	养护方法	标养			
试件编号	成型日期	破型日期	龄期(d)	强度值(MPa)	强度代表值(MPa)	达设计强度(%)
012	××年×月×日	××年×月×日	28	6.1 6.2 6.5 6.0 6.7 6.5	6.3	126

依据标准：《建筑砂浆基本性能试验方法标准》JGJ/T 70—2009

备　注：本报告未经本室书面同意不得部分复制

见证单位：××建设监理公司

见证人：×××

试验单位：××检测中心　　技术负责人：×××　　审核：×××　　试(检)验：×××

十三、《砂浆试块试验报告》填写说明

砂浆试块试验报告是为保证建筑工程质量，由试验单位对工程中留置的砂浆试块的强度进行测试后出具的质量证明文件。

根据砂浆试块的龄期，项目试验员向检测单位查询其结果是否符合要求；在达到砂浆试样的试验周期后，凭试验委托合同单到检测单位领取完整的砂浆抗压强度试验报告。

1. 表格解析

(1)责任部门。

承重结构的砌筑砂浆试块，应按规定进行有见证取样和送检。试验报告由有资质的试验室试验并出具试验报告，但不参加基础分部砂浆强度统计评定。砂浆试块试压报告单上半部分项目由施工单位试验人员填写，项目试验员应确认报告内容完整无误后，把试验报告移交项目资料员。

(2)提交时限。

标养 30d 内提交，同条件视龄期而定。

(3)填写要点。

1)委托单位：提请试验的单位。

2)试验编号：由试验室按收到试件的顺序统一排列编号。

3)工程名称及结构部位：按委托单上的工程名称及结构部位填写。

4)砂浆种类：一般有水泥砂浆和混合砂浆等。

5)检验类别：有委托、仲裁、抽样、监督和对比五种，按实际填写。

6)配合比编号：指生产该批砂浆所使用的砂浆强度委托试验单的编号。

7)养护方法：指该组砂浆试件的养护方法，一般有：标养、自然养护、同条件养护等。

(4)检查要点。

1)砌筑砂浆试块，应在搅拌机出料口随机取样制作，并在标准条件下养护，试件的留置应符合相应标准的规定。

2)试验、审核、技术负责人签字齐全并加盖试验单位公章。

2. 相关规定及要求

(1)规范名称。

1)《砌体结构工程施工质量验收规范》GB 50203　2011。

2)《建筑砂浆基本性能试验方法》JGJ/T 70—2009。

(2)相关要求。

1)组批原则。

①每一检验批且不超过 250m^3 砌体的各种类型及强度等级的砌筑砂浆，每台搅拌机应至少抽检一次，每次至少应制作一组试块(3 个)标准养护。如砂浆等级或配合比变更时，还应制作试块。

②冬期施工砂浆试块的留置，除应按常温规定要求外，尚应增留不少于 1 组与砌体同条件养护的试块，测试检验 28d 强度。

③干拌砂浆：同强度等级每 400t 为一验收批，不足 400t 也按一批计。每批从 20 个

以上的不同部位取等量样品。总质量不少于15kg，分成两份，一份送试，一份备用。

④建筑地面用水泥砂浆，以每一层或1000m^2为一检验批，不足1000m^2也按一批计。每批砂浆至少取样一组。当改变配合比时也应相应地留量试块。

2)试验要求。

①立方体抗压强度试验应使用下列仪器设备：

a.试模：尺寸为70.7mm×70.7mm×70.7mm的带底试模，应符合现行行业标准《混凝土试模》JG 237—2008的规定选择，应具有足够的刚度并拆装方便。试模的内表面应机械加工，其不平度应为每100mm不超过0.05mm，组装后各相邻面的不垂直度不应超过±0.5°。

b.钢制捣棒：直径为10mm，长度为350mm，端部磨圆。

c.压力试验机：精度应为1%，试件破坏荷载应不小于压力机量程的20%，且不应大于全量程的80%。

d.垫板：试验机上、下压板及试件之间可垫以钢垫板，垫板的尺寸应大于试件的承压面，其不平度应为每100m不超过0.02mm。

e.振动台：空载中台面的垂直振幅应为(0.5±0.05)mm，空载频率应为50±3Hz，空载台面振幅均匀度不应大于10%，一次试验应至少能固定(或用磁力吸盘)3个试模。

②立方体抗压强度试件的制作及养护应按下列步骤进行：

a.应采用立方体试件，每组试件应为3个。

b.应采用黄油等密封材料涂抹试模的外接缝，试模内应涂刷薄层机油或脱模剂。应将拌制好的砂浆一次性装满砂浆试模，成型方法应根据稠度而确定。当稠度不小于50mm时，宜采用人工插捣成型。当稠度小于50mm时，宜采用振动台振实成型。

(a)人工插捣：应采用捣棒均匀地由边缘向中心按螺旋方式插捣25次，插捣过程中当砂浆沉落低于试模口时，应随时添加砂浆，可用油灰刀插捣数次，并用手将试模一边抬高5～10mm各振动5次，砂浆应高出试模顶面6～8mm。

(b)机械振动：将砂浆一次装满试模，放置到振动台上，振动时试模不得跳动，振动5～10s或持续到表面泛浆为止，不得过振；

(c)应待表面水分稍干后，再将高出试模部分的砂浆沿试模顶面刮去并抹平。

(d)试件制作后应在温度为(20±5)℃的环境下静置(24±2)h，对试件进行编号、拆模。当气温较低时，或者凝结时间大于24h的砂浆，可适当延长时间，但不应超过2d。试件拆模后应立即放入温度为(20±2)℃，相对湿度为90%以上的标准养护室中养护。养护期间，试件彼此间隔不得小于10mm，混合砂浆试件上面应覆盖，防止有水滴在试件上。

③立方体试件抗压强度试验应按下列步骤进行：

a.试件从养护地点取出后应及时进行试验。试验前应将试件表面擦拭干净，测量尺寸，并检查其外观。并应计算试件的承压面积。当实测尺寸与公尺之差不超过1mm时，可按照公称尺寸进行计算。

b.将试件安放在试验机的下压板或下垫板上，试件的承压面应与成型时的顶面垂直，试件中心应与试验机下压板或下垫板中心对准。开动试验机，当上压板与试件或上垫板接近时，调整球座，使接触面均衡受压。承压试验应连续而均匀地加荷，加荷速度应为

0.25～1.5kN/s；砂浆强度不大于2.5MPa时，宜取下限。当试件接近破坏而开始迅速变形时，停止调整试验机油门，直至试件破坏，然后记录破坏荷载。

④砂浆立方体抗压强度应按式6-11计算：

$$f_{m,cu}=K\frac{N_{\mu}}{A} \tag{6-11}$$

式中：$f_{m,cu}$——砂浆立方体试件抗压强度（MPa），应精确至0.1MPa；

N_{μ}——试件破坏荷载（N）；

A——试件承压面积（mm^2）；

K——换算系数，取1.35。

⑤立方体抗压强度试验的试验结果应按下列要求确定：

a.应以三个试件测值的算术平均值作为该组试件的砂浆立方体抗压强度平均值f_2，精确至0.1MPa。

b.当三个测值的最大值或最小值中有一个与中间值的差值超过中间值的15%时，应把最大值及最小值一并舍去，取中间值作为该组试件的抗压强度值。

c.当两个测值与中间值的差值均超过中间值的15%时，该组试验结果应为无效。

十四、《试成桩试验报告》填写范例

试成桩试验报告		编　　号	×××
		试桩日期	××年×月×日
工程名称	××大厦工程		
总包单位	××建设集团有限公司	试桩数量	1
分包单位	××基础工程有限公司	桩基类型	预应力管桩
桩机型号	DTZ-618	桩规格	PHC-A300(70)
施工图号	结施－1、结施－4	±0.00 标高	14.450

试桩纪要(可加附页)：

(1)试桩编号为 82＃。

(2)设计桩型：PHC－A300(70)。

(3)本工程单桩设计承载力特征值为：700KN。

(4)采用设计承载力特征值的 2.3 倍作为终压值。

(5)82＃桩设计桩顶标高为－2.08m，实际桩顶标高为－3.7m。

(6)该桩设计持力层为第 4 层。

(7)82＃桩配桩桩长 11m，有效桩长 13.55m。

(8)试桩后暂定桩长为 14m，可根据现场地质条件调整桩长。

(9)实际压桩以终值 1540KN 为准，试桩桩长为参考

工程桩控制标准：

采取如下双控指标

1. 桩顶标高应小于或等于设计值；

2. 最后三阵锤击，每阵 10 锤，贯入度≤6cm

签字公章栏	施工单位(公章)	勘察单位(公章)	设计单位(公章)	监理单位(公章)	建设单位(公章)
	××建设集团有限公司 项目负责人： ××× ××年×月×日	××勘察设计研究院 项目负责人： ××× ××年×月×日	××建筑设计研究院 项目负责人： ××× ××年×月×日	××工程建设监理有限公司 项目负责人： ××× ××年×月×日	××集团开发有限公司 项目负责人： ××× ××年×月×日

十五、《焊缝射线探伤报告》填写范例

焊缝射线探伤报告

委托单位： 试验编号：

工程名称		焊接类型		报告日期			
工程编号		规格		母材试验单编号			
设备型号		焦距		管电压			
曝光时间				管电流			
透度计型号		胶片型号		胶片尺寸		有效长度	
增感方式				冲洗方式			

焊缝全长： m； 探伤比例： %； 长度： m

探伤部位：

射线拍片共 张；其中纵缝： 张，环缝： 张，其他部位 张

Ⅰ级片 张，占总片数 %

Ⅱ级片 张，占总片数 %

Ⅲ级片 张，占总片数 %

附：探伤位置图和探伤记录

试验单位： 技术负责人： 审核： 试(检)验：

注：焊缝射线探伤报告是无损探伤焊缝的试(检)验项目。

十六、《焊缝射线探伤报告》填写说明

1.表格解析

(1)责任部门。

有资质检测单位提供，试验员收集。

(2)提交时限。

焊接完成24h后进行，钢结构分部工程验收前提交。

(3)填写要点。

1)焊接类型：指受试焊缝射线探伤焊接件的焊接类别；如对焊、电弧焊等。

2)设备型号：按实际用作射线探伤试验的设备型号填写。

3)焦距：指射线探伤选定的焦距，焦距选定应合理，一般不用短焦距。

4)管电压：管电压应不超过不同透照厚度所允许的最高管电压。

5)曝光时间：应根据设备、胶片和增感屏等具体条件制作和选用合适的曝光曲线。

6)透度计型号：是进行X射线探伤的应用仪器之一，透度计的型式和规格的选用、透度计的灵敏度与焊缝厚度等，均应符合规范的要求。

7)胶片型号：指射线探伤应用的胶片型号。

8)胶片尺寸：指射线探伤应用胶片的尺寸。

9)有效长度：指射线探伤应用胶片的实际长度。

10)增感方式：一般用增感屏，个别情况射线照拍方法为A级时也可用荧光增感屏或金属增感屏。

11)焊缝全长：指被焊件的焊缝的全部长度。

12)探伤比例：指被焊件的焊缝全长与射线探伤长度之比。

2.相关规定及要求

(1)规范名称。

1)《金属熔化焊焊接接头射线照相》GB/T 3323—2005。

2)《钢结构工程施工质量验收规范》GB 50205—2001。

(2)相关要求。

1)依据《钢结构工程施工质量验收规范》GB 50205—2001规范要求，设计要求全焊头的一、二级焊缝应做缺陷检验，由有相应资质等级检测单位出具射线探伤检验报告。

2)钢结构工程质量验收采用常规无损检测方法进行。常规无损检测方法射线检验主要检测金属焊缝接头内部缺陷。

3)超声波探伤不能对缺陷作出判断时，应采用射线探伤，其内部缺陷分级及探伤方法应符合现行国家标准《焊缝无损检测 超声检测 技术、检测等级和评定》GB/T 11345—2013或《金属熔化焊焊接接头射线照相》GB/T 3323—2005的规定。

4)根据缺陷的性质和数量，焊接接头质量分为四个等级。

Ⅰ级焊接接头：应无裂纹、未熔合和未焊透和条形缺陷。

Ⅱ级焊接接头：应无裂纹、未熔合和未焊透。

Ⅲ级焊接接头：应无裂纹、未熔合以及双面焊和加垫板的单面焊中的未焊透。

Ⅳ级焊接接头：焊接接头中缺陷超过Ⅲ级者。

十七、《焊缝超声波探伤报告》填写范例

焊缝超声波探伤报告

委托单位:××钢结构工程有限公司　　试验编号:×××

工程名称	××工程	焊接类型	钢架栓	试验编号	×××
工程编号	××	规　　格	ϕ76 3.5厚	报告日期	××年×月×日
仪器型号	CTS—22A	探伤方法	斜角探伤	探测频率	2.5MHz
探头直径	2.5P8×12	探头K值	2	探头移动方式	深度法 2∶1
耦合剂	机油	检验标准	GB/T 11345—2013 GB 50205—2001	试块	CSK—ⅢA
探测灵敏度	ϕ1×6—3	增益	抑制	输出	粗调

焊缝全长:1.0901m;探伤比例:>20%;长度:0.3818m

探伤部位:环缝

缺陷记录:

(附探伤位置图)

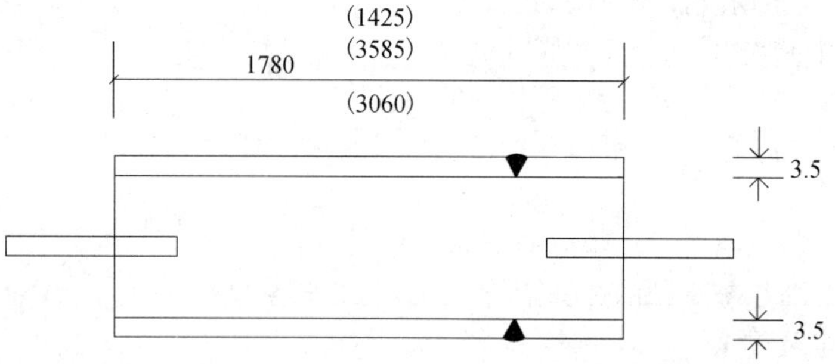

共计80件钢架栓,对接焊缝经20%,超声波探伤检查,检查结果符合《焊缝无损检测　超声检测　技术、检测等级和评定》GB/T 11345—2013的规定,Ⅱ级焊缝合格

试验单位:××检测中心　　技术负责人:×××　　审核:×××　　试(检)验:×××

十八、《焊缝超声波探伤报告》填写说明

1.表格解析

(1)责任部门。

有资质检测单位提供,试验员收集。

(2)提交时限。

焊接完成24h后进行,钢结构分部工程验收前提交。

(3)填写要点。

1)仪器型号:指超声波探伤仪的型号。

2)探伤频率:指超声波探伤时应用的探测频率。

3)探头K值:K值的选择与探头的型号、角度、测试方法等有关,K值的选择应符合有关规范的要求。

4)探头移动方式:探头移动方式和范围应保证扫查到全部焊缝截面计热影响区。

5)探测灵敏度:按实测时的灵敏度填写。

6)耦合剂:应选用适当的液体和糊状物作为耦合剂;(典型的耦合剂为水、机油、甘油、糨糊及适量润湿剂)。

7)焊缝全长:指被焊件的焊缝全长。

8)探伤比例:指被焊件的焊缝全长与射线探伤长度之比。

2.相关规定及要求

(1)规范名称。

1)《焊缝无损检测　超声检测　技术检测、等级和评定》GB/T 11345—2013。

2)《钢结构焊接规范》GB 50661—2011。

3)《钢结构超声波探伤及质量分级法》JG/T 203—2007。

4)《钢结构工程施工质量验收规范》GB 50205—2001。

(2)相关要求。

依据《钢结构工程施工质量验收规范》GB 50205—2001 要求,设计要求全焊头的一、二级焊缝应做缺陷检验,由有相应资质等级检测单位出具超声波。钢结构工程质量验收采用常规无损检测方法进行。超声波检测主要检测金属焊缝接头和钢板内部缺陷。

1)焊接球节点网架焊缝、螺栓球节点网架焊缝及圆管 T、K、Y 形节点相贯线焊缝,其内部缺陷分级及探伤方法分别符合国家现行标准《钢结构超声波探伤及质量分级法》JG/T 203—2007、《钢结构焊接规范》GB 50661—2011 的规定。

2)最大反射波幅位于Ⅰ区的缺陷,根据缺陷指示长度按表 6-3 的规定予以评级。

表 6-3　缺陷的等级分类

检验等级板厚(mm)	A	B	C
评定等级	8～50	8～300	8～300
Ⅰ	$\frac{2}{3}\delta$;最小 12	$\frac{1}{3}\delta$ 最小 10,最大 30	$\frac{1}{3}\delta$ 最小 10,最大 20
Ⅱ	$\frac{3}{4}\delta$;最小 12	$\frac{2}{3}\delta$ 最小 12,最大 50	$\frac{1}{2}\delta$ 最小 10,最大 30
Ⅲ	$<\delta$ 最小 20	$\frac{3}{4}\delta$ 最小 16,最大 75	$\frac{2}{3}\delta$ 最小 12,最大 50
Ⅳ	超过三级者		

注:1. δ 为坡口加工侧母材板厚,母材板厚不同时,以较薄侧板厚为准。

2. 管座角焊缝 δ 为焊缝截面中心线高度。

3)最大反射波幅不超过评定线的缺陷,均评为Ⅰ级。

4)最大反射波幅超过评定线的缺陷,检验者判定为裂纹等危害性缺陷时,无论其波幅和尺寸如何,均评定为Ⅳ级。

5)反射波幅位于Ⅰ区的非裂纹性缺陷,均评为Ⅰ级。

6)反射波幅位于Ⅱ区的缺陷,无论其指示长度如何,均评定为Ⅳ级。

7)不合格的缺陷,应予返修,返修区域修补后,返修部位及补焊受影响的区域,应按原探伤条件进行复验,复探部位的缺陷亦应按相关标准评定。

十九、《焊缝磁粉探伤报告》填写范例

焊缝磁粉探伤报告

委托单位:××钢结构工程有限公司　　　　试验编号:×××

工程名称	××工程	主要名称	腹板	日　期	××年×月×日
工程编号	××	产品编号	MB－6	规　格	650×200×8×6
设备型号	CJE－A	材　质	Q345B	壁　厚	8mm
仪器型号	CJE－A	激磁方式	单组	灵敏度	ϕ3－16 d13

磁粉和磁悬液体配制

磁粉选用350目磁粉膏,每100mm长磁粉膏中入1000mL水溶解。

悬液体的配制浓度10～20g/L,沉淀＝浓度为1.2～2.4mL/100mL

焊缝全长:　1400m;探伤比例:　100%;长度:　1400m

探伤部位:腹板对接焊缝

缺陷记录:Ⅱ级

(附探伤位置图)

略

试验单位:××检测中心　　技术负责人:×××　　审核:×××　　试(检)验:×××

二十、《焊缝磁粉探伤报告》填写说明

焊接焊缝磁粉探伤报告是检查焊缝表面或近表面的裂纹或其他缺陷的一种试（检）验方法。

1.表格解析

(1)责任部门。

有资质检测单位提供，试验员收集。

(2)提交时限。

焊接完成24h后进行，钢结构分部工程验收前提交。

(3)填写要点。

1)产品编号：指主品的产品编号。

2)材质：指主品的材料质量。

3)仪器型号：指磁场指示器的型号。

4)激磁方式：有直接通电磁化和间接磁化。

5)灵敏度：指磁粉材料组成、磁粉探伤设备、操作技术和磁场值等，整个系统的灵敏度，综合进行评价。

6)磁粉和磁悬液体配制：磁粉质量、磁粉颜色与被检工件具有最大的比度、湿磁粉的应用、磁悬液载体的性能（如油剂、含添加剂水性能）等必须保证。

7)焊缝全长：指被试焊件的焊缝总长度。

8)探伤比例：指被试焊件的焊缝总长度与探伤长度的比例。

(4)检查要点。

试验、审核、技术负责人签字齐全并加盖试验单位公章。

2.相关规定及要求

(1)检测表面的宽度应包括焊缝金属和每侧各10mm距离的邻近母材金属。

(2)对缺欠所规定的验收水平相当于评定等级，不应考虑低于该水平的显示。通常，可接受的显示不应做记录。

(3)当所期望的较高检测极限，因现有焊缝表面状况而达不到工作要求时，可通过局部打磨来改善全部或局部的检测表面等级。

二十一、《钻芯法检测现场操作记录》填写范例

钻芯法检测现场操作记录

共1页　第1页

工程名称		××大厦					工程地点		××市××区××路	
委托单位		××建设工程有限公司					建设单位		××房地产开发有限公司	
设计单位		××建筑设计院					勘测单位		××勘察设计院	
施工单位		××建设工程有限公司					监理单位		××建设监理有限公司	
检测单位		××建设工程检测中心					检测日期	××/×/×	桩型	预应力管桩
桩　号		1#		孔　号		1—A	桩长(m)	10	桩径(mm)	1000
时　间		钻进(m)			芯样编号	芯样长度(m)		残留芯样	芯样初步描述及异常情况记录	备注
自	至	自	至	计		总长	＞10cm长度			
7:00	9:00	0.00	1.50	1.50	1	1.5	1.4	0.1	芯样连续完整，表面光滑，胶结好，骨料分布均匀，呈长柱状，断口吻合	
项目负责人		×××		校对		×××		检测人员		×××

二十二、《钻芯法检测芯样编录表》填写范例

钻芯法检测芯样编录表

共1页 第1页

工程名称	××大厦			工程地点	××市××区××路		
委托单位	××建设工程有限公司			建设单位	××房地产开发有限公司		
检测单位	××建设工程检测中心			日期	××年×月×日		
桩号	1#	孔号	1—A	桩型	预应力管桩	混凝土设计强度等级	C30
项目	分段(层)深度(m)	芯样描述				取样编号 取样深度	备注
桩身混凝土	3.5	混凝土钻进深度，芯样连续性、完整性、胶结情况、表面光滑情况、断口吻合程度、混凝土芯是否为柱状、骨料大小分布情况，以及气孔、蜂窝麻面、沟槽、破碎、夹泥、松散的情况				××× 2.6m	
桩身沉渣	0.3	桩端混凝土与持力层接触情况、沉渣厚度				××× 3.6m	
持力层	0.2	持力层钻进深度，岩土名称、芯样颜色、结构构造、裂隙发育程分层岩层应分层描述				（强风化或土层时的动力触探或标贯结果）	
项目负责人	×××	校对	×××	检测人员	×××		

二十三、《钻芯法检测芯样综合柱状图》填写范例

钻芯法检测芯样综合柱状图

共 1 页　第 1 页

工程名称		××大厦		工程地点	××市××区××路		
桩　号		1#	孔　号	1—A	开孔时间	8:00	终孔时间 10:00
施工桩长(m)		10.0	设计桩径(mm)	1000	桩顶标高	0.000	成孔桩底标高 11.00
孔深(m)	层厚(m)	标高(m)	桩状图	桩身混凝土、持力层描述	芯样质量指标(%)	芯样强度(MPa) 深度(m)	备注
10.00	10.0	10.00	○ • • ○ • ▽ △. ○▽ ○ • ▽ • ▽ • 。 • ○△. ○▽	芯样连续完整	98%	0～1.0m 34.5 5.0～6.0m 32.0 9.5～10.0m 30.8	—
11.00	1.0	11.00	羊　羊 ＋ ＋羊＋ 羊 ＋ 羊	持力层为强风化花岗岩，呈灰、碎块状，桩端无沉渣			—
项目负责人	×××	校对	×××	编制	×××		

二十四、《单桩竖向抗压静载检测报告》填写范例

单桩竖向抗压静载检测报告

共1页 第1页

工程名称	××大厦	工程地点	××市××区××路
合同编号	××-×××	检测编号	检××-××××
委托单位	××建设工程有限公司	建设单位	××房地产开发有限公司
设计单位	××建筑设计院	勘测单位	××勘察设计院
施工单位	××建设工程有限公司	检测单位	××建设工程检测中心
监理单位	××建设监理有限公司	结构型式	框架
桩　　型	预应力管桩	设计桩端持力层	强风化花岗岩
总桩数	100	设计单桩竖向抗压承载力特征值(kN)	2500
见证人	×××	见证号	×××

桩号	桩长(m)	桩径(mm)	扩大头直径(mm)	最大试验荷载(kN)	最大荷载下桩顶沉降(mm)	残余变形(mm)	单桩竖向抗压极限承载力(kN)	实测单桩竖向抗压承载力特征值(kN)	施工日期	检测日期
1—A	25	500	—	5000	30.18	25	5000	2500	××/×/×	××/×/×
2—A	25	500	—	5000	32.44	26	5000	2500	××/×/×	××/×/×
3—A	25	500	—	5000	32.04	24	5000	2500	××/×/×	××/×/×
4—A	25	500	—	5000	30.26	25	5000	2500	××/×/×	××/×/×
5—A	25	500	—	5000	29.58	24	5000	2500	××/×/×	××/×/×

备注	检测依据:《建筑基桩检测技术规范》JGJ 106—2014				
项目负责人	×××	校对	×××	检测人员	×××

二十五、《单桩竖向抗压静载试验记录》填写范例

单桩竖向抗压静载试验记录

共×页　第1页

工程名称	××大厦	工程地点	××市××区××路
建设单位	××房地产开发有限公司	检测单位	××建设工程检测中心
试桩编号	26#	检测日期	××年×月×日
见证人	×××	见证号	×××
荷重传感器号	16	压力表号	×××
千斤顶号	×××	百分表号	×××

序号	油压(MPa)	荷载(kN)	测读时间	间隔时间(min)	位移计(百分表)读数(mm)								沉降量(mm)		
					1		2		3		4				
					读数	读数差	读数	读数差	读数	读数差	读数	读数差	平均	本级	累计
1	—	0	14:00	—	42.19	—	43.18	—					42.68	—	—
2	10.9	1000	14:05	5	40.08	2.09	41.09						40.58	2.10	2.10
			14:15	15	40.01	0.07	40.99						40.50	0.08	2.18
			14:30	30	39.98	0.03	40.97						40.48	0.02	2.20
			14:45	45	39.97	0.01	40.97						40.47	0.01	2.21
			15:00	60	39.97	0.00	40.96						40.46	0.01	2.22
			15:30	90	39.95	0.02	40.95						40.45	0.01	2.23
			16:00	120	39.94	0.01	40.94						40.44	0.01	2.24
3	16.2	1500	16:05	5	38.06	1.88	39.10						38.58	1.86	4.10
			14:45	15	37.98	0.08	38.98						38.48	0.10	1.96
备注															

项目负责人	×××	校对	×××	记录	×××

二十六、《单桩竖向抗拔静载检测报告》填写范例

单桩竖向抗拔静载检测报告

共1页　第1页

<table>
<tr><td colspan="2">工程名称</td><td colspan="4">××大厦</td><td colspan="2">工程地点</td><td colspan="3">××市××区××路</td></tr>
<tr><td colspan="2">合同编号</td><td colspan="4">××-×××</td><td colspan="2">检测编号</td><td colspan="3">检××-××××</td></tr>
<tr><td colspan="2">委托单位</td><td colspan="4">××建设工程有限公司</td><td colspan="2">建设单位</td><td colspan="3">××房地产开发有限公司</td></tr>
<tr><td colspan="2">设计单位</td><td colspan="4">××建筑设计院</td><td colspan="2">勘测单位</td><td colspan="3">××勘察设计院</td></tr>
<tr><td colspan="2">施工单位</td><td colspan="4">××建设工程有限公司</td><td colspan="2">检测单位</td><td colspan="3">××建设工程检测中心</td></tr>
<tr><td colspan="2">监理单位</td><td colspan="4">××建设监理有限公司</td><td colspan="2">结构形式</td><td colspan="3">框架</td></tr>
<tr><td colspan="2">桩　　型</td><td colspan="4">预应力管桩</td><td colspan="2">设计桩端持力层</td><td colspan="3">强风化花岗岩</td></tr>
<tr><td colspan="2">总桩数</td><td colspan="4">100</td><td colspan="2">设计单桩竖向抗压承载力特征值(kN)</td><td colspan="3">500</td></tr>
<tr><td colspan="2">见证人</td><td colspan="4">×××</td><td colspan="2">见证号</td><td colspan="3">×××</td></tr>
<tr><td>桩号</td><td>桩长(m)</td><td>桩径(mm)</td><td>扩大头直径(mm)</td><td>最大试验荷载(kN)</td><td>最大荷载下桩顶上拔量(mm)</td><td>残余变形(mm)</td><td>单桩竖向抗拔极限承载力(kN)</td><td>实测单桩竖向抗拔承载力特征值(kN)</td><td>施工日期</td><td>检测日期</td></tr>
<tr><td>1#</td><td>8.0</td><td>800</td><td>1200</td><td>1000</td><td>39.0</td><td>20.0</td><td>1000</td><td>500</td><td>×/×</td><td>×/×</td></tr>
<tr><td>22#</td><td>8.0</td><td>800</td><td>1200</td><td>1000</td><td>40.0</td><td>19.0</td><td>1100</td><td>505</td><td>×/×</td><td>×/×</td></tr>
<tr><td>85#</td><td>8.0</td><td>800</td><td>1200</td><td>1000</td><td>39.0</td><td>21.0</td><td>1050</td><td>510</td><td>×/×</td><td>×/×</td></tr>
<tr><td></td><td></td><td></td><td></td><td></td><td></td><td></td><td></td><td></td><td></td><td></td></tr>
<tr><td></td><td></td><td></td><td></td><td></td><td></td><td></td><td></td><td></td><td></td><td></td></tr>
<tr><td colspan="2">备注</td><td colspan="9">检测依据：《建筑基桩检测技术规范》JGJ 106—2014</td></tr>
<tr><td colspan="2">项目负责人</td><td colspan="2">×××</td><td colspan="2">校对</td><td colspan="2">×××</td><td>检测人员</td><td colspan="2">×××</td></tr>
</table>

二十七、《单桩水平静载检测报告》填写范例

单桩水平静载检测报告

共×页　第1页

工程名称	××大厦	工程地点	××市××区××路
合同编号	××-×××	检测编号	检××-××××
委托单位	××建设工程有限公司	建设单位	××房地产开发有限公司
设计单位	××建筑设计院	勘测单位	××勘察设计院
施工单位	××建设工程有限公司	检测单位	××建设工程检测中心
监理单位	××建设监理有限公司	结构形式	框架
桩　　型	预应力管桩	设计桩端持力层	强风化花岗岩
总桩数	1000	设计单桩竖向抗压承载力特征值(kN)	60
见证人	×××	见证号	×××

桩号	桩长(m)	桩径(mm)	单桩水平极限承载力(kN)	单桩水平临界荷载(kN)	临界荷载下地面处位移(mm)	地基土水平抗力系数的比例系数(kN/m^4)	实测单桩水平承载力特征值(kN)	施工日期	检测日期
L5C14#	5.08	500	120	—	—	—	60	×/×	×/×
L5C245#	5.08	500	120	—	—	—	61	×/×	×/×
L5C369#	5.08	500	120	—	—	—	62	×/×	×/×
L5C857#	5.08	500	120	—	—	—	65	×/×	×/×
L5C350#	5.08	500	120	—	—	—	64	×/×	×/×

备注	检测依据:《建筑基桩检测技术规范》JGJ 106—2014

项目负责人	×××	校对	×××	检测人员	×××

二十八、《单桩水平静载试验记录》填写范例

单桩水平静载试验记录

共×页　第1页

工程名称	××大厦	工程地点	××市××区××路
建设单位	××房地产开发有限公司	检测单位	××建设工程检测中心
试桩编号	1#	检测日期	××年×月×日
见证人及证号	×××,××××	上下表距	100mm
荷重传感器号	—	压力表号	×××
千斤顶号	×××	百分表号	×××

序号	油压(MPa)	荷载(kN)	观测时间	循环数	加载读数		卸载读数		水平位移(mm)		加载上下表读数差	转角	备注
					上表	下表	上表	下表	加载	卸载			
0	0	0	8:00	—	2.70	2.63							
1	20.32	10	8:04	1	2.87	2.75	2.72	2.63	0.17	0.02	0.15	15×10⁻⁴	
2			8:10	2	2.88	2.76	2.72	2.63	0.4	0.02	0.16	16×10⁻⁴	
3			8:16	4	2.89	2.77	2.73	2.64	0.19	0.03	0.16	16×10⁻⁴	
4			8:22	5	2.89	2.77	2.73	2.64	0.19	0.03	0.16	16×10⁻⁴	
5			8:28	6	2.89	2.77	2.73	2.64	0.20	0.03	0.17	17×10⁻⁴	

备注	—

项目负责人	×××	校对	×××	记录	×××

二十九、《基桩低应变法检测报告》填写范例

基桩低应变法检测报告

共×页　第1页

工程名称	××大厦	工程地点	××市××区××路
合同编号	×××-××	检测编号	检××-×××
委托单位	××建设工程有限公司	建设单位	××房地产开发有限公司
设计单位	××建筑设计院	勘测单位	××勘察设计院
施工单位	××建设工程有限公司	检测单位	××建设工程检测中心
监理单位	××建设监理有限公司	桩身混凝土设计强度	C80
桩　　型	预应力管桩	设计桩端持力层	强风化花岗岩
总 桩 数	100	检测日期	××年×月×日
见 证 人	×××	见 证 号	×××

桩号	施工记录			施工日期	桩身波速(m/s)	检测结果		
	桩长(m)	桩径(mm)	扩大直径(mm)			桩身完整性描述	缺陷位置	类别
1—A	21.0	500	—	××年×月×日	4200	桩身完整	无	Ⅰ类桩
2—A	21.5	500	—	××年×月×日	4150	桩身基本完整	无	Ⅱ类桩
3—A	20.5	500	—	××年×月×日	4200	桩身完整	无	Ⅰ类桩
4—A	20.5	500	—	××年×月×日	4250	桩身完整	无	Ⅰ类桩
5—A	21.0	500	—	××年×月×日	4200	桩身完整	无	Ⅰ类桩

备注	检测依据:《建筑基桩检测技术规范》JGJ 106—2014

项目负责人	×××	校对	×××	检测人员	×××

三十、《基桩高应变法检测现场记录》填写范例

基桩高应变法检测现场记录

共×页　第1页

工程名称		××大厦				工程地点		××市××区××路			
合同编号		××-××	检测编号	检××-××		锤重(kg)	100	检测日期	××年×月×日		
现场设定值											
截面积 A (cm^2)		桩身材料质量密度 σ (kN/m^3)		波速 c (m/s)		阻尼系数 Jc		传感器标定系数			
								F_1	F_2	A_1	A_2
7854		24.0		3400		0.3		156	156	320	295
桩号	桩长(m)	测点下桩长(m)	入土深度(m)	接桩长度(m)	桩径(截面)(mm)	现场实测值				检测情况	备注
1#	20.0	19.0	19.0	1.0	1000	落距(m)	1.0	1.2	1.3	正常	
						贯入度(mm)	1.5	2.5	2.5	正常	
2#	20.5	19.3	19.3	1.0	1000	落距(m)	1.0	1.2	1.3	正常	
						贯入度(mm)	1.5	2.5	2.5	正常	
3#	21.0	19.1	19.1	1.0	1000	落距(m)	1.0	1.2	1.3	正常	
						贯入度(mm)	1.5	2.5	2.5	正常	
4#	21.0	19.1	19.1	1.0	1000	落距(m)	1.0	1.2	1.3	正常	
						贯入度(mm)	1.5	2.5	2.5	正常	
5#	20.5	19.2	19.2	1.0	1000	落距(m)	1.0	1.2	1.3	正常	
						贯入度(mm)	1.5	2.5	2.5	正常	
备注											
项目负责人		×××	校对		×××		检测人员		×××		

三十一、《基桩高应变法检测报告》填写范例

基桩高应变法检测报告

共×页　第1页

<table>
<tr><td colspan="2">工程名称</td><td colspan="3">××大厦</td><td colspan="2">工程地点</td><td colspan="2">××市××区××路</td></tr>
<tr><td colspan="2">合同编号</td><td colspan="3">××-×××</td><td colspan="2">检测编号</td><td colspan="2">检××-××××</td></tr>
<tr><td colspan="2">委托单位</td><td colspan="3">××建设工程有限公司</td><td colspan="2">建设单位</td><td colspan="2">××房地产开发有限公司</td></tr>
<tr><td colspan="2">设计单位</td><td colspan="3">××建筑设计院</td><td colspan="2">勘测单位</td><td colspan="2">××勘察设计院</td></tr>
<tr><td colspan="2">施工单位</td><td colspan="3">××建设工程有限公司</td><td colspan="2">检测单位</td><td colspan="2">××建设工程检测中心</td></tr>
<tr><td colspan="2">监理单位</td><td colspan="3">××建设监理有限公司</td><td colspan="2">结构形式</td><td colspan="2">框架</td></tr>
<tr><td colspan="2">桩　　型</td><td colspan="3">预应力管桩</td><td colspan="2">设计桩端持力层</td><td colspan="2">强风化花岗岩</td></tr>
<tr><td colspan="2">总 桩 数</td><td colspan="3">100</td><td colspan="2">设计单桩竖向抗压承载力特征值(kN)</td><td colspan="2">4000</td></tr>
<tr><td>桩号</td><td>桩长(m)</td><td>桩径(mm)</td><td>扩大头直径(mm)</td><td>实测单桩竖向抗压极限承载力(kN)</td><td>锤重(kN)</td><td>实测单桩竖向抗压承载力特征值(kN)</td><td>施工日期</td><td>检测日期</td></tr>
<tr><td>1#</td><td>20.5</td><td>1000</td><td>2000</td><td>8500</td><td>100</td><td>4100</td><td>××/×/×</td><td>××/×/×</td></tr>
<tr><td>2#</td><td>20.0</td><td>1000</td><td>2000</td><td>8600</td><td>100</td><td>4300</td><td>××/×/×</td><td>××/×/×</td></tr>
<tr><td>3#</td><td>21.0</td><td>1000</td><td>2000</td><td>8600</td><td>100</td><td>4300</td><td>××/×/×</td><td>××/×/×</td></tr>
<tr><td>4#</td><td>20.5</td><td>1000</td><td>2000</td><td>8500</td><td>100</td><td>4200</td><td>××/×/×</td><td>××/×/×</td></tr>
<tr><td>5#</td><td>20.0</td><td>1000</td><td>2000</td><td>8700</td><td>100</td><td>4300</td><td>××/×/×</td><td>××/×/×</td></tr>
<tr><td>6#</td><td>21.0</td><td>1000</td><td>2000</td><td>8500</td><td>100</td><td>4200</td><td>××/×/×</td><td>××/×/×</td></tr>
<tr><td>7#</td><td>20.0</td><td>1000</td><td>2000</td><td>8500</td><td>100</td><td>4200</td><td>××/×/×</td><td>××/×/×</td></tr>
<tr><td colspan="2">备注</td><td colspan="7">检测依据:《建筑基桩检测技术规范》JGJ 106—2014</td></tr>
<tr><td colspan="2">项目负责人</td><td colspan="2">×××</td><td>校对</td><td>×××</td><td colspan="2">检测人员</td><td>×××</td></tr>
</table>

三十二、《钻孔灌注桩承载力检测报告》填写范例

CMA

（××）量认（国）字（U0333）号

CNAL

No. L0230

检 测 报 告

××质检(J1-G)字(××)第(1045)号(6)

工　　程　　××大厦C栋

产品名称　　钻孔灌注桩

委托单位　　××地基基础工程公司

检验类别　　一般委托

××建设工程质量检测中心

第×检测所

××年×月×日

续表

××建设工程质量检测中心工程质量检测报告

××质检(J1-G)字(××)第(1045)号(6)　　　　试验编号:4B-17(6)

工程名称	××大厦C栋	结构类型	空间钢结构
建设单位	××有限责任公司	建筑面积	—
施工单位	××建筑工程有限公司	检测类别	一般委托
设计单位	××建筑设计院	工程编号	—
监理单位	××工程建设监理有限公司	图名编号	—
监督单位	××市建设工程质量监督总站××分站		
工程地址	××市××大街××号		
检测项目	钻孔灌注桩单桩竖向抗压、抗拔承载力		

委托单位:

××市××地基基础工程公司

检测原因:

检测该工程钻孔灌注桩单桩竖向抗压、抗拔承载力是否满足设计要求

工程基础概况:

××大厦C栋,建筑平面尺寸为××m×××m,主体结构最大跨度约××m,地面以上高度××m。建筑局部地下2层,埋深约10m,主体结构为空间钢结构,附属结构及地面以下结构为混凝土框架-剪力墙结构。该工程采用钻孔灌注桩基础。设计桩径为ϕ400mm,桩长为16.0～19.7m,工程桩总桩数为4371根,桩身混凝土强度为C30。钻孔灌注桩施工日期为××年3月9日～××年4月18日

续表

××市××建设工程质量检测中心工程质量检测报告

××质检(J1-G)字(××)第(1045)号(6)　　试验编号:4B-17(6)

地层土质概述:

各土层自上而下简述如下:

1. 粉质黏土素填土①层:黄褐色,稍湿、稍密,以粉质黏土为主,局部以黏质粉土为主,含砖屑、灰渣、碎树根、有机质等,夹杂填土$①_1$、细砂素填土$①_2$透镜体,人工填土厚度0.8～5.1m。

2. 黏质粉土②层:褐黄色,稍湿～湿,中密～密实,含氧化铁、氧化锰、钙质结核、云母及少量有机质。夹砂质粉土$②_1$、粉质黏土$②_2$、粉砂$②_3$、黏土$②_4$、重粉质黏土$②_5$透镜体。本层厚度1.9～5.1m。

3. 含有机质粉质黏土③层:浅灰色～褐灰色,可塑,含云母、氧化铁、氧化锰、较多有机质、夹粉细砂$③_1$、含有机质砂质粉土$③_2$、含有机质黏质粉土$③_3$、含有机质重粉质黏土$③_4$、含有机质黏土$③_5$透镜体。该层局部夹薄层有机透镜体。

粉细砂$③_1$:浅灰色～褐灰色,湿～饱和,中密,主要矿物成分为石英、长石、云母,含少量砾石。本层厚度3.7～10.1m。

4. 粉细砂④层:灰色～褐灰色,湿～饱和,中密～密实,主要矿物成分为石英、长石、云母,含少量砾石。夹中砂$④_1$、粗砂$④_2$、砾砂$④_3$、圆砾$④_4$、卵石$④_5$、薄层砂质粉土$④_6$、薄层黏质粉土$④_7$、薄层粉质黏土$④_8$、薄层重粉质黏土$④_9$、薄层黏土$④_{10}$透镜体。

5. 粉质黏土⑤层:灰黄～褐黄色,可塑,含氧化铁,氧化锰,钙质结核及少量有机质,夹重粉质黏土$⑤_1$、黏土$⑤_2$、黏质粉土$⑤_3$、砂质粉土$⑤_4$、粉砂$⑤_5$、细砂$⑤_6$、中砂$⑤_7$、粗砂$⑤_8$、含有机黏质粉土$⑤_9$透镜体。

粉砂$⑤_5$:灰色～褐黄色,湿～饱和,中密～密实,主要矿物成分为石英、长石、云母。

有机质黏质粉土:浅灰色～灰色,湿～饱和,中密～密实,含云母、氧化铁、氧化锰、较多有机质。本层厚度8.1～13.6m。

6. 卵石⑥层:杂色,饱和,密实,亚圆形为主,一般粒径2～6cm,最大粒径8cm,卵石含量约50%～70%,母岩成分以灰岩、砂岩、花岗岩为主,粒间充填细砂、中砂、粗砂、砾砂、圆砾、夹圆砾$⑥_1$、砾砂$⑥_2$、粗砂$⑥_3$、中砂$⑥_4$、细砂$⑥_5$、粉砂$⑥_6$透镜体。本层厚度4.0～10.5m。

7. 粉质黏土层⑦层:黄褐黄色,可塑～硬塑,含氧化铁、氧化锰云母及钙质。夹重粉质黏土$⑦_1$、黏土$⑦_2$、黏质粉土$⑦_3$、砂质粉土$⑦_4$、含有机南粉质黏土$⑦_5$、含有机质重粉质黏土$⑦_6$、含有机质黏土$⑦_7$、含有机质黏质粉土$⑦_8$、粉砂$⑦_9$、细砂$⑦_{10}$、中砂$⑦_{11}$透镜体,该层局部夹薄层有机透镜体。

含有机质重粉质黏土$⑦_6$层:灰色～褐灰色,可塑～硬塑,含氧化铁、氧化锰、云母、钙质及较多有机质。

细砂$⑦_{10}$:灰色～褐灰色,饱和,密实,主要矿物成分为石英、长石、云母。本层厚度2.1～11.0m。

续表

（续）

8. 卵石⑧层：杂色，饱和，密实，亚圆形为方，一般粒径 4～6cm，最大粒径 12cm，卵石含量约 65%，母岩成分以灰岩、砂岩、花岗岩为主，粒间充填细砂、中砂、粗砂、砾砂、圆砾、夹圆栎$⑧_1$、砾砂$⑧_2$、粗砂$⑧_3$、中砂$⑧_4$、细砂$⑧_5$、粉砂$⑧_6$、砂质粉土$⑧_7$、黏质粉土$⑧_8$、重粉质黏土$⑧_{10}$、黏土$⑧_{11}$透镜体。

粉质黏土$⑧_9$层：褐黄色，硬塑，含氧化铁、氧化锰、云母及钙质结核。本层最大厚度 13.7m。

各土层分布及其岩土物理力学性质详见地质勘察报告。

检测方法：

单桩竖向抗压静载试验：

用压重反力架和配重块组装成压重平台，压重总重量为最大试验载荷的 1.2 倍；加荷方式为液压千斤顶和高压液泵；加荷量用压力传感器和 RS-JYC 桩基静载荷测试分析系统控制；用两个位移传感器测试点的沉降；试验加荷分为 10 级。

单柱竖向抗拔静载试验：

采用单千斤顶法装置，加荷方式为液压千斤顶和高压液压泵；加荷量用压力传感器和 RS-JYC 桩基静载荷测试分析系统控制；用两个位移传感器测试桩的上拔量；试验加荷分为 10 级。

抽样方式：

根据监理选定的桩进行检测，共检测 53 根桩。其中单桩竖向抗压静载试验 22 根，单桩竖向抗拔静载试验 31 根。

续表

××市××建设工程质量检测中心工程质量检测报告

××质检(J1-G)字(××)第(1045)号(6)　　试验编号:4B-17(6)

检测数据:

序　号	检测点号	单桩竖向抗压极限承载力(kN)
1	Y1-X2-43#	2010
2	Y1-T3-1#	2010
3	Y1-Q3-6#	2010
4	Y1-L3-5#	2010
5	Y1-K2-19#	2010
6	Y1-K7-25#	2010
7	Y1-Q7-7#	2010
8	Y1-M8-3#	2010
9	Y2-U9-3#	2010
10	Y2-L9-3#	2010
11	Y1-K9-26#	2010
12	Y1-X9-66#	2010
13	Y2-W12-9#	2010
14	Y2-K13-3#	2010
15	Y1-X16-18#	2010
16	Y1-K16-36#	2010
17	Y2-L20-6#	2010
18	Y1-K21-27#	2010
19	Y1-H21-10#	2010
20	Y1-F21-1#	2010
21	Y1-D21-13#	2010
22	Y1-X21-9#	2010

检测结论:

该工程钻孔灌注桩单桩竖向抗压极限承载力为2010kN。

该工程钻孔灌注桩单桩竖向抗压承载力设计值为1200kN,满足设计要求。

该工程钻孔灌注桩单桩竖向抗拔极限承载力为1000kN。

该工程钻孔灌注桩单桩竖向抗拔承载力设计值为600kN,满足设计要求

续表

××市××建设工程质量检测中心工程质量检测报告

××质检(J1-G)字(××)第(1045)号(6)　　　　试验编号:4B-17(6)

检测依据: 《建筑桩基技术规范》JGJ 94—2008 《建筑桩基检测技术规范》JGJ 106—2014
检测仪器及设备: RS-JYC桩基静荷载测试分析系统(01－03、03－35、03－36、03－38)、千斤顶、高压油泵等
检测时间、检测环境: ××年×月×日～××年×月×日 气温25～30℃
主检人:××× **审核人:**××× **审批人:**×××

续表

××市××建设工程质量检测中心工程质量检测报告

××质检(J1-G)字(××)第(1045)号(6)　　　　试验编号:4B-17(6)

单桩竖向抗压静载试验

工程名称:××大厦C栋							试验桩号:Y1-Q3-6			
测试日期:××-04-13				桩长:16.0m			桩径:ϕ400mm			
荷载(kN)	0	402	603	804	1005	1206	1407	1608	1809	2010
累计沉降(mm)	0.00	0.93	1.87	3.14	4.16	5.23	6.85	8.77	11.09	15.30

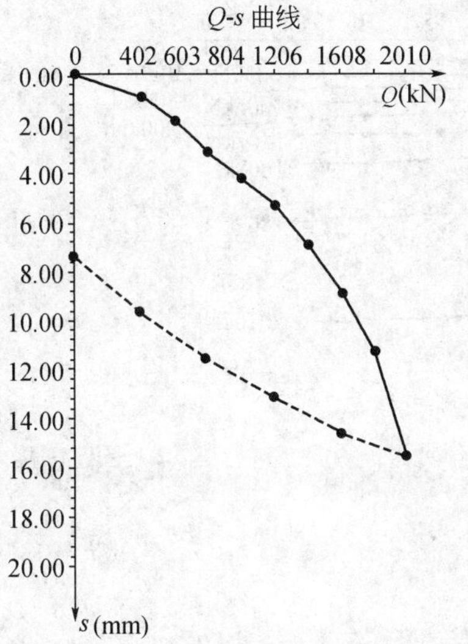

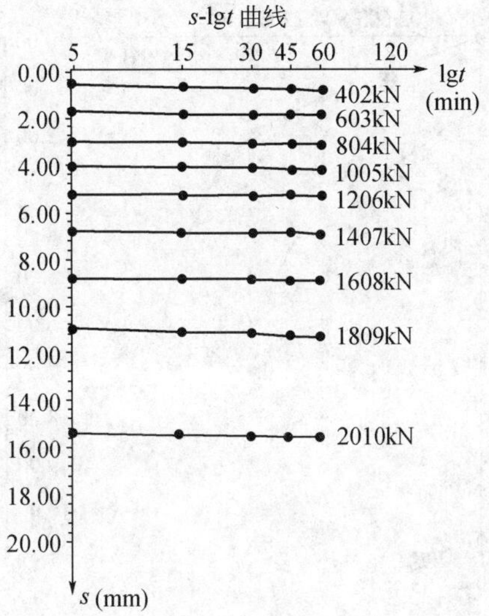

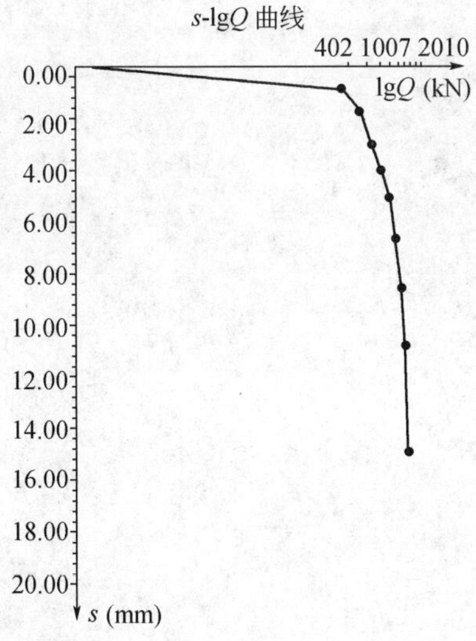

续表

××市××建设工程质量检测中心工程质量检测报告

××质检(J1-G)字(××)第(1045)号(6) 试验编号:4B-17(6)

工程名称:××大厦C栋							试验桩号:Y1-T3-1			
测试日期:××-04-14			桩长:16.1m				桩径:ϕ400mm			
荷载(kN)	0	402	603	804	1005	1206	1407	1608	1809	2010
累计沉降(mm)	0.00	0.44	0.74	0.98	1.27	1.59	1.93	2.50	3.72	5.73

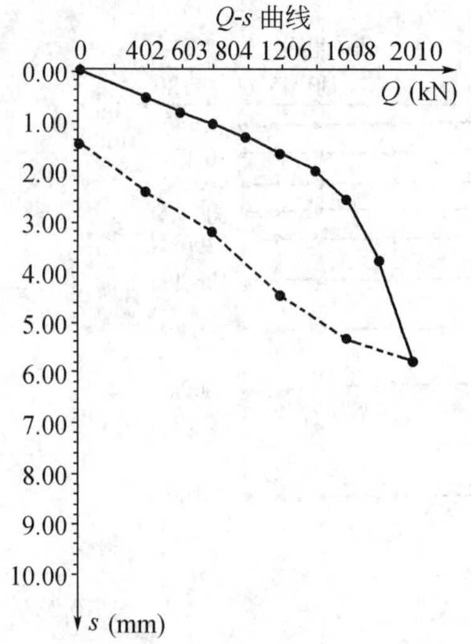

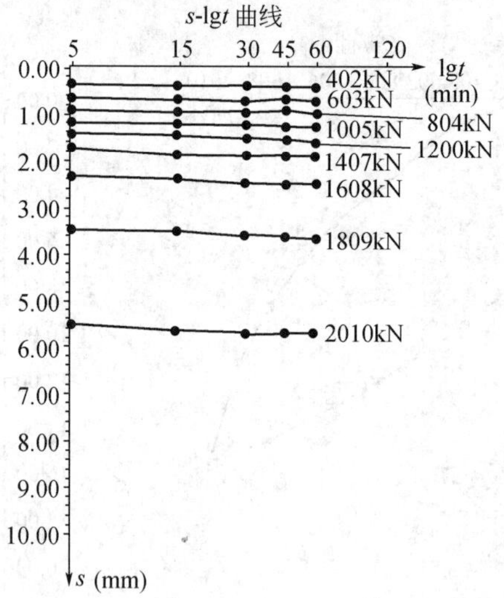

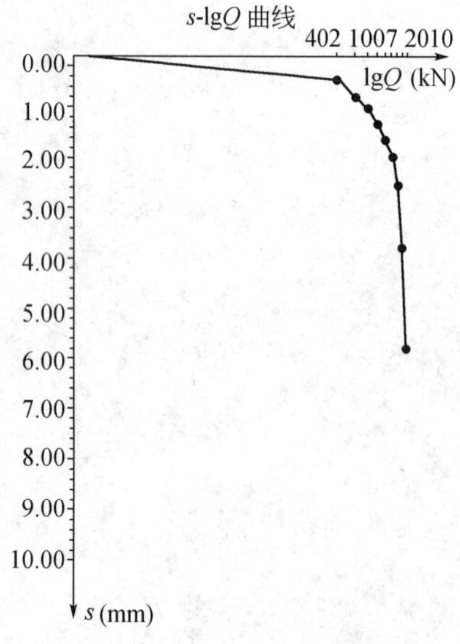

三十三、《钻孔灌注桩桩身完整性检测报告》填写范例

CMA

（××）量认（国）字（U0333）号

CNAL

No. L0230

检 测 报 告

××质检(J1-G)字(××)第(1045)号(5)

工　　程　　××大厦×栋

产品名称　　钻孔灌注桩基础

委托单位　　××地基基础工程公司

检验类别　　一般委托

××市××建设工程质量检测中心

第×检测所

××年×月×日

续表

××市××质量检测中心工程质量检测报告

××质检(J1-G)字(××)第(1045)号(5)　　　　试验编号:4B-17(5)

工程名称	××大厦×栋	结构类型	空间钢结构
建设单位	××有限责任公司	建筑面积	—
施工单位	××市××建筑工程有限公司	检测类别	一般委托
设计单位	××市××建筑设计院	工程编号	—
监理单位	××市××工程建设监理有限公司	图名编号	—
监督单位	××市建设工程质量监督总站××分站		
工程地址	××市××大街××号		
检测项目	钻孔灌注桩桩身完整性		

委托单位:

××市××地基基础工程公司

检测原因:

检测该工程钻孔灌注桩桩身完整性是否满足规范要求

工程基础概况:

××大厦C栋建筑平面尺寸为××m×××m,主体结构最大跨度约××m,地面以上高度××m。建筑局部地下二层,埋深约10m,柱底最大内力约9500kN,地基平均压应力值为$80kN/m^2$。主体结构为空间钢结构,附属结构及地面以下结构为混凝土框架-剪力墙结构。该工程采用钻孔灌注桩基础。设计桩径为ϕ400mm,桩长为16.7～18.6m,桩身混凝土强度为C30。钻孔灌注桩施工日期为××年×月×月～××年×月×日

地层土质概述:

各土层自上而下简述如下:

1.粉质黏土素填土①层:黄褐色,稍湿、稍密,以粉质黏土为主,局部以黏质粉土为主,含砖屑、灰渣、碎树根、有机质等,夹杂填土$①_1$、细砂素填土$①_2$透镜体,人工填土厚度0.8～5.1m。

2.黏质粉土②层:褐黄色,稍湿～湿,中密～密实,含氧化铁、氧化锰、钙质结核、云母及少量有机质。夹砂质粉土$②_1$、粉质黏土$②_2$、粉砂$②_3$、黏土$②_4$、重粉质黏土$②_5$透镜体。本层厚度1.9～5.1m

续表

××市××质量检测中心工程质量检测报告

××质检(J1-G)字(××)第(1045)号(5)　　　　试验编号:4B-17(5)

3.含有机质粉质黏土③层:浅灰色～褐灰色,可塑,含云母、氧化铁、氧化锰、较多有机质、夹粉细砂$③_1$、含有机质砂质粉土$③_2$、含有机质黏质粉土$③_3$、含有机质重粉质黏土$③_4$、含有机质黏土$③_5$ 透镜体。该层局部夹薄层有机透镜体。

粉细砂$③_1$:浅灰色～褐灰色,湿～饱和,中密,主要矿物成分为石英、长石、云母,含少量砾石。本层厚度3.7～10.1m。

4.粉细砂④层:灰色～褐灰色,湿～饱和,中密～密实,主要矿物成分为石英、长石、云母,含少量砾石。夹中砂$④_1$、粗砂$④_2$、砾砂$④_3$、圆砾$④_4$、卵石$④_5$、薄层砂质粉土$④_6$、薄层黏质粉土$④_7$、薄层粉质黏土$④_8$、薄层重粉质黏土$④_9$、薄层黏土$④_{10}$透镜体。

5.粉质黏土⑤层:灰黄～褐黄色,可塑,含氧化铁,氧化锰,钙质结核及少量有机质,夹重粉质黏土$⑤_1$、黏土$⑤_2$、黏质粉土$⑤_3$、砂质粉土$⑤_4$、粉砂$⑤_5$、细砂$⑤_6$、中砂$⑤_7$、粗砂$⑤_8$、含有机黏质粉土$⑤_9$ 透镜体。

粉砂$⑤_5$:灰色～褐黄色,湿～饱和,中密～密实,主要矿物成分为石英、长石、云母。

有机质黏质粉土:浅灰色～灰色,湿～饱和,中密～密实,含云母、氧化铁、氧化锰、较多有机质。本层厚度8.1～13.6m。

6.卵石⑥层:杂色,饱和,密实,亚圆形为主,一般粒径2～6cm,最大粒径8cm,卵石含量约50%～70%,母岩成分以灰岩、砂岩、花岗岩为主,粒间充填细砂、中砂、粗砂、砾砂、圆砾、夹圆砾$⑥_1$、砾砂$⑥_2$、粗砂$⑥_3$、中砂$⑥_4$、细砂$⑥_5$、粉砂$⑥_6$ 透镜体。本层厚度4.0～10.5m。

7.粉质黏土层⑦层:黄～褐黄色,可塑～硬塑,含氧化铁、氧化锰云母及钙质。夹重粉质黏土$⑦_1$、黏土$⑦_2$、黏质粉土$⑦_3$、砂质粉土$⑦_4$、含有机南粉质黏土$⑦_5$、含有机质重粉质黏土$⑦_6$、含有机质黏土$⑦_7$、含有机质黏质粉土$⑦_8$、粉砂$⑦_9$、细砂$⑦_{10}$、中砂$⑦_{11}$透镜体,该层局部夹薄层有机透镜体。

含有机质重粉质黏土$⑦_6$ 层:灰色～褐灰色,可塑～硬塑,含氧化铁、氧化锰、云母、钙质及较多有机质。

细砂$⑦_{10}$:灰色～褐灰色,饱和,密实,主要矿物成分为石英、长石、云母。本层厚度2.1～11.0m。

8.卵石⑧层:杂色,饱和,密实,亚圆形为方,一般粒径4～6cm,最大粒径12cm,卵石含量约65%,母岩成分以灰岩、砂岩、花岗岩为主,粒间充填细砂、中砂、粗砂、砾砂、圆砾、夹圆栎$⑧_1$、砾砂$⑧_2$、粗砂$⑧_3$、中砂$⑧_4$、细砂$⑧_5$、粉砂$⑧_6$、砂质粉土$⑧_7$、黏质粉土$⑧_8$、重粉质黏土$⑧_{10}$、黏土$⑧_{11}$透镜体。

粉质黏土$⑧_9$ 层:褐黄色,硬塑,含氧化铁、氧化锰、云母及钙质结核。本层最大厚度13.7m。

各土层分布及其岩土物理力学性质详见地勘报告。

检测方法:

磨平桩头,用黏结剂把加速度传感器黏在桩头上,用电缆把传感器与PTA桩基础动测系统连接起来。用力锤敲击桩头,产生的应力波沿桩身向下传播,应力波遇缺陷等阻抗变化处产生反射,加速度传感器接受反射波信号,并记录在磁盘上

续表

××市××建设工程质量检测中心工程质量检测报告

××质检(J1-G)字(××)第(1045)号(5) 试验编号:4B-17(5)

抽样方式:

根据监理指定桩号,对××大厦C栋工程中×月×日～×月×日施工的205根桩(A台53根桩、B台43根桩、C台109根)进行低应变动力检测桩身完整性

检测数据:

A台:

图1 桩号YB-TA-63 加速度 - 幅度 4m/格

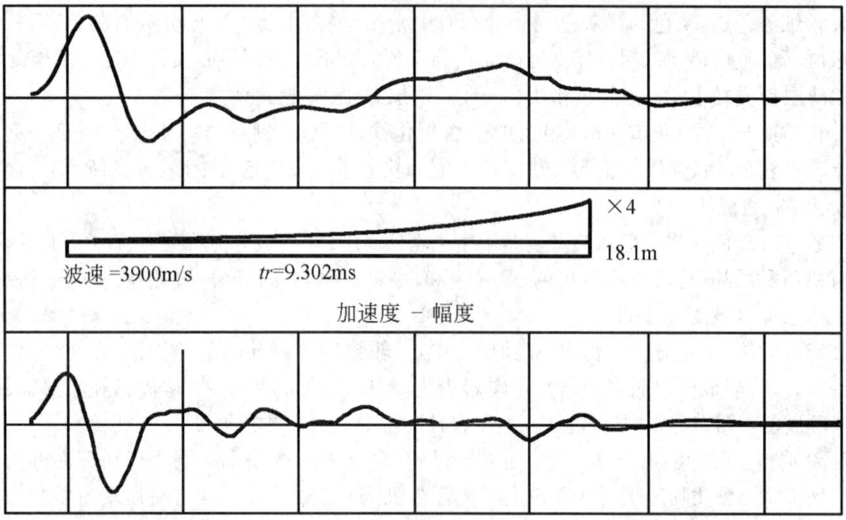

图2 桩号YB-TA-64 加速度 - 幅度 4m/格

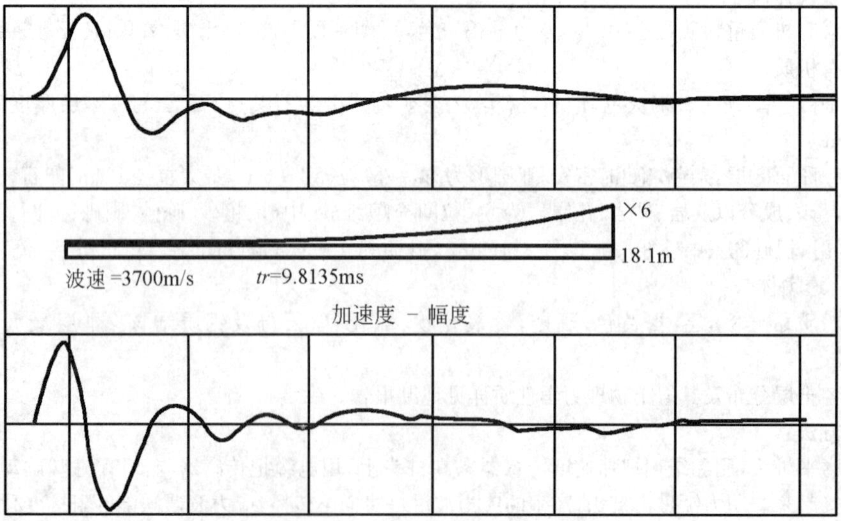

(后附图略)

第三节 土方工程施工试验记录及检测报告

一、《氡浓度试验报告》填写范例

报告编号：002-2015-D023

京市质监认字061号

检 验 报 告

检验项目：工程地点土壤氡浓度

委托单位：××集团开发有限公司

检验类别：委托检验

××市建设机械与材料质量监督检验站

报告编号:002-2015-D023

检 验 报 告

工程名称	××工程		
检验类别	委托检验	委托编号	201503-D-01
建设单位名称	北京××集团开发有限公司		
委托单位名称	北京××集团开发有限公司		
工程地点	北京市海淀区××路		
检验依据	委托单; 《民用建筑工程室内环境污染控制规范》GB 50325—2010; 该工程地质勘察报告、基础平面图		
检验项目	工程地点土壤氡浓度		
检验日期	2015 年 3 月 16 日	完成日期	2015 年 3 月 17 日
检验结论	该工程地点土壤平均氡浓度为 3070Bq/m^3,为本地区参考带土壤氡浓度平均值的 1.6 倍,根据《民用建筑工程室内环境污染控制规范》GB 50325—2010 规定,本工程设计中可不采取防氡工程措施  (检验报告专用章)		
检验条件	检测前 24h 以内天气状况:晴 检测当时气象条件: 晴;空气温度 10.4℃,相对湿度 15.6%;大气压 101.5kPa		

批准:××× 审核:××× 编制:×××

报告编号：002-2015-D023

续表

一、检验过程

本次检验范围涵盖该项目地质勘察范围，总占地面积 1700m^2。

在工程地质勘测范围内以间距 10m 做网格布点，各网格点即为测试点：当遇较大石块或其他障碍时偏离±2m。布点位置覆盖基础工程范围。

在每个测试点采用专用钢钎打孔，孔径 20mm，打孔深度为 600～800mm。成孔后，使用头部有气孔的特制取样器插入打好的孔中，取样器在靠近地表处踩实密闭，避免大气渗入孔中

二、检验方法

将 RAD 7 连续测氡仪吸气管经过隔离瓶和干燥管与取样器吸气管连接，直接抽气并测定氡气浓度。

设定 RAD 7 连续测氡仪的测量周期为 5min，每个测点连续测量 3 次，取第 3 次数据为该点氡浓度。

该工程各地块地表土壤氡浓度取各测点检测结果的算术平均值

三、检验结果

1. 布点示意图

（略）

2. 计算表（Bq/m^3）

	测点值	测点值	测点值	测点值	测点值	测点值	测点值	测点值	测点值	测点值
	1	2	3	4	5	6	7	8	9	10
A	2360	2620	3530	4820	5670	5250	4910	4060	3990	3870
B	3530	3430	1850	1570	1890	1670	2650	2810	3060	3780
C	2470	3660	1750	2560	2230	3620	1990	2060	2080	2370
平均值	3070									

报告编号:002-2015-D023　　　　续表

参考带

	测点值1	测点值2	测点值3	测点值4	测点值5	测点值6	测点值7	测点值8	测点值9	测点值10
A	1660	1790	2180	1690	1720	2030	2110	1690	1870	1890
平均值	1863									

3.检测结果表

面积(m^2)	测点数(个)	平均氡浓度(Bq/m^3)
1700	30	3070

四、检验设备

RAD 7 连续测氡仪(编号:HJ－HQ 07)及配套土壤检测探头;

AZ 8701 数字温湿度计(编号:HJ－LJ 36);

DYM 3 空盒气压计(编号:HJ－HQ 06)

(本页以下空白)

二、《氡浓度试验报告》填写说明

(1)新建、扩建的民用建筑工程设计前，必须进行建筑场地土壤中氡浓度的测定，并提供相应的检测报告。地质勘察报告应包括工程地点的地质构造、断裂及区域放射性背景资料。

(2)当民用建筑工程处于地质构造断裂带时，应根据土壤中氡浓度的测定结果，确定防氡工程措施；当民用建筑工程处于非地质构造断裂带时，可不采取防氡工程措施。

(3)土壤中氡浓度的测定方法，应符合下列规定：

1）一般原则：土壤中氡浓度测量的关键是如何采集土壤中的空气。土壤中氡气的浓度一般大于数百 Bq/m^3，这样高的氡浓度的测量可以采用电离室法、静电扩散法、闪烁瓶法等方法进行测量。

2）测试仪器性能指标要求：①工作条件：温度－10～40℃；②相对湿度≤90％；③不确定度≤20％；④探测下限≤400Bq/m^3。测量区域范围应与工程地质勘察范围相同。

3）在工程地质勘察范围内布点时，应以间距 10m 做网格，各网格点即为测试点(当遇较大石块时，可偏离±2m)，但布点数不应少于 16 个。布点位置应覆盖基础工程范围。

4）在每个测试点，应采用专用钢钎打孔。孔的直径宜为 20～40mm，孔的深度宜为 600～800mm。

5）成孔后，应使用头部有气孔的特制的取样器，插入打好的孔中，取样器在靠近地表处应进行密闭，避免大气渗入孔中，然后进行抽气。正式现场取样测试前，应通过一系列不同抽气次数的实验，确定最佳抽气次数。

6）所采集土壤间隙中的空气样品，宜采用静电扩散法、电离室法或闪烁瓶法等测定现场土壤氡浓度。

7）取样测试时间宜在 8:00～18:00 之间，现场取样测试工作不应在雨天进行，如遇雨天，应在雨后 24h 后进行。

8）现场测试应有记录，记录内容包括：测试点布设图，成孔点土壤类别，现场地表状况描述，测试前 24h 以内工程地点的气象状况等。

9）地表土壤氡浓度测试报告的内容应包括：取样测试过程描述、测试方法、土壤氡浓度测试结果等。

(4)民用建筑工程地点土壤中氡浓度，高于周围非地质构造断裂区域 3 倍及以上、5 倍以下时，工程设计中除采取建筑物内地面抗开裂措施外，还必须按国家现行标准《地下工程防水技术规范》中的一级防水要求，对基础进行处理。

(5)Ⅰ类民用建筑工程地点土壤中氡浓度，高于周围非地质构造断裂区域 5 倍及以上时，应进行工程地点土壤中的镭－226、钍－232、钾－40 的比活度测定。当内照射指数 I_{Ra} 大于 1.0 或外照射指数 I_{γ} 大于 1.3 时，工程地点土壤不得作为工程回填土使用。

(6)民用建筑工程地点地质构造断裂区域以外的土壤氡浓度检测点，应根据工程地点的地质构造分布图，以地质构造断裂带的走向为轴线，在其两侧非地质构造断裂区域随机布点，其布点数量每侧不得少于 5 个。

(7)民用建筑工程地点地质构造断裂区域以外的土壤氡浓度，应取各检测点检测结果的算术平均值。

三、《土壤试验报告》填写范例

土壤试验报告

委托单位：××建设集团有限公司　　　　　　　　　　　　　　　　　　试验编号：

工程名称	××工程			委托日期	××年×月×日
取样部位	室外回填土	试样种类	2∶8 灰土	报告日期	××年×月×日
试样数量	6 个	控制最小干密度	1.649/m^3	检验类别	委托
取样编号	取样步次	湿密度(g/cm^3)	含水率(%)	干密度(g/cm^3)	单个结论
1	第一步	1.83	13.4	1.61	合格
2	第一步	1.88	14.8	1.64	合格
3	第一步	1.95	16.3	1.68	合格
4	第一步	1.95	18.6	1.64	合格
5	第一步	1.94	21.2	1.60	合格
6	第一步	1.93	24.8	1.55	合格

取样位置示意图：

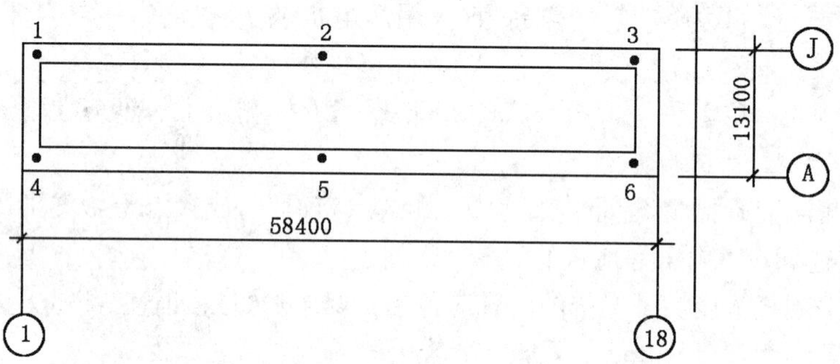

依据标准：

《土工试验方法标准》GB/T 50123—1999

检验结论：

达到最小干密度要求

备注：1. 本报告未经本室书面同意不得部分复制；

2. 见证单位：××建设监理公司；

3. 见证人：×××；

4. 基槽回填为分层夯实，每层共取 8 点，每层虚铺 200mm 厚，计 15 层；

5. 上部三层为灰土，土壤试验的取样、试验要求相同

试验单位：××检测中心　　技术负责人：×××　　审核：×××　　试(检)验：×××

四、《土壤试验报告》填写说明

土壤试验报告是为保证建筑工程质量，由试验单位对工程中的回填土的干密度指标进行测试后出具的质量证明文件。

1. 表格解析

(1)责任部门。

有资质检测单位提供，试验员收集。

(2)提交时限。

随回填施工进度完成，干密度试验 3d 左右。

(3)填写要点。

1)委托单位：提请试验的单位。

2)试验编号：由试验室按收到试件的顺序统一排列编号。

3)工程名称及取样部位：按委托单上的工程名称及取样部位填写。

4)检验类别：有委托、仲裁、抽样、监督和对比五种，按实际填写。

5)试样种类：一般有素土、2:8 灰土、3:7 灰土等。

6)最小干密度：指设计图纸标明的或通过击实试验确定的应控制的最小干密度。

7)检验结论：按实填写，必须明确合格或不合格。

(4)检查要点。

1)本表适用于素土回填、灰土及砂石垫层、砂石地基的干密度试验，应有取样位置示意图，取点分布应符合规定。

2)回填土必须按层回填，按层试验，每层的厚度应与所用的设备相匹配。

3)设计图纸未标明控制最小于密度的应通过击实试验确定。

4)试验、审核、技术负责人签字齐全并加盖试验单位公章。

2. 相关规定及要求

(1)规范名称。

1)《土工试验方法标准》GB/T 50123—1999。

2)《建筑地基基础工程施工质量验收规范》GB 50202—2002。

(2)相关要求。

1)取样原则及方法。

①取样原则：

a. 基坑、室内回填每 50～100m^2 不少于一个检验点。

b. 基槽、管沟每 10～20m 不少于一个检验点。

c. 每一独立基础至少有一个检验点。

d. 对灰土、砂和砂石地基、土工合成材料、粉煤灰地基、强夯地基，每单位工程不少于 3 点；对 1000m^2 以上工程，每 100m^2 至少应有一点；对 3000m^2 以上工程，每 300m^2 至少应有一点。

e. 场地平整，每 100～400m^2 取 1 点，但不应少于 10 点；长度、宽度和边坡按每 20m^2 取 1 点，每边不应少于 1 点。

②取样方法：

a. 环刀法：每段每层进行检验，应在夯实层下半部（至每层表面以下 2/3 处）用环刀取样。

此试验方法适用于黏性土。

b. 罐砂法：用于级配砂再回填或不宜用环刀法取样的土质。采用罐砂法取样时，取样数量可较环刀法适当减少，取样部位应为每层压实的全部深度。此方法适用于现场测定原状砂和砾质土的密度。

2）试验参考数据。

①素土、灰土、砂或级配砂石回填应按设计要求办理，当设计无要求时，控制干密度 ρ_d（g/cm^3）应符合下列标准：

素土：一般应≥1.65，黏土可降低 10％；灰土、粉土≥1.55，粉质黏土≥1.50，黏土≥1.45；砂不小于在中密状态时的干密度，中砂 1.55～1.60；级配砂石 2.1～2.2。

步数：夯实后素土每步厚度为 15cm；灰土每步厚度为 20cm；冬期施工夯实厚度宜为 10～15cm。

②填土压实后的干密度，应有 90％ 以上符合设计要求，其余 10％的最低值与设计值的差不得大于 0.08g/cm^3，且不得集中。

3）其他要求。

①回填土分层压实取样，做现场干密度试验，得出该层的现场干密度值，如该层的现场干密度数值均大于或等于控制干密度，则说明该层压实质量合格。否则，应重新施工压实，重新取样试验直至合格方可进行下层填土施工。

②现场干密度试验报告的简图应按规定要求绘制，包括回填土取点平面、剖面示意图，标明重要控制轴线、尺寸数字。剖面图应标明分层厚度、回填土起止标高。

五、《土壤击实试验报告》填写范例

土壤击实试验报告

委托单位：××建设集团有限公司　　　　试验编号：×××

工程名称	××工程			取样部位	室外回填土
土壤类别	灰土	最大粒径(mm)	××	压实系数	0.95
检验类别	委托	委托日期	××年×月×日	报告日期	××年×月×日

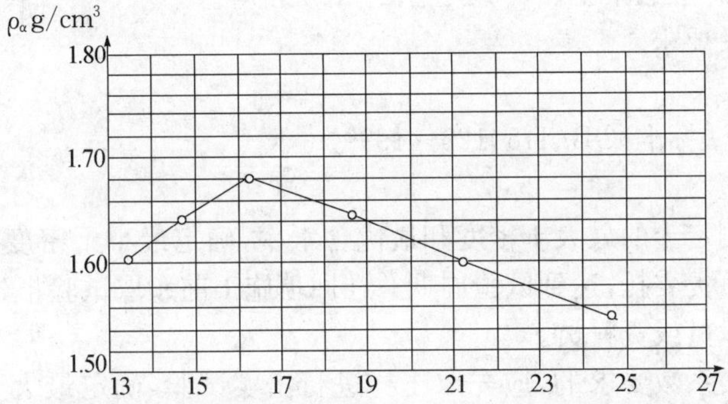

ρα-ω 关系曲线　　　ω：　%

依据标准：

《土工试验方法标准》GB /T 50123—1999

检验结论：

最佳含水率 16.3%，最大干密度 1.68g/cm³，控制最小干密度 1.95g/cm³

试验单位：××检测中心　**技术负责人：**×××　**审核：**×××　**试(检)验：**×××

六、《土壤击实试验报告》填写说明

1. 表格解析

(1)责任部门。

有资质检测单位提供,试验员收集。

(2)提交时限。

回填施工前完成,击实试验 3～7d。

(3)填写要点。

1)委托单位:提请试验的单位。

2)试验编号:由试验室按收到试件的顺序统一排列编号。

3)工程名称及取样部位:按委托单上的工程名称及取样部位填写。

4)检验类别:有委托、仲裁、抽样、监督和对比五种,按实际填写。

5)土样种类:一般有素土、2∶8 灰土、3∶7 灰土等。

2. 相关规定及要求

(1)规范名称。

《土工试验方法标准》GB/T 50123—1999。

(2)相关要求。

土方工程应测定土的最大干密度和最优含水率,确定最小干密度控制值。土工击实应由项目试验员负责委托,达到试验周期并在回填施工前领取试验报告,检查内容齐全无误后提交项目技术员或资料员。

1)设计有压实系数要求的,应先取土样进行击实试验,确定最大干密度和最优含水量,并根据设计提出的压实系数计算出填料的控制干密度。

2)设计无压实系数要求且无干密度要求的,依据表 6-4 选择压实系数,再取土样进行击实试验,确定填料的控制干密度后。

表 6-4　压实填土的质量控制

结构类型	填土部位	压实系数 λ_c	控制含水量(%)
砌体承重结构和框架结构	在地基主要受力层范围内	≥0.97	$W_{op}\pm2$
	在地基主要受力层范围以下	≥0.95	
排架结构	在地基主要受力层范围内	≥0.96	
	在地基主要受力层范围以下	≥0.94	

注:1. λ_c 为回填土控制干密度与最大干密度的比值。

2. 地坪垫层以下及基础底面标高以上的压实填土,压实系数不应小于 0.94。

3. W_{op} 为最佳含水率。

3)对于一般的小型工程无击实试验条件的单位,最大干密度可按现行规范提供的经验公式计算。

4)做标准击实试验的土样取样数量应满足:素土或灰土不少于 25kg,砂或级配砂石不少于 45kg。

第四节 地下防水工程施工试验记录及检测报告

一、《止水条检验报告》填写范例

××质监认字 006 号

CNACL
No. 0258

报告编号：FSZ2015-051

(2010) 量认 (×) 字 (R0110) 号

检 验 报 告
TEST REPORT

样品名称：BW-96 遇水膨胀止水条
Sample Description

委托单位：××建设工程有限公司
Applicant

检验类别：委托检验
Test type

××市建筑材料质量监督检验站

××市建筑材料质量监督检验站
BEIJING BUILDING MATERIAL QUALITY SUPERVISION TEST CENTER

××市建筑材料质量监督检验站

检 验 报 告

××质监认字 006 号

(2010) 量认 (×) 字 (R0110) 号

报告编号:No. FSZ2015-051　　　　第 1 页,共 2 页

委托单位	××建设工程有限公司	检验类别	委托检验
样品名称	BW-96 遇水膨胀止水条	样品数量	1m
型号、规格	缓膨型 S	样品等级	合格品
生产单位	××防水材料有限公司	来样日期	××年×月×日
检验依据	《膨润土橡胶遇水膨胀止水条》JG/T 141—2001		
检验项目	最大吸水膨胀倍率,密度,耐热性,低温柔性,耐水性,抗水压力		
检验结构	该样品经检验,以上性能符合 JG/T 141—2001 标准中合格品指标要求 ××市建筑材料质量监督检验站 签发日期:××年×月×日 复印报告未重盖本站红章无效		

附注:1. 本检验结果仅对来样负责
(以下空白)

批准:×××　　　　审核:×××　　　　主检:×××

××质监认字006号

××市建筑材料质量监督检验站

(2010) 量认 (×) 字 (R0110) 号

检 验 报 告

报告编号：No. FSZ2015-051　　　　第2页，共2页

序号	检验项目	标准要求(S)	检验结果	本项结论
1	最大吸水膨胀倍率(%)	≥300	304	符　合
2	密度(g/cm^3)	1.4±0.1	1.5	符　合
3	耐 热 性	80℃，2h无流淌	无流淌	符　合
4	低温柔性	−20℃，2h，ϕ20mm无裂纹	无裂纹	符　合
5	耐 水 性	浸泡240h，整体膨胀无碎块	整体膨胀无碎块	符　合
6	抗水压力(MPa)	≥2.5	符合	符　合

备注：(以下空白)

××市建筑材料质量监督检验站

批准：×××　　　　审核：×××　　　　主检：×××

二、《混凝土抗渗试验报告》填写范例

<table>
<tr><td colspan="4" rowspan="3">混凝土抗渗试验报告</td><td>资料编号</td><td>×××</td></tr>
<tr><td>试验编号</td><td>××－0058</td></tr>
<tr><td>委托编号</td><td>××－01245</td></tr>
<tr><td>工程名称及部位</td><td colspan="3">××工程　地下二层外墙①～⑩/Ⓐ～Ⓖ轴</td><td>试件编号</td><td>003</td></tr>
<tr><td>委托单位</td><td colspan="3">×××项目部</td><td>试验委托人</td><td>×××</td></tr>
<tr><td>抗渗等级</td><td colspan="3">P8</td><td>配合比编号</td><td>××－0022</td></tr>
<tr><td>强度等级</td><td>C40</td><td>养护条件</td><td>标准养护</td><td>收样日期</td><td>××年×月×日</td></tr>
<tr><td>成型日期</td><td>××年×月×日</td><td>龄期(d)</td><td>32</td><td>试验日期</td><td>××年×月×日</td></tr>
<tr><td colspan="6">试验情况

由 0.1MPa 顺序加压至 0.9MPa，保持 8h，试件表面无渗水。
试验结果：抗渗等级＞P8</td></tr>
<tr><td colspan="6">结论：

根据《普通混凝土长期性能和耐久性能试验方法标准》GB/T 50082—2009 标准，符合 P8 设计要求</td></tr>
</table>

批　准	×××	审　核	×××	试　验	×××
试验单位	××工程检测试验有限公司				
报告日期	××年×月×日				

注：本表由检测机构提供。

第七章

地基与基础工程施工质量验收记录（C7）

本章内容包括下列资料：

- 地基处理工程检验批质量验收记录
- 基础工程检验批质量验收记录
- 基坑支护工程检验批质量验收记录
- 地下水控制及土方工程检验批质量验收记录
- 地下防水工程检验批质量验收记录
- 分项工程质量验收记录
- 分部（子分部）工程质量验收记录

第一节　地基处理工程检验批质量验收记录

一、《素土、灰土地基检验批质量验收记录》填写范例

素土、灰土地基检验批质量验收记录

01010101　001

单位(子单位)工程名称	××大厦	分部(子分部)工程名称	地基与基础/地基	分项工程名称	素土、灰土地基
施工单位	××建筑有限公司	项目负责人	×××	检验批容量	$1600m^2$
分包单位	—	分包单位项目负责人	—	检验批部位	1～7/A～C轴地基
施工依据	《建筑地基处理技术规范》JGJ 79—2012		验收依据	《建筑地基基础工程施工质量验收规范》GB 50202—2002	

验收项目			设计要求及规范规定	最小/实际抽样数量	检查记录	检查结果
主控项目	1	地基承载力	设计要求	—	设计要求为180kPa,试验合格,报告编号××××	√
主控项目	2	配合比	设计要求	—	设计要求2:8灰土,符合要求	√
主控项目	3	压实系数	设计要求	—	设计要求压实系数为95%,检验合格,报告编号××××	√
一般项目	1	石灰粒径(mm)	≤5	/4	抽查4处,合格4处	100%
一般项目	2	土料有机质含量(%)	≤5	/4	抽查4处,合格4处	100%
一般项目	3	土颗粒粒径(mm)	≤15	/9	抽查9处,合格9处	100%
一般项目	4	含水量(与要求的最优含水量比较)(%)	±2	/4	抽查4处,合格4处	100%
一般项目	5	分层厚度偏差(与设计要求比较)(mm)	±50	9/9	抽查9处,合格9处	100%
施工单位检查结果	符合要求 专业工长:××× 项目专业质量检查员:××× ××年×月×日					
监理单位验收结论	合格 专业监理工程师:××× ××年×月×日					

二、《砂和砂石地基检验批质量验收记录》填写范例

砂和砂石地基检验批质量验收记录

01010201 001

单位(子单位)工程名称	××大厦	分部(子分部)工程名称	地基与基础/地基	分项工程名称	砂和砂石地基
施工单位	××建筑有限公司	项目负责人	×××	检验批容量	1600m²
分包单位	—	分包单位项目负责人	—	检验批部位	1～7/A～C轴地基
施工依据	《建筑地基处理技术规范》JGJ 79—2012		验收依据	《建筑地基基础工程施工质量验收规范》GB 50202—2002	

验收项目			设计要求及规范规定	最小/实际抽样数量	检查记录	检查结果
主控项目	1	地基承载力	设计要求	—	试验合格，报告编号××××	√
	2	配合比	设计要求	—	砂石地基配合比符合设计要求	√
	3	压实系数	设计要求	—	检验合格，报告编号××××	√
一般项目	1	砂、石料有机质含量(%)	≤5	—	抽查16处，合格16处	100%
	2	砂、石料含泥量(%)	≤5	—	抽查16处，合格16处	100%
	3	石料粒径(mm)	≤100	—	抽查16处，合格16处	100%
	4	含水量（与最优含水量比较）(%)	±2	—	抽查16处，合格15处	93.8%
	5	分层厚度（与设计要求比较）(mm)	±50	—	抽查16处，合格16处	100%

施工单位检查结果	符合要求 专业工长：××× 项目专业质量检查员：××× ××年×月×日
监理单位验收结论	合格 专业监理工程师：××× ××年×月×日

三、《土工合成材料地基检验批质量验收记录》填写范例

土工合成材料地基检验批质量验收记录

01010301 001

单位(子单位)工程名称	××大厦	分部(子分部)工程名称	地基与基础/地基	分项工程名称	土工合成材料地基
施工单位	××建筑有限公司	项目负责人	×××	检验批容量	1600m²
分包单位	—	分包单位项目负责人	—	检验批部位	1～7/A～C轴地基
施工依据	《建筑地基处理技术规范》JGJ 79—2012		验收依据	《建筑地基基础工程施工质量验收规范》GB 50202—2002	

验收项目			设计要求及规范规定	最小/实际抽样数量	检查记录	检查结果
主控项目	1	土工合成材料强度(%)	≤5	16/16	抽查16处，合格16处	√
	2	土工合成材料延伸率(%)	≤3	16/16	抽查16处，合格16处	√
	3	地基承载力	设计要求	—	现场检测合格，检测报告编号××××	√
一般项目	1	土工合成材料搭接长度(mm)	≥300	16/16	抽查16处，合格16处	100%
	2	土石料有机质含量(%)	≤5	16/16	抽查16处，合格16处	100%
	3	层面平整度(mm)	≤20	16/16	抽查16处，合格16处	100%
	4	每层铺设厚度(mm)	±25	16/16	抽查16处，合格16处	100%

施工单位检查结果	符合要求 专业工长：××× 项目专业质量检查员：××× ××年×月×日
监理单位验收结论	合格 专业监理工程师：××× ××年×月×日

四、《粉煤灰地基检验批质量验收记录》填写范例

粉煤灰地基检验批质量验收记录

01010401 001

<table>
<tr><td>单位(子单位)工程名称</td><td colspan="3">××大厦</td><td>分部(子分部)工程名称</td><td>地基与基础/地基</td><td>分项工程名称</td><td>粉煤灰地基</td></tr>
<tr><td>施工单位</td><td colspan="3">××建筑有限公司</td><td>项目负责人</td><td>×××</td><td>检验批容量</td><td>1600m²</td></tr>
<tr><td>分包单位</td><td colspan="3">—</td><td>分包单位项目负责人</td><td>—</td><td>检验批部位</td><td>1～7/A～C轴地基</td></tr>
<tr><td>施工依据</td><td colspan="4">《建筑地基处理技术规范》JGJ 79—2012</td><td>验收依据</td><td colspan="2">《建筑地基基础工程施工质量验收规范》GB 50202—2002</td></tr>
<tr><td colspan="3">验收项目</td><td>设计要求及规范规定</td><td>最小/实际抽样数量</td><td colspan="2">检查记录</td><td>检查结果</td></tr>
<tr><td rowspan="4">主控项目</td><td>1</td><td>压实系数</td><td>设计要求</td><td>16/16</td><td colspan="2">抽查16处，合格16处</td><td>√</td></tr>
<tr><td>2</td><td>地基承载力</td><td>设计要求</td><td>—</td><td colspan="2">检验合格，报告编号××××</td><td>√</td></tr>
<tr><td></td><td></td><td></td><td></td><td colspan="2"></td><td></td></tr>
<tr><td></td><td></td><td></td><td></td><td colspan="2"></td><td></td></tr>
<tr><td rowspan="8">一般项目</td><td>1</td><td>粉煤灰粒径(mm)</td><td>0.001～2.000</td><td>16/16</td><td colspan="2">抽查16处，合格16处</td><td>100%</td></tr>
<tr><td>2</td><td>氧化铝及二氧化硅含量(%)</td><td>≥70</td><td>16/16</td><td colspan="2">抽查16处，合格16处</td><td>100%</td></tr>
<tr><td>3</td><td>烧失量(%)</td><td>≤12</td><td>16/16</td><td colspan="2">抽查16处，合格16处</td><td>100%</td></tr>
<tr><td>4</td><td>每层铺筑厚度(mm)</td><td>±50</td><td>16/16</td><td colspan="2">抽查16处，合格15处</td><td>93.8%</td></tr>
<tr><td>5</td><td>含水量(与最优含水量比较)(%)</td><td>±2</td><td>16/16</td><td colspan="2">抽查16处，合格16处</td><td>100%</td></tr>
<tr><td></td><td></td><td></td><td></td><td colspan="2"></td><td></td></tr>
<tr><td></td><td></td><td></td><td></td><td colspan="2"></td><td></td></tr>
<tr><td></td><td></td><td></td><td></td><td colspan="2"></td><td></td></tr>
<tr><td>施工单位检查结果</td><td colspan="7">符合要求
专业工长：×××
项目专业质量检查员：×××
××年×月×日</td></tr>
<tr><td>监理单位验收结论</td><td colspan="7">合格
专业监理工程师：×××
××年×月×日</td></tr>
</table>

五、《强夯地基检验批质量验收记录》填写范例

强夯地基检验批质量验收记录

01010501 001

单位(子单位)工程名称	××大厦	分部(子分部)工程名称	地基与基础/地基	分项工程名称	强夯地基
施工单位	××建筑有限公司	项目负责人	×××	检验批容量	1600m²
分包单位	—	分包单位项目负责人	—	检验批部位	1~7/A~C 轴地基
施工依据	《建筑地基处理技术规范》JGJ 79—2012		验收依据	《建筑地基基础工程施工质量验收规范》GB 50202—2002	

验收项目			设计要求及规范规定	最小/实际抽样数量	检查记录	检查结果
主控项目	1	地基强度	设计要求	—	检验合格，报告编号××××	√
	2	地基承载力	设计要求	—	试验合格，报告编号××××	√
一般项目	1	夯锤落距(mm)	±300	16/16	抽查16处，合格16处	100%
	2	锤重(kg)	±100	16/16	抽查16处，合格16处	100%
	3	夯击遍数及顺序	设计要求	16/16	抽查16处，合格16处	100%
	4	夯点间距(mm)	±500	16/16	抽查16处，合格16处	100%
	5	夯击范围(超出基础范围距离)	设计要求	16/16	抽查16处，合格16处	100%
	6	前后两遍间歇时间	设计要求	—	经检查，符合设计要求，施工记录编号××××	√

施工单位检查结果	符合要求 专业工长：××× 项目专业质量检查员：××× ××年×月×日
监理单位验收结论	合格 专业监理工程师：××× ××年×月×日

六、《注浆地基检验批质量验收记录》填写范例

注浆地基检验批质量验收记录

01010601 001

单位(子单位)工程名称	××大厦	分部(子分部)工程名称	地基与基础/地基	分项工程名称	注浆地基
施工单位	××建筑有限公司	项目负责人	×××	检验批容量	600m²
分包单位	—	分包单位项目负责人	—	检验批部位	1～7/A～C轴地基
施工依据	《建筑地基处理技术规范》JGJ 79—2012		验收依据	《建筑地基基础工程施工质量验收规范》GB 50202—2002	

验收项目					设计要求及规范规定	最小/实际抽样数量	检查记录	检查结果
主控项目	1	原材料检验	水泥		设计要求	—	检验合格，报告编号××××	√
			注浆用砂	粒径(mm)	<2.5	—	检验合格，报告编号××××	√
				细度模数(%)	<2.0	—	检验合格，报告编号××××	√
				含泥量及有机物含量(%)	<3	—	检验合格，报告编号××××	√
			注浆用黏土	塑性指数	>14	—	检验合格，报告编号××××	√
				黏粒含量(%)	>25	—	检验合格，报告编号××××	√
				含砂量(%)	<5	—	检验合格，报告编号××××	√
				有机物含量(%)	<3	—	检验合格，报告编号××××	√
			粉煤灰	细度	不粗于同时使用的水泥	—	试验合格，报告编号××××	√
				烧失量(%)	<3%	—	检验合格，报告编号××××	√
			水玻璃：模数		2.5～3.3	—	检验合格，报告编号××××	√
			其他化学浆液		设计要求	—	检验合格，报告编号××××	√
	2	注浆体强度			设计要求	—	检验合格，报告编号××××	√
	3	地基承载力			设计要求	—	检验合格，报告编号××××	√
一般项目	1	各种注浆材料称量误差(%)			<3	16/16	抽查16处，合格16处	100%
	2	注浆孔位(mm)			±20	16/16	抽查16处，合格16处	100%
	3	注浆孔深(mm)			±100	16/16	抽查16处，合格16处	100%
	4	注浆压力(与设计参数比)(%)			±10	16/16	抽查16处，合格16处	100%

施工单位检查结果	符合要求 专业工长：××× 项目专业质量检查员：××× ××年×月×日
监理单位验收结论	合格 专业监理工程师：××× ××年×月×日

七、《预压地基检验批质量验收记录》填写范例

预压地基检验批质量验收记录

01010701 001

单位(子单位)工程名称	××大厦	分部(子分部)工程名称	地基与基础/地基	分项工程名称	预压地基
施工单位	××建筑有限公司	项目负责人	×××	检验批容量	$1600m^2$
分包单位	—	分包单位项目负责人	—	检验批部位	1～7/A～C轴地基
施工依据	《建筑地基处理技术规范》JGJ 79—2012		验收依据	《建筑地基基础工程施工质量验收规范》GB 50202—2002	

验收项目			设计要求及规范规定	最小/实际抽样数量	检查记录	检查结果
主控项目	1	预压载荷(%)	≤2	16/16	抽查16处,合格16处	√
	2	固结度(与设计要求比)(%)	≤2	16/16	抽查16处,合格16处	√
	3	承载力或其他性能指标	设计要求	—	检验合格,报告编号××××	√
一般项目	1	沉降速率(与控制值比)(%)	±10	—	抽查16处,合格16处	100%
	2	砂井或塑料排水带位置(mm)	±100	16/16	抽查16处,合格16处	100%
	3	砂井或塑料排水带插入深度(mm)	±200	16/16	抽查16处,合格16处	100%
	4	插入塑料排水带时的回带长度(mm)	≤500	16/16	抽查16处,合格16处	100%
	5	塑料排水带或砂井高出砂垫层距离(mm)	≥200	16/16	抽查16处,合格16处	100%
	6	插入塑料排水带的回带根数(%)	<5	16/16	抽查16处,合格16处	100%
施工单位检查结果	符合要求 专业工长:××× 项目专业质量检查员:××× ××年×月×日					
监理单位验收结论	合格 专业监理工程师:××× ××年×月×日					

八、《砂石桩复合地基检验批质量验收记录》填写范例

砂石桩复合地基检验批质量验收记录

01010801 001

单位(子单位)工程名称	××大厦	分部(子分部)工程名称	地基与基础/地基	分项工程名称	砂石桩复合地基
施工单位	××建筑有限公司	项目负责人	×××	检验批容量	180 根
分包单位	—	分包单位项目负责人	—	检验批部位	1~7/A~C 轴地基
施工依据	《建筑地基处理技术规范》JGJ 79—2012		验收依据	《建筑地基基础工程施工质量验收规范》GB 50202—2002	

验收项目			设计要求及规范规定	最小/实际抽样数量	检查记录	检查结果
主控项目	1	灌砂量(%)	≥95	36/36	抽查 36 根，合格 36 根	√
	2	地基强度	设计要求	—	检验合格，资料齐全，试验报告编号××××	√
	3	地基承载力	设计要求	—	检验合格，资料齐全，试验报告编号××××	√
一般项目	1	砂料的含泥量(%)	≤3	36/36	抽查 36 根，合格 36 根	100%
	2	砂料的有机质含量(%)	≤5	36/36	抽查 36 根，合格 36 根	100%
	3	桩位(mm)	≤50	36/36	抽查 36 根，合格 36 根	100%
	4	砂桩标高(mm)	±150	36/36	抽查 36 根，合格 36 根	100%
	5	垂直度(%)	≤1.5	36/36	抽查 36 根，合格 36 根	100%
施工单位检查结果	符合要求 专业工长：××× 项目专业质量检查员：××× ××年×月×日					
监理单位验收结论	合格 专业监理工程师：××× ××年×月×日					

九、《高压旋喷注浆地基检验批质量验收记录》填写范例

高压旋喷注浆地基检验批质量验收记录

01010901 001

单位(子单位)工程名称	××大厦	分部(子分部)工程名称	地基与基础/地基	分项工程名称	高压旋喷注浆地基
施工单位	××建筑有限公司	项目负责人	×××	检验批容量	560根
分包单位	—	分包单位项目负责人	—	检验批部位	1~7/A~C轴地基
施工依据	《建筑地基处理技术规范》JGJ 79—2012		验收依据	《建筑地基基础工程施工质量验收规范》GB 50202—2002	

验收项目			设计要求及规范规定	最小/实际抽样数量	检查记录	检查结果
主控项目	1	水泥及外掺剂质量	符合出厂要求	—	检验合格，资料齐全	√
	2	水泥用量	设计要求	—	检验合格，资料齐全	√
	3	桩体强度或完整性检验	设计要求	—	检验合格，资料齐全	√
	4	地基承载力	设计要求	—	检验合格，资料齐全	√
一般项目	1	钻孔位置(mm)	≤50	112/112	抽查112根，合格112根	100%
	2	钻孔垂直度(%)	≤1.5	112/112	抽查112根，合格112根	100%
	3	孔深(mm)	±200	112/112	抽查112根，合格112根	100%
	4	注浆压力	按设定参数指标	—	检验合格，结果见施工记录××××	√
	5	桩体搭接(mm)	>200	112/112	抽查112根，合格112根	100%
	6	桩体直径(mm)	≤50	112/112	抽查112根，合格112根	100%
	7	桩身中心允许偏差(mm)	≤0.2D (D=600mm)	112/112	抽查112根，合格112根	100%
施工单位检查结果	符合要求 专业工长：××× 项目专业质量检查员：××× ××年×月×日					
监理单位验收结论	合格 专业监理工程师：××× ××年×月×日					

十、《水泥土搅拌桩地基检验批质量验收记录》填写范例

水泥土搅拌桩地基检验批质量验收记录

01011001 001

单位(子单位)工程名称	××大厦	分部(子分部)工程名称	地基与基础/地基	分项工程名称	水泥土搅拌桩地基
施工单位	××建筑有限公司	项目负责人	×××	检验批容量	560 根
分包单位	—	分包单位项目负责人	—	检验批部位	1～7/A～C 轴地基
施工依据	《建筑地基处理技术规范》JGJ 79—2012		验收依据	《建筑地基基础工程施工质量验收规范》GB 50202—2002	

验收项目			设计要求及规范规定	最小/实际抽样数量	检查记录	检查结果
主控项目	1	水泥及外掺剂质量	设计要求	—	检验合格,报告编号××××	√
主控项目	2	水泥用量	参数指标	—	检验合格,报告编号××××	√
主控项目	3	桩体强度	设计要求	—	检验合格,报告编号××××	√
主控项目	4	地基承载力	设计要求	—	检验合格,报告编号××××	√
主控项目						
一般项目	1	机头提升速度(m/min)	≤0.5	112/112	抽查 112 根,合格 112 根	100%
一般项目	2	桩底标高(mm)	±200	112/112	抽查 112 根,合格 112 根	100%
一般项目	3	桩顶标高(mm)	+100 −50	112/112	抽查 112 根,合格 112 根	100%
一般项目	4	桩位偏差(mm)	<50	112/112	抽查 112 根,合格 112 根	100%
一般项目	5	桩径	$<0.04D$ (D=500mm)	112/112	抽查 112 根,合格 112 根	100%
一般项目	6	垂直度(%)	≤1.5	112/112	抽查 112 根,合格 112 根	100%
一般项目	7	搭接(mm)	>200	112/112	抽查 112 根,合格 112 根	100%

施工单位检查结果	符合要求 专业工长:××× 项目专业质量检查员:××× ××年×月×日
监理单位验收结论	合格 专业监理工程师:××× ××年×月×日

十一、《土和灰土挤密桩复合地基检验批质量验收记录》填写范例

土和灰土挤密桩复合地基检验批质量验收记录

01011101 001

<table>
<tr><td>单位(子单位)工程名称</td><td colspan="2">××大厦</td><td>分部(子分部)工程名称</td><td>地基与基础/地基</td><td>分项工程名称</td><td>土和灰土挤密桩复合地基</td></tr>
<tr><td>施工单位</td><td colspan="2">××建筑有限公司</td><td>项目负责人</td><td>×××</td><td>检验批容量</td><td>560 根</td></tr>
<tr><td>分包单位</td><td colspan="2">—</td><td>分包单位项目负责人</td><td>—</td><td>检验批部位</td><td>1~7/A~C 轴地基</td></tr>
<tr><td>施工依据</td><td colspan="3">《建筑地基处理技术规范》JGJ 79—2012</td><td>验收依据</td><td colspan="2">《建筑地基基础工程施工质量验收规范》GB 50202—2002</td></tr>
</table>

<table>
<tr><td colspan="3">验 收 项 目</td><td>设计要求及规范规定</td><td>最小/实际抽样数量</td><td>检 查 记 录</td><td>检查结果</td></tr>
<tr><td rowspan="4">主控项目</td><td>1</td><td>桩体及桩间土干密度</td><td>设计要求</td><td>—</td><td>检验合格,报告编号××××</td><td>√</td></tr>
<tr><td>2</td><td>桩长(mm)</td><td>+500</td><td>112/112</td><td>抽查 112 根,合格 112 根</td><td>√</td></tr>
<tr><td>3</td><td>地基承载力</td><td>符合设计要求</td><td>—</td><td>检验合格,报告编号××××</td><td>√</td></tr>
<tr><td>4</td><td>桩径(mm)</td><td>−20</td><td>112/112</td><td>抽查 112 根,合格 112 根</td><td>√</td></tr>
<tr><td rowspan="7">一般项目</td><td>1</td><td>土料有机质含量(%)</td><td>≤5</td><td>112/112</td><td>抽查 112 根,合格 112 根</td><td>100%</td></tr>
<tr><td>2</td><td>石灰粒径(mm)</td><td>≤5</td><td>112/112</td><td>抽查 112 根,合格 112 根</td><td>100%</td></tr>
<tr><td rowspan="2">3</td><td rowspan="2">桩位偏差</td><td>满堂布桩 ≤0.4D (D=400mm)</td><td>112/112</td><td>抽查 112 根,合格 112 根</td><td>100%</td></tr>
<tr><td>条基布桩 ≤0.25D (D=____ mm)</td><td>—</td><td>—</td><td>—</td></tr>
<tr><td>4</td><td>垂直度(%)</td><td>≤1.5</td><td>112/112</td><td>抽查 112 根,合格 112 根</td><td>100%</td></tr>
<tr><td>5</td><td>桩径(mm)</td><td>−20</td><td>112/112</td><td>抽查 112 根,合格 112 根</td><td>100%</td></tr>
<tr><td></td><td></td><td></td><td></td><td></td><td></td></tr>
<tr><td colspan="2">施工单位检查结果</td><td colspan="5">符合要求
专业工长:×××
项目专业质量检查员:×××
××年×月×日</td></tr>
<tr><td colspan="2">监理单位验收结论</td><td colspan="5">合格
专业监理工程师:×××
××年×月×日</td></tr>
</table>

十二、《水泥粉煤灰碎石桩复合地基检验批质量验收记录》填写范例

水泥粉煤灰碎石桩复合地基检验批质量验收记录

01011201 001

单位(子单位)工程名称	××大厦	分部(子分部)工程名称	地基与基础/地基	分项工程名称	水泥粉煤灰碎石桩复合地基
施工单位	××建筑有限公司	项目负责人	×××	检验批容量	560根
分包单位	—	分包单位项目负责人	—	检验批部位	1~7/A~C轴地基
施工依据	《建筑地基处理技术规范》JGJ 79—2012		验收依据	《建筑地基基础工程施工质量验收规范》GB 50202—2002	

验收项目			设计要求及规范规定	最小/实际抽样数量	检查记录	检查结果
主控项目	1	原材料	设计要求	—	检验合格，资料齐全	√
	2	桩径(mm)	−20	112/112	抽查112根，合格112根	√
	3	桩身强度	设计要求C 20	—	检验合格，报告编号××××	√
	4	地基承载力	设计要求	—	检验合格，报告编号××××	√
一般项目	1	桩身完整性	按桩基检测技术规范	—	检验合格，报告编号××××	√
	2	桩位偏差	满堂布桩 ≤0.4D (D=500mm)	112/112	抽查112根，合格112根	100%
			条基布桩 ≤0.25D (D=____mm)	—	—	—
	3	桩垂直度(%)	≤1.5	112/112	抽查112根，合格112根	100%
	4	桩长(mm)	+100	112/112	抽查112根，合格112根	100%
	5	褥垫层夯填度	≤0.9	112/112	抽查112根，合格112根	100%

施工单位检查结果	符合要求 专业工长：××× 项目专业质量检查员：××× ××年×月×日
监理单位验收结论	合格 专业监理工程师：××× ××年×月×日

十三、《夯实水泥土桩复合地基检验批质量验收记录》填写范例

夯实水泥土桩复合地基检验批质量验收记录

01011301 001

<table>
<tr><td>单位(子单位)工程名称</td><td colspan="3">××大厦</td><td>分部(子分部)工程名称</td><td>地基与基础/地基</td><td>分项工程名称</td><td>夯实水泥土桩复合地基</td></tr>
<tr><td>施工单位</td><td colspan="3">××建筑有限公司</td><td>项目负责人</td><td>×××</td><td>检验批容量</td><td>140 根</td></tr>
<tr><td>分包单位</td><td colspan="3">—</td><td>分包单位项目负责人</td><td>—</td><td>检验批部位</td><td>1~7/A~C 轴地基</td></tr>
<tr><td>施工依据</td><td colspan="3">《建筑地基处理技术规范》JGJ 79—2012</td><td>验收依据</td><td colspan="3">《建筑地基基础工程施工质量验收规范》GB 50202—2002</td></tr>
<tr><td colspan="3">验收项目</td><td>设计要求及规范规定</td><td>最小/实际抽样数量</td><td colspan="2">检查记录</td><td>检查结果</td></tr>
<tr><td rowspan="4">主控项目</td><td>1</td><td>桩径(mm)</td><td>−20</td><td>28/28</td><td colspan="2">抽查 28 根,合格 28 根</td><td>√</td></tr>
<tr><td>2</td><td>桩长(mm)</td><td>+500</td><td>28/28</td><td colspan="2">抽查 28 根,合格 28 根</td><td>√</td></tr>
<tr><td>3</td><td>桩体干密度</td><td>设计要求</td><td>—</td><td colspan="2">检验合格,报告编号××××</td><td>√</td></tr>
<tr><td>4</td><td>地基承载力</td><td>设计要求</td><td>—</td><td colspan="2">检验合格,报告编号××××</td><td>√</td></tr>
<tr><td rowspan="9">一般项目</td><td>1</td><td>土料有机质含量(%)</td><td>≤5</td><td>28/28</td><td colspan="2">抽查 28 根,合格 28 根</td><td>100%</td></tr>
<tr><td>2</td><td>含水量(与最优含水量比)(%)</td><td>±2</td><td>28/28</td><td colspan="2">抽查 28 根,合格 28 根</td><td>100%</td></tr>
<tr><td>3</td><td>土料粒径(mm)</td><td>≤20</td><td>28/28</td><td colspan="2">抽查 28 根,合格 28 根</td><td>100%</td></tr>
<tr><td>4</td><td>水泥质量</td><td>设计要求</td><td>—</td><td colspan="2">检验合格,报告编号××××</td><td>√</td></tr>
<tr><td rowspan="2">5</td><td rowspan="2">桩位偏差</td><td>满堂布桩 ≤0.4D (D=<u>350</u>mm)</td><td>28/28</td><td colspan="2">抽查 28 根,合格 28 根</td><td>100%</td></tr>
<tr><td>条基布桩 ≤0.25D (D=____ mm)</td><td>—</td><td colspan="2">—</td><td>—</td></tr>
<tr><td>6</td><td>桩孔垂直度(%)</td><td>≤1.5</td><td>28/28</td><td colspan="2">抽查 28 根,合格 28 根</td><td>100%</td></tr>
<tr><td>7</td><td>褥垫层夯填度</td><td>≤0.9</td><td>28/28</td><td colspan="2">抽查 28 根,合格 28 根</td><td>100%</td></tr>
<tr><td>施工单位检查结果</td><td colspan="7">符合要求
专业工长:×××
项目专业质量检查员:×××
××年×月×日</td></tr>
<tr><td>监理单位验收结论</td><td colspan="7">合格
专业监理工程师:×××
××年×月×日</td></tr>
</table>

第二节　基础工程检验批质量验收记录

一、《钢筋混凝土预制桩(钢筋骨架)检验批质量验收记录》填写范例

钢筋混凝土预制桩(钢筋骨架)检验批质量验收记录

01020701　001

单位(子单位)工程名称	××大厦	分部(子分部)工程名称	地基与基础/基础	分项工程名称	钢筋混凝土预制桩基础
施工单位	××建筑有限公司	项目负责人	×××	检验批容量	100根
分包单位	—	分包单位项目负责人	—	检验批部位	1～7/A～C轴桩基
施工依据	《建筑桩基技术规范》JGJ 94—2008		验收依据	《建筑地基基础工程施工质量验收规范》GB 50202—2002	

验收项目			设计要求及规范规定	最小/实际抽样数量	检查记录	检查结果
主控项目	1	主筋距桩顶距离(mm)	±5	10/10	抽查10根,合格10根	√
	2	多节桩锚固钢筋位置(mm)	5	10/10	抽查10根,合格10根	√
	3	多节桩预埋铁件(mm)	±3	10/10	抽查10根,合格10根	√
	4	主筋保护层厚度(mm)	±5	10/10	抽查10根,合格10根	√
一般项目	1	主筋间距(mm)	±5	10/10	抽查10根,合格10根	100%
	2	桩尖中心线(mm)	10	10/10	抽查10根,合格10根	100%
	3	箍筋间距(mm)	±20	10/10	抽查10根,合格10根	100%
	4	桩顶钢筋网片(mm)	±10	10/10	抽查10根,合格10根	100%
	5	多节桩锚固钢筋长度(mm)	±10	10/10	抽查10根,合格10根	100%

施工单位检查结果	符合要求 专业工长:××× 项目专业质量检查员:××× ××年×月×日
监理单位验收结论	合格 专业监理工程师:××× ××年×月×日

二、《钢筋混凝土预制桩检验批质量验收记录》填写范例

钢筋混凝土预制桩检验批质量验收记录

01020702 001

单位(子单位)工程名称	××大厦	分部(子分部)工程名称	地基与基础/基础	分项工程名称	钢筋混凝土预制桩基础
施工单位	××建筑有限公司	项目负责人	×××	检验批容量	100根
分包单位	—	分包单位项目负责人	—	检验批部位	1～7/A～C轴桩基
施工依据	《建筑桩基技术规范》JGJ 94—2008		验收依据	《建筑地基基础工程施工质量验收规范》GB 50202—2002	

验收项目			设计要求及规范规定	最小/实际抽样数量	检查记录	检查结果
主控项目	1	桩体质量检验	设计要求	—	检验合格，报告编号××××	√
	2	桩位偏差	见本规范表5.1.3	10/10	抽查10根，合格10根	√
	3	承载力	设计要求	—	检验合格，报告编号××××	√
一般项目	1	砂、石、水泥、钢材等原材料(现场预制时)	设计要求	—	质量证明文件齐全，通过进场验收	√
	2	混凝土配合比及强度(现场预制时)	设计要求	—	检验合格，报告编号××××	√
	3	成品桩外形	表面平整，颜色均匀，掉角深度＜10mm，蜂窝面积小于总面积0.5%	10/10	抽查10根，合格10根	100%
	4	成品桩裂缝(收缩裂缝或起吊、装运、堆放引起的裂缝)	深度＜20mm，宽度＜0.25mm，横向裂缝不超过边长的一半	10/10	抽查10根，合格10根	100%
	5	成品尺寸	—	—	—	—
		横截面边长(mm)	±5	10/10	抽查10根，合格10根	100%
		桩顶对角线差(mm)	＜10	10/10	抽查10根，合格10根	100%
		桩尖中心线(mm)	＜10	10/10	抽查10根，合格10根	100%
		桩身弯曲矢高	＜1/1000L (L=2000mm)	10/10	抽查10根，合格10根	100%
		桩顶平整度(mm)	＜2	10/10	抽查10根，合格10根	100%
	6	电焊接桩：焊缝质量	见本规范表5.5.4-2	—	—	—
		电焊结束后停歇时间	＞1.0min	—	—	—
		上下节平面偏差	＜10	—	—	—
		节点弯曲矢高	＜1/1000L (L=___mm)	—	—	—
	7	硫磺胶泥接桩：胶泥浇注时间	＜2min	—	—	—
		浇注后停歇时间	＞7min	—	—	—
	8	桩顶标高(mm)	±50	10/10	抽查10根，合格10根	100%
	9	停锤标准	设计要求	—	试验合格，报告编号××××	√
施工单位检查结果	符合要求 专业工长：××× 项目专业质量检查员：××× ××年×月×日					
监理单位验收结论	合格 专业监理工程师：××× ××年×月×日					

三、《混凝土灌注桩(钢筋笼)检验批质量验收记录》填写范例

混凝土灌注桩(钢筋笼)检验批质量验收记录

01020801 001

<table>
<tr><td colspan="3">单位(子单位)工程名称</td><td>××大厦</td><td>分部(子分部)工程名称</td><td>地基与基础/基础</td><td>分项工程名称</td><td>泥浆护壁成孔灌注桩基础</td></tr>
<tr><td colspan="3">施工单位</td><td>××建筑有限公司</td><td>项目负责人</td><td>×××</td><td>检验批容量</td><td>30根</td></tr>
<tr><td colspan="3">分包单位</td><td>—</td><td>分包单位项目负责人</td><td>—</td><td>检验批部位</td><td>1～7/A～C轴桩基</td></tr>
<tr><td colspan="3">施工依据</td><td colspan="2">《建筑桩基技术规范》JGJ 94—2008</td><td>验收依据</td><td colspan="2">《建筑地基基础工程施工质量验收规范》GB 50202—2002</td></tr>
<tr><td colspan="3">验收项目</td><td>设计要求及规范规定</td><td>最小/实际抽样数量</td><td colspan="2">检查记录</td><td>检查结果</td></tr>
<tr><td rowspan="2">主控项目</td><td>1</td><td>主筋间距(mm)</td><td>±10</td><td>全/30</td><td colspan="2">共30处，全部检查，合格30处</td><td>√</td></tr>
<tr><td>2</td><td>长度(mm)</td><td>±100</td><td>全/30</td><td colspan="2">共30处，全部检查，合格30处</td><td>√</td></tr>
<tr><td rowspan="3">一般项目</td><td>1</td><td>钢筋材质检验</td><td>设计要求</td><td>—</td><td colspan="2">检验合格，报告编号××××</td><td>√</td></tr>
<tr><td>2</td><td>箍筋间距(mm)</td><td>±20</td><td>全/30</td><td colspan="2">共30处，全部检查，合格30处</td><td>100%</td></tr>
<tr><td>3</td><td>直径(mm)</td><td>±10</td><td>全/30</td><td colspan="2">共30处，全部检查，合格30处</td><td>100%</td></tr>
<tr><td colspan="3">施工单位检查结果</td><td colspan="5">符合要求
专业工长：×××
项目专业质量检查员：×××
××年×月×日</td></tr>
<tr><td colspan="3">监理单位验收结论</td><td colspan="5">合格
专业监理工程师：×××
××年×月×日</td></tr>
</table>

四、《混凝土灌注桩检验批质量验收记录》填写范例

混凝土灌注桩检验批质量验收记录

01020802 002

单位(子单位)工程名称	××大厦	分部(子分部)工程名称	地基与基础/基础	分项工程名称	泥浆护壁成孔灌注桩基础
施工单位	××建筑有限公司	项目负责人	×××	检验批容量	30根
分包单位	—	分包单位项目负责人	—	检验批部位	1~7/A~C轴桩基
施工依据	《建筑桩基技术规范》JGJ 94—2008		验收依据	《建筑地基基础工程施工质量验收规范》GB 50202—2002	

验收项目				设计要求及规范规定	最小/实际抽样数量	检查记录	检查结果
主控项目	1	桩位		见GB 50202表5.1.4	全/30	共30处,全部检查,合格30处	√
	2	孔深(mm)		+300	全/30	共30处,全部检查,合格30处	√
	3	桩体质量检验		设计要求	—	检验合格,资料齐全。	√
	4	混凝土强度		设计要求C 30	—	试验合格,报告编号××××	√
	5	承载力		设计要求	—	检验合格,资料齐全,报告编号××××	√
一般项目	1	垂直度		见GB 50202表5.1.4	全/30	共30处,全部检查,合格30处	100%
	2	桩径		见GB 50202表5.1.4	全/30	共30处,全部检查,合格30处	100%
	3	泥浆比重(黏土或砂性土中)		1.15~1.20	全/30	共30处,全部检查,合格30处	100%
	4	泥浆面标高(高于地下水位)(m)		0.5~1.0	全/30	共30处,全部检查,合格30处	100%
	5	沉渣厚度	端承桩(mm)	≤50	全/30	共30处,全部检查,合格30处	100%
			摩擦桩(mm)	≤150	—	—	—
	6	混凝土坍落度	水下灌注(mm)	160~220	全/30	共30处,全部检查,合格30处	100%
			干施工(mm)	70~100	—	—	—
	7	钢筋笼安装深度(mm)		±100	全/30	共30处,全部检查,合格30处	100%
	8	混凝土充盈系数		>1	全/30	共30处,全部检查,合格30处	100%
	9	桩顶标高(mm)		+30,−50	全/30	共30处,全部检查,合格30处	100%
施工单位检查结果	符合要求 专业工长:××× 项目专业质量检查员:××× ××年×月×日						
监理单位验收结论	合格 专业监理工程师:××× ××年×月×日						

五、《钢桩（成品）检验批质量验收记录》填写范例

钢桩（成品）检验批质量验收记录

01021201 001

单位（子单位）工程名称	××大厦	分部（子分部）工程名称	地基与基础/基础	分项工程名称	钢桩基础
施工单位	××建筑有限公司	项目负责人	×××	检验批容量	100 根
分包单位	—	分包单位项目负责人	—	检验批部位	1～7/A～C 轴桩基
施工依据	《建筑桩基技术规范》JGJ 94—2008		验收依据	《建筑地基基础工程施工质量验收规范》GB 50202—2002	

验收项目				设计要求及规范规定	最小/实际抽样数量	检查记录	检查结果
主控项目	1	钢桩外径或断面尺寸	桩端	±0.5%D	全/100	共100根，全部检查，合格100根	√
主控项目	1	钢桩外径或断面尺寸	桩身	±1D	全/100	共100根，全部检查，合格100根	√
主控项目	2	矢高		<1/1000L	全/100	共100根，全部检查，合格100根	√
主控项目							
主控项目							
一般项目	1	长度（mm）		+10	20/20	抽查20根，合格20根	100%
一般项目	2	端部平整度（mm）		≤2	20/20	抽查20根，合格20根	100%
一般项目	3	H钢桩的方正度	h>300mm	$T+T' \leqslant 8$	20/20	抽查20根，合格20根	100%
一般项目	3	H钢桩的方正度	h<300mm	$T+T' \leqslant 6$	—	—	—
一般项目	4	端部平面与桩中心线的倾斜值（mm）		≤2	20/20	抽查20根，合格20根	100%
一般项目							
一般项目							
施工单位检查结果	符合要求 专业工长：××× 项目专业质量检查员：××× ××年×月×日						
监理单位验收结论	合格 专业监理工程师：××× ××年×月×日						

六、《钢桩检验批质量验收记录》填写范例

钢桩检验批质量验收记录

01021202 001

单位(子单位)工程名称	××大厦	分部(子分部)工程名称	地基与基础/基础	分项工程名称	钢桩基础
施工单位	××建筑有限公司	项目负责人	×××	检验批容量	100根
分包单位	—	分包单位项目负责人	—	检验批部位	1~7/A~C轴桩基
施工依据	《建筑桩基技术规范》JGJ 94—2008		验收依据	《建筑地基基础工程施工质量验收规范》GB 50202—2002	

验收项目					设计要求及规范规定	最小/实际抽样数量	检查记录	检查结果
主控项目	1	桩位偏差			见GB 50202表5.1.3	全/100	共100根,全部检查,合格100根	√
	2	承载力			设计要求	—	试验合格,报告编号××××	√
一般项目	1	电焊接桩焊缝	(1)上下节端部错口	(外径≥700mm)(mm)	≤3	20/20	抽查20根,合格20根	100%
				(外径<700mm)(mm)	≤2	—	—	—
			(2)焊缝咬边深度(mm)		≤0.5	20/20	抽查20根,合格20根	100%
			(3)焊缝加强层高度(mm)		2	20/20	抽查20根,合格20根	100%
			(4)焊加强层宽度(mm)		2	20/20	抽查20根,合格20根	100%
			(5)焊缝电焊质量外观		无气孔,无焊瘤,无裂缝	20/20	抽查20根,合格20根	100%
			(6)焊缝探伤检验		满足设计要求	—	试验合格,报告编号××××	√
	2	电焊结束后停歇时间(min)			>1.0	20/20	抽查20根,合格20根	100%
	3	节点弯曲矢高			<1/1000L	20/20	抽查20根,合格20根	100%
	4	桩顶标高(mm)			±50	20/20	抽查20根,合格20根	100%
	5	停锤标准			设计要求	—	检验合格,施工记录编号××××	√

施工单位检查结果	符合要求 专业工长:××× 项目专业质量检查员:××× ××年×月×日
监理单位验收结论	合格 专业监理工程师:××× ××年×月×日

七、《锚杆静压桩检验批质量验收记录》填写范例

锚杆静压桩基础检验批质量验收记录

01021301　001

单位(子单位)工程名称	××大厦		分部(子分部)工程名称	地基与基础/基础	分项工程名称	锚杆静压桩基础
施工单位	××建筑有限公司		项目负责人	×××	检验批容量	100根
分包单位	—		分包单位项目负责人	—	检验批部位	1～7/A～C轴桩基
施工依据	《建筑桩基技术规范》JGJ 94—2008			验收依据	《建筑地基基础工程施工质量验收规范》GB 50202—2002	
验收项目			设计要求及规范规定	最小/实际抽样数量	检查记录	检查结果
主控项目	1	桩体质量检验	设计要求	—	检验合格，报告编号×××	√
	2	桩位偏差	见GB 50202表5.1.3	全/100	共100根，全部检查，合格100根	√
	3	承载力	设计要求	—	检验合格，报告编号×××	√
一般项目	1	成品桩质量： 外观 外形尺寸 强度	表面平整，颜色均匀，掉角深度＜10mm，蜂窝面积小于总面积0.5%见GB 50202表5.4.5	20/20	抽查20根，合格20根	100%
	2	硫黄胶泥质量(半成品)	设计要求	—	质量证明文件齐全，通过进场验收	√
	3	电焊接桩焊缝质量	5.5.4－2	—	试验合格，报告编号×××	√
	4	电焊接桩，电焊结束后停歇时间	＞1.0min	20/20	检查施工记录，抽查20根，合格20根	100%
	5	硫黄胶泥接桩，胶泥浇注时间	＜2min	—	—	—
	6	硫黄胶泥接桩，浇注后停歇时间	＞7min	—	—	—
	7	电焊条质量	设计要求	—	质量证明文件齐全，通过进场验收	√
	8	压桩压力(设计有要求时)	±5%	—	—	—
	9	接桩时上下节平面偏差(mm)	＜10且＜1/1000L	20/20	抽查20根，合格20根	100%
	10	接桩时节点弯曲矢高(mm)	＜10且＜1/1000L	20/20	抽查20根，合格20根	100%
	11	桩顶标高	±50mm	20/20	抽查20根，合格20根	100%
施工单位检查结果	符合要求 专业工长：××× 项目专业质量检查员：××× ××年×月×日					
监理单位验收结论	合格 专业监理工程师：××× ××年×月×日					

八、《沉井与沉箱基础检验批质量验收记录》填写范例

沉井与沉箱基础检验批质量验收记录

01021501 001

单位(子单位)工程名称	××大厦	分部(子分部)工程名称	地基与基础/基础	分项工程名称	沉井与沉箱基础
施工单位	××建筑有限公司	项目负责人	×××	检验批容量	1件
分包单位	—	分包单位项目负责人	—	检验批部位	沉井
施工依据	《高层建筑筏形与箱形基础技术规范》JGJ 6—2011		验收依据	《建筑地基基础工程施工质量验收规范》GB 50202—2002	

验收项目				设计要求及规范规定	最小/实际抽样数量	检查记录	检查结果
主控项目	1	混凝土强度		设计要求C=30	—	检验合格,报告编号×××	√
	2	封底前,沉井(箱)的下沉稳定		<10mm/8h	全/1	检查1件,合格1件	√
	3	封底结束后的位置	刃脚平均标高(与设计标高比)	<100mm	全/1	检查1件,合格1件	√
			刃脚平面中心线位移	<1%H(H=8000mm)	全/1	检查1件,合格1件	√
			四角中任何两角的底面高差	<1%L(L=7000mm)	全/1	检查1件,合格1件	√
一般项目	1	钢材、对接钢筋、水泥、骨料等原材料检查		设计要求	—	质量证明文件齐全,试验合格,报告编号××××	√
	2	结构体外观		无裂缝、无风窝、空洞,不露筋	—	质量证明文件齐全,通过进场验收	√
	3	平面尺寸	长与宽	±0.5%	全/1	检查1件,合格1件	100%
			曲线部分半径	±0.5%	全/1	检查1件,合格1件	100%
			两对角线差	1.0%	全/1	检查1件,合格1件	100%
			预埋件	20mm	全/1	检查1件,合格1件	100%
	4	下沉过程中的偏差	高差	1.5%~2.0%	全/1	检查1件,合格1件	100%
			平面轴线	<1.5%H(H=8000mm)	全/1	检查1件,合格1件	100%
	5	封底混凝土坍落度		18~22cm	—	抽查一次,坍落度合格	√
施工单位检查结果	符合要求 专业工长:××× 项目专业质量检查员:××× ××年×月×日						
监理单位验收结论	合格 专业监理工程师:××× ××年×月×日						

第三节　基坑支护工程检验批质量验收记录

一、《重复使用钢板桩围护墙检验批质量验收记录》填写范例

重复使用钢板桩围护墙检验批质量验收记录

01030201 001

单位(子单位)工程名称	××大厦	分部(子分部)工程名称	地基与基础/基坑支护	分项工程名称	板桩围护墙
施工单位	××建筑有限公司	项目负责人	×××	检验批容量	180根
分包单位	—	分包单位项目负责人	—	检验批部位	1～7轴局部基槽边坡
施工依据	《建筑桩基技术规范》JGJ 94—2008		验收依据	《建筑地基基础工程施工质量验收规范》GB 50202—2002	

验收项目			设计要求及规范规定	最小/实际抽样数量	检查记录	检查结果
主控项目	1	桩垂直度	$<1\%L$（$L=\underline{8000}$mm）	36/36	抽查36根，合格36根	√
	2	桩身弯曲度	$<2\%L$（$L=\underline{8000}$mm）	36/36	抽查36根，合格36根	√
	3	齿槽平直度及光滑度	无电焊渣或毛刺	36/36	抽查36根，合格36根	√
	4	桩长度	不小于设计长度（$D=\underline{360}$mm）	36/36	抽查36根，合格36根	√
施工单位检查结果	符合要求 专业工长：××× 项目专业质量检查员：××× ××年×月×日					
监理单位验收结论	合格 专业监理工程师：××× ××年×月×日					

二、《混凝土板桩围护墙检验批质量验收记录》填写范例

混凝土板桩围护墙检验批质量验收记录

01030202 001

单位(子单位)工程名称	××大厦	分部(子分部)工程名称	地基与基础/基坑支护	分项工程名称	板桩围护墙
施工单位	××建筑有限公司	项目负责人	×××	检验批容量	180根
分包单位	—	分包单位项目负责人	—	检验批部位	1～7轴局部基槽边坡
施工依据	《建筑桩基技术规范》JGJ 94—2008		验收依据	《建筑地基基础工程施工质量验收规范》GB 50202—2002	

验收项目			设计要求及规范规定	最小/实际抽样数量	检查记录	检查结果
主控项目	1	桩长度	+10mm −0mm	36/36	抽查36根,合格36根	√
	2	桩身弯曲度	$\leq$0.1%Lmm (L=12000mm)	36/36	抽查36根,合格36根	√
一般项目	1	保护层厚度	±5mm	36/36	抽查36根,合格35根	97.2%
	2	横截面相对两面之差	5mm	36/36	抽查36根,合格36根	100%
	3	桩尖对桩轴线的位移	10mm	36/36	抽查36根,合格36根	100%
	4	桩厚度	+10mm,0mm	36/36	抽查36根,合格35根	97.2%
	5	凹凸槽尺寸	±3mm	36/36	抽查36根,合格35根	97.2%

施工单位检查结果	符合要求 专业工长:××× 项目专业质量检查员:××× ××年×月×日
监理单位验收结论	合格 专业监理工程师:××× ××年×月×日

三、《土钉墙检验批质量验收记录》填写范例

土钉墙检验批质量验收记录

01030501 001

单位(子单位)工程名称	××大厦	分部(子分部)工程名称	地基与基础/基坑支护	分项工程名称	土钉墙
施工单位	××建筑有限公司	项目负责人	×××	检验批容量	200 根
分包单位	—	分包单位项目负责人	—	检验批部位	1～3/A～C 土钉墙
施工依据	《建筑地基处理技术规范》JGJ 79—2012		验收依据	《建筑地基基础工程施工质量验收规范》GB 50202—2002	

验收项目			设计要求及规范规定	最小/实际抽样数量	检查记录	检查结果
主控项目	1	锚杆土钉长度	±30mm	40/40	抽查 40 处,合格 40 处	√
	2	锚杆锁定力	设计要求	40/	全数检查,锚杆锁定力大于设计值	√
一般项目	1	锚杆或土钉位置	±100mm	40/40	抽查 40 处,合格 40 处	100%
	2	钻孔倾斜度	±1°	40/40	抽查 40 处,合格 40 处	100%
	3	浆体强度	设计要求 C 25	—	检验合格,报告编号×××	√
	4	注浆量	>1	全/200	共 200 处,全部检查,合格 200 处	100%
	5	土钉墙面厚度	±10mm	40/12	抽查 12 处,合格 12 处	100%
	6	墙体强度	设计要求 C 25	—	检验合格,报告编号×××	√

施工单位检查结果	符合要求 专业工长:××× 项目专业质量检查员:××× ××年×月×日
监理单位验收结论	合格 专业监理工程师:××× ××年×月×日

四、《地下连续墙结构防水检验批质量验收记录》填写范例

地下连续墙检验批质量验收记录表

01030601 001

单位(子单位)工程名称	××大厦	分部(子分部)工程名称	地基与基础/基坑支护	分项工程名称	地下连续墙
施工单位	××建筑有限公司	项目负责人	×××	检验批容量	60m²
分包单位	—	分包单位项目负责人	—	检验批部位	1～3/A～C地下连续墙
施工依据	《混凝土结构工程施工规范》GB 50666—2011		验收依据	《建筑地基基础工程施工质量验收规范》GB 50202—2002	

验收项目				设计要求及规范规定	最小/实际抽样数量	检查记录	检查结果
主控项目	1	墙体强度		设计要求 C30	全/全	检测合格,试验报告编号××××	√
	2	垂直度	永久结构	L/300	全/12	共 12 处,全部检查,合格 12 处	√
			临时结构	L/150	全/	—	—
一般项目	1	导墙尺寸	宽度	W+40mm (W=200mm)	—20	抽查 20 处,合格 20 处	100%
			墙面平整度	<5mm	—20	抽查 20 处,合格 20 处	100%
			导墙平面位置	±10mm	—20	抽查 20 处,合格 20 处	100%
	2	沉渣厚度	永久结构	≤100mm	—20	抽查 20 处,合格 20 处	100%
			临时结构	≤200mm	—	—	
	3	槽深		+100mm	—12	抽查 12 处,合格 12 处	100%
	4	混凝土坍落度		180～220mm	—10	抽查 10 处,合格 10 处	100%
	5	钢筋笼尺寸		见验收表(Ⅰ)(010405)	—	—	—
	6	地下墙表面平整度	永久结构	<100mm	—12	抽查 12 处,合格 12 处	100%
			临时结构	<150mm	—	—	—
			插入式结构	<20mm	—	—	—
	7	永久结构时的预埋件位置	水平向	≤10mm	—	—	—
			垂直向	≤20mm	—	—	—

施工单位检查结果	符合要求 专业工长:××× 项目专业质量检查员:××× ××年×月×日
监理单位验收结论	合格 专业监理工程师:××× ××年×月×日

五、《钢或混凝土支撑系统检验批质量验收记录》填写范例

钢或混凝土支撑系统检验批质量验收记录

01030801 001

<table>
<tr><td colspan="3">单位(子单位)工程名称</td><td>××大厦</td><td>分部(子分部)工程名称</td><td>地基与基础/基坑支护</td><td>分项工程名称</td><td>内支撑</td></tr>
<tr><td colspan="3">施工单位</td><td>××建筑有限公司</td><td>项目负责人</td><td>×××</td><td>检验批容量</td><td>60个</td></tr>
<tr><td colspan="3">分包单位</td><td>—</td><td>分包单位项目负责人</td><td>—</td><td>检验批部位</td><td>1~7/A~C轴混凝土支撑</td></tr>
<tr><td colspan="3">施工依据</td><td colspan="2">钢支撑系统施工方案</td><td>验收依据</td><td colspan="2">《建筑地基基础工程施工质量验收规范》GB 50202—2002</td></tr>
<tr><td colspan="4">验收项目</td><td>设计要求及规范规定</td><td>最小/实际抽样数量</td><td>检查记录</td><td>检查结果</td></tr>
<tr><td rowspan="3">主控项目</td><td rowspan="2">1</td><td rowspan="2">支撑位置</td><td>标高</td><td>±30mm</td><td>12/12</td><td>抽查12处,合格12处</td><td>√</td></tr>
<tr><td>平面</td><td>±100mm</td><td>12/12</td><td>抽查12处,合格12处</td><td>√</td></tr>
<tr><td>2</td><td colspan="2">预加顶力</td><td>±50kN</td><td>12/12</td><td>抽查12处,合格12处</td><td>√</td></tr>
<tr><td rowspan="6">一般项目</td><td>1</td><td colspan="2">围囹标高</td><td>±30mm</td><td>12/12</td><td>抽查12处,合格12处</td><td>100%</td></tr>
<tr><td>2</td><td colspan="2">立柱桩</td><td>设计要求</td><td>12/12</td><td>抽查12处,合格12处</td><td>100%</td></tr>
<tr><td rowspan="2">3</td><td rowspan="2">立柱位置</td><td>标高</td><td>±50mm</td><td rowspan="2">12/12</td><td rowspan="2">抽查12处,合格12处</td><td rowspan="2">100%</td></tr>
<tr><td>平面</td><td>±30mm</td></tr>
<tr><td>4</td><td colspan="2">开挖超深(开槽放支撑不在此范围)</td><td><200mm</td><td>12/12</td><td>抽查12处,合格12处</td><td>100%</td></tr>
<tr><td>5</td><td colspan="2">支撑安装时间</td><td>设计要求</td><td>—</td><td>用钟表估测,符合设计要求</td><td>√</td></tr>
<tr><td colspan="3">施工单位检查结果</td><td colspan="5">符合要求
专业工长:×××
项目专业质量检查员:×××
××年×月×日</td></tr>
<tr><td colspan="3">监理单位验收结论</td><td colspan="5">合格
专业监理工程师:×××
××年×月×日</td></tr>
</table>

六、《锚杆检验批质量验收记录》填写范例

锚杆检验批质量验收记录

01030901 001

单位(子单位)工程名称		××大厦	分部(子分部)工程名称	地基与基础/基坑支护	分项工程名称	锚杆	
施工单位		××建筑有限公司	项目负责人	×××	检验批容量	200根	
分包单位		—	分包单位项目负责人	—	检验批部位	1～3/A～C土钉墙	
施工依据		《建筑地基处理技术规范》JGJ 79—2012		验收依据	《建筑地基基础工程施工质量验收规范》GB 50202—2002		
验收项目			设计要求及规范规定	最小/实际抽样数量	检查记录		检查结果
主控项目	1	锚杆土钉长度	±30mm	40/40	抽查40根,合格40根		√
	2	锚杆锁定力	设计要求	—	全数检查,锚杆锁定力大于设计值		√
一般项目	1	锚杆或土钉位置	±100mm	40/40	抽查40处,合格40处		100%
	2	钻孔倾斜度	±1°	40/40	抽查40处,合格40处		100%
	3	浆体强度	设计要求C30	—	检验合格,报告编号××××		√
	4	注浆量	>1	全/200	共200处,全部检查,合格199处		99.5%
	5	土钉墙面厚度	±10mm	12/12	抽查12处,合格12处		100%
	6	墙体强度	设计要求C30	—	检验合格,报告编号××××		√
施工单位检查结果	符合要求 专业工长:××× 项目专业质量检查员:××× ××年×月×日						
监理单位验收结论	合格 专业监理工程师:××× ××年×月×日						

第四节 地下水控制及土方工程检验批质量验收记录

一、《降水与排水检验批质量验收记录》填写范例

降水与排水检验批质量验收记录

01040101 001

单位(子单位)工程名称	××大厦	分部(子分部)工程名称	地基与基础/地下水控制	分项工程名称	降水与排水
施工单位	××建筑有限公司	项目负责人	×××	检验批容量	10个
分包单位	—	分包单位项目负责人	—	检验批部位	基坑降水
施工依据	基坑降排水施工方案		验收依据	《建筑地基基础工程施工质量验收规范》GB 50202—2002	

验收项目				设计要求及规范规定	最小/实际抽样数量	检查记录	检查结果
一般项目	1	排水沟坡度		1‰～2‰	2/2	抽查2处，合格2处	100%
	2	井管(点)垂直度		1%	2/2	抽查2处，合格2处	100%
	3	井管(点)间距(与设计相比)		≤150%	2/2	抽查2处，合格2处	100%
	4	井管(点)插入深度(与设计相比)		≤200mm	2/2	抽查2处，合格2处	100%
	5	过滤砂砾料填灌(与计算值相比)		≤5mm	2/2	抽查2处，合格2处	100%
	6	井点真空度	轻型井点	＞60kPa	2/2	抽查2处，合格2处	100%
	7		喷射井点	＞93kPa	—	—	
	8	电渗井点阴阳极距离	轻型井点	80～100mm	2/2	抽查2处，合格2处	100%
	9		喷射井点	120～150mm	—	—	—
施工单位检查结果	符合要求 专业工长：××× 项目专业质量检查员：××× ××年×月×日						
监理单位验收结论	合格 专业监理工程师：××× ××年×月×日						

二、《土方开挖工程检验批质量验收记录》填写范例

土方开挖工程检验批质量验收记录

01050101 001

单位(子单位)工程名称	××大厦	分部(子分部)工程名称	地基与基础/土方	分项工程名称	土方开挖
施工单位	××建筑有限公司	项目负责人	×××	检验批容量	$1600m^2$
分包单位	—	分包单位项目负责人	—	检验批部位	1～7/A～C轴土方
施工依据	土方开挖施工方案		验收依据	《建筑地基基础工程施工质量验收规范》GB 50202—2002	

验收项目			设计要求及规范规定			最小/实际抽样数量	检查记录	检查结果
主控项目	1	标高	桩基基坑基槽		−50	10/10	抽查10处,合格10处	√
			场地平整	人工	±30	—	—	—
				机械	±50	—	—	—
			管沟		−50	—	—	—
			地(路)面基础层		−50	—	—	—
	2	长度、宽度(由设计中心线向两边量)	桩基基坑基槽		+200 −50	15/15	抽查15处,合格15处	√
			场地平整	人工	+300 −100	—	—	—
				机械	+500 −150	—	—	—
			管沟		+100	—	—	—
	3	边坡	设计要求			17/17	抽查17处,合格17处	√
一般项目	1	表面平整度	桩基基坑基槽		20	10/10	抽查10处,合格10处	100%
			场地平整	人工	20	—	—	—
				机械	50	—	—	—
			管沟		20	—	—	—
			地(路)面基础层		20	—	—	—
	2	基底土性	设计要求			—	土性为软黏土,符合设计要求	√
施工单位检查结果	符合要求 专业工长:××× 项目专业质量检查员:××× ××年×月×日							
监理单位验收结论	合格 专业监理工程师:××× ××年×月×日							

三、《土方回填工程检验批质量验收记录》填写范例

土方回填工程检验批质量验收记录

01050201 001

<table>
<tr><td>单位(子单位)工程名称</td><td colspan="4">××大厦</td><td>分部(子分部)工程名称</td><td>地基与基础/土方</td><td>分项工程名称</td><td colspan="2">土方回填</td></tr>
<tr><td>施工单位</td><td colspan="4">××建筑有限公司</td><td>项目负责人</td><td>×××</td><td>检验批容量</td><td colspan="2">$50m^2$</td></tr>
<tr><td>分包单位</td><td colspan="4">—</td><td>分包单位项目负责人</td><td>—</td><td>检验批部位</td><td colspan="2">1～7/A～C轴土方</td></tr>
<tr><td>施工依据</td><td colspan="5">《建筑地基处理技术规范》JGJ 79—2012</td><td>验收依据</td><td colspan="3">《建筑地基基础工程施工质量验收规范》GB 50202—2002</td></tr>
<tr><td colspan="3">验收项目</td><td colspan="3">设计要求及规范规定</td><td>最小/实际抽样数量</td><td colspan="2">检查记录</td><td>检查结果</td></tr>
<tr><td rowspan="6">主控项目</td><td rowspan="5">1</td><td rowspan="5">标高</td><td colspan="2">桩基基坑基槽</td><td>−50</td><td>10/10</td><td colspan="2">抽查10处，合格10处</td><td>√</td></tr>
<tr><td rowspan="2">场地平整</td><td>人工</td><td>±30</td><td>—</td><td colspan="2">—</td><td>—</td></tr>
<tr><td>机械</td><td>±50</td><td>—</td><td colspan="2">—</td><td>—</td></tr>
<tr><td colspan="2">管沟</td><td>−50</td><td>—</td><td colspan="2">—</td><td>—</td></tr>
<tr><td colspan="2">地(路)面基础层</td><td>−50</td><td>—</td><td colspan="2">—</td><td>—</td></tr>
<tr><td>2</td><td>分层压实系数</td><td colspan="3">设计要求</td><td>10/10</td><td colspan="2">抽查10处，合格10处</td><td>√</td></tr>
<tr><td rowspan="7">一般项目</td><td>1</td><td>回填土料</td><td colspan="3">设计要求</td><td>10/10</td><td colspan="2">抽查10处，合格10处</td><td>100%</td></tr>
<tr><td>2</td><td>分层厚度及含水量</td><td colspan="3">设计要求</td><td>10/10</td><td colspan="2">抽查10处，合格10处</td><td>100%</td></tr>
<tr><td rowspan="5">3</td><td rowspan="5">表面平整度</td><td colspan="2">桩基基坑基槽</td><td>20</td><td>10/10</td><td colspan="2">抽查10处，合格10处</td><td>100%</td></tr>
<tr><td rowspan="2">场地平整</td><td>人工</td><td>20</td><td>—</td><td colspan="2">—</td><td>—</td></tr>
<tr><td>机械</td><td>50</td><td>—</td><td colspan="2">—</td><td>—</td></tr>
<tr><td colspan="2">管沟</td><td>20</td><td>—</td><td colspan="2">—</td><td>—</td></tr>
<tr><td colspan="2">地(路)面基础层</td><td>20</td><td>—</td><td colspan="2">—</td><td>—</td></tr>
<tr><td>施工单位检查结果</td><td colspan="9">符合要求
专业工长：×××
项目专业质量检查员：×××
××年×月×日</td></tr>
<tr><td>监理单位验收结论</td><td colspan="9">合格
专业监理工程师：×××
××年×月×日</td></tr>
</table>

第五节　地下防水工程检验批质量验收记录

一、《防水混凝土检验批质量验收记录》填写范例

防水混凝土检验批质量验收记录

01070101 001

<table>
<tr><td>单位(子单位)工程名称</td><td colspan="3">××大厦</td><td>分部(子分部)工程名称</td><td>地基与基础/地下防水</td><td>分项工程名称</td><td colspan="2">主体结构防水</td></tr>
<tr><td>施工单位</td><td colspan="3">××建筑有限公司</td><td>项目负责人</td><td>×××</td><td>检验批容量</td><td colspan="2">600m³</td></tr>
<tr><td>分包单位</td><td colspan="3">—</td><td>分包单位项目负责人</td><td>—</td><td>检验批部位</td><td colspan="2">1～7/A～C轴地下室外墙</td></tr>
<tr><td>施工依据</td><td colspan="3">地下防水施工方案</td><td>验收依据</td><td colspan="4">《地下防水工程质量验收规范》GB 50208—2011</td></tr>
<tr><td colspan="3">验收项目</td><td colspan="2">设计要求及规范规定</td><td>最小/实际抽样数量</td><td colspan="2">检查记录</td><td>检查结果</td></tr>
<tr><td rowspan="3">主控项目</td><td>1</td><td>防水混凝土的原材料、配合比及坍落度</td><td colspan="2">第4.1.14条</td><td>—</td><td colspan="2">质量证明文件齐全，检验合格，报告编号××××</td><td>√</td></tr>
<tr><td>2</td><td>防水混凝土的抗压强度和抗渗性能</td><td colspan="2">第4.1.15条</td><td>—</td><td colspan="2">检验合格，报告编号××××</td><td>√</td></tr>
<tr><td>3</td><td>防水混凝土结构的变形缝、施工缝、后浇带、穿墙管、埋设件等设置和构造</td><td colspan="2">第4.1.16条</td><td>6/6</td><td colspan="2">抽查6处，合格6处</td><td>√</td></tr>
<tr><td rowspan="4">一般项目</td><td>1</td><td>防水混凝土结构表面应坚实、平整，不得有露筋、蜂窝等缺陷；埋设件位置应准确</td><td colspan="2">第4.1.17条</td><td>6/6</td><td colspan="2">抽查6处，合格6处</td><td>100%</td></tr>
<tr><td>2</td><td>防水混凝土结构表面的裂缝宽度</td><td colspan="2">≤0.2mm</td><td>6/6</td><td colspan="2">抽查6处，合格6处</td><td>100%</td></tr>
<tr><td rowspan="2">3</td><td>防水混凝土结构厚度不应小于250mm</td><td colspan="2">+8mm
−5mm</td><td>6/6</td><td colspan="2">抽查6处，合格6处</td><td>100%</td></tr>
<tr><td>主体结构迎水面钢筋保护层厚度不应小于50mm</td><td colspan="2">±5mm</td><td>6/6</td><td colspan="2">抽查6处，合格6处</td><td>100%</td></tr>
<tr><td>施工单位检查结果</td><td colspan="8">符合要求
专业工长：×××
项目专业质量检查员：×××
××年×月×日</td></tr>
<tr><td>监理单位验收结论</td><td colspan="8">合格
专业监理工程师：×××
××年×月×日</td></tr>
</table>

二、《水泥砂浆防水层检验批质量验收记录》填写范例

水泥砂浆防水层检验批质量验收记录

01070102 001

<table>
<tr><td colspan="2">单位(子单位)工程名称</td><td>××大厦</td><td>分部(子分部)工程名称</td><td>地基与基础/地下防水</td><td>分项工程名称</td><td colspan="2">水泥砂浆防水层</td></tr>
<tr><td colspan="2">施工单位</td><td>××建筑有限公司</td><td>项目负责人</td><td>×××</td><td>检验批容量</td><td colspan="2">200m²</td></tr>
<tr><td colspan="2">分包单位</td><td>—</td><td>分包单位项目负责人</td><td>—</td><td>检验批部位</td><td colspan="2">1～7轴地下室外墙</td></tr>
<tr><td colspan="2">施工依据</td><td colspan="2">地下防水施工方案</td><td>验收依据</td><td colspan="3">《地下防水工程质量验收规范》GB 50208—2011</td></tr>
<tr><td colspan="3">验收项目</td><td>设计要求及规范规定</td><td>最小/实际抽样数量</td><td colspan="2">检查记录</td><td>检查结果</td></tr>
<tr><td rowspan="3">主控项目</td><td>1</td><td>防水砂浆的原材料及配合比</td><td>第4.2.7条</td><td>—</td><td colspan="2">质量证明文件齐全，检验合格，报告编号××××</td><td>√</td></tr>
<tr><td>2</td><td>防水砂浆的粘结强度和抗渗性能</td><td>第4.2.8条</td><td>—</td><td colspan="2">检验合格，报告编号××××</td><td>√</td></tr>
<tr><td>3</td><td>水泥砂浆防水层与基层之间应结合牢固，无空鼓现象</td><td>第4.2.9条</td><td>3/3</td><td colspan="2">抽查3处，合格3处</td><td>√</td></tr>
<tr><td rowspan="4">一般项目</td><td>1</td><td>水泥砂浆防水层表面应密实、平整，不得有裂纹、起砂、麻面等缺陷</td><td>第4.2.10条</td><td>3/3</td><td colspan="2">抽查3处，合格3处</td><td>100%</td></tr>
<tr><td>2</td><td>水泥砂浆防水层施工缝留槎位置应正确，接槎应按层次顺序操作，层层搭接紧密</td><td>第4.2.11条</td><td>3/3</td><td colspan="2">抽查3处，合格3处</td><td>100%</td></tr>
<tr><td>3</td><td>水泥砂浆防水层的平均厚度应符合设计要求</td><td>厚度≥设计值的85%</td><td>3/3</td><td colspan="2">抽查3处，合格3处</td><td>100%</td></tr>
<tr><td>4</td><td>水泥砂浆防水层表面平整度</td><td>5mm</td><td>3/3</td><td colspan="2">抽查3处，合格3处</td><td>100%</td></tr>
<tr><td colspan="2">施工单位检查结果</td><td colspan="6">符合要求
专业工长：×××
项目专业质量检查员：×××
××年×月×日</td></tr>
<tr><td colspan="2">监理单位验收结论</td><td colspan="6">合格
专业监理工程师：×××
××年×月×日</td></tr>
</table>

三、《卷材防水层检验批质量验收记录》填写范例

卷材防水层检验批质量验收记录

01070103 001

<table>
<tr><td colspan="2">单位(子单位)
工程名称</td><td>××大厦</td><td>分部(子分部)
工程名称</td><td>地基与基础
/地下防水</td><td>分项工程名称</td><td>卷材防水层</td></tr>
<tr><td colspan="2">施工单位</td><td>××建筑有限公司</td><td>项目负责人</td><td>×××</td><td>检验批容量</td><td>800m²</td></tr>
<tr><td colspan="2">分包单位</td><td>—</td><td>分包单位
项目负责人</td><td>—</td><td>检验批部位</td><td>1～7/A～C 轴
基础底板</td></tr>
<tr><td colspan="2">施工依据</td><td colspan="2">地下防水施工方案</td><td>验收依据</td><td colspan="2">《地下防水工程质量验收规范》
GB 50208—2011</td></tr>
<tr><td colspan="3">验收项目</td><td>设计要求及
规范规定</td><td>最小/实际
抽样数量</td><td>检查记录</td><td>检查
结果</td></tr>
<tr><td rowspan="2">主控项目</td><td>1</td><td>卷材防水层所用卷材及其配套材料</td><td>第 4.3.15 条</td><td>—</td><td>质量证明文件齐全，检验合格，报告编号××××</td><td>√</td></tr>
<tr><td>2</td><td>卷材防水层在转角处、变形缝、施工缝、穿墙管等部位做法</td><td>第 4.3.16 条</td><td>8/8</td><td>抽查 8 处，合格 8 处</td><td>√</td></tr>
<tr><td rowspan="4">一般项目</td><td>1</td><td>卷材防水层的搭接缝</td><td>第 4.3.17 条</td><td>8/8</td><td>抽查 8 处，合格 8 处</td><td>100%</td></tr>
<tr><td>2</td><td>采用外防外贴法铺贴卷材防水层时，立面卷材接槎的搭接宽度，且上层卷材应盖过下层卷材</td><td>第 4.3.18 条</td><td>8/8</td><td>抽查 8 处，合格 8 处</td><td>100%</td></tr>
<tr><td>3</td><td>侧墙卷材防水层的保护层</td><td>第 4.3.19 条</td><td>8/8</td><td>抽查 8 处，合格 8 处</td><td>100%</td></tr>
<tr><td>4</td><td>卷材搭接宽度</td><td>－10mm</td><td>8/8</td><td>抽查 8 处，合格 8 处</td><td>100%</td></tr>
<tr><td colspan="2">施工单位
检查结果</td><td colspan="5">符合要求
专业工长：×××
项目专业质量检查员：×××
××年×月×日</td></tr>
<tr><td colspan="2">监理单位
验收结论</td><td colspan="5">合格
专业监理工程师：×××
××年×月×日</td></tr>
</table>

四、《涂料防水层检验批质量验收记录》填写范例

涂料防水层检验批质量验收记录

01070104 001

<table>
<tr><td colspan="3">单位(子单位)
工程名称</td><td>××大厦</td><td>分部(子分部)
工程名称</td><td>地基与基础
/地下防水</td><td>分项工程名称</td><td colspan="2">涂料防水层</td></tr>
<tr><td colspan="3">施工单位</td><td>××建筑有限公司</td><td>项目负责人</td><td>×××</td><td>检验批容量</td><td colspan="2">$200m^2$</td></tr>
<tr><td colspan="3">分包单位</td><td>—</td><td>分包单位
项目负责人</td><td>—</td><td>检验批部位</td><td colspan="2">1～7 轴地下室外墙</td></tr>
<tr><td colspan="3">施工依据</td><td colspan="2">地下防水施工方案</td><td>验收依据</td><td colspan="3">《地下防水工程质量验收规范》GB 50208—2011</td></tr>
<tr><td colspan="4">验收项目</td><td>设计要求及
规范规定</td><td>最小/实际
抽样数量</td><td colspan="2">检查记录</td><td>检查
结果</td></tr>
<tr><td rowspan="3">主控项目</td><td>1</td><td colspan="2">涂料防水层所用的材料及配合比</td><td>第 4.4.7 条</td><td>—</td><td colspan="2">质量证明文件齐全，检验合格，报告编号××××</td><td>√</td></tr>
<tr><td>2</td><td colspan="2">涂料防水层的平均厚度应符合设计要求</td><td>≮90%</td><td>3/3</td><td colspan="2">抽查 3 处，合格 3 处</td><td>√</td></tr>
<tr><td>3</td><td colspan="2">涂料防水层在转角处、变形缝、施工缝、穿墙管等部位做法</td><td>第 4.4.9 条</td><td>3/3</td><td colspan="2">抽查 3 处，合格 3 处</td><td>√</td></tr>
<tr><td rowspan="3">一般项目</td><td>1</td><td colspan="2">涂料防水层应与基层粘结</td><td>第 4.4.10 条</td><td>3/3</td><td colspan="2">抽查 3 处，合格 3 处</td><td>100%</td></tr>
<tr><td>2</td><td colspan="2">涂层间夹铺胎体增强材料</td><td>第 4.4.11 条</td><td>3/3</td><td colspan="2">抽查 3 处，合格 3 处</td><td>100%</td></tr>
<tr><td>3</td><td colspan="2">侧墙涂料防水层的保护层</td><td>第 4.4.12 条</td><td>3/3</td><td colspan="2">抽查 3 处，合格 3 处</td><td>100%</td></tr>
<tr><td colspan="3">施工单位
检查结果</td><td colspan="6">符合要求
专业工长：×××
项目专业质量检查员：×××
××年×月×日</td></tr>
<tr><td colspan="3">监理单位
验收结论</td><td colspan="6">合格
专业监理工程师：×××
××年×月×日</td></tr>
</table>

五、《塑料防水板防水层检验批质量验收记录》填写范例

塑料防水板防水层检验批质量验收记录

01070105 001

<table>
<tr><td colspan="3">单位(子单位)
工程名称</td><td>××大厦</td><td>分部(子分部)
工程名称</td><td>地基与基础
/地下防水</td><td>分项工程名称</td><td colspan="2">塑料防水板
防水层</td></tr>
<tr><td colspan="3">施工单位</td><td>××建筑有限公司</td><td>项目负责人</td><td>×××</td><td>检验批容量</td><td colspan="2">300m²</td></tr>
<tr><td colspan="3">分包单位</td><td>—</td><td>分包单位
项目负责人</td><td>—</td><td>检验批部位</td><td colspan="2">1～7 轴外墙</td></tr>
<tr><td colspan="3">施工依据</td><td colspan="2">地下防水施工方案</td><td>验收依据</td><td colspan="3">《地下防水工程质量验收规范》
GB 50208—2011</td></tr>
<tr><td colspan="4">验 收 项 目</td><td>设计要求及
规范规定</td><td>最小/实际
抽样数量</td><td colspan="2">检 查 记 录</td><td>检查
结果</td></tr>
<tr><td rowspan="3">主控项目</td><td>1</td><td colspan="2">塑料防水板及其配套材料</td><td>第 4.5.8 条</td><td>—</td><td colspan="2">质量证明文件齐全，检验合格，报告编号××××</td><td>√</td></tr>
<tr><td>2</td><td colspan="2">塑料防水板的搭接缝必须采用双缝热熔焊接</td><td>第 4.5.9 条</td><td>3/3</td><td colspan="2">抽查 3 处，合格 3 处</td><td>√</td></tr>
<tr><td>3</td><td colspan="2">塑料防水板每条焊缝的有效宽度</td><td>≮10mm</td><td>35/40</td><td colspan="2">抽查 40 处，合格 40 处</td><td>√</td></tr>
<tr><td rowspan="4">一般项目</td><td>1</td><td colspan="2">塑料防水板应采用无钉孔铺设，其固定点的间距</td><td>第 4.5.10 条</td><td>3/3</td><td colspan="2">抽查 3 处，合格 3 处</td><td>100%</td></tr>
<tr><td>2</td><td colspan="2">塑料防水板与暗钉圈焊接</td><td>第 4.5.11 条</td><td>3/3</td><td colspan="2">抽查 3 处，合格 3 处</td><td>100%</td></tr>
<tr><td>3</td><td colspan="2">塑料防水板的铺设</td><td>第 4.5.12 条</td><td>3/3</td><td colspan="2">抽查 3 处，合格 3 处</td><td>100%</td></tr>
<tr><td>4</td><td colspan="2">塑料防水板搭接宽度</td><td>－10mm</td><td>3/3</td><td colspan="2">抽查 3 处，合格 3 处</td><td>100%</td></tr>
<tr><td colspan="3">施工单位
检查结果</td><td colspan="6">符合要求
专业工长：×××
项目专业质量检查员：×××
××年×月×日</td></tr>
<tr><td colspan="3">监理单位
验收结论</td><td colspan="6">合格
专业监理工程师：×××
××年×月×日</td></tr>
</table>

六、《金属板防水层检验批质量验收记录》填写范例

金属板防水层检验批质量验收记录

01070106 001

单位(子单位)工程名称			××大厦	分部(子分部)工程名称	地基与基础/地下防水	分项工程名称	金属板防水层
施工单位			××建筑有限公司	项目负责人	×××	检验批容量	$400m^2$
分包单位			—	分包单位项目负责人	—	检验批部位	1～7 轴外墙
施工依据			地下防水施工方案	验收依据	《地下防水工程质量验收规范》GB 50208—2011		
验收项目				设计要求及规范规定	最小/实际抽样数量	检查记录	检查结果
主控项目	1	金属板和焊接材料		第 4.6.6 条	—	质量证明文件齐全，检验合格，报告编号××××	√
主控项目	2	焊工应持有有效的执业资格证书		第 4.6.7 条	—	文件符合规定，资料齐全	√
一般项目	1	金属板表面不得有明显凹面和损伤		第 4.6.8 条	40/40	抽查 40 处，合格 40 处	100%
一般项目	2	焊缝质量		第 4.6.9 条	20/50	抽查 50 处，合格 50 处	100%
一般项目	3	焊缝的焊波和保护涂层		第 4.6.10 条	20/50	抽查 50 处，合格 50 处	100%
施工单位检查结果			符合要求 专业工长：××× 项目专业质量检查员：××× ××年×月×日				
监理单位验收结论			合格 专业监理工程师：××× ××年×月×日				

七、《膨润土防水材料防水层检验批质量验收记录》填写范例

膨润土防水材料防水层检验批质量验收记录

01070107 001

单位(子单位)工程名称		××大厦	分部(子分部)工程名称	地基与基础/地下防水	分项工程名称	膨润土防水材料防水层
施工单位		××建筑有限公司	项目负责人	×××	检验批容量	900m²
分包单位		—	分包单位项目负责人	—	检验批部位	1～7 轴外墙
施工依据		地下防水施工方案		验收依据	《地下防水工程质量验收规范》GB 50208—2011	
验收项目			设计要求及规范规定	最小/实际抽样数量	检查记录	检查结果
主控项目	1	膨润土防水材料	第 4.7.11 条	—	质量证明文件齐全，检验合格，报告编号××××	√
主控项目	2	膨润土防水材料防水层在转角处和变形缝、施工缝、后浇带、穿墙管等部位做法	第 4.7.12 条	9/9	抽查 9 处，合格 9 处	√
一般项目	1	膨润土防水毯的织布面或防水板的膨润土面朝向	第 4.7.13 条	9/9	抽查 9 处，合格 9 处	100%
一般项目	2	立面或斜面膨润土防水材料施工	第 4.7.14 条	9/9	抽查 9 处，合格 9 处	100%
一般项目	3	膨润土防水材料固定	第 4.7.5 条	9/9	抽查 9 处，合格 9 处	100%
一般项目	3	膨润土防水材料搭接	第 4.7.6 条	9/9	抽查 9 处，合格 9 处	100%
一般项目	3	膨润土防水材料收口	第 4.7.7 条	9/9	抽查 9 处，合格 9 处	100%
一般项目	4	膨润土防水材料搭接宽度	－10mm	9/9	抽查 9 处，合格 9 处	100%
施工单位检查结果		符合要求 专业工长：××× 项目专业质量检查员：××× ××年×月×日				
监理单位验收结论		合格 专业监理工程师：××× ××年×月×日				

八、《施工缝检验批质量验收记录》填写范例

施工缝检验批质量验收记录

01070201 001

单位(子单位)工程名称	××大厦	分部(子分部)工程名称	地基与基础/地下防水	分项工程名称	施工缝
施工单位	××建筑有限公司	项目负责人	×××	检验批容量	100m
分包单位	—	分包单位项目负责人	—	检验批部位	−3.2m水平施工缝
施工依据	地下防水施工方案		验收依据	《地下防水工程质量验收规范》GB 50208—2011	

验收项目			设计要求及规范规定	最小/实际抽样数量	检查记录	检查结果
主控项目	1	施工缝防水密封材料种类及质量	第5.1.1条	—	质量证明文件齐全，检验合格，报告编号××××	√
主控项目	2	施工缝防水构造	第5.1.2条	全/全	全部检查，符合设计要求	√
一般项目	1	墙体水平施工缝位置	第5.1.3条	全/全	全部检查，符合设计要求	√
一般项目	1	拱、板与墙结合的水平施工缝位置	第5.1.3条	—	—	—
一般项目	1	垂直施工缝位置	第5.1.3条	—	—	—
一般项目	2	在施工缝处继续浇筑混凝土时，已浇筑的混凝土抗压强度不应小于1.2MPa	第5.1.4条	全/全	全部检查，符合施工技术方案	√
一般项目	3	水平施工缝界面处理	第5.1.5条	全/全	全部检查，符合施工技术方案	√
一般项目	4	垂直施工缝浇筑界面处理	第5.1.6条	—	—	—
一般项目	5	中埋式止水带及外贴式止水带埋设	第5.1.7条	全/全	全部检查，符合设计要求	√
一般项目	6	遇水膨胀止水带应具有膨胀性能	第5.1.8条	—	—	—
一般项目	6	止水条埋设	第5.1.8条	—	—	—
一般项目	7	遇水膨胀止水胶施工	第5.1.9条	—	—	—
一般项目	8	预埋式注浆管设置	第5.1.10条	—	—	—

施工单位检查结果	符合要求 专业工长：××× 项目专业质量检查员：××× ××年×月×日
监理单位验收结论	合格 专业监理工程师：××× ××年×月×日

九、《变形缝检验批质量验收记录》填写范例

变形缝检验批质量验收记录

04050501001

<table>
<tr><td>单位(子单位)工程名称</td><td colspan="2">××大厦</td><td>分部(子分部)工程名称</td><td>屋面/细部构造</td><td>分项工程名称</td><td>变形缝</td></tr>
<tr><td>施工单位</td><td colspan="2">××建筑有限公司</td><td>项目负责人</td><td>×××</td><td>检验批容量</td><td>10处</td></tr>
<tr><td>分包单位</td><td colspan="2">/</td><td>分包单位项目负责人</td><td>/</td><td>检验批部位</td><td>1～4/A～D轴屋面</td></tr>
<tr><td>施工依据</td><td colspan="3">《屋面工程技术规范》GB 50345—2012</td><td>验收依据</td><td colspan="2">《屋面工程质量验收规范》GB 50207—2012</td></tr>
<tr><td colspan="3">验收项目</td><td>设计要求及规范规定</td><td>最小/实际抽样数量</td><td>检查记录</td><td>检查结果</td></tr>
<tr><td rowspan="2">主控项目</td><td>1</td><td>变形缝的防水构造</td><td>设计要求</td><td>全/10</td><td>共10处,全部检查,合格10处</td><td>√</td></tr>
<tr><td>2</td><td>不得有渗漏和积水现象</td><td>第8.6.2条</td><td>全/10</td><td>共10处,全部检查,合格10处</td><td>√</td></tr>
<tr><td rowspan="4">一般项目</td><td>1</td><td>泛水高度及附加层铺设</td><td>设计要求</td><td>全/10</td><td>共10处,全部检查,合格10处</td><td>100%</td></tr>
<tr><td>2</td><td>防水层应铺贴或涂刷至泛水墙的顶部</td><td>第8.6.4条</td><td>全/10</td><td>共10处,全部检查,合格10处</td><td>100%</td></tr>
<tr><td>3</td><td>变形缝顶部应加扣混凝土或金属盖板</td><td>第8.6.5条</td><td>全/10</td><td>共10处,全部检查,合格10处</td><td>100%</td></tr>
<tr><td>4</td><td>金属压条钉压固定,并用密封材料封严</td><td>第8.6.6条</td><td>全/10</td><td>共10处,全部检查,合格10处</td><td>100%</td></tr>
<tr><td>施工单位检查结果</td><td colspan="6">符合要求
专业工长:×××
项目专业质量检查员:×××
××年×月×日</td></tr>
<tr><td>监理单位验收结论</td><td colspan="6">合格
专业监理工程师:×××
××年×月×日</td></tr>
</table>

十、《后浇带检验批质量验收记录》填写范例

后浇带检验批质量验收记录

01070203 001

单位（子单位）工程名称	××大厦	分部（子分部）工程名称	地基与基础/地下防水	分项工程名称	后浇带
施工单位	××建筑有限公司	项目负责人	×××	检验批容量	3处
分包单位	—	分包单位项目负责人	—	检验批部位	1～7轴地下室北侧外墙
施工依据	地下防水施工方案		验收依据	《地下防水工程质量验收规范》GB 50208—2011	

验收项目			设计要求及规范规定	最小/实际抽样数量	检查记录	检查结果
主控项目	1	后浇带用遇水膨胀止水条或止水胶、预埋注浆管、外贴式止水带	第5.3.1条	—	质量证明文件齐全，检验合格，报告编号××××	√
	2	补偿收缩混凝土的原材料及配合比	第5.3.2条	—	质量证明文件齐全，检验合格，报告编号××××	√
	3	后浇带防水构造	第5.3.3条	全/3	共3处，全部检查，合格3处	√
	4	采用掺膨胀剂的补偿收缩混凝土，其抗压强度、抗渗性能和限制膨胀率	第5.3.4条	—	检验合格，报告编号××××	√
一般项目	1	补偿收缩混凝土浇筑前，后浇带部位和外贴式止水带应采取保护措施	第5.3.5条	全/3	共3处，全部检查，合格3处	100%
	2	后浇带两侧的接缝表面应先清理干净，再涂刷混凝土界面处理剂或水泥基渗透结晶型防水涂料	第5.3.6条	全/3	共3处，全部检查，合格3处	100%
		后浇混凝土的浇筑时间应符合设计要求	第5.3.6条	全/3	共3处，全部检查，合格3处	100%
	3	遇水膨胀止水条应具有缓膨胀性能	第5.1.8条	全/3	共3处，全部检查，合格3处	100%
		止水条埋设位置、方法	第5.1.8条	全/3	共3处，全部检查，合格3处	100%
		止水条采用搭接连接时，搭接宽度	不得小于30mm	全/3	共3处，全部检查，合格3处	100%
	4	遇水膨胀止水胶施工	第5.1.9条	全/3	共3处，全部检查，合格3处	100%
	5	预埋式注浆管设置	第5.1.10条	—	—	—
	6	外贴式止水带在变形缝与施工缝相交部位和变形缝转角部位设置	第5.2.6条	—	—	—
		外贴式止水带埋设位置和敷设	第5.2.6条	—	—	—
	7	后浇带混凝土应一次浇筑，不得留施工缝	第5.3.8条	—	—	—
		混凝土浇筑后应及时养护，养护时间不得少于28d	第5.3.8条	全/3	共3处，全部检查，合格3处	100%

施工单位检查结果	符合要求 专业工长：××× 项目专业质量检查员：××× ××年×月×日
监理单位验收结论	合格 专业监理工程师：××× ××年×月×日

十一、《穿墙管检验批质量验收记录》填写范例

穿墙管检验批质量验收记录

01070204 001

<table>
<tr><td colspan="2">单位(子单位)工程名称</td><td>××大厦</td><td>分部(子分部)工程名称</td><td>地基与基础/地下防水</td><td>分项工程名称</td><td colspan="2">穿墙管</td></tr>
<tr><td colspan="2">施工单位</td><td>××建筑有限公司</td><td>项目负责人</td><td>×××</td><td>检验批容量</td><td colspan="2">6处</td></tr>
<tr><td colspan="2">分包单位</td><td>—</td><td>分包单位项目负责人</td><td>—</td><td>检验批部位</td><td colspan="2">1~7轴地下室外墙</td></tr>
<tr><td colspan="2">施工依据</td><td colspan="2">地下防水施工方案</td><td>验收依据</td><td colspan="3">《地下防水工程质量验收规范》GB 50208—2011</td></tr>
<tr><td colspan="3">验收项目</td><td>设计要求及规范规定</td><td>最小/实际抽样数量</td><td colspan="2">检查记录</td><td>检查结果</td></tr>
<tr><td rowspan="2">主控项目</td><td>1</td><td>穿墙管用遇水膨胀止水条和密封材料</td><td>第5.4.1条</td><td>—</td><td colspan="2">质量证明文件齐全，检验合格，报告编号××××</td><td>√</td></tr>
<tr><td>2</td><td>穿墙管防水构造</td><td>第5.4.2条</td><td>全/6</td><td colspan="2">共6处，全部检查，合格6处</td><td>√</td></tr>
<tr><td rowspan="7">一般项目</td><td rowspan="2">1</td><td>固定式穿墙管应加焊止水环或环绕遇水膨胀止水圈，并作好防腐处理</td><td>第5.4.3条</td><td>全/6</td><td colspan="2">共6处，全部检查，合格6处</td><td>100%</td></tr>
<tr><td>固定式穿墙管应在主体结构迎水面预留凹槽，槽内应用密封材料嵌填密实</td><td>第5.4.3条</td><td>全/6</td><td colspan="2">共6处，全部检查，合格6处</td><td>100%</td></tr>
<tr><td rowspan="2">2</td><td>套管式穿墙管的套管与止水环及翼环</td><td>第5.4.4条</td><td>全/6</td><td colspan="2">共6处，全部检查，合格6处</td><td>100%</td></tr>
<tr><td>套管内密封处理及固定</td><td>第5.4.4条</td><td>全/6</td><td colspan="2">共6处，全部检查，合格6处</td><td>100%</td></tr>
<tr><td>3</td><td>穿墙盒设置</td><td>第5.4.5条</td><td>—</td><td colspan="2">—</td><td>—</td></tr>
<tr><td>4</td><td>主体结构迎水面有柔性防水层</td><td>第5.4.6条</td><td>全/6</td><td colspan="2">共6处，全部检查，合格6处</td><td>100%</td></tr>
<tr><td>5</td><td>密封材料嵌填</td><td>第5.4.7条</td><td>全/6</td><td colspan="2">共6处，全部检查，合格6处</td><td>100%</td></tr>
<tr><td colspan="2">施工单位检查结果</td><td colspan="6">符合要求
专业工长：×××
项目专业质量检查员：×××
××年×月×日</td></tr>
<tr><td colspan="2">监理单位验收结论</td><td colspan="6">合格
专业监理工程师：×××
××年×月×日</td></tr>
</table>

十二、《埋设件检验批质量验收记录》填写范例

埋设件检验批质量验收记录

01070205 001

单位(子单位)工程名称		××大厦	分部(子分部)工程名称	地基与基础/地下防水	分项工程名称	埋设件
施工单位		××建筑有限公司	项目负责人	×××	检验批容量	12件
分包单位		—	分包单位项目负责人	—	检验批部位	1～7轴地下室外墙
施工依据		地下防水施工方案	验收依据	《地下防水工程质量验收规范》GB 50208—2011		
验收项目			设计要求及规范规定	最小/实际抽样数量	检查记录	检查结果
主控项目	1	埋设件用密封材料	第5.5.1条	—	质量证明文件齐全,检验合格,报告编号××××	√
主控项目	2	埋设件防水构造	第5.5.2条	全/12	共12处,全部检查,合格12处	√
一般项目	1	埋设件应位置准确,固定牢靠	第5.5.3条	全/12	共12处,全部检查,合格12处	100%
一般项目	1	埋设件应进行防腐处理	第5.5.3条	全/12	共12处,全部检查,合格12处	100%
一般项目	2	埋设件端部或预留孔、槽底部的混凝土厚度不得少于250mm	第5.5.4条	全/12	共12处,全部检查,合格12处	100%
一般项目	2	当混凝土厚度小于250mm时,应局部加厚或采取其他防水措施	第5.5.4条	—	—	—
一般项目	3	结构迎水面的埋设件周围构造	第5.5.5条	全/12	共12处,全部检查,合格12处	100%
一般项目	4	用于固定模板的螺栓必须穿过混凝土结构时,可采用工具式螺栓或螺栓加堵头,螺栓上应加焊止水环	第5.5.6条	全/12	共12处,全部检查,合格12处	100%
一般项目	4	拆模后留下的凹槽处理	第5.5.6条	全/12	共12处,全部检查,合格12处	100%
一般项目	5	预留孔、槽内的防水层应与主体防水层保持连续	第5.5.7条	全/12	共12处,全部检查,合格12处	100%
一般项目	6	密封材料嵌填	第5.5.8条	全/12	共12处,全部检查,合格12处	100%
施工单位检查结果		符合要求 专业工长:××× 项目专业质量检查员:××× ××年×月×日				
监理单位验收结论		合格 专业监理工程师:××× ××年×月×日				

十三、《预留通道接头检验批质量验收记录》填写范例

预留通道接头检验批质量验收记录

01070206 001

单位(子单位)工程名称	××大厦	分部(子分部)工程名称	地基与基础/地下防水	分项工程名称	预留通道接头
施工单位	××建筑有限公司	项目负责人	×××	检验批容量	12 处
分包单位	—	分包单位项目负责人	—	检验批部位	1～7 轴地下室外墙
施工依据	地下防水施工方案		验收依据	《地下防水工程质量验收规范》GB 50208—2011	

验收项目			设计要求及规范规定	最小/实际抽样数量	检查记录	检查结果
主控项目	1	预留通道接头用密封材料	第 5.6.1 条	—	质量证明文件齐全，检验合格，报告编号××××	√
	2	预留通道接头防水构造	第 5.6.2 条	全/12	共 12 处，全部检查，合格 12 处	√
	3	中埋式止水带埋设位置	第 5.6.3 条	全/12	共 12 处，全部检查，合格 12 处	√
一般项目	1	预留通道先浇筑混凝土结构	第 5.6.4 条	全/12	共 12 处，全部检查，合格 12 处	100%
	2	遇水膨胀止水条应具有缓膨胀性能	第 5.1.8 条	全/12	共 12 处，全部检查，合格 12 处	100%
		止水条埋设	第 5.1.8 条	全/12	共 12 处，全部检查，合格 12 处	100%
	3	遇水膨胀止水胶施工	第 5.1.9 条	全/12	共 12 处，全部检查，合格 12 处	100%
	4	预埋式注浆管设置	第 5.1.10 条	—	—	
	5	密封材料嵌填	第 5.6.6 条	全/12	共 12 处，全部检查，合格 12 处	100%
	6	用膨胀螺栓固定可卸式止水带	第 5.6.7 条	—	—	—
		金属膨胀螺栓防腐	第 5.6.7 条	—	—	—
	7	预留通道接头外部应设保护墙	第 5.6.8 条	全/12	共 12 处，全部检查，合格 12 处	100%
施工单位检查结果	符合要求 专业工长：××× 项目专业质量检查员：××× ××年×月×日					
监理单位验收结论	合格 专业监理工程师：××× ××年×月×日					

十四、《桩头检验批质量验收记录》填写范例

桩头检验批质量验收记录

01070207 001

单位（子单位）工程名称	××大厦	分部（子分部）工程名称	地基与基础/地下防水	分项工程名称	桩头
施工单位	××建筑有限公司	项目负责人	×××	检验批容量	7 根
分包单位	—	分包单位项目负责人	—	检验批部位	1～7 轴
施工依据	地下防水施工方案		验收依据	《地下防水工程质量验收规范》GB 50208—2011	

验收项目			设计要求及规范规定	最小/实际抽样数量	检查记录	检查结果
主控项目	1	桩头用防水材料	第 5.7.1 条	—	质量证明文件齐全，检验合格，报告编号××××	√
	2	桩头防水构造	第 5.7.2 条	全/7	共 7 处，全部检查，合格 7 处	√
	3	桩头混凝土	第 5.7.3 条	全/7	共 7 处，全部检查，合格 7 处	√
一般项目	1	桩头顶面和侧面裸露处应涂刷水泥基渗透结晶型防水涂料，并延伸至结构底板垫层 150mm 处	第 5.7.4 条	全/7	共 7 处，全部检查，合格 7 处	100%
		桩头周围 300mm 范围内应抹聚合物水泥防水砂浆过渡层	第 5.7.4 条	全/7	共 7 处，全部检查，合格 7 处	100%
	2	结构底板防水层应做在聚合物水泥防水砂浆过渡层上并延伸至桩头侧壁，其与桩头侧壁接缝处应用密封材料嵌填	第 5.7.5 条	全/7	共 7 处，全部检查，合格 7 处	100%
	3	桩头的受力钢筋根部应采用遇水膨胀止水条或止水胶，并应采取保护措施	第 5.7.6 条	全/7	共 7 处，全部检查，合格 7 处	100%
	4	遇水膨胀止水条应具有缓膨胀性能	第 5.1.8 条	全/7	共 7 处，全部检查，合格 7 处	100%
		止水条埋设	第 5.1.8 条	全/7	共 7 处，全部检查，合格 7 处	100%
	5	遇水膨胀止水胶施工	第 5.1.9 条	全/7	共 7 处，全部检查，合格 7 处	100%
	6	密封材料嵌填	第 5.7.8 条	全/7	共 7 处，全部检查，合格 7 处	100%
施工单位检查结果	符合要求 专业工长：××× 项目专业质量检查员：××× ××年×月×日					
监理单位验收结论	合格 专业监理工程师：××× ××年×月×日					

十五、《孔口检验批质量验收记录》填写范例

孔口检验批质量验收记录

01070208 001

<table>
<tr><td colspan="2">单位(子单位)工程名称</td><td>××大厦</td><td>分部(子分部)工程名称</td><td>地基与基础/地下防水</td><td>分项工程名称</td><td>孔口</td></tr>
<tr><td colspan="2">施工单位</td><td>××建筑有限公司</td><td>项目负责人</td><td>×××</td><td>检验批容量</td><td>2处</td></tr>
<tr><td colspan="2">分包单位</td><td>—</td><td>分包单位项目负责人</td><td>—</td><td>检验批部位</td><td>1～7轴出入口</td></tr>
<tr><td colspan="2">施工依据</td><td colspan="2">地下防水施工方案</td><td>验收依据</td><td colspan="2">《地下防水工程质量验收规范》GB 50208—2011</td></tr>
<tr><td colspan="3">验收项目</td><td>设计要求及规范规定</td><td>最小/实际抽样数量</td><td>检查记录</td><td>检查结果</td></tr>
<tr><td rowspan="2">主控项目</td><td>1</td><td>孔口用防水卷材、防水涂料和密封材料</td><td>第5.8.1条</td><td>—</td><td>质量证明文件齐全，检验合格，报告编号××××</td><td>√</td></tr>
<tr><td>2</td><td>孔口防水构造</td><td>第5.8.2条</td><td>全/2</td><td>共2处，全部检查，合格2处</td><td>√</td></tr>
<tr><td rowspan="9">一般项目</td><td rowspan="2">1</td><td>人员出入口</td><td>第5.8.3条</td><td>全/2</td><td>共2处，全部检查，合格2处</td><td>100%</td></tr>
<tr><td>汽车出入口</td><td>第5.8.3条</td><td>—</td><td>—</td><td>—</td></tr>
<tr><td>2</td><td>窗井的底部在最高地下水位以上时，防水处理</td><td>第5.8.4条</td><td>—</td><td>—</td><td>—</td></tr>
<tr><td>3</td><td>窗井或窗井的一部分在最高地下水位以下时，防水处理</td><td>第5.8.5条</td><td>—</td><td>—</td><td>—</td></tr>
<tr><td rowspan="3">4</td><td>窗井内的底板应低于窗下缘300mm</td><td>第5.8.6条</td><td>—</td><td>—</td><td>—</td></tr>
<tr><td>窗井墙高出室外地面不得小于500mm</td><td>第5.8.6条</td><td>—</td><td>—</td><td>—</td></tr>
<tr><td>窗井外地面应做散水，散水与墙面间应采用密封材料嵌填</td><td>第5.8.6条</td><td>—</td><td>—</td><td>—</td></tr>
<tr><td>5</td><td>密封材料嵌填</td><td>第5.8.7条</td><td>全/2</td><td>共2处，全部检查，合格2处</td><td>100%</td></tr>
<tr><td colspan="2">施工单位检查结果</td><td colspan="5">符合要求
专业工长：×××
项目专业质量检查员：×××
××年×月×日</td></tr>
<tr><td colspan="2">监理单位验收结论</td><td colspan="5">合格
专业监理工程师：×××
××年×月×日</td></tr>
</table>

十六、《坑、池检验批质量验收记录》填写范例

坑、池检验批质量验收记录

01070209 001

单位(子单位)工程名称		××大厦	分部(子分部)工程名称	地基与基础/地下防水	分项工程名称	坑、池
施工单位		××建筑有限公司	项目负责人	×××	检验批容量	3个
分包单位		—	分包单位项目负责人	—	检验批部位	地下室集水坑
施工依据		地下防水施工方案		验收依据	《地下防水工程质量验收规范》GB 50208—2011	
验收项目			设计要求及规范规定	最小/实际抽样数量	检查记录	检查结果
主控项目	1	坑、池防水混凝土的原材料、配合比及坍落度	第5.9.1条	—	质量证明文件齐全，检验合格，报告编号××××	√
主控项目	2	坑、池防水构造	第5.9.2条	全/3	共3处，全部检查，合格3处	√
主控项目	3	坑、池、储水库内部防水层完成后，应进行蓄水试验	第5.9.3条	—	试验合格，报告编号××××	√
一般项目	1	坑、池、储水库宜采用防水混凝土整体浇筑，混凝土质量	第5.9.4条	全/3	3处，全部检查，合格3处	100%
一般项目	2	坑、池底板的混凝土厚度不应少于250mm；	第5.9.5条	全/3	共3处，全部检查，合格3处	100%
一般项目	2	当底板的厚度小于250mm时，应采取局部加厚措施，并应使防水层保持连续	第5.9.5条	—	—	—
一般项目	3	坑、池施工完后，应及时遮盖和防止杂物堵塞	第5.9.6条	全/3	共3处，全部检查，合格3处	100%
施工单位检查结果		符合要求 专业工长：××× 项目专业质量检查员：××× ××年×月×日				
监理单位验收结论		合格 专业监理工程师：××× ××年×月×日				

十七、《锚喷支护检验批质量验收记录》填写范例

锚喷支护检验批质量验收记录

01070301 __001__

<table>
<tr><td colspan="3">单位(子单位)
工程名称</td><td>××大厦</td><td>分部(子分部)
工程名称</td><td>地基与基础
/地下防水</td><td>分项工程名称</td><td colspan="2">锚喷支护</td></tr>
<tr><td colspan="3">施工单位</td><td>××建筑有限公司</td><td>项目负责人</td><td>×××</td><td>检验批容量</td><td colspan="2">60m</td></tr>
<tr><td colspan="3">分包单位</td><td>—</td><td>分包单位
项目负责人</td><td>—</td><td>检验批部位</td><td colspan="2">1~7 轴基坑</td></tr>
<tr><td colspan="3">施工依据</td><td>地下防水施工方案</td><td>验收依据</td><td colspan="4">《地下防水工程质量验收规范》GB 50208—2011</td></tr>
<tr><td colspan="4">验 收 项 目</td><td>设计要求及
规范规定</td><td>最小/实际
抽样数量</td><td colspan="2">检 查 记 录</td><td>检查
结果</td></tr>
<tr><td rowspan="3">主控项目</td><td>1</td><td colspan="2">喷射混凝土所用原材料、混合料配合比以及钢筋网、锚杆、钢拱架等</td><td>第 6.1.9 条</td><td>—</td><td colspan="2">质量证明文件齐全，检验合格，报告编号××××</td><td>√</td></tr>
<tr><td>2</td><td colspan="2">喷射混凝土抗压强度、抗渗性能和锚杆抗拔力</td><td>第 6.1.10 条</td><td>—</td><td colspan="2">检验合格，资料齐全</td><td>√</td></tr>
<tr><td>3</td><td colspan="2">锚杆支护的渗漏水量</td><td>第 6.1.11 条</td><td>3/3</td><td colspan="2">抽查 3 处，合格 3 处</td><td>√</td></tr>
<tr><td rowspan="4">一般项目</td><td>1</td><td colspan="2">喷层与围岩以及喷层之间</td><td>第 6.1.12 条</td><td>3/3</td><td colspan="2">抽查 3 处，合格 3 处</td><td>100%</td></tr>
<tr><td>2</td><td colspan="2">喷层厚度</td><td>第 6.1.13 条</td><td>3/3</td><td colspan="2">抽查 3 处，合格 3 处</td><td>100%</td></tr>
<tr><td>3</td><td colspan="2">喷射混凝土质量</td><td>第 6.1.14 条</td><td>—</td><td colspan="2">质量证明文件齐全，检测合格，试验编号××××</td><td>√</td></tr>
<tr><td>4</td><td colspan="2">喷射混凝土表面平整度 D/L</td><td>≤1/6</td><td>3/3</td><td colspan="2">抽查 3 处，合格 3 处</td><td>100%</td></tr>
<tr><td colspan="3">施工单位
检查结果</td><td colspan="6">符合要求
专业工长：×××
项目专业质量检查员：×××
××年×月×日</td></tr>
<tr><td colspan="3">监理单位
验收结论</td><td colspan="6">合格
专业监理工程师：×××
××年×月×日</td></tr>
</table>

十八、《地下连续墙结构防水检验批质量验收记录》填写范例

地下连续墙检验批质量验收记录

01070302 001

<table>
<tr><td>单位(子单位)工程名称</td><td colspan="3">××大厦</td><td>分部(子分部)工程名称</td><td>地基与基础/地下防水</td><td>分项工程名称</td><td colspan="2">地下连续墙</td></tr>
<tr><td>施工单位</td><td colspan="3">××建筑有限公司</td><td>项目负责人</td><td>×××</td><td>检验批容量</td><td colspan="2">60段</td></tr>
<tr><td>分包单位</td><td colspan="3">—</td><td>分包单位项目负责人</td><td>—</td><td>检验批部位</td><td colspan="2">1～7轴基坑西侧</td></tr>
<tr><td>施工依据</td><td colspan="4">地下防水施工方案</td><td>验收依据</td><td colspan="3">《地下防水工程质量验收规范》GB 50208—2011</td></tr>
<tr><td colspan="4">验收项目</td><td>设计要求及规范规定</td><td>最小/实际抽样数量</td><td colspan="2">检查记录</td><td>检查结果</td></tr>
<tr><td rowspan="3">主控项目</td><td>1</td><td colspan="2">防水混凝土的原材料、配合比以及坍落度</td><td>第6.2.8条</td><td>—</td><td colspan="2">质量证明文件齐全，检验合格，报告编号××××</td><td>√</td></tr>
<tr><td>2</td><td colspan="2">防水混凝土的抗压强度和抗渗性能</td><td>第6.2.9条</td><td>—</td><td colspan="2">检验合格，报告编号××××</td><td>√</td></tr>
<tr><td>3</td><td colspan="2">地下连续墙的渗漏水量</td><td>第6.2.10条</td><td>12/12</td><td colspan="2">抽查12处，合格12处</td><td>√</td></tr>
<tr><td rowspan="4">一般项目</td><td>1</td><td colspan="2">地下连续墙的槽段接缝构造</td><td>第6.2.11条</td><td>12/12</td><td colspan="2">抽查12处，合格12处</td><td>100%</td></tr>
<tr><td>2</td><td colspan="2">地下连续墙墙面</td><td>第6.2.12条</td><td>12/12</td><td colspan="2">抽查12处，合格12处</td><td>100%</td></tr>
<tr><td rowspan="2">3</td><td rowspan="2">地下连续墙墙体表面平整度</td><td>临时支护墙体</td><td>50mm</td><td>—</td><td colspan="2">—</td><td>—</td></tr>
<tr><td>单一或复合墙体</td><td>30mm</td><td>12/12</td><td colspan="2">抽查12处，合格12处</td><td>100%</td></tr>
<tr><td>施工单位检查结果</td><td colspan="8">符合要求
专业工长：×××
项目专业质量检查员：×××
××年×月×日</td></tr>
<tr><td>监理单位验收结论</td><td colspan="8">合格
专业监理工程师：×××
××年×月×日</td></tr>
</table>

十九、《盾构隧道检验批质量验收记录》填写范例

盾构隧道检验批质量验收记录

01070303 001

<table>
<tr><td colspan="2">单位(子单位)
工程名称</td><td>××大厦</td><td>分部(子分部)
工程名称</td><td>地基与基础
/地下防水</td><td>分项工程名称</td><td colspan="2">盾构隧道</td></tr>
<tr><td colspan="2">施工单位</td><td>××建筑有限公司</td><td>项目负责人</td><td>×××</td><td>检验批容量</td><td colspan="2">100 环</td></tr>
<tr><td colspan="2">分包单位</td><td>—</td><td>分包单位
项目负责人</td><td>—</td><td>检验批部位</td><td colspan="2">1～100 环</td></tr>
<tr><td colspan="2">施工依据</td><td colspan="2">地下防水施工方案</td><td>验收依据</td><td colspan="3">《地下防水工程质量验收规范》
GB 50208—2011</td></tr>
<tr><td colspan="3">验收项目</td><td>设计要求及
规范规定</td><td>最小/实际
抽样数量</td><td colspan="2">检查记录</td><td>检查
结果</td></tr>
<tr><td rowspan="3">主控项目</td><td>1</td><td>盾构隧道衬砌所用防水材料</td><td>第 6.3.11 条</td><td>—</td><td colspan="2">质量证明文件齐全，试验合格，报告编号××××</td><td>√</td></tr>
<tr><td>2</td><td>钢筋混凝土管片的抗压强度和抗渗性能</td><td>第 6.3.12 条</td><td>—</td><td colspan="2">检验合格，报告编号××××</td><td>√</td></tr>
<tr><td>3</td><td>盾构隧道衬砌的渗漏水量</td><td>第 6.3.13 条</td><td>20/20</td><td colspan="2">抽查 20 环，合格 20 环</td><td>√</td></tr>
<tr><td rowspan="6">一般项目</td><td>1</td><td>管片接缝密封垫及其沟槽的断面尺寸</td><td>第 6.3.14 条</td><td>20/20</td><td colspan="2">抽查 20 环，合格 20 环</td><td>100%</td></tr>
<tr><td>2</td><td>密封垫在沟槽内设置</td><td>第 6.3.15 条</td><td>20/20</td><td colspan="2">抽查 20 环，合格 20 环</td><td>100%</td></tr>
<tr><td>3</td><td>管片嵌缝槽的深度比及断面构造形式、尺寸</td><td>第 6.3.16 条</td><td>20/20</td><td colspan="2">抽查 20 环，合格 20 环</td><td>100%</td></tr>
<tr><td>4</td><td>嵌缝材料嵌填</td><td>第 6.3.17 条</td><td>20/20</td><td colspan="2">抽查 20 环，合格 20 环</td><td>100%</td></tr>
<tr><td></td><td>管片的环向及纵向螺栓</td><td>第 6.3.18 条</td><td>20/20</td><td colspan="2">抽查 20 环，合格 20 环</td><td>100%</td></tr>
<tr><td>5</td><td>衬砌内表面的外露铁件防腐处理</td><td>第 6.3.18 条</td><td>20/20</td><td colspan="2">分查 20 环，合格 20 环</td><td>100%</td></tr>
<tr><td colspan="2">施工单位
检查结果</td><td colspan="6">符合要求
专业工长：×××
项目专业质量检查员：×××
××年×月×日</td></tr>
<tr><td colspan="2">监理单位
验收结论</td><td colspan="6">合格
专业监理工程师：×××
××年×月×日</td></tr>
</table>

二十、《沉井工程检验批质量验收记录》填写范例

沉井工程检验批质量验收记录

01070304 001

<table>
<tr><td colspan="3">单位(子单位)工程名称</td><td>××大厦</td><td>分部(子分部)工程名称</td><td>地基与基础/地下防水</td><td>分项工程名称</td><td colspan="2">沉井</td></tr>
<tr><td colspan="3">施工单位</td><td>××建筑有限公司</td><td>项目负责人</td><td>×××</td><td>检验批容量</td><td colspan="2">500m²</td></tr>
<tr><td colspan="3">分包单位</td><td>—</td><td>分包单位项目负责人</td><td>—</td><td>检验批部位</td><td colspan="2">1～7 轴</td></tr>
<tr><td colspan="3">施工依据</td><td colspan="2">地下防水施工方案</td><td>验收依据</td><td colspan="3">《地下防水工程质量验收规范》GB 50208—2011</td></tr>
<tr><td colspan="4">验收项目</td><td>设计要求及规范规定</td><td>最小/实际抽样数量</td><td colspan="2">检查记录</td><td>检查结果</td></tr>
<tr><td rowspan="3">主控项目</td><td>1</td><td colspan="2">沉井混凝土的原材料、配合比以及坍落度</td><td>第 6.4.7 条</td><td>—</td><td colspan="2">质量证明文件齐全，检验合格，报告编号××××</td><td>√</td></tr>
<tr><td>2</td><td colspan="2">沉井混凝土的抗压强度和抗渗性能</td><td>第 6.4.8 条</td><td>—</td><td colspan="2">检验合格，报告编号××××</td><td>√</td></tr>
<tr><td>3</td><td colspan="2">沉井的渗漏水量</td><td>第 6.4.9 条</td><td>5/5</td><td colspan="2">抽查 5 处，合格 5 处</td><td>√</td></tr>
<tr><td rowspan="3">一般项目</td><td rowspan="2">1</td><td colspan="2">沉井干封施工</td><td>第 6.4.3 条</td><td>5/5</td><td colspan="2">抽查 5 处，合格 5 处</td><td>100%</td></tr>
<tr><td colspan="2">沉井水封施工</td><td>第 6.4.4 条</td><td>—</td><td colspan="2">—</td><td>—</td></tr>
<tr><td>2</td><td colspan="2">沉井底板与井壁接缝处的防水处理</td><td>第 6.4.11 条</td><td>5/5</td><td colspan="2">抽查 5 处，合格 5 处</td><td>100%</td></tr>
<tr><td colspan="3">施工单位检查结果</td><td colspan="6">符合要求
专业工长：×××
项目专业质量检查员：×××
××年×月×日</td></tr>
<tr><td colspan="3">监理单位验收结论</td><td colspan="6">合格
专业监理工程师：×××
××年×月×日</td></tr>
</table>

二十一、《逆筑结构检验批质量验收记录》填写范例

逆筑结构检验批质量验收记录

01070305 001

<table>
<tr><td colspan="3">单位(子单位)工程名称</td><td>××大厦</td><td>分部(子分部)工程名称</td><td>地基与基础/地下防水</td><td>分项工程名称</td><td colspan="2">逆筑结构</td></tr>
<tr><td colspan="3">施工单位</td><td>××建筑有限公司</td><td>项目负责人</td><td>×××</td><td>检验批容量</td><td colspan="2">600m²</td></tr>
<tr><td colspan="3">分包单位</td><td>—</td><td>分包单位项目负责人</td><td>—</td><td>检验批部位</td><td colspan="2">1~7轴地下室外墙</td></tr>
<tr><td colspan="3">施工依据</td><td colspan="2">地下防水施工方案</td><td>验收依据</td><td colspan="3">《地下防水工程质量验收规范》GB 50208—2011</td></tr>
<tr><td colspan="3">验收项目</td><td>设计要求及规范规定</td><td>最小/实际抽样数量</td><td colspan="3">检查记录</td><td>检查结果</td></tr>
<tr><td rowspan="3">主控项目</td><td>1</td><td>补偿收缩混凝土的原材料、配合比以及坍落度</td><td>第6.5.8条</td><td>—</td><td colspan="3">质量证明文件齐全，检验合格，报告编号××××</td><td>√</td></tr>
<tr><td>2</td><td>内衬墙接缝用遇水膨胀止水条或止水胶和预埋注浆管</td><td>第6.5.9条</td><td>—</td><td colspan="3">质量证明文件齐全，检验合格，报告编号××××</td><td>√</td></tr>
<tr><td>3</td><td>逆筑结构的渗漏水量</td><td>第6.5.10条</td><td>6/6</td><td colspan="3">抽查6处，合格6处</td><td>√</td></tr>
<tr><td rowspan="6">一般项目</td><td rowspan="2">1</td><td>地下连续墙为主体结构逆筑法施工</td><td>第6.5.2条</td><td>6/6</td><td colspan="3">抽查6处，合格6处</td><td>100%</td></tr>
<tr><td>地下连续墙与内衬构成复合衬砌进行逆筑法施工</td><td>第6.5.3条</td><td>—</td><td colspan="3">—</td><td>—</td></tr>
<tr><td rowspan="2">2</td><td>遇水膨胀止水条应具有缓膨胀性能</td><td>第5.1.8条</td><td>6/6</td><td colspan="3">抽查6处，合格6处</td><td>100%</td></tr>
<tr><td>止水条埋设</td><td>第5.1.8条</td><td>6/6</td><td colspan="3">抽查6处，合格6处</td><td>100%</td></tr>
<tr><td>3</td><td>遇水膨胀止水胶施工</td><td>第5.1.9条</td><td>6/6</td><td colspan="3">抽查6处，合格6处</td><td>100%</td></tr>
<tr><td>4</td><td>预埋注浆管的施工</td><td>第5.1.10条</td><td>—</td><td colspan="3">—</td><td>—</td></tr>
<tr><td colspan="3">施工单位检查结果</td><td colspan="6">符合要求
专业工长：×××
项目专业质量检查员：×××
××年×月×日</td></tr>
<tr><td colspan="3">监理单位验收结论</td><td colspan="6">合格
专业监理工程师：×××
××年×月×日</td></tr>
</table>

二十二、《渗排水、盲沟排水检验批质量验收记录》填写范例

渗排水、盲沟排水检验批质量验收记录

01070401 001

单位(子单位)工程名称	××大厦	分部(子分部)工程名称	地基与基础/地	分项工程名称	渗排水、盲沟排水
施工单位	××建筑有限公司	项目负责人	×××	检验批容量	100m
分包单位	—	分包单位项目负责人	—	检验批部位	广场
施工依据	《××××工艺标准》××××—××××、施工方案		验收依据	《地下防水工程质量验收规范》GB 50208—2011	

验收项目			设计要求及规范规定	最小/实际抽样数量	检查记录	检查结果
主控项目	1	盲沟反滤层的层次和粒径组成	第7.1.7条	—	试验合格，报告编号××××	√
	2	集水管的埋置深度及坡度	第7.1.8条	10/10	抽查10处，合格10处	√
一般项目	1	渗排水构造	第7.1.9条	10/10	抽查10处，合格10处	100%
	2	渗排水层的铺设	第7.1.10条	10/10	抽查10处，合格10处	100%
	3	盲沟排水构造	第7.1.11条	10/10	抽查10处，合格10处	100%
	4	集水管采用平接式或承插式接口	第7.1.12条	10/10	抽查10处，合格10处	100%
施工单位检查结果	符合要求 专业工长：××× 项目专业质量检查员：××× ××年×月×日					
监理单位验收结论	合格 专业监理工程师：××× ××年×月×日					

二十三、《隧道排水、坑道排水检验批质量验收记录》填写范例

隧道排水、坑道排水检验批质量验收记录

01070402 001

<table>
<tr><td colspan="3">单位(子单位)工程名称</td><td>××大厦</td><td>分部(子分部)工程名称</td><td>地基与基础/地</td><td>分项工程名称</td><td>隧道排水、坑道排水</td></tr>
<tr><td colspan="3">施工单位</td><td>××建筑有限公司</td><td>项目负责人</td><td>×××</td><td>检验批容量</td><td>800m</td></tr>
<tr><td colspan="3">分包单位</td><td>—</td><td>分包单位项目负责人</td><td>—</td><td>检验批部位</td><td>广场</td></tr>
<tr><td colspan="3">施工依据</td><td colspan="2">《××××工艺标准》××××—××××、施工方案</td><td>验收依据</td><td colspan="2">《地下防水工程质量验收规范》GB 50208—2011</td></tr>
<tr><td colspan="3">验收项目</td><td>设计要求及规范规定</td><td>最小/实际抽样数量</td><td colspan="2">检查记录</td><td>检查结果</td></tr>
<tr><td rowspan="3">主控项目</td><td>1</td><td>盲沟反滤层的层次和粒径</td><td>第7.2.10条</td><td>—</td><td colspan="2">试验合格,报告编号××××</td><td>√</td></tr>
<tr><td>2</td><td>无砂混凝土管、硬质塑料管或软式透水管</td><td>第7.2.11条</td><td>—</td><td colspan="2">质量证明文件齐全,检测合格,报告编号××××</td><td>√</td></tr>
<tr><td>3</td><td>隧道、坑道排水系统必须畅通</td><td>第7.2.12条</td><td>80/80</td><td colspan="2">抽查80处,合格80处</td><td>√</td></tr>
<tr><td rowspan="5">一般项目</td><td>1</td><td>盲沟、盲管及横向导水管的管径、间距、坡度</td><td>第7.2.13条</td><td>80/80</td><td colspan="2">抽查80处,合格80处</td><td>100%</td></tr>
<tr><td>2</td><td>隧道或坑道内排水明沟及离壁式衬砌外排水沟,其断面尺寸及坡度</td><td>第7.2.14条</td><td>80/80</td><td colspan="2">抽查80处,合格80处</td><td>100%</td></tr>
<tr><td rowspan="2">3</td><td>盲管应与岩壁或初期支护密贴,并应固定牢固</td><td>第7.2.15条</td><td>80/80</td><td colspan="2">抽查80处,合格80处</td><td>100%</td></tr>
<tr><td>环向、纵向盲管接头宜与盲管相配套</td><td>第7.2.15条</td><td>80/80</td><td colspan="2">抽查80处,合格80处</td><td>100%</td></tr>
<tr><td>4</td><td>贴壁式、复合式衬壁的盲沟与混凝土衬砌接触部位应做隔浆层</td><td>第7.2.16条</td><td>80/80</td><td colspan="2">抽查80处,合格80处</td><td>100%</td></tr>
<tr><td colspan="3">施工单位检查结果</td><td colspan="5">符合要求
专业工长:×××
项目专业质量检查员:×××
××年×月×日</td></tr>
<tr><td colspan="3">监理单位验收结论</td><td colspan="5">合格
专业监理工程师:×××
××年×月×日</td></tr>
</table>

二十四、《塑料排水板排水检验批质量验收记录》填写范例

塑料排水板排水检验批质量验收记录

01070403 001

<table>
<tr><td>单位(子单位)工程名称</td><td colspan="3">××大厦</td><td>分部(子分部)工程名称</td><td>地基与基础/地</td><td>分项工程名称</td><td colspan="2">塑料排水板排水</td></tr>
<tr><td>施工单位</td><td colspan="3">××建筑有限公司</td><td>项目负责人</td><td>×××</td><td>检验批容量</td><td colspan="2">900m²</td></tr>
<tr><td>分包单位</td><td colspan="3">—</td><td>分包单位项目负责人</td><td>—</td><td>检验批部位</td><td colspan="2">隧道</td></tr>
<tr><td>施工依据</td><td colspan="4">《××××工艺标准》××××－××××、施工方案</td><td>验收依据</td><td colspan="3">《地下防水工程质量验收规范》GB 50208—2011</td></tr>
<tr><td colspan="3">验收项目</td><td colspan="2">设计要求及规范规定</td><td>最小/实际抽样数量</td><td colspan="2">检查记录</td><td>检查结果</td></tr>
<tr><td rowspan="2">主控项目</td><td>1</td><td>塑料排水板和土工布</td><td colspan="2">第7.3.8条</td><td>—</td><td colspan="2">质量证明文件齐全，检测合格，报告编号</td><td>√</td></tr>
<tr><td>2</td><td>塑料排水板排水层与排水系统</td><td colspan="2">第7.3.9条</td><td>9/9</td><td colspan="2">抽查9处，合格9处</td><td>√</td></tr>
<tr><td rowspan="4">一般项目</td><td>1</td><td>塑料排水板排水层构造和施工工艺</td><td colspan="2">第7.3.10条</td><td>9/9</td><td colspan="2">抽查9处，合格9处</td><td>100%</td></tr>
<tr><td rowspan="2">2</td><td>塑料排水板的长短边搭接宽度</td><td colspan="2">均不应小于100mm</td><td>9/9</td><td colspan="2">抽查9处，合格9处</td><td>100%</td></tr>
<tr><td>塑料排水板接缝</td><td colspan="2">第7.3.11条</td><td>9/9</td><td colspan="2">抽查9处，合格9处</td><td>100%</td></tr>
<tr><td>3</td><td>盲沟排水构造</td><td colspan="2">第7.3.12条</td><td>9/9</td><td colspan="2">抽查9处，合格9处</td><td>100%</td></tr>
<tr><td>施工单位检查结果</td><td colspan="8">符合要求
专业工长：×××
项目专业质量检查员：×××
××年×月×日</td></tr>
<tr><td>监理单位验收结论</td><td colspan="8">合格
专业监理工程师：×××
××年×月×日</td></tr>
</table>

二十五、《预注浆、后注浆检验批质量验收记录》填写范例

预注浆、后注浆检验批质量验收记录

01070501 001

单位(子单位)工程名称	××大厦	分部(子分部)工程名称	地基与基础/地	分项工程名称	预注浆、后注浆
施工单位	××建筑有限公司	项目负责人	×××	检验批容量	600m²
分包单位	—	分包单位项目负责人	—	检验批部位	厂房
施工依据	《××××工艺标准》××××—××××、施工方案		验收依据	《地下防水工程质量验收规范》GB 50208—2011	

验收项目			设计要求及规范规定	最小/实际抽样数量	检查记录	检查结果
主控项目	1	配制浆液的原材料及配合比	第8.1.7条	—	质量证明文件齐全,检测合格,报告编号××××	√
主控项目	2	预注浆和后注浆的注浆效果	第8.1.8条	6/6	抽查6处,合格6处	√
一般项目	1	注浆孔的数量、布置间距、钻孔深度及角度	第8.1.9条	6/6	抽查6处,合格6处	100%
一般项目	2	注浆各阶段的控制压力和注浆量	第8.1.10条	6/6	抽查6处,合格6处	100%
一般项目	3	注浆时浆液不得溢出地面和超出有效注浆范围	第8.1.11条	6/6	抽查6处,合格6处	100%
一般项目	4	注浆对地面产生的沉降量	$\not>$30mm	6/6	抽查6处,合格6处	100%
一般项目	4	地面的隆起	$\not>$20mm	6/6	抽查6处,合格6处	100%
施工单位检查结果	符合要求 专业工长:××× 项目专业质量检查员:××× ××年×月×日					
监理单位验收结论	合格 专业监理工程师:××× ××年×月×日					

二十六、《结构裂缝注浆检验批质量验收记录》填写范例

结构裂缝注浆检验批质量验收记录

01070502 001

<table>
<tr><td>单位(子单位)工程名称</td><td colspan="3">××大厦</td><td>分部(子分部)工程名称</td><td>地基与基础/地</td><td>分项工程名称</td><td>结构裂缝注浆</td></tr>
<tr><td>施工单位</td><td colspan="3">××建筑有限公司</td><td>项目负责人</td><td>×××</td><td>检验批容量</td><td>60处</td></tr>
<tr><td>分包单位</td><td colspan="3">—</td><td>分包单位项目负责人</td><td>—</td><td>检验批部位</td><td>防空洞</td></tr>
<tr><td>施工依据</td><td colspan="4">《××××工艺标准》××××—××××、施工方案</td><td>验收依据</td><td colspan="2">《地下防水工程质量验收规范》GB 50208—2011</td></tr>
<tr><td colspan="3">验收项目</td><td>设计要求及规范规定</td><td>最小/实际抽样数量</td><td colspan="2">检查记录</td><td>检查结果</td></tr>
<tr><td rowspan="2">主控项目</td><td>1</td><td>注浆材料及配合比</td><td>第8.2.6条</td><td>—</td><td colspan="2">质量证明文件齐全，检测合格，报告编号××××</td><td>√</td></tr>
<tr><td>2</td><td>结构裂缝注浆的注浆效果</td><td>第8.2.7条</td><td>6/6</td><td colspan="2">抽查6处，合格6处</td><td>100%</td></tr>
<tr><td rowspan="2">一般项目</td><td>1</td><td>注浆孔的数量、布置间距、钻孔深度及角度</td><td>第8.2.8条</td><td>6/6</td><td colspan="2">抽查6处，合格6处</td><td>100%</td></tr>
<tr><td>2</td><td>注浆各阶段的控制压力和注浆量</td><td>第8.2.9条</td><td>6/6</td><td colspan="2">抽查6处，合格6处</td><td>100%</td></tr>
<tr><td>施工单位检查结果</td><td colspan="7">符合要求
专业工长：×××
项目专业质量检查员：×××
××年×月×日</td></tr>
<tr><td>监理单位验收结论</td><td colspan="7">合格
专业监理工程师：×××
××年×月×日</td></tr>
</table>

第六节　分项工程质量验收记录

一、《　土方开挖　分项工程质量验收记录》填写范例

　土方开挖　分项工程质量验收记录

编号:×××

<table>
<tr><td colspan="2">单位(子单位)工程名称</td><td colspan="2">××办公楼工程</td><td>分部(子分部)工程名称</td><td colspan="2">地基与基础(土方)</td></tr>
<tr><td colspan="2">分项工程工程量</td><td colspan="2">××m³</td><td>检验批数量</td><td colspan="2">5</td></tr>
<tr><td colspan="2">施工单位</td><td>××建设集团有限公司</td><td>项目负责人</td><td>×××</td><td>项目技术负责人</td><td>×××</td></tr>
<tr><td colspan="2">分包单位</td><td>—</td><td>分包单位项目负责人</td><td>—</td><td>分包内容</td><td>—</td></tr>
<tr><td>序号</td><td>检验批名称</td><td>检验批容量</td><td>部位/区段</td><td>施工单位检查结果</td><td colspan="2">监理单位验收结论</td></tr>
<tr><td>1</td><td>土方开挖</td><td>××m²</td><td>A～E/1～10 轴
(－0.3～－1.5m)</td><td>符合要求</td><td colspan="2">合格</td></tr>
<tr><td>2</td><td>土方开挖</td><td>××m²</td><td>A～E/1～10 轴
(－1.5～－3.0m)</td><td>符合要求</td><td colspan="2">合格</td></tr>
<tr><td>3</td><td>土方开挖</td><td>××m²</td><td>A～E/1～10 轴
(－3.0～－4.5m)</td><td>符合要求</td><td colspan="2">合格</td></tr>
<tr><td>4</td><td>土方开挖</td><td>××m²</td><td>A～E/1～10 轴
(－4.5～－6.0m)</td><td>符合要求</td><td colspan="2">合格</td></tr>
<tr><td>5</td><td>土方开挖</td><td>××m²</td><td>A～E/4～10 轴
(－6.0～－7.22m)</td><td>符合要求</td><td colspan="2">合格</td></tr>
<tr><td>6</td><td></td><td></td><td></td><td></td><td colspan="2"></td></tr>
<tr><td>7</td><td></td><td></td><td></td><td></td><td colspan="2"></td></tr>
<tr><td>8</td><td></td><td></td><td></td><td></td><td colspan="2"></td></tr>
<tr><td>9</td><td></td><td></td><td></td><td></td><td colspan="2"></td></tr>
<tr><td>10</td><td></td><td></td><td></td><td></td><td colspan="2"></td></tr>
<tr><td>11</td><td></td><td></td><td></td><td></td><td colspan="2"></td></tr>
<tr><td>12</td><td></td><td></td><td></td><td></td><td colspan="2"></td></tr>
<tr><td>13</td><td></td><td></td><td></td><td></td><td colspan="2"></td></tr>
<tr><td>14</td><td></td><td></td><td></td><td></td><td colspan="2"></td></tr>
<tr><td>15</td><td></td><td></td><td></td><td></td><td colspan="2"></td></tr>
<tr><td colspan="7">说明:
检验批质量验收记录资料齐全完整</td></tr>
<tr><td colspan="2">施工单位检查结果</td><td colspan="5">符合要求
项目专业技术负责人:×××
××年× 月× 日</td></tr>
<tr><td colspan="2">监理单位验收结论</td><td colspan="5">合格
专业监理工程师:×××
××年× 月× 日</td></tr>
</table>

二、《分项工程质量验收记录》填写说明

分项工程完成(即分项工程所包含的检验批均已完工)施工单位自检合格后,应填报《______分项工程质量验收记录》。分项工程应由专业监理工程师组织施工单位项目专业技术负责人(无专业技术负责人则由施工单位项目技术负责人参加)等进行验收并签认。

(1)表格名称及编号。

1)表格名称:按验收规范给定的分项工程名称,填写在表格名称下划线空格处;

2)分项工程质量验收记录编号:编号按"建筑工程的分部工程、分项工程划分"《统一标准》GB 50300—2013 的附录 B 规定的分部工程、子分部工程、分项工程的代码编写,写在表的右上角。对于一个工程而言,一个分项只有一个分项工程质量验收记录,所以不编写顺序号。其编号规则具体说明如下:

① 第 1、2 位数字是分部工程的代码;

② 第 3、4 位数字是子分部工程的代码;

③ 第 5、6 位数字是分项工程的代码。

(2)表头的填写。

1)单位(子单位)工程名称填写全称,如为群体工程,则按群体工程名称—单位工程名称形式填写,子单位工程标出该部分的位置;

2)分部(子分部)工程名称按《建筑工程施工质量验收统一标准》GB 50300—2013 划定的分部(子分部)名称填写;

3)分项工程工程量名称:指本分项工程的工程量,按工程实际填写,计量项目和单位按专业验收规范中对分项工程工程量的规定;

4)检验批数量指本分项工程包含的实际发生的所有检验批的数量;

5)施工单位及项目负责人、项目技术负责人:"施工单位"栏应填写总包单位名称,或与建设单位签订合同专业承包单位名称,宜写全称,并与合同上公章名称一致,并应注意各表格填写的名称应相互一致;"项目负责人"栏填写合同中指定的项目负责人名称;"项目技术负责人"栏填写本工程项目的技术负责人姓名;表头中人名由填表人填写即可,只是标明具体的负责人,不用签字;

6)分包单位及分包单位项目负责人、分包单位项目技术负责人:"分包单位"栏应填写分包单位名称,即与施工单位签订合同的专业分包单位名称,宜写全称,并与合同上公章名称一致,并应注意各表格填写的名称应相互一致;"分包单位项目负责人"栏填写合同中指定的分包单位项目负责人名称;表头中人名由填表人填写即可,只是标明具体的负责人,不用签字;

7)分包内容:指分包单位承包的本分项工程的范围。

(3)"序号"栏的填写。

按检验批的排列顺序依次填写,检验批项目多于一页的,增加表格,顺序排号。

(4)"检验批名称、检验批容量、部位/区段、施工单位检查结果、监理单位验收结论"栏的填写。

1)填写本分项工程汇总的所有检验批依次排序,并填写其名称、检验批容量及部位/

区段，注意要填写齐全；

2)“施工单位检查结果”栏，由填表人依据检验批验收记录填写，填写“符合要求”或“验收合格”；

3)“监理单位验收结论”栏，由填表人依据检验批验收记录填写，同意项填写“合格”或“符合要求”，如有不同意项应做标记但暂不填写。

(5)“说明”栏的填写。

1)如有不同意项应做标记但暂不填写，待处理后再验收；对不同意项，监理工程师应指出问题，明确处理意见和完成时间；

2)应说明所含检验批的质量验收记录是否完整。

(6)表下部“施工单位检查结果”栏的填写。

1)由施工单位项目技术负责人填写，填写“符合要求”或“验收合格”，并填写日期；

2)分包单位施工的分项工程验收时，分包单位人员不签字，但应将分包单位名称及分包单位项目负责人、分包单位项目技术负责人姓名输(填)到对应单元格内。

(7)表下部“监理单位验收结论”栏，专业工程监理工程师在确认各项验收合格后，填入“验收合格”，并填写日期。

(8)注意事项。

1)核对检验批的部位、区段是否全部覆盖分项工程的范围，有无遗漏的部位；

2)一些在检验批中无法检验的项目，在分项工程中直接验收，如有混凝土、砂浆强度要求的检验批，到龄期后试压结果能否达到设计要求；

3)检查各检验批的验收资料是否完整并作统一整理，依次登记保管，为下一步验收打下基础。

第七节 分部(子分部)工程质量验收记录

一、《地基与基础分部工程质量验收记录》填写范例

地基与基础分部工程质量验收记录

编号：01

<table>
<tr><td>单位(子单位)工程名称</td><td colspan="2">××大厦</td><td>子分部工程数量</td><td>4</td><td>分项工程数量</td><td>6</td></tr>
<tr><td>施工单位</td><td colspan="2">××建筑公司</td><td>项目负责人</td><td>×××</td><td>技术(质量)负责人</td><td>×××</td></tr>
<tr><td>分包单位</td><td colspan="2">—</td><td>分包单位负责人</td><td>—</td><td>分包内容</td><td>—</td></tr>
<tr><td>序号</td><td>子分部工程名称</td><td>分项工程名称</td><td>检验批数量</td><td colspan="2">施工单位检查结果</td><td>监理单位验收结论</td></tr>
<tr><td>1</td><td>地基</td><td>水泥土搅拌桩地基</td><td>3</td><td colspan="2">符合要求</td><td>合格</td></tr>
<tr><td>2</td><td>基础</td><td>筏形与箱形基础</td><td>26</td><td colspan="2">符合要求</td><td>合格</td></tr>
<tr><td>3</td><td>土方</td><td>场地平整</td><td>1</td><td colspan="2">符合要求</td><td>合格</td></tr>
<tr><td>4</td><td>土方</td><td>土方开挖</td><td>1</td><td colspan="2">符合要求</td><td>合格</td></tr>
<tr><td>5</td><td>地下防水</td><td>主体结构防水</td><td>2</td><td colspan="2">符合要求</td><td>合格</td></tr>
<tr><td>6</td><td>地下防水</td><td>细部构造防水</td><td>1</td><td colspan="2">符合要求</td><td>合格</td></tr>
<tr><td>7</td><td></td><td></td><td></td><td colspan="2"></td><td></td></tr>
<tr><td>8</td><td></td><td></td><td></td><td colspan="2"></td><td></td></tr>
<tr><td colspan="3">质量控制资料</td><td colspan="2">检查42项，齐全有效</td><td colspan="2">合格</td></tr>
<tr><td colspan="3">安全和功能检验结果</td><td colspan="2">检查5项，符合要求</td><td colspan="2">合格</td></tr>
<tr><td colspan="3">观感质量检验结果</td><td colspan="4">好</td></tr>
<tr><td colspan="2">综合验收结论</td><td colspan="5">地基与基础分部工程验收合格。</td></tr>
<tr><td colspan="2">施工单位
项目负责人：
×××
××年× 月× 日</td><td colspan="2">勘察单位
项目负责人：
×××
××年× 月× 日</td><td colspan="2">设计单位
项目负责人：
×××
××年× 月× 日</td><td>监理单位
总监理工程师：
×××
××年× 月× 日</td></tr>
</table>

注：1. 地基与基础分部工程的验收应由施工、勘察、设计单位项目负责人和总监理工程师参加并签字。

2. 主体结构、节能分部工程的验收应由施工、设计单位项目负责人和总监理工程师参加并签字。

二、《分部工程质量验收记录》填写说明

分部或子分部工程完成，施工单位自检合格后，应填报《____分部工程质量验收记录》。

分部工程应由总监理工程师组织施工单位项目负责人和项目技术、质量负责人等进行验收。勘察、设计单位项目负责人和施工单位技术、质量部门负责人应参加地基与基础分部工程的验收。设计单位项目负责人和施工单位技术、质量部门负责人应参加主体结构、节能分部工程的验收。

1. 表格名称及编号

(1)表格名称：按验收规范给定的分部工程名称，填写在表格名称下划线空格处；

(2)分部工程质量验收记录编号：编号按“建筑工程的分部工程、分项工程划分”《统一标准》GB 50300—2013 的附录 B 规定的分部工程代码编写，写在表的右上角。对于一个工程而言，一个分部只有一个分部工程质量验收记录，所以不编写顺序号。其编号为两位。

2. 表头的填写

(1)单位(子单位)工程名称填写全称，如为群体工程，则按群体工程名称一单位工程名称形式填写，子单位工程标出该部分的位置；

(2)子分部工程数量：指本分部工程包含的实际发生的所有子分部工程的数量；

(3)分项工程数量：指本分部工程包含的实际发生的所有分项工程的总数量；

(4)施工单位及施工单位技术(质量)部门负责人：“施工单位”栏应填写总包单位名称，或与建设单位签订合同专业承包单位名称，宜写全称，并与合同上公章名称一致，并应注意各表格填写的名称应相互一致；“技术(质量)部门负责人”栏填写施工单位技术(质量)部门负责人姓名；表头中人名由填表人填写即可，只是标明具体的负责人，不用签字；

(5)分包单位及分包单位项目负责人、分包单位技术(质量)负责人：“分包单位”栏应填写分包单位名称，即与施工单位签订合同的专业分包单位名称，宜写全称，并与合同上公章名称一致，并应注意各表格填写的名称应相互一致；“分包单位项目负责人”栏填写合同中指定的分包单位项目负责人名称；表头中人名由填表人填写即可，只是标明具体的负责人，不用签字；

(6)分包内容：指分包单位承包的本分部工程的范围。

3. “序号”栏的填写

按检验批的排列顺序依次填写，检验批项目多于一页的，增加表格，顺序排号。

4. “子分部工程名称、分项工程名称、检验批数量、施工单位检查结果、监理单位验收结论”栏的填写

(1)填写本分部工程汇总的所有子分部、分项工程依次排序，并填写其名称、检验批数量，注意要填写齐全；

(2)“施工单位检查结果”栏，由填表人依据分项工程验收记录填写，填写“符合要求”或“合格”；

(3)“监理单位验收结论”栏，由填表人依据分项工程验收记录填写，同意项填写“合

格”或“符合要求”。

5.质量控制资料

(1)“质量控制资料”栏应按《单位(子单位)工程质量控制资料核查记录》来核查，但是各专业只需要检查该表内对应于本专业的那部分相关内容，不需要全部检查表内所列内容，也未要求在分部工程验收时填写该表。

(2)核查时，应对资料逐项核对检查，应核查下列几项：

①查资料是否齐全，有无遗漏；

②查资料的内容有无不合格项；

③资料横向是否相互协调一致，有无矛盾；

④资料的分类整理是否符合要求，案卷目录、份数页数及装订等有无缺漏；

⑤各项资料签字是否齐全。

(3)当确认能够基本反映工程质量情况，达到保证结构安全和使用功能的要求，该项即可通过验收。全部项目都通过验收，即可在“施工单位检查结果”栏内填写检查结果，标注“检查合格”，并说明资料份数，然后送监理单位或建设单位验收，监理单位总监理工程师组织审查，如认为符合要求，则在“验收意见”栏内签注“验收合格”意见。

(4)对一个具体工程，是按分部还是按子分部进行资料验收，需要根据具体工程的情况自行确定。

6.“安全和功能检验结果”栏应根据工程实际情况填写

安全和功能检验，是指按规定或约定需要在竣工时进行抽样检测的项目。这些项目凡能在分部(子分部)工程验收时进行检测的，应在分部(子分部)工程验收时进行检测。具体检测项目可按《单位(子单位)工程安全和功能检验资料核查及主要功能抽查记录》中相关内容在开工之前加以确定。设计有要求或合同有约定的，按要求或约定执行。

在核查时，要检查开工之前确定的检测项目是否全部进行了检测。要逐一对每份检测报告进行核查，主要核查每个检测项目的检测方法、程序是否符合有关标准规定；检测结论是否达到规范的要求；检测报告的审批程序及签字是否完整等。

如果每个检测项目都通过审查，施工单位即可在检查结果标注“检查合格”，并说明资料份数。由项目负责人送监理单位验收，总监理工程师组织审查，认为符合要求后，在“验收意见”栏内签注“验收合格”意见。

7.“观感质量检验结果”栏的填写应符合工程的实际情况

只作定性评判，不再作量化打分。观感质量等级分为“好”、“一般”、“差”共3档。“好”、“一般”均为合格；“差”为不合格，需要修理或返工。

观感质量检查的主要方法是观察。但除了检查外观外，还应对能启动、运转或打开的部位进行启动或打开检查。并注意应尽量做到全面检查，对屋面、地下室及各类有代表性的房间、部位都应查到。

观感质量检查首先由施工单位项目负责人组织施工单位人员进行现场检查，检查合格后填表，由项目负责人签字后交监理单位验收。

监理单位总监理工程师组织对观感质量进行验收，并确定观感质量等级。认为达到“好”或“一般”，均视为合格。在“观感质量”验收意见栏内填写“好”或“一般”。评为“差”

的项目，应由施工单位修理或返工。如确实无法修理，可经协商实行让步验收，并在验收表中注明。由于“让步验收”意味着工程留下永久性缺陷，故应尽量避免出现这种情况。

8.“综合验收结论”的填写

由总监理工程师与各方协商，确认符合规定，取得一致意见后，按表中各栏分项填写。可在“综合验收结论”栏填入“××分部工程验收合格”。

当出现意见不一致时，应由总监理工程师与各方协商，对存在的问题，提出处理意见或解决办法，待问题解决后再填表。

9.签字栏

制表时已经列出了需要签字的参加工程建设的有关单位。应由各方参加验收的代表亲自签名，以示负责，通常不需盖章。勘察、设计单位需参加地基与基础分部工程质量验收，由其项目负责人亲自签认。

设计单位需参加主体结构和建筑节能分部工程质量验收，由设计单位的项目负责人亲自签认。

施工方总承包单位由项目负责人亲自签认，分包单位不用签字，但必须参考其负责的分部工程的验收。

监理单位作为验收方，由总监理工程师签认验收。未委托监理的工程，可由建设单位项目技术负责人签认验收。

10.注意事项

(1)核查各分部工程所含分项工程是否齐全，有无遗漏。

(2)核查质量控制资料是否完整，分类整理是否符合要求。

(3)核查安全、功能的检测是否按规范、设计、合同要求全部完成，未作的应补核查检测结论是否合格。

(4)对分部工程应进行观感质量检查验收，主要检查分项工程验收后到分部工程验收之间，工程实体质量有无变化，如有，应修补达到合格，才能通过验收。

附录　工程资料类别、来源及保存

工程资料类别		工程资料名称	工程资料来源	工程资料保存			
				施工单位	监理单位	建设单位	城建档案馆
A类		工程准备阶段文件					
A1类	决策立项文件	项目建议书	建设单位			●	●
		项目建议书的批复文件	建设行政管理部门			●	●
		可行性研究报告及附件	建设单位			●	●
		可行性研究报告的批复文件	建设行政管理部门			●	●
		关于立项的会议纪要、领导批示	建设单位			●	●
		工程立项的专家建议资料	建设单位			●	●
		项目评估研究资料	建设单位			●	●
A2类	建设用地文件	选址申请及选址规划意见通知书	建设单位 规划部门			●	●
		建设用地批准文件	土地行政管理部门			●	●
		拆迁安置意见、协议、方案等	建设单位			●	●
		建设用地规划许可证及其附件	规划行政管理部门			●	●
		国有土地使用证	土地行政管理部门			●	●
		划拨建设用地文件	土地行政管理部门			●	●
A3类	勘察设计文件	岩土工程勘察报告	勘察单位	●	●	●	●
		建设用地钉桩通知单(书)	规划行政管理部门	●	●	●	●
		地形测量和拨地测量成果报告	测绘单位			●	●
		审定设计方案通知书及审查意见	规划行政管理部门			●	●
		审定设计方案通知书要求征求有关部门的审查意见和要求取得的有关协议	有关部门			●	●
		初步设计图及设计说明	设计单位			●	
		消防设计审核意见	公安机关消防机构	○	○	●	●
		施工图设计文件审查通知书及审查报告	施工图审查机构	○	○	●	●
		施工图及设计说明	设计单位	○	○	●	

续表

工程资料类别		工程资料名称	工程资料来源	工程资料保存			
				施工单位	监理单位	建设单位	城建档案馆
A4类	招投标及合同文件	勘察招投标文件	建设单位 勘察单位			●	
		勘察合同*	建设单位 勘察单位			●	●
		设计招投标文件	建设单位 设计单位			●	
		设计合同*	建设单位 设计单位			●	●
		监理招投标文件	建设单位 监理单位		●	●	
		委托监理合同*	建设单位 监理单位		●	●	●
		施工招投标文件	建设单位 施工单位	●	○	●	
		施工合同*	建设单位 施工单位	●	○	●	●
A5类	开工文件	建设项目列入年度计划的申报文件	建设单位			●	●
		建设项目列入年度计划的批复文件或年度计划项目表	建设行政管理部门			●	●
		规划审批申报表及报送的文件和图纸	建设单位 设计单位			●	
		建设工程规划许可证及其附件	规划部门			●	●
		建设工程施工许可证及其附件	建设行政管理部门	●	●	●	●
		工程质量安全监督注册登记	质量监督机构	○	○	●	●
		工程开工前的原貌影像资料	建设单位	●	●	●	●
		施工现场移交单	建设单位	○	○	○	
A6类	商务文件	工程投资估算资料	建设单位			●	
		工程设计概算资料	建设单位			●	
		工程施工图预算资料	建设单位			●	
A类其他资料							
B类	监理资料						
B1类	监理管理资料	监理规划	监理单位		●	●	●
		监理实施细则	监理单位	○	●	●	●
		监理月报	监理单位		●	●	
		监理会议纪要	监理单位	○	●	●	
		监理工作日志	监理单位		●		

续表

工程资料类别		工程资料名称	工程资料来源	工程资料保存			
				施工单位	监理单位	建设单位	城建档案馆
B1类	监理管理资料	监理工作总结	监理单位		●	●	●
		工作联系单	监理单位 施工单位	○	○		
		监理工程师通知	监理单位	○	○		
		监理工程师通知回复单*	施工单位	○	○		
		工程暂停令	监理单位	○	○	○	●
		工程复工报审表*	施工单位	●	●	●	●
B2类	进度控制资料	工程开工报审表*	施工单位	●	●	●	●
		施工进度计划报审表*	施工单位	○	○		
B3类	质量控制资料	质量事故报告及处理资料	施工单位	●	●	●	●
		旁站监理记录*	监理单位	○	●	●	
		见证取样和送检见证人员备案表	监理单位 或建设单位	●	●	●	
		见证记录*	监理单位	●	●	●	
		工程技术文件报审表*	施工单位	○	○		
B4类	造价控制资料	工程款支付申请表	施工单位	○	○	●	
		工程款支付证书	监理单位	○	○	●	
		工程变更费用报审表*	施工单位	○	○	●	
		费用索赔申请表	施工单位	○	○	●	
		费用索赔审批表	监理单位	○	○	●	
B5类	合同管理资料	委托监理合同*	监理单位		●	●	●
		工程延期申请表	施工单位	●	●	●	●
		工程延期审批表	监理单位	●	●	●	●
		分包单位资质报审表*	施工单位	●	●	●	
B6类	竣工验收资料	单位(子单位)工程竣工预验收报验表*	施工单位	●	●	●	
		单位(子单位)工程质量竣工验收记录**	施工单位	●	●	●	●
		单位(子单位)工程质量控制资料核查记录*	施工单位	●	●	●	●
		单位(子单位)工程安全和功能检验资料核查及主要功能抽查记录*	施工单位	●	●	●	●
		单位(子单位)工程观感质量检查记录*	施工单位	●	●	●	●
		工程质量评估报告	监理单位	●	●	●	●
		监理费用决算资料	监理单位		○	●	
		监理资料移交书	监理单位		●	●	
B类其他资料							

续表

工程资料类别		工程资料名称	工程资料来源	工程资料保存			
				施工单位	监理单位	建设单位	城建档案馆
C类	施工资料						
C1类	施工管理资料	工程概况表	施工单位	●	●	●	●
		施工现场质量管理检查记录*	施工单位	○	○		
		企业资质证书及相关专业人员岗位证书	施工单位	○	○		
		分包单位资质报审表*	施工单位	●	●	●	
		建设工程质量事故调查、勘查记录	调查单位	●	●	●	●
		建设工程质量事故报告书	调查单位	●	●	●	●
		施工检测计划	施工单位	○	○		
		见证记录*	监理单位	●	●	●	
		见证试验检测汇总表	施工单位	●	●		
		施工日志	施工单位	●			
		监理工程师通知回复单*	施工单位	○	○		
C2类	施工技术资料	工程技术文件报审表*	施工单位	○	○		
		施工组织设计及施工方案	施工单位	○	○		
		危险性较大分部分项工程施工方案专家论证表	施工单位	○	○		
		技术交底记录	施工单位	○			
		图纸会审记录**	施工单位	●	●	●	●
		设计变更通知单*	设计单位	●	●	●	●
		工程洽商记录(技术核定单)**	施工单位	●	●	●	●
C3类	进度造价资料	工程开工报审表*	施工单位	●	●	●	●
		工程复工报审表*	施工单位	●	●	●	●
		施工进度计划报审表*	施工单位	○	○		
		施工进度计划	施工单位	○	○		
		人、机、料动态表	施工单位	○	○		
		工程延期申请表	施工单位	●	●	●	●
		工程款支付申请表	施工单位	○	○	●	
		工程变更费用报审表*	施工单位	○	○	●	
		费用索赔申请表*	施工单位	○	○	●	

续表

工程资料类别		工程资料名称	工程资料来源	工程资料保存			
				施工单位	监理单位	建设单位	城建档案馆
C4类	施工物资资料	出厂质量证明文件及检测报告					
		砂、石、砖、水泥、钢筋、隔热保温、防腐材料、轻集料出厂质量证明文件	施工单位	●	●	●	●
		其他物资出厂合格证、质量保证书、检测报告和报关单或商检证等	施工单位	●	○	○	
		材料、设备的相关检验报告、型式检测报告、3C强制认证合格证书或3C标志	采购单位	●	○	○	
		主要设备、器具的安装使用说明书	采购单位	●	○	○	
		进口的主要材料设备的商检证明文件	采购单位	●	○	●	●
		涉及消防、安全、卫生、环保、节能的材料、设备的检测报告或法定机构出具的有效证明文件	采购单位	●	●	●	
		进场检验通用表格					
		材料、构配件进场检验记录*	施工单位	○	○		
		设备开箱检验记录*	施工单位	○	○		
		设备及管道附件试验记录*	施工单位	●	○	●	
		进场复试报告					
		钢材试验报告	检测单位	●	●	●	●
		水泥试验报告	检测单位	●	●	●	●
		砂试验报告	检测单位	●	●	●	●
		碎(卵)石试验报告	检测单位	●	●	●	●
		外加剂试验报告	检测单位	●	●	○	●
		防水涂料试验报告	检测单位	●	○	●	
		防水卷材试验报告	检测单位	●	○	●	
		砖(砌块)试验报告	检测单位	●	●	●	●
		预应力筋复试报告	检测单位	●	●	●	●
		预应力锚具、夹具和连接器复试报告	检测单位	●	●	●	●
		装饰装修用门窗复试报告	检测单位	●	○	●	
		装饰装修用人造木板复试报告	检测单位	●	○	●	
		装饰装修用花岗石复试报告	检测单位	●	○	●	
		装饰装修用安全玻璃复试报告	检测单位	●	○	●	
		装饰装修用外墙面砖复试报告	检测单位	●	○	●	

续表

工程资料类别		工程资料名称	工程资料来源	工程资料保存			
				施工单位	监理单位	建设单位	城建档案馆
C4类	施工物资资料	钢结构用钢材复试报告	检测单位	●	●	●	●
		钢结构用防火涂料复试报告	检测单位	●	●	●	●
		钢结构用焊接材料复试报告	检测单位	●	●	●	●
		钢结构用高强度大六角头螺栓连接副复试报告	检测单位	●	●	●	●
		钢结构用扭剪型高强螺栓连接副复试报告	检测单位	●	●	●	●
		幕墙用铝塑板、石材、玻璃、结构胶复试报告	检测单位	●	●	●	●
		散热器、采暖系统保温材料、通风与空调工程绝热材料、风机盘管机组、低压配电系统电缆的见证取样复试报告	检测单位	●	○	●	
		节能工程材料复试报告	检测单位	●	●	●	
C5类	施工记录	通用表格					
		隐蔽工程验收记录*	施工单位	●	●	●	●
		施工检查记录	施工单位	○			
		交接检查记录	施工单位	○			
		专用表格					
		工程定位测量记录*	施工单位	●	●	●	●
		基槽验线记录	施工单位	●	●	●	●
		楼层平面放线记录	施工单位	○	○		
		楼层标高抄测记录	施工单位	○	○		
		建筑物垂直度、标高观测记录*	施工单位	●	○	●	
		沉降观测记录	建设单位委托测量单位提供	●	○	●	●
		基坑支护水平位移监测记录	施工单位	○	○		
		桩基、支护测量放线记录	施工单位	○	○		
		地基验槽记录**	施工单位	●	●	●	●
		地基钎探记录	施工单位	○	○	●	●
		混凝土浇灌申请书	施工单位	○	○		
		预拌混凝土运输单	施工单位	○			
		混凝土开盘鉴定	施工单位	○	○		
		混凝土拆模申请单	施工单位	○	○		

续表

工程资料类别		工程资料名称	工程资料来源	工程资料保存			
				施工单位	监理单位	建设单位	城建档案馆
C5类	施工记录	混凝土预拌测温记录	施工单位	○			
		混凝土养护测温记录	施工单位	○			
		大体积混凝土养护测温记录	施工单位	○			
		大型构件吊装记录	施工单位	○	○	●	●
		焊接材料烘焙记录	施工单位	○			
		地下工程防水效果检查记录*	施工单位	○	○	●	
		防水工程试水检查记录*	施工单位	○	○	●	
		通风(烟)道、垃圾道检查记录*	施工单位	○	○	●	
		预应力筋张拉记录	施工单位	●	○	●	●
		有粘结预应力结构灌浆记录	施工单位	●	○	●	●
		钢结构施工记录	施工单位	●	○	●	
		网架(索膜)施工记录	施工单位	●	○	●	●
		木结构施工记录	施工单位	●	○	●	
		幕墙注胶检查记录	施工单位	●	○	●	
		自动扶梯、自动人行道的相邻区域检查记录	施工单位	●	○	●	
		电梯电气装置安装检查记录	施工单位	●	○	●	
		自动扶梯、自动人行道电气装置检查记录	施工单位	●	○	●	
		自动扶梯、自动人行道整机安装质量检查记录	施工单位	●	○	●	
C6类	施工试验记录及检测报告	通用表格					
		设备单机试运转记录*	施工单位	●	○	●	●
		系统试运转调试记录*	施工单位	●	○	●	●
		接地电阻测试记录*	施工单位	●	○	●	●
		绝缘电阻测试记录*	施工单位	●	○	●	
		专用表格					
		建筑与结构工程					
		锚杆试验报告	检测单位	●	○	●	●
		地基承载力检验报告	检测单位	●	○	●	●
		桩基检测报告	检测单位	●	○	●	●
		土工击实试验报告	检测单位	●	○	●	●
		回填土试验报告(应附图)	检测单位	●	○	●	●

续表

工程资料类别	工程资料名称		工程资料来源	工程资料保存			
				施工单位	监理单位	建设单位	城建档案馆
C6类	施工试验记录及检测报告	钢筋机械连接试验报告	检测单位	●	○	●	●
		钢筋焊接连接试验报告	检测单位	●	○	●	●
		砂浆配合比申请单、通知单	施工单位	○	○		
		砂浆抗压强度试验报告	检测单位	●	○	●	●
		砌筑砂浆试块强度统计、评定记录	施工单位	●		●	●
		混凝土配合比申请单、通知单	施工单位	○	○		
		混凝土抗压强度试验报告	检测单位	●	○	●	●
		混凝土试块强度统计、评定记录	施工单位	●		●	●
		混凝土抗渗试验报告	检测单位	●	○	●	●
		砂、石、水泥放射性指标报告	施工单位	●	○	●	●
		混凝土碱总量计算书	施工单位	●	○	●	●
		外墙饰面砖样板粘结强度试验报告	检测单位	●	○	●	●
		后置埋件抗拔试验报告	检测单位	●	○	●	●
		超声波探伤报告、探伤记录	检测单位	●	○	●	●
		钢构件射线探伤报告	检测单位	●	○	●	●
		磁粉探伤报告	检测单位	●	○	●	●
		高强度螺栓抗滑移系数检测报告	检测单位	●	○	●	●
		钢结构焊接工艺评定	检测单位	○	○		
		网架节点承载力试验报告	检测单位	●	○	●	●
		钢结构防腐、防火涂料厚度检测报告	检测单位	●	○	●	●
		木结构胶缝试验报告	检测单位	●	○	●	
		木结构构件力学性能试验报告	检测单位	●	○	●	●
		木结构防护剂试验报告	检测单位	●	○	●	●
		幕墙双组分硅酮结构密封胶混匀性及拉断试验报告	检测单位	●	○	●	●
		幕墙的抗风压性能、空气渗透性能、雨水渗透性能及平面内变形性能检测报告	检测单位	●	○	●	●
		外门窗的抗风压性能、空气渗透性能和雨水渗透性能检测报告	检测单位	●	○	●	●
		墙体节能工程保温板材与基层粘结强度现场拉拔试验	检测单位	●	○	●	●

续表

工程资料类别		工程资料名称	工程资料来源	工程资料保存			
				施工单位	监理单位	建设单位	城建档案馆
C6类	施工试验记录及检测报告	外墙保温浆料同条件养护试件试验报告	检测单位	●	○	●	●
		结构实体混凝土强度检验记录*	施工单位	●	○	●	●
		结构实体钢筋保护层厚度检验记录*	施工单位	●	○	●	●
		围护结构现场实体检验	检测单位	●	○	●	
		室内环境检测报告	检测单位	●	○	●	
		节能性能检测报告	检测单位	●	○	●	●
		给排水及采暖工程					
		灌(满)水试验记录*	施工单位	○	○	●	
		强度严密性试验记录*	施工单位	●	○	●	●
		通水试验记录*	施工单位	○	○	●	
		冲(吹)洗试验记录*	施工单位	●	○	●	
		通球试验记录	施工单位	○	○	●	
		补偿器安装记录	施工单位	○	○		
		消火栓试射记录	施工单位	●	○	●	
		安全附件安装检查记录	施工单位	●	○		
		锅炉烘炉试验记录	施工单位	●	○		
		锅炉煮炉试验记录	施工单位	●	○		
		锅炉试运行记录	施工单位	●	○	●	
		安全阀定压合格证书	检测单位	●	○	●	
		自动喷水灭火系统联动试验记录	施工单位	●	○	●	●
		建筑电气工程					
		电气接地装置平面示意图表	施工单位	●	○	●	●
		电气器具通电安全检查记录	施工单位	○	○	●	
		电气设备空载试运行记录*	施工单位	●	○	●	●
		建筑物照明通电试运行记录	施工单位	●	○	●	●
		大型照明灯具承载试验记录*	施工单位	●	○	●	
		漏电开关模拟试验记录	施工单位	●	○	●	
		大容量电气线路结点测温记录	施工单位	●	○	●	
		低压配电电源质量测试记录	施工单位	●	○	●	
		建筑物照明系统照度测试记录	施工单位	○	○	●	

续表

工程资料类别	工程资料名称		工程资料来源	工程资料保存			
				施工单位	监理单位	建设单位	城建档案馆
C6类	施工试验记录及检测报告	智能建筑工程					
		综合布线测试记录*	施工单位	●	○	●	●
		光纤损耗测试记录*	施工单位	●	○	●	●
		视频系统末端测试记录*	施工单位	●	○	●	●
		子系统检测记录*	施工单位	●	○	●	●
		系统试运行记录*	施工单位	●	○	●	●
		通风与空调工程					
		风管漏光检测记录*	施工单位	○	○	●	
		风管漏风检测记录*	施工单位	●	○	●	
		现场组装除尘器、空调机漏风检测记录	施工单位	○	○		
		各房间室内风量测量记录	施工单位	●	○	●	
		管网风量平衡记录	施工单位	●	○	●	
		空调系统试运转调试记录	施工单位	●	○	●	●
		空调水系统试运转调试记录	施工单位	●	○	●	●
		制冷系统气密性试验记录	施工单位	●	○	●	●
		净化空调系统检测记录	施工单位	●	○	●	●
		防排烟系统联合试运行记录	施工单位	●	○	●	●
		电梯工程					
		轿厢平层准确度测量记录	施工单位	○	○	●	
		电梯层门安全装置检测记录	施工单位	●	○	●	
		电梯电气安全装置检测记录	施工单位	●	○	●	
		电梯整机功能检测记录	施工单位	●	○	●	
		电梯主要功能检测记录	施工单位	●	○	●	
		电梯负荷运行试验记录	施工单位	●	○	●	●
		电梯负荷运行试验曲线图表	施工单位	●	○	●	
		电梯噪声测试记录	施工单位	○	○	○	
		自动扶梯、自动人行道安全装置检测记录	施工单位	●	○	●	
		自动扶梯、自动人行道整机性能、运行试验记录	施工单位	●	○	●	●

续表

工程资料类别	工程资料名称		工程资料来源	工程资料保存			
				施工单位	监理单位	建设单位	城建档案馆
C7类	施工质量验收记录	检验批质量验收记录*	施工单位	○	○	●	
		分项工程质量验收记录*	施工单位	●	●	●	
		分部(子分部)工程质量验收记录**	施工单位	●	●	●	●
		建筑节能分部工程质量验收记录**	施工单位	●	●	●	●
		自动喷水系统验收缺陷项目划分记录	施工单位	●	○	○	
		程控电话交换系统分项工程质量验收记录	施工单位	●	○	●	
		会议电视系统分项工程质量验收记录	施工单位	●	○	●	
		卫星数字电视系统分项工程质量验收记录	施工单位	●	○	●	
		有线电视系统分项工程质量验收记录	施工单位	●	○	●	
		公共广播与紧急广播系统分项工程质量验收记录	施工单位	●	○	●	
		计算机网络系统分项工程质量验收记录	施工单位	●	○	●	
		应用软件系统分项工程质量验收记录	施工单位	●	○	●	
		网络安全系统分项工程质量验收记录	施工单位	●	○	●	
		空调与通风系统分项工程质量验收记录	施工单位	●	○	●	
		变配电系统分项工程质量验收记录	施工单位	●	○	●	
		公共照明系统分项工程质量验收记录	施工单位	●	○	●	
		给排水系统分项工程质量验收记录	施工单位	●	○	●	
		热源和热交换系统分项工程质量验收记录	施工单位	●	○	●	
		冷冻和冷却水系统分项工程质量验收记录	施工单位	●	○	●	
		电梯和自动扶梯系统分项工程质量验收记录	施工单位	●	○	●	
		数据通信接口分项工程质量验收记录	施工单位	●	○	●	
		中央管理工作站及操作分站分项工程质量验收记录	施工单位	●	○	●	
		系统实时性、可维护性、可靠性分项工程质量验收记录	施工单位	●	○	●	
		现场设备安装及检测分项工程质量验收记录	施工单位	●	○	●	
		火灾自动报警及消防联动系统分项工程质量验收记录	施工单位	●	○	●	
		综合防范功能分项工程质量验收记录	施工单位	●	○	●	
		视频安防监控系统分项工程质量验收记录	施工单位	●	○	●	
		入侵报警系统分项工程质量验收记录	施工单位	●	○	●	
		出入口控制(门禁)系统分项工程质量验收记录	施工单位	●	○	●	
		巡更管理系统分项工程质量验收记录	施工单位	●	○	●	

续表

工程资料类别	工程资料名称			工程资料来源	工程资料保存			
					施工单位	监理单位	建设单位	城建档案馆
C7类	施工质量验收记录		停车场(库)管理系统分项工程质量验收记录	施工单位	●	○	●	
			安全防范综合管理系统分项工程质量验收记录	施工单位	●	○	●	
			综合布线系统安装分项工程质量验收记录	施工单位	●	○	●	
			综合布线系统性能检测分项工程质量验收记录	施工单位	●	○	●	
			系统集成网络连接分项工程质量验收记录	施工单位	●	○	●	
			系统数据集成分项工程质量验收记录	施工单位	●	○	●	
			系统集成整体协调分项工程质量验收记录	施工单位	●	○	●	
			系统集成综合管理及冗余功能分项工程质量验收记录	施工单位	●	○	●	
			系统集成可维护性和安全性分项工程质量验收记录	施工单位	●	○	●	
			电源系统分项工程质量验收记录	施工单位	●	○	●	
C8类	竣工验收资料		工程竣工报告	施工单位	●	●	●	●
			单位(子单位)工程竣工预验收报验表*	施工单位	●	●	●	
			单位(子单位)工程质量竣工验收记录**	施工单位	●	●	●	●
			单位(子单位)工程质量控制资料核查记录*	施工单位	●	●	●	●
			单位(子单位)工程安全和功能检验资料核查及主要功能抽查记录*	施工单位	●	●	●	●
			单位(子单位)工程观感质量检查记录**	施工单位	●	●	●	●
			施工决算资料	施工单位	○	○	●	
			施工资料移交书	施工单位	●		●	
			房屋建筑工程质量保修书	施工单位	●	●	●	
C类其他资料								
D类	竣工图							
D类	竣工图	建筑与结构竣工图	建筑竣工图	编制单位	●		●	●
			结构竣工图	编制单位	●		●	●
			钢结构竣工图	编制单位	●		●	●
		建筑装饰与装修竣工图	幕墙竣工图	编制单位	●		●	●
			室内装饰竣工图	编制单位	●		●	
			建筑给水、排水与采暖竣工图	编制单位	●		●	●
			建筑电气竣工图	编制单位	●		●	●
		智能建筑竣工图		编制单位	●		●	●

续表

工程资料类别	工程资料名称			工程资料来源	工程资料保存			
					施工单位	监理单位	建设单位	城建档案馆
D类	竣工图	通风与空调竣工图		编制单位	●		●	●
		室外工程竣工图	室外给水、排水、供热、供电、照明管线等竣工图	编制单位	●		●	●
			室外道路、园林绿化、花坛、喷泉等竣工图	编制单位	●		●	●
D类其他资料								
E类	工程竣工文件							
E1类	竣工验收文件	单位(子单位)工程质量竣工验收记录**		施工单位	●	●	●	●
		勘察单位工程质量检查报告		勘察单位	○	○	●	●
		设计单位工程质量检查报告		设计单位	○	○	●	●
		工程竣工验收报告		建设单位	●	●	●	●
		规划、消防、环保等部门出具的认可文件或准许使用文件		政府主管部门	●	●	●	●
		房屋建筑工程质量保修书		施工单位	●	●	●	
		住宅质量保证书、住宅使用说明书		建设单位			●	
		建设工程竣工验收备案表		建设单位	●	●	●	●
E2类	竣工决算文件	施工决算资料*		施工单位	○	○	●	
		监理费用决算资料*		监理单位		○	●	
E3类	竣工交档文件	工程竣工档案预验收意见		城建档案管理部门			●	●
		施工资料移交书*		施工单位	●		●	
		监理资料移交书*		监理单位		●	●	
		城市建设档案移交书		建设单位			●	
E4类	竣工总结文件	工程竣工总结		建设单位			●	●
		竣工新貌影像资料		建设单位	●		●	●
E类其他资料								

注：1. 表中工程资料名称与资料保存单位所对应的栏中"●"表示"归档保存"；"○"表示"过程保存"，是否归档保存可自行确定。

2. 表中注明"*"的表，宜由施工单位和监理或建设单位共同形成；表中注明"**"的表，宜由建设、设计、监理、施工等多方共同形成。

3. 勘察单位保存资料内容应包括工程地质勘察报告、勘察招投标文件、勘察合同、勘察单位工程质量检查报告以及勘察单位签署的有关质量验收记录等。

4. 设计单位保存资料内容应包括审定设计方案通知书及审查意见、审定设计方案通知书要求征求有关部门的审查意见和要求取得的有关协议、初步设计图及设计说明、施工图及设计说明、消防设计审核意见、施工图设计文件审查通知书及审查报告、设计招投标文件、设计合同、图纸会审记录、设计变更通知单、设计单位签署意见的工程洽商记录(包括技术核定单)、设计单位工程质量检查报告以及设计单位签署的有关质量验收记录。

参考文献

[1] 中华人民共和国住房和城乡建设部. 建筑工程施工质量验收统一标准:GB 50300—2013[S]. 北京:中国建筑工业出版社,2013.
[2] 中华人民共和国建设部. 建筑地基基础工程施工质量验收规范:GB 50202—2002[S]. 北京:中国计划出版社,2002.
[3] 中华人民共和国住房和城乡建设部. 建筑地基基础工程施工规范:GB 51004—2015[S]. 北京:中国计划出版社,2015.
[4] 中华人民共和国住房和城乡建设部,中华人民共和国国家质量监督检验检疫总局. 建筑基坑工程监测技术规范:GB 50497—2009[S]. 北京:中国计划出版社,2009.
[5] 中华人民共和国国家质量监督检验检疫总局,中国国家标准化管理委员会. 通用硅酸盐水泥:GB 175—2007[S]. 北京:中国标准出版社,2007.
[6] 中华人民共和国建设部. 湿陷性黄土地区建筑规范:GB 50025—2004[S]. 北京:中国建筑工业出版社,2004.
[7] 中华人民共和国住房和城乡建设部. 膨胀土地区建筑技术规范:GB 50112—2013[S]. 北京:中国建筑工业出版社,2013.
[8] 中华人民共和国住房和城乡建设部. 冷轧带肋钢筋混凝土结构技术规程:JGJ 95—2011[S]. 北京:中国建筑工业出版社,2011.
[9] 中华人民共和国住房和城乡建设部. 钢筋焊接及验收规程:JGJ 18—2012[S]. 北京:中国建筑工业出版社,2012.
[10] 国家质量技术监督局,中华人民共和国建设部. 土工试验方法标准:GB/T 50123—1999[S]. 北京:中国计划出版社,1999.
[11] 中华人民共和国建设部. 土的工程分类标准:GB/T 50145—2007[S]. 北京:中国计划出版社,2007
[12] 中华人民共和国住房和城乡建设部. 土工合成材料应用技术规范:GB/T 50290—2014[S]. 北京:中国计划出版社,2014.
[13] 中华人民共和国住房和城乡建设部. 粉煤灰混凝土应用技术规范:GB/T 50146—2014[S]. 北京:中国计划出版社,2014.
[14] 中华人民共和国国家质量监督检验检疫总局,中国国家标准化管理委员会. 建设用砂:GB/T 14684—2011[S]. 北京:中国标准出版社,2011.
[15] 中华人民共和国国家质量监督检验检疫总局,中国国家标准化管理委员会. 建设用卵石、碎石:GB/T 14685—2011[S]. 北京:中国标准出版社,2011.
[16] 中华人民共和国住房和城乡建设部. 复合地基技术规范:GB/T 50783—2012[S]. 北京:中国计划出版社,2012.
[17] 中华人民共和国国家质量监督检验检疫总局,中国国家标准化管理委员会. 用于水泥和混凝土中的粉煤灰:GB/T 1596—2005[S]. 北京:中国标准出版社,2005.